기업가치 생각하는

BUSINESS ACCOUNTING MANAGEMENT

경영자를 위한 비즈니스 회계관리

한영도 저

도서출판 시대가치

추천사

기업의 존재이유는 고객, 주주, 종업원 등 이해관계자들의 가치를 창출하고 만족시키는 것입니다. 고객가치의 창출에 우선적으로 최선을 다하고, 안정적인 이윤창출을 통해 주주가치를 확대함과 더불어 종업원의 가치 향상을 통해 일과 삶의 균형을 이루게 함으로써 기업과 고객, 주주, 종사원들이 함께 성장해 나갈 수 있게 해야 합니다. 기업의 지속가능한 성장은 기업가치 향상에 달려 있고 창출된 가치는 주요 이해관계자들과 공유되어야 합니다. 경영자는 기업가치를 증대하는 사업에는 자원을 지속적으로 투입하여 가치의 극대화를 추구하지만, 기업가치를 훼손하는 사업은 축소하거나 과감하게 정리하게 됩니다. 특히 기업은 주주나 채권자들로부터 자금을 조달하여 사업을 영위하고 있는데, 조달된 모든 자금의 기회비용을 상회하는 이익을 창출할 때 기업의 가치와 함께 주주가치가 증대되므로 기업가치의 증감 여부가 경영의사결정의 주요 기준이 됩니다.

최근 KT의 주주가치는 2013년 6월 이후 10년 만에 시가총액 10조원을 돌파했습니다. 한국 주식시장의 대표 지수인 코스피가 올해 들어 17% 이상 하락하고 동종업계 통신주식들이 하락한 반면, KT 주가는 25% 넘는 성장을 보이고 있습니다. 이것은 기업가치를 창출하는 메커니즘의 이해를 바탕으로 디지코 성장전략을 통하여 기업가치의 창출에 의하여 가능했다는 평가를 받고 있습니다. 기존 통신사업만으로는 성장에 한계가 있다고 판단하고 정보통신의 네트워크 인프라우위 기반 위에서 인공지능(AI) · 빅데이터(Big Data) · 클라우드(Cloud) 등 이른바 ABC중심의 디지털 플랫폼 기업으로의 혁신성장전략이 KT의 미래가치를 크게 향상시킬 것이라는 시장의 평가라고 생각합니다.

따라서 기업의 최고경영자, 중간경영자, 현장경영자들은 기업가치를 극대화할 수 있는 체계와 방법론을 이해하고 실행해야 합니다. 기업의 현재 상태에 대한 객관적인 진단과 평가를 하고 수익창출과 원가절감을 통해 이익을 극대화하는 기업가치

창출의 메커니즘이 제대로 작동되어야만 기업가치도 극대화됩니다. 기업가치의 실현은 경영 및 가치창출의 메커니즘을 이해하고 이를 실현해 나가는 수단과 방법을 각 조직단위의 구성원들이 지속적으로 실행해 나가야만 가능합니다.

지난 30년 동안 기업에서 경영활동을 해 오면서 기업경영의 주요한 경영의사결정에 필요한 회계정보를 읽고 이해하여 경영전략이나 경영관리에 직접적으로 잘 활용하여 기업가치를 창출해 왔지만, 아직도 많은 임직원들의 경우 회계는 복잡하고 어렵다는 선입견으로 인해 현실적으로 활용에 한계가 있는 것도 사실입니다. 경영관리와 연계된 회계관리를 통하여 기업가치를 제고할 수 있는 전문서적이 있다면 경영자들이나 기획실무자들에게 많은 도움이 되겠다는 생각을 평소에 하고 있었습니다.

이번에 한영도 교수가 집필하여 출간되는 『기업가치 생각하는 경영자를 위한 비즈니스 회계관리』 서적은 기업의 가치창출이 중요한 산업계의 고민을 해결해 주고 경영관리와 회계관리의 훌륭한 지침서 역할을 할 것으로 기대하고 있습니다. 본서 저자인 한영도 교수는 산업계에서 사업기획, 관리회계, 기업가치 평가, 마케팅 등의 업무를 두루 경험하고 기업인수합병 등의 실무경험과 이론적 지식을 갖추고 있는 전문가로서 학계와 산업계에 필요한 실무와 이론적 지식을 체계적으로 정리하고 집필하는 활동을 3년에 걸쳐 했다는 이야기를 들었습니다.

이 책은 산업계의 각 계층의 경영자들이나 기획실무자들, 대학의 재학생 등에게 기업진단, 기업가치평가, 원가기획관리, 사업계획 · 예산과 성과관리 등에 크게 도움이 될 수 있을 것이므로 한번 읽고 이해하고 경영의 길잡이로서 옆에 두고 활용한다면 기업가치 창출에 매우 도움이 될 것입니다. 대한민국의 모든 기업들이 디지털 대전환의 시대에 기업가치 제고를 통하여 고객가치, 주주가치, 종업원의 가치, 더 나아가서 사회적 가치를 더 많이 창출하고 공유하기를 기대하면서 『기업가치 생각하는 경영자를 위한 비즈니스 회계관리』의 일독을 적극적으로 권장하고 추천하고자 합니다.

2022년 10월

주식회사 케이티 대표이사

주현모

머리말

제4차 산업혁명시대가 본격화되면서 기업, 정부 등 모든 조직과 개인은 기존의 고정관념과 틀을 혁신하여 새로운 가치를 창조해야만 생존과 지속가능한 성장을 해 나갈 수 있습니다. 경영환경의 급속한 변화에 맞추어 회계영역도 고객가치의 혁신을 통하여 기업가치의 극대화에 기여할 수 있도록 회계정보에 대한 지금까지의 관점과 생각이 달라져야 합니다. 고도성장기에는 회계정보는 경영성과 중심의 사후적 회계정보 처리에 많은 관심을 갖게 되지만, 인공지능 시대에는 빅데이터 분석과 연계하여 사업모델과 경영혁신을 리드할 수 있도록 회계정보의 이해, 분석, 활용에 중점을 두어야 하며, 투자자와 경영자는 회계정보와 연결된 전후 프로세스의 심층적 분석을 통하여 미래경영이나 미래투자에 대하여 합리적으로 의사결정을 해야 합니다.

일상의 경제활동과 모든 조직활동에 필요한 회계는 투자자나 기업의 임직원, 학생들에게 어렵고 복잡하다는 선입견을 주고 있습니다. 많은 회계학 서적들이 비즈니스 활동과 실제 직접적인 연계성이 떨어지고 회계업무를 담당하는 전문가들을 위한 내용을 중심으로 원가계산 관련 지면 점유비가 전체 평균 52%로 매우 높고 비즈니스 계획이나 예산 27%, 성과관리 관련 부문은 21% 비중을 점유하도록 저술되어 있고 교육하도록 구성되어 있었습니다. 『기업가치 생각하는 경영자를 위한 비즈니스 회계관리』는 회계정보 분석을 통한 기업진단·평가로 경영개선이나 혁신 이슈를 발굴하여 수익창출과 원가절감을 기함은 물론 예산 및 성과관리를 통하여 기업가치를 극대화할 수 있도록 전체 구조를 재편하여 집필하였습니다.

먼저 기업의 현재 건강상태를 확인하기 위해 회계정보를 기반으로 기업진단·평가하는 부문을 신설하여 전체 지면의 36% 점유하고 원가계산부문을 원가기획과 원가관리부문으로 재정의하여 24% 지면으로 축소 조정하였으며 비즈니스 계획, 예산과 성과관리부문을 39%로 확대하였습니다. 경영자가 회계정보 중심으로 전후 프로세스를 이해하여 미래경영이나 미래투자를 생각하고 합리적인 의사결정을 할 수 있도록 "기업진단·평가 → 원가기획 및 관리 → 비즈니스 계획·예산 및 사업관리"의 비즈니스 프로세스에 맞추어 경영자의 의사결정을 지원할 수 있는 이론과 실무중심으로 기술하였습니다. 비즈니스 관리와 연계하여 회계관리 프로세스의 정렬성을 맞추어 비즈니스 활동에 수반되는 경영자원의 흐름을 효율적이고 효과적으로 관리하여 기업가치를 극대화하는 데 있어서 알아야 할 필수적인 내용을 중심으로 비즈니스 관리 및 회계관리 역량을 키울 수 있도록 저술하였습니다.

산업계 경영현장에서 사업기획과 관리, 마케팅, 재무회계 관련 오랜 경영활동 경험과 더불어 대학에서 회계학을 강의하고 있는 본 저자는 대부분의 대학에서 가르치고 있는 원가관리회계 이론과 지식이 산업계에서 필요한 회계적 지식과 실무와는 거리가 있어서 투자자나 경영자, 실무자, 대학 재학생 등에게 기업경영 프로세스와 연계된 경영의사결정을 하는 데 필요한 원가관리회계 이론과 실무를 쉽게 전달해 줄 수 있도록 지난 3년간 준비하고 집필해 왔습니다. 본 저자는 기업경영의 언어인 회계를 투자자, 경영자, 산업체의 임직원, 대학 재학생 등 회계정보이용자들이 쉽게 이용하고 활용하여 각자의 목적을 달성하는 데 적합한 도구가 되어 성공적인 경영과 투자 등에 기여하기를 기대해 봅니다. 『기업가치 생각하는 경영자를 위한 비즈니스 회계관리』는 기존의 원가관리회계 관련 서적과는 달리 경영의 기본원리를 토대로 회계정보를 읽고 이해하고 분석하여 활용할 수 있도록 새롭게 체계와 내용을 재정립하여 다음과 같이 구성하였습니다.

제1부에서는 회계정보와 기업진단 · 평가에 대한 내용을 신설하여 기업가치를 생각하는 경영자가 기업의 현재 경영상황을 파악하여 경영개선이나 혁신을 해 나갈 수 있도록 기술하고 있습니다. 제2부에서는 목표이익의 달성을 통하여 기업가치를 극대화해 나갈 수 있도록 원가기획과 원가관리를 담고 있습니다. 제3부에서는 비즈니스 계획과 성과관리로 비스니스 계획과 예산을 토대로 경영자원을 효율적으로 배분하고 성과평가관리를 통하여 효과적으로 통제할 수 있는 체계와 내용을 기술하고 있습니다.

『미래가치 생각하는 투자자를 위한 비즈니스 회계관리』에 이어서 출판되는 『기업가치 생각하는 경영자를 위한 비즈니스 회계관리』는 기업의 경영자는 물론 기업의 기획담당 실무자, 회계를 처음으로 접하는 대학 재학생들이 보다 더 쉽게 이해하고 많이 활용하여 고객가치와 기업가치를 향상시키는 데 기여하기를 바라는 마음입니다. 본 저서의 집필과정에 많은 도움을 준 상명대학교 홍성태 총장님, 권기환 부총

장님께 감사드리며, 산업계에 필요한 회계지식과 실무에 대해 조언을 해준 ㈜케이티 샛 이경택 상무님, 집필원고 정리에 도움을 준 상명대학교 대학원 석사과정 임대용 군, 글로벌경영학과 이수민, 한지연 학생, 항상 위로와 힘이 되어주고 있는 사위 박근우, 외동딸 한혜수에게도 고마운 마음을 표합니다. 이 책의 출간에 도움을 주시고 본서의 출판을 흔쾌히 동의해 주신 도서출판 시대가치 김광범 대표님, 편집작업을 수고해주신 편집부 직원분들께도 감사의 인사를 드립니다. 끝으로 본 저자가 처음 시도하고 있는 『기업가치 생각하는 경영자를 위한 비즈니스 회계관리(Business Accounting Management)』의 체계와 내용 등에 대하여 더 좋은 서적으로 발전할 수 있도록 학계 교수님들과 산업계의 전문가분들, 그리고 독자분들의 기탄없는 의견과 조언을 부탁드립니다. 감사합니다.

2022. 10. 북한산 기슭 연구실

저자 **한영도**

차 례

‖ 제1부 ‖ 회계정보와 기업진단 · 평가

PART 1

회계정보와 기업진단 · 평가

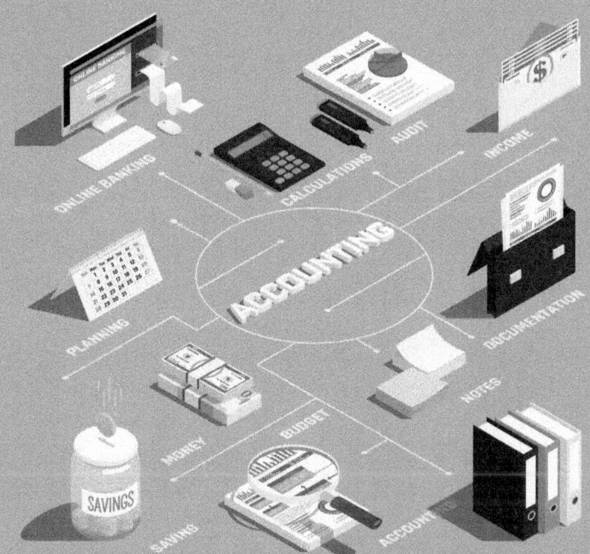

01

회계정보의 이해 및 분석

1. 회계정보과 기업가치
2. 재무제표 이해
3. 재무제표 분석

1 회계정보와 기업가치

회계는 기업경영의 언어로서 기업의 경영활동 계획과 실적을 화폐단위의 숫자로 표시한 것이 회계정보이다. 경영활동의 계획은 예산편성의 과정을 통해서 추정재무제표로 나타나고, 경영활동의 결과는 결산재무제표를 통하여 회계정보가 보고된다. 회계정보는 투자자에게는 기업투자 여부에 대한 평가하는 지표로 활용되고, 기업 내부적으로는 경영평가에 대한 지표로도 사용된다.

기업의 경제성이나 기업가치를 나타내는 회계정보의 분석 결과를 이해하고 잘 활용한다면 투자자는 투자성과를 향상시킬 수 있을 것이며, 경영자는 경영성과를 점검한 후 미래경영의 방향 설정과 기업가치 증대에 큰 도움이 될 것이다. 기업은 경영활동 자금을 조달하여 영업자산을 확보하고 제품이나 서비스를 생산, 판매하여 이익을 창출하는 조직이다. 이러한 과정은 자본의 자산화 → 자산의 수익화 → 이익의 자본화의 선순환을 통하여 기업가치를 극대화해 나갈 수 있을 것이다.

1.1 회계정보의 생산과 활용

기업의 경영활동을 회계적인 측면에서 살펴보면 경영계획은 예산편성, 경영활동은 예산집행, 경영실적 및 확인점검은 예산대비 실적 차이분석, 개선조치는 예산의 수정 및 보완으로 일련의 순환과정을 회계적인 숫자로 기록하고 보고하는 활동과정이라 할 수 있다. 경영관리는 회계적 언어수단을 활용하여 계획된 숫자(예산)와 실적숫자(성과)를 비교하여 그 원인을 규명하고 계획을 수정하는 과정이라 할 수 있다. 경영계획은 기업의 이익목표를 설정하고 전략대안을 개발하여 최적 전략을 선택하고 목표와 전략에 맞추어 각 조직기능별 실행계획을 수립하며 그 결과 예상되는 숫자를 추정재무제표 형태의 회계정보로 표시된다.

경영성과는 각 조직별 경영계획이 실행되면서 제품이나 서비스의 생산, 판매가 이루어지면서 각종 재무적 자원이 유출되거나 유입되는 거래가 발생하고 이런 거래를 기록, 분류, 정리하여 경영활동에 대한 성과를 측정하여 실적 재무제표를 만

그림 1-1 경영계획과 경영성과

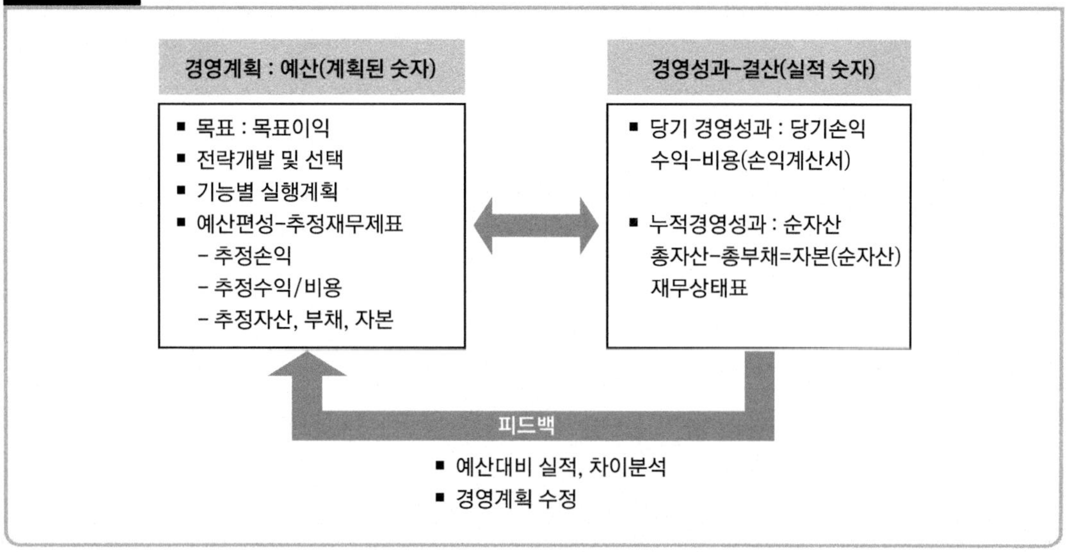

들게 된다. 그것은 경영활동 결과를 나타내는 성과보고서로서 당초 경영계획 대비한 차이분석을 통하여 경영계획을 수정하는 환류 과정으로 진행되면서 경영관리과정이 수행되고 있다.

기업은 인적, 재무적, 물적, 정보 자원 등을 투입하여 영업활동, 투자활동, 재무활동을 수행하여 그 결과 부가가치가 창출되고 재무상태의 변동이 발생하게 된다. 영업활동은 기업의 주력활동으로서 원재료 구매과정, 제조과정, 판매 및 대금회수로 이어지는 일련의 순환과정을 통해 부가가치를 창출하는 기업의 수익 원천이 되는 활동이다. 투자활동은 영업활동에 필요한 공장, 기계설비, 정보시스템 등 유·무형자산을 확보하는 과정과 더불어 잉여자금을 금융자산 등에 투자하는 활동도 포함되며 투자한 자산을 매각하는 경우도 해당된다. 재무활동은 영업활동과 투자활동에 필요한 자금을 조달하고 배당금을 지급하거나 타인자본의 경우 만기에 상환하는 활동을 포함한다.

이러한 경영활동을 수행함에 있어서, 제품의 생산과정에서 원가가 발생하고, 생산된 제품이 판매될 때 수익이 창출된다. 경영활동 과정에서 발생한 수익과 비용의 차이에서 이익을 창출하는 일련의 과정과 자산, 부채, 자본의 증감변동에 대하여 기록하고 정리하여 회계적 정보를 생산하게 된다. 기업의 경영활동은 인적,

그림 1-2 경영관리와 회계정보 생산

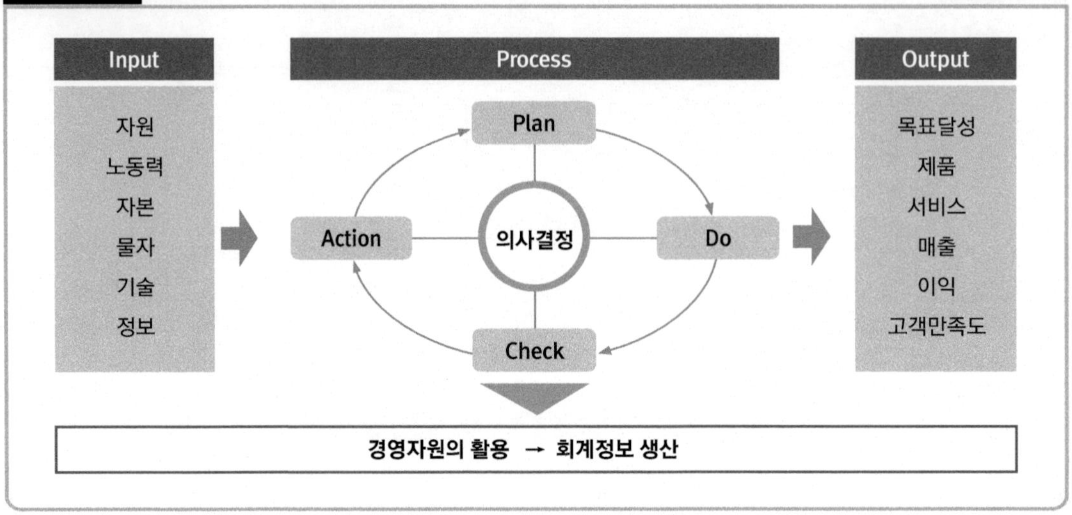

물적, 재무적 자원의 사용과 소비를 통해 이익을 창출하는 활동으로 자원과 프로세스를 효율적이고 효과적으로 관리하여야 한다. 인적, 물적, 정보 등의 경영자원이 투입되고 제품이나 서비스 등으로 변환되는 과정을 걸쳐서 매출액 등의 결과물을 산출하는 과정이 연속해서 반복적으로 진행되게 된다.

조직의 목적이나 목표를 달성하기 위해서는 연구개발, 구매조달, 생산, 마케팅/영업, 인사, 재무 등 여러 가지 기능과 관련 업무를 수행하게 되는데, 이러한 기능과 업무들은 회계정보 등을 활용하여 계획(Plan)-실행(Do)-확인/점검(Check)-개선조치(Action)와 같은 일련의 경영관리과정(management cycle)을 효율적이고 효과적으로 수행하게 된다.

기업의 경영활동, 즉 영업활동, 투자활동, 재무활동에 수반하는 각각의 거래정보가 인식, 측정, 기록, 분류, 요약되는 과정을 거쳐서 경영활동의 결과로 정리되어 회계보고서 형태로 기업의 내·외부 이해관계자들에게 보고된다. 회계정보는 투자자 등 제3자에 의하여 기업투자 여부에 대한 평가를 받는 지표로 활용되고 기업 내부적으로는 경영평가에 대한 지표로도 사용된다. 투자자나 경영자가 회계정보 분석결과를 이해하고 잘 활용한다면 투자자는 투자성과를 향상시킬 수 있을 것이며, 경영자는 경영성과를 점검한 후 기업의 미래경영의 방향 설정과 기업가치를 제고하는 데 큰 도움이 될 것이다.

회계정보를 제대로 이해하고 있지 못한다면 기업을 경영하고 있는 경영자, 회사의 주식에 투자하는 투자자는 합리적인 의사결정을 할 수 없어서 여러 가지 경제적인 손실을 입을 수 있다. 특히 경영자는 단순한 경영실적 숫자를 확인하는 수준에서 끝날 것이 아니라, 회계정보의 분석한 결과를 토대로 역으로 경영자원의 변환과정(process), 경영자원의 투입과정(input)을 면밀하게 분석하여 원가절감이나 수익창출 등의 요인을 발굴하고 경영혁신의 정보로 활용한다면 기업경영의 위험을 사전에 방지하고 기업가치를 향상시키는 데 유용한 수단이 될 것이다.

1.2 비즈니스 모델 혁신기반 이익 창출

기업은 새로운 제품이나 서비스를 고객에게 제공하는 영업활동으로 이익을 창출하고 있는데, 산업사회에서의 경영자들은 경쟁자와 차별화되는 제품을 개발하기 위해 노력해 왔지만 인공지능과 디지털 대전환의 지능정보사회에는 단순히 새로운 제품의 제공만으로는 성장의 한계적 상황에 부딪힐 수 있다. 오늘날 많은 기업들은 고객의 니즈와 원츠(needs and wants)를 기반으로 새로운 제품과 서비스 가치를 제공하고 이익을 획득하는 비즈니스 모델에 대한 혁신에 많은 관심을 갖고 있다. 비즈니스 모델은 고객에게 어떤 가치를 제공하여 이익을 창출하는 방식이다. 같은 제품이나 서비스일지라도 이익을 창출하는 비즈니스 모델은 다를 수 있으며, 제품이나 역량 차원에서의 경쟁을 넘어서 서로 다른 비즈니스 모델 간의 경쟁이 이루어지고 있다. 특히 인공지능 및 디지털 혁신기술은 제품이나 서비스 자체를 넘어서 비즈니스 모델의 근본적인 혁신이 요구되고 있으며, 고객에게 무슨 가치를 어떤 방식을 통하여 제공할 것인지에 대하여 결정하고 시장에서 기업이 어떻게 이윤을 창출하는지가 중요한 요인으로 작용하고 있다.

기업에서의 이익창출은 제품이나 서비스를 잘 만들어 잘 판매가 될 수 있도록 하는 비즈니스 모델의 경쟁력이 매출을 좌우하는 결정적 요소이다. 비즈니스 모델 기반의 매출 창출에 투입되는 원가요소의 경쟁력에 따라서 이익창출 규모에 크게 영향을 받게 된다. 따라서 기업의 이익 창출과 기업가치 증대 메커니즘은 그 기업의 비즈니스 모델에 의하여 제공되는 제품이나 서비스의 가격과 원가가 고객에게 얼마나 큰 가치를 제공해 주느냐에 달려 있다.

그림 1-3 비즈니스 모델 혁신 기반 이익 창출

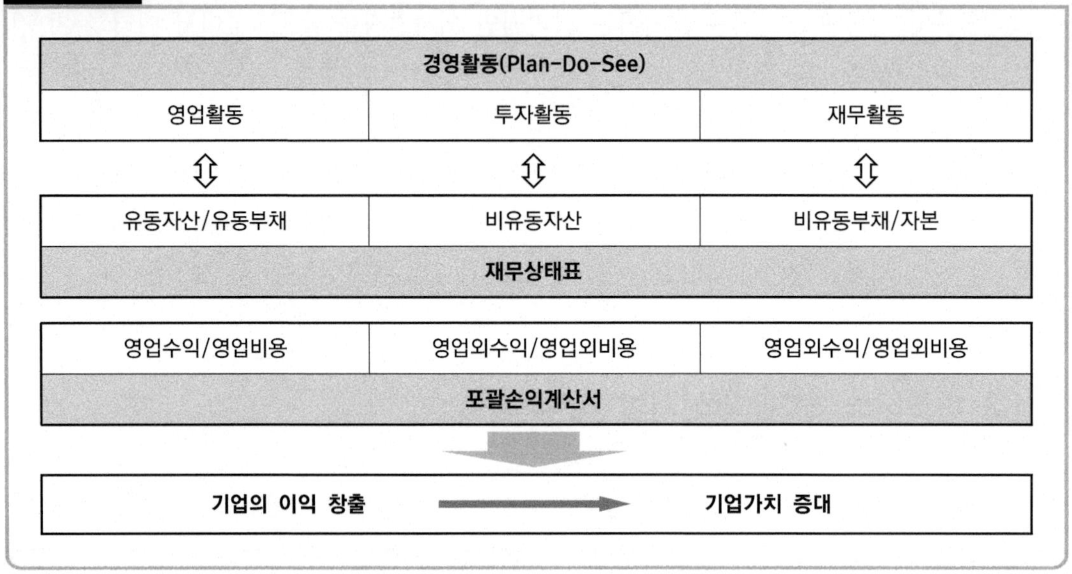

이제 기업혁신의 대상은 단순히 제품이나 서비스에서 비즈니스 모델 자체가 된 것이다. 기업의 경영활동은 비즈니스 모델을 구성하는 여러 가지 요소들을 다각도에서 새롭게 연결하고 결합하고 혁신하여 차별화된 가치를 창출해 내는 것이다. 비즈니스 모델 기반의 각종 경영활동은 계획 - 실행 - 평가의 순환과정을 통하여 회계정보로 생산되어 재무제표라는 보고서로 기업 내 · 외부의 이해관계자들의 의사결정에 활용되고 있다.

기업들은 비즈니스 모델 혁신을 통해 급변하는 경영환경에서 경쟁우위를 강화해 한 차원 더 높은 가치를 창출할 수 있다. 기업들은 제품이나 서비스의 개별적 관점을 넘어서 통합적 관점에서 가치창출 방법의 혁신을 추구하면서, 수익 창출 및 사업 수행 방식과 같은 전반적 혁신방법으로 비즈니스 모델 혁신이 일어나야 할 것이다. 비즈니스 모델의 경쟁력은 고객가치 관점에 집중하여 다양한 고객 유형에 따라 차별적 가치를 제공하여 지속적인 수익을 창출할 수 있느냐에 달려 있다. 이러한 비즈니스 모델 혁신은 기능분야의 혁신을 통한 성과향상 방식인 경영혁신과는 달리 사업수행 방식 자체를 전반적으로 차별화한다는 차이점이 있다. 비즈니스 모델의 혁신을 통하여 경쟁우위력을 지속적으로 확보할 수 있도록 영업활동, 투자활동, 재무활동이 수행되어야 할 것이고, 이러한 활동결과가 회계정보

표 1-1 비즈니스 모델 혁신시기에 대한 평가 체크리스트

구분	세부 체크리스트	Yes	No
사업의 포화	• 지금보다 월등한 성장과 수익성을 원하는가? • 사업의 장기적인 마진이 현재 수준에 비해 낮은가? • 신규 비즈니스 모델을 도입한 경쟁자들이 시장점유율을 크게 확대하고 있는가?		
가치제안의 손상	• 고객이 기꺼이 비용을 지불할 의사가 있지만 실제로는 충족되지 않고 있는 니즈가 있는가? • 가격프리미엄을 추구하기가 점점 어려워지는가?		
차별화의 약화	• 가치제안의 차별화가 점점 어려운기?		
기업의 시야 제한	• 참여할 수 있는 가장 큰 시장이 어디인지 알고 있는가? • 경영진은 자사의 핵심사업을 손상시킬 수 있는 5가지 위협을 알고 있는가? • 지난 1년간 비즈니스 모델 혁신에 대해 경영진의 핵심논의 사항이 있었나?		
업계를 뒤흔드는 변화방향	• 현재 혹은 장래에 영향을 미칠 업계 규제변화가 있는가? • 업계에 파급효과가 큰 기술적 변화가 있는가?		

로서 생산되어 투자자나 경영자의 의사결정에 활용되어야 할 것이다.

기업의 비즈니스 모델은 사업환경의 변화에 따라서 지속적인 혁신을 요구받고 있다. 비즈니스 모델 혁신은 시장 상황을 파악하여 여러 가지 측면에서 현재의 비즈니스 모델을 진단, 평가하여 진화시켜나가야 할 것이다. 비즈니스 모델 혁신시기에 대한 평가 체크리스트[1]는 〈표 1-1〉과 같다.

또한 비즈니스 모델의 혁신은 기업의 미래에 생존과 지속가능한 성장의 토대가 되고 지속적인 이익창출로 기업가치를 제고할 수 있게 한다. 미래의 기업경쟁력은 기존 비즈니스 모델을 고객과 시장의 변화에 맞추어 인공지능 등 디지털 신기술을 적용하여 새롭게 가치혁신을 할 수 있느냐에 달려 있다.

1) 출처: 이병남(2011), 비즈니스 모델 혁신이 필요한 때인가 평가하기 위한 체크리스트, 동아비즈니스 리뷰.

1.3 기업가치 증대

기업은 창업과 더불어 계속기업으로서 지속적으로 생존과 성장·발전을 추구해 나가야 한다. 기업의 생존과 성장의 본질은 고객가치 창출을 통한 지속적으로 이익을 창출하고 잉여이익을 축적하여 기업가치를 극대화해 나가는 것이다.

기업이란 자기자본이나 타인자본의 조달을 통하여 설비자산을 구축하고 제품 등 다양한 수익성 자산 형태로 변환하여 고객에게 가치를 제공함으로써 이익을 창출하는 시스템이다. 기업의 경영활동은 이익을 창출하기 위하여 계획 - 실행 - 평가의 경영관리 사이클에 맞추어 영업활동, 투자활동, 재무활동을 수행하여 고객의 가치창출을 통하여 기업의 이익을 창출하게 한다. 그 창출된 이익의 일부는 주주에게 배당하고 나머지는 기업 내부자본으로 축적하고 있다가 신규투자 등이 필요한 경우에 투자재원으로 활용하여 새로운 이익을 지속적으로 창출하면서 기업가치가 지속적으로 증대하게 된다.

기업의 경영활동 결과로 남은 잉여이익은 기업의 자산과 자본의 형태로 축적하게 되고 기업가치를 결정하는 데 핵심적인 요인이 된다. 기업가치는 [그림 1-4]와 같이 영업활동에서 창출되는 수익성에 기초한 잉여현금흐름을 최적 재무구조에 기초한 자본비용으로 할인한 순현재가치를 의미하는 것으로 현재와 미래의 현금창출능력과 사업이나 재무리스크 등의 자본비용에 의해 결정되게 된다. 경영을

그림 1-4 기업가치 창출

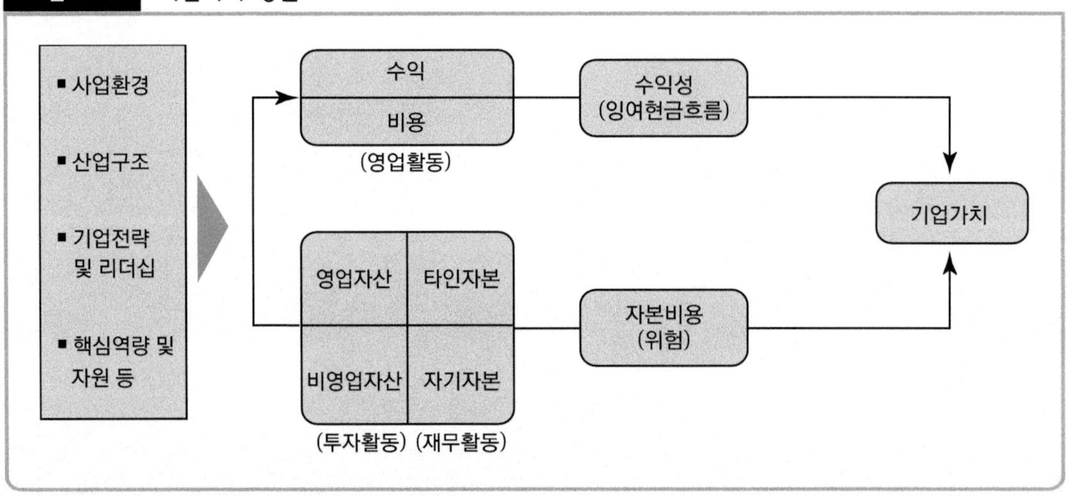

잘하고 있는 기업들은 일정 규모 이상의 이익이 지속적으로 창출되고 기업의 경쟁력이 강하다면 신용평가 등급이 우수하여 낮은 자본비용으로 자본조달이 가능하기에 수익성이 더 향상되고 더 높은 수익성은 다시 자본조달 비용을 낮추는 선순환효과로 인하여 기업가치는 더욱 증가할 수 있을 것이다.

기업의 경영활동 결과는 경영성과로 손익계산서에 나타나고 창출한 이익은 재무상태표에 해당 기업의 자산과 자본으로 축적된다. 이익을 창출해 내지 못하는 기업은 상품시장, 노동시장, 자본시장에서 고객들로부터 외면을 받게 되고 상품의 재고가 쌓이고 인력과 자본이 이탈하여 부실기업으로 전환될 것이다. 기업의 생존과 지속가능한 성장을 위해서는 사업환경 변화에 맞추어 비즈니스 모델의 지속적인 혁신과 더불어 경영관리에 있어서 혁신이 필요하다.

정상적인 기업의 경영은 재무활동으로 조달된 자금이 비유동자산 등 자산화되는 투자활동으로 이어지고 영업활동으로 만들어진 제품 등의 재고자산은 판매로 수익화가 되며 여기서 창출된 이익은 자본화로 이어지는 선순환을 하게 된다. 기업가치는 사업모델의 경쟁우위력을 기반으로 높은 이익이 지속적으로 실현되고 투자된 자본에 대한 이익률과 수익 성장률을 지속적으로 유지해 나갈 수 있다면 극대화될 수 있을 것이다.

2 재무제표 이해

재무제표는 기업의 재무상태와 경영성과 등을 나타내는 재무보고서로서 기업 경영활동 결과보고서이다. 재무상태표는 특정시점의 기업의 재무상태, 즉 자산, 부채, 자본의 상태를 나타내는 표이므로 자본의 구성이나 자산의 특성을 알 수 있고 자금의 조달원천과 자금의 운용을 확인할 수 있다. 포괄손익계산서는 일정 기간 동안의 경영성과인 손익을 나타내며 기업에서 획득한 수익과 이에 대응한 비용항목의 내역을 알 수 있다. 기업의 회계처리와 보고서의 작성은 기본적으로 발생주의원칙에 따라 처리되나 현금주의로 작성되는 현금흐름표는 일정 기간 동안의 기업의 현금이 어떻게 유입되고 유출되었는지 현재 남은 현금은 얼마인지를 알 수 있다. 자본변동표는 일정 기간 동안의 자본항목의 증감변동 내역을 표시한 보고서로서 배당, 증자 등으로 자본의 증감변동을 표시한다. 주석은 기업의 회계정책, 재무제표를 이해하는 데 필요한 상세정보를 표시하고 있다. 재무제표의 숫자를 보고 이해가 되지 않는 경우에는 주석을 통해서 세부적인 사항을 더 파악하여 이해하는 데 도움이 된다. 재무제표의 작성은 기본적으로 보고식으로 작성되고 외부 전문회계법인의 회계감사를 통하여 재무제표를 검증받은 후 주주총회에 보고하고 외부에 공시하게 된다.

2.1 재무상태표의 이해

재무상태표는 기업경영에 필요한 자금의 조달과 조달된 자금을 운용한 결과를 나타내는 것이다. 재무상태표의 대변에는 자본 조달의 원천을 나타내는 부채와 자본, 차변에는 자금의 운용을 나타내는 자산이 표시되어 대차대조표라고도 한다. 기업의 경영활동에 필요한 자금의 규모가 어느 정도인가와 그 필요자금을 차입할 것인가 아니면 주식을 발행하여 조달할 것인가에 따라서 자금의 조달은 부채나 자본으로 나타나게 된다. 기업에서 자금을 조달하는 방식에는 남의 자금인 타인자본인 부채, 나의 자금인 자기자본인 자본으로 구분되며 타인자본과 자기자본을 합한 것을 총자본이라 한다.

부채의 경우에는 1년 이내에 지급해야 할 의무가 있는 유동부채와 지급이나 상환기간이 1년 이상인 비유동부채로 구분할 수 있다. 기업에 조달된 자금은 제품이나 서비스의 생산에 필요한 각종 설비나 고정자산을 확보하고, 제품이나 서비스 생산을 위한 원재료를 구매하여 생산활동을 하고, 완성된 제품이 판매될 경우에는 현금이나 매출채권으로 전환되고, 판매되지 않을 경우에는 재고자산으로 보유하게 된다. 자산은 1년 이내에 현금화가 가능한 유동자산과 장기간에 걸쳐 사용되는 비유동자산으로 구분된다.

재무상태표에서 대변의 자금의 조달금액과 차변의 조달된 자금의 운용금액은 복식부기의 원리에 따라 반드시 일치하게 된다. 자금조달과 운용의 균형은 사업의 자금과 경영활동과의 균형을 의미하는 것인데, 회사의 외적 확대와 성장전략을 추구한 나머지 자금부족으로 유동성 위기에 몰려 불황기에는 흑자도산이 발생하는 경우가 많다. 기업의 경영자는 기업경영에 필요한 소요자금과 자금의 조달 방안, 자금의 조달과 운용의 균형 유지에 대하여 올바르게 판단하고 의사결정을 하여야 한다.

> 자금의 운용(자산) = 자금의 조달(타인자본 + 자기자본)
> 재무상태표 자산 = 부채 + 자본

재무상태표는 정보이용자들이 기업실체의 유동성, 재무적 탄력성, 수익성과 위험 등을 평가하는 데 유용한 정보를 제공한다. 예를 들어, 자산과 부채의 항목이 재무상태표에 그 유동성 정도에 따라 적절히 구분 표시되거나 영업활동과 재무활동의 구분을 고려하여 보고된다면 정보이용자의 의사결정에 보다 유용할 수 있다. 재무상태표의 차변 자금의 운용, 대변 자금의 조달에 대하여 세부적인 내용을 읽고 이해하여 활용할 수 있도록 세부적 사항을 살펴보고자 한다.

■ **자금조달의 원천**

기업의 자금조달 원천은 기업의 내부자금과 외부자금의 두 가지로 크게 나눌 수 있으며, 자기자본과 타인자본의 균형적 구조를 유지하는 것이 재무안정성을 확보할 수 있다. 기업 내부자금은 영업활동으로 발생한 당기순이익 중 주주에게 배당한 뒤 남아서 내부에 적립해 둔 각종 적립금을 말한다. 이것은 이자 등 조달비용이 들지 않고 자금의 사용기간에도 제약이 없어 기업 입장에서는 매우 안정적이고 유리한 자금조달 수단이 된다.

그러나 내부자금만으로 미래투자에 필요한 대규모 투자자금을 조달하기에는 한계가 있으므로 기업들은 부족한 자금을 외부로부터 조달하지 않을 수 없다. 외부자금은 조달방식에 따라 직접금융과 간접금융이 있다. 직접금융은 기업이 자본시장에서 주식 및 채권 발행 등을 통해 조달하는 방식이고, 간접금융은 은행 같은 금융기관에서 자금을 차입하는 것이다.

기업이 회사채 등 채권을 발행하면 신용등급에 따라 이자를 지급하고 만기에 원금을 상환해야 하는데 금융기관에서 자금을 빌린 것과 유사하다. 반면 주식 발행은 원금을 상환할 필요가 없고 이익의 일부를 배당금으로 지급하면 된다. 기업 입장에서는 주식 발행을 통한 자금조달이 채권 발행이나 금융기관 차입보다 안정

표 1-2 자금조달

구분	내부자금조달	외부자금조달
조달원천	내부금융: 이익적립금	주식, 사채, 차입금
금융비용	없음	주식: 이익발생시 배당금 사채/차입금: 이자
상환기한	없음	주식: 없음 사채/차입금: 만기일 상환

적인 조달방법이나 주주들로부터 과도한 배당금을 요구받거나 경영 간섭이나 통제를 받게 된다.

반면에 차입금이나 채권 발행은 세금을 계산할 때 기업의 이익에서 이자비용이 공제되므로 세부담이 줄어드는 이점이 있으나 기업 부채의 규모가 너무 커지면 금리가 오르거나 금융시장 여건이 나빠질 때 원리금을 상환하지 못할 위험이 있다. 또한 금융기관으로부터 차입하는 방식은 단순해 보이지만 금융기관은 고객이 맡긴 예금을 이용해 대출을 해야 하므로 대출 규모에 제약이 있고, 차입금과 이자의 상환능력을 심사하며 신용이 부족할 경우 부동산과 같은 담보를 요구하게 된다.

기업이 신규사업이나 신규시장 개척 등 사업을 확장할 경우 대규모 자금이 소요되기 때문에 부채, 타인자본을 활용할 수밖에 없는 경우가 많이 발생한다. 이 경우 자본의 운용목적에 적합한 자금조달 방법을 선택하고 자본의 조달비용과 자금의 규모를 고려하여 부채와 자본 간의 최적 조합을 맞추는 것이 바람직하다고 할 수 있다.

자기자본이나 1년 이상 장기간 이용할 수 있는 장기차입금 · 사채와 같은 비유동부채는 설비투자 등 장기적 투자에 활용한다. 과학기술의 급속한 발달과 기술혁신에 의한 신규사업자의 진입 등으로 제품의 수명주기가 단축되면서 신규 설비의 도입과 투자가 증가되고 있다. 과도한 신규설비투자는 감가상각비와 이자비용을 증가시키면서 이익을 감소시킬 수 있으므로 설비투자의 규모와 자금조달 간의 균형적 관계와 투자설비의 생산성을 고려한 투자의사결정이 요구된다. 설비투자는 생산성 향상이나 원가절감을 위한 대체투자, 사업규모 확장을 위한 확장투자, 신제품이나 신사업개발을 위한 개발투자, 탄소배출 방지 등의 목적을 위한 전략투자로 나눌 수 있다. 이러한 투자의 경우 거액의 투자자금을 조달하는 대신 리스회사로부터 관련설비를 빌려서 사용하는 기업도 많이 있다. 단기차입금, 매입채무, 지급어음과 같이 단기간 이용할 수 있는 유동부채는 지급할 수 있는 현금 등의 유동자산을 적정수준으로 보유하고 있어야 한다. 모든 기업은 산업이나 업종에 불문하고 자금조달 측면에서 안정성을 확보하기 위해 일정 수준 이상의 자기자본을 유지하여야 하고 자금회수기간이 장기간 소요되는 생산설비투자는 자기자본이나 비유동부채로 조달하여 운용하는 것이 바람직하다.

■ 자금의 운용

기업은 조달된 자금을 활용하여 각종 자산을 취득하여 부가가치를 창출하는 조직이다. 기업이 조달한 자금을 어떻게 운용하느냐에 따라서 손익계산서와 재무상태표에 그대로 반영되게 된다. 우선적으로 제품이나 서비스의 생산과 판매에 필요한 설비자산에 투자를 하게 된다. 대규모의 자금이 장기간에 걸쳐서 회수되기에 설비투자에 대한 잘못된 의사결정은 회사를 위기에 빠지게 할 수 있다. 따라서 설비투자의 수익성에 대하여 사전에 충분히 검토하여 설비투자 결정을 하여야 한다. 일반적으로 설비투자는 자기자본이나 장기차입금 및 사채와 같은 비유동부채로 조달하여 충당하게 된다. 이 경우 자금운용과 조달의 균형 유지가 중요한 문제이고 투자한 설비로 인한 생산성이나 수익성 등으로 투자설비의 활용성을 파악하여 설비투자의 사후관리를 해 나가야 한다.

비유동비율 = 비유동자산/자기자본×100
비유동장기적합률 = 비유동자산/(자기자본+비유동부채)×100
비유동자산회전율 = 매출액/비유동자산

자산 중에서 많은 부분을 차지하고 있는 것이 매출채권, 재고자산, 비유동자산으로 이들 3가지 자산을 어떻게 관리하느냐에 따라서 자금의 흐름에 영향을 미치게 된다. 매출채권은 현금으로 회수되어야만 이익이 현금으로 실제 실현되고 회수가 되지 않는다면 발생한 이익기준으로 배당 등을 실시하게 되므로 최악의 경우 자금의 부족현상을 겪게 될 수 있다. 재고자산은 제조기업의 경우 원재료 중에서 생산에 투입되지 않은 재료, 생산 중에 있는 미완성제품, 판매되지 않고 창고에 보관 중인 제품으로, 원가는 투입되었으나 판매가 되지 않아 현금회수가 되지 않는 것으로 과다 재고자산을 보유할 경우 현금흐름에 악영향을 줄 수 있다.

일정 시점에서 기업의 재무상태, 즉 자산, 부채, 자본을 나타내는 보고서인 재무상태표는 자산이나 부채의 구분과 배열은 유동성 기준으로 구분하고 배열하여 표시한다. 자산의 경우에는 1년 이내에 현금화할 수 있는지 여부에 따라 유동자산과 비유동자산으로 구분하여 배열하고 표시하며, 부채의 경우에는 1년 이내에 상환 여부에 따라 유동부채와 비유동부채로 구분하여 배열하고 표시한다.

재무상태표는 수정후시산표를 활용하여 주주총회 보고와 외부 이해관계자들에게 정보를 제공해 주기 위하여 위에서 아래로 자산계정, 부채계정, 자본계정으로 배열하여 보고식으로 작성하게 된다.

예제 1-1

더나은미래㈜의 202×년 12월 31일 수정후시산표의 재무상태에 관한 정보를 활용하여 보고식 재무상태표를 작성하세요. (단, 단위는 천원)

현금및예금	350,000	매출채권	150,000	대손충당금	20,000	선급금	10,000
재고자산	50,000	소모품	10,000	건물	500,000	기계장치	200,000
유형자산감가상각누계액	140,000			매입채무	110,000	미지급금	50,000
차입금	200,000	선수금	50,000	퇴직급여충당부채	150,000		
자본금	200,000	이익준비금	200,000	미처분이익잉여금	150,000		

풀이

재무상태표

202×년 12월 21일 현재 (단위: 천원)

자산	
유동자산	
현금 및 예금	350,000
매출채권	150,000
대손충당금	(20,000)
재고자산	50,000
소모품	10,000
선급금	10,000
비유동자산	
건물	500,000
기계장치	200,000
유형자산감가상각누계액	(140,000)
자산총계	1,110,000

부채	
유동부채	
매입채무	110,000
미지급금	50,000
차입금	200,000
선수금	50,000
퇴직급여충당부채	150,000
부채총계	560,000
자본	
자본금	200,000
이익잉여금	
미처분이익잉여금	150,000
이익준비금	200,000
자본총계	550,000
부채와 자본총계	1,110,000

■ 재무상태표의 핵심 포인트

재무상태표는 일정 시점에서의 기업의 자산, 부채와 자본의 상태를 보여주는 보고서로서 해당 기업의 부의 규모를 나타내기도 한다. 기업은 이익을 창출하는 조직으로 자금을 조달하여 제품 또는 서비스를 생산·판매할 수 있는 시스템을 갖추고 제품과 서비스를 생산하여 일정 규모의 이익을 부가하여 판매함으로써 이익을 창출하고 있다. 재무상태표는 자금의 조달과 운용결과를 보여주는 것으로 자금의 조달은 자기자금과 타인자금으로 크게 나눌 수 있으며 동시에 조달된 자금은 제품이나 서비스의 생산에 필요한 자산인 비유동자산과 생산된 제품의 판매 등을 통하여 현금, 매출채권 등의 유동자산의 형태로 전환되어 운용되고 있다.

재무상태표에서는 자기자본과 타인자본을 합산한 총자본규모를 파악하고 자기자본 대비 타인자본의 구성비로써 재무구조의 안정성을 점검해야 한다. 부채는 장기부채와 단기부채, 상거래에서 발생한 영업부채와 자금융통을 위한 금융부채로 나누어서 유동성의 한계에 직면하지 않도록 관리하고, 단기채무의 상환능력은 유동부채와 유동자산을 비교해서 점검해 볼 필요가 있다. 조달자금의 운용적 측면에서 비유동자산과 장기부채, 자기자본 등의 장기성 자금과 균형을 이루고 자금조달 원천별 자본비용을 고려하여 부족자금을 조달하여야 한다. 기업의 자본비

표 1-3 재무상태표의 핵심 포인트

구분	주요 활동	핵심 포인트
• 유동자산	영업활동	-유동자산과 비유동자산의 적정한 구성인가?
현금	-판매 및 구매	
매출채권	-판매	
재고자산	-구매 및 생산	-재고자산과 매출채권 표시가 적절한가?.
• 비유동자산	투자활동	-영업자산과 비영업자산의 구성이 적정한가? -산업특성에 따른 비유동자산이 적정한가?
투자자산	투자활동	-수익창출 없는 유휴 투자자산이 존재하는가?
유형자산	투자활동	
무형자산	투자활동	
자산 총액		
• 유동부채	영업활동	-유동자산과 연계한 유동성 비율이 적정한가?
매입채무	-구매	-영업부채와 금융부채의 규모가 적정한가?
미지급비용	-생산	
선수금	-판매	
• 비유동부채	재무활동	-단 · 장기 부채, 금융부채 수준이 적정한가?
사채		-자본구조(부채비율)가 적정한가? -자금조달비용이 적정한가?
장기차입금		-유형(비유동)자산과 장기성자금이 균형적인가?
• 자본	재무활동	-자기자본의 수익성은 적정한가?
자본금		-총자본 대비 자기자본비율이 적정한가?
자본잉여금		
이익잉여금		
부채 및 자본 총액		

용은 기업의 신용수준에 따라 상이하므로 해당 기업의 신용등급도 별도 관리가 필요하다. 또한 비유동자산은 정상적인 기업이라면 증가추세에 있는 것이 바람직한 방향이나 감소되고 있다면 이에 대해서도 점검과 대응이 필요할 것이다.

2.2 (포괄)손익계산서의 이해

손익계산서는 기업이 일정한 기간 동안에 사업활동을 수행하면서 획득한 수익과 이에 수반하여 지출된 비용을 차감하고 남은 이익을 나타내는 표이다. 기업이

표 1-4 손익계산서의 핵심 포인트

구분	주요 활동	핵심 포인트
매출액 매출원가	영업활동 (판매/구매/생산)	-매출액 성장추세가 어떤가? -매출원가의 비율이 적정한가?
매출총이익 판매관리비	영업활동 (판매/경영관리)	-매출총이익률의 변동이 어떠한가? -판매비, 일반관리비의 비중은?
영업이익 영업외수익 영업외비용	투자활동 재무활동	-최근 영업이익의 성장성은? -영업외수익은 어떠한가? -이자비용을 영업이익으로 보상가능한가?
법인세비용차감전순이익 법인세비용	영업활동 (경영관리)	
당기순이익		-당기순이익은 증가하고 있는가?

일정 기간 동안 창출한 이익은 일정 기간 동안 기업의 경영활동 결과에 대한 성과로서 경영자의 경영성적표라 할 수 있다. 당해 회계기간의 경영성과를 나타낼 뿐만 아니라 기업의 미래현금흐름과 수익창출능력 등의 예측에 유용한 정보를 제공한다. 포괄손익계산서는 기타포괄손익 및 총포괄손익이 있다는 것이 손익계산서와의 차이점이다.

수익은 제품 또는 서비스를 생산하여 판매를 통해서 획득하는 수입을 말하고, 수익을 얻기 위해 지출된 자원을 비용이라 한다. 기업의 1차적인 목적이 이익의 극대화에 있기에 기업의 모든 경영의사결정이나 경영활동은 이익 창출에 집중되어 있다. 기업에서 이익은 수익을 극대화하고 비용을 극소화할 수 있다면 최대한 창출할 수 있다.

$$\begin{aligned}\text{이익(Profit)} &= \text{수익(Revenue)} - \text{비용(Expense)} \\ &= (\text{판매가격} \times \text{판매수량}) - (\text{매출원가} + \text{판매관리비 등})\end{aligned}$$

매출액에서 비용에 해당되는 매출원가와 판매비 및 관리비를 차감하고 남은 금액이 영업이익이 된다. 영업외수익과 영업외비용, 법인세를 차감한 금액이 당기순이익이 된다. 영업이익을 냈다고 하더라도 만약 기업이 부채가 많아 금융비용에 대한 부담이 크다면 당기순이익은 적자를 낼 수 있다. 즉, 영업을 해서 은행이자도 못 번 셈이 되는 것이다.

매출원가는 매출액을 얻기 위해 일차적으로 투입되는 원가, 즉 판매된 제품이나 서비스의 제조원가로 제조기업의 경우 제품제조원가이며 직접재료원가, 직접노무원가, 제조간접원가로 구성된다.

판매비와 관리비는 판매나 일반 관리활동을 목적으로 발생되는 비용으로 주로 영업조직 또는 전사 지원 부서에서 발생하는 비용을 의미한다. 일정 기간의 급여 및 복리후생비, 광고선전비, 운반비, 감가상각비, 기타 비용 등으로 구성된다. 영업외손익은 투자 및 재무활동을 통하여 발생하는 것으로 이자비용, 각종 금융자산손익, 환율변동 관련 손익, 유형자산평가손익, 유형자산매각손익 등이 해당된다.

포괄손익은 주주와 자본거래를 제외한 모든 거래나 자본의 변동액을 의미한다. 주주와의 자본거래를 제외한 순자산의 변동을 측정하기 위한 목적으로 작성이 되는데 당기순이익(손실)과 기타포괄손익의 합으로 구성된다. 기타포괄손익은 주로 보유손익으로 유형자산평가손익이나 기타포괄손익-공정가치 금융자산의 평가손익 등이 해당된다.

매출총이익 = 매출액 − 매출원가
영업이익 = 매출총이익 − 판매비와 관리비
법인세비용차감전순이익 = 영업이익 + 영업외수익 − 영업외비용
당기순이익 = 법인세비용차감전순이익 − 법인세비용
총포괄이익 = 당기순이익 + 기타포괄손익

손익계산서를 통해서 수익성, 활동성, 성장성을 분석할 수 있다. 수익성은 기업의 성과에 대해 살펴볼 때 주로 많이 보는데, 영업이익, 당기순이익 등은 일정 기간의 기업의 경영성과를 의미한다. 예를 들어, 기업이 1년 동안 경영활동을 해서 영업이익을 내지 못하고 적자를 냈거나, 이자비용조차도 못 냈다면 그 기업은 1년 동안 성과가 부진한 것을 의미한다. 수익성은 단순히 이익액이 얼마인지도 중요하지만 결국은 이익률이 얼마인지가 중요하다. 매출기준 영업이익률, 자기자본 순이익률, 총자산 순이익률 등의 항목을 통해 측정된다. 특히, 자기자본 순이익률이나 총자본 순이익률 등의 분석은 손익계산서만을 가지고 기업의 활동을 분석하는 것이 아니라 재무상태표상의 관련항목들을 기준으로 이익률을 분석할 수 있다.

활동성은 자원을 얼마나 효율적으로 활용하는지를 측정하는 것이다. 활동성 분석에 대한 항목들은 총자산이 1년 동안 몇 번이나 회전했는지를 측정하는 총자산회전율, 주주가 투자한 자본의 활용도를 측정하는 자기자본회전율, 재고자산이 일정 기간 당좌자산으로 몇 번이나 전환되었는지를 측정하는 재고자산회전율 등이 대표적인 분석항목들이다. 특히, 재고자산회전율의 경우, 그 수치가 높다면 적은 재고자산으로 판매활동을 잘했다고 평가할 수 있다.

성장성은 기업의 경쟁력이나 미래수익 창출능력을 간접적으로 나타내는 지표이기 때문에 의미가 있다. 대표적인 지표로는 외형적 성장을 판단하는 매출증가율, 총자산증가율, 장부가치 기준으로 주주의 재산이 얼마나 늘었는지를 판단할 수 있는 자기자본증가율, 실질적인 성장세를 의미하는 순이익증가율 및 주당순이익증가율 등이 있다

포괄손익계산서(statement of comprehensive income)는 원칙중심과 포괄주의에 입각해 수익과 비용을 항목별로 구분표시하여 당기순이익을 산출한다. 수익은 매출액, 영업외수익 등으로 나눌 수 있으며, 비용은 매출원가, 판매비와 관리비, 영업외비용, 법인세비용 등으로 나눌 수 있다. 일정 기간 경영활동에서 발생한 순손익과 기업이 보유한 비유동자산이나 부채의 가치 변동에 따른 평가손익인 기타포괄손익을 포괄하여 작성한 보고서이다. 매출수익에서 매출원가 및 판매관리비를 차감한 영업손익을 포괄손익계산서에 구분하여 표시하고 기타포괄손익과 합하여 총포괄손익으로 표시한다.

예제 1-2

더나은미래㈜의 202×년 12월 31일 수정후시산표의 수익과 비용에 관한 정보를 활용하여 보고식 손익계산서를 작성하세요. (단, 단위는 천원임)

매출액	1,500,000	매출원가	1,050,000	기타수익	20,000	판매촉진비	50,000
광고료	10,000	판매수수료	50,000	판매성과급	50,000	대손상각	5,000
사무직급여	40,000	감가상각비	10,000	보험료	10,000	전기통신료	5,000
소모품비	5,000	교육훈련비	10,000	복리후생비	20,000	기타 비용	10,000
법인세비용	16,000	기타포괄손익인식 금융자산평가익	50,000				
유형자산재평가익	20,000						

풀이

포괄손익계산서

202×.1.1~202×.12.31

수익(매출액)	1,500,000
매출원가	1,050,000
매출총이익	450,000
판매비와 관리비	265,000
영업이익	185,000
기타수익	20,000
기타비용	(10,000)
법인세비용차감전순이익	195,000
법인세비용	16,000
당기순이익	179,000
기타포괄손익	
FVOCI금융자산 평가이익	50,000
유형자산 재평가이익	20,000
포괄손익	249,000

* 판매비와 관리비: 판매촉진비, 광고료, 판매수수료, 판매성과급, 대손상각비, 사무직급여, 감가상각비, 보험료, 전기통신료, 소모품비, 교육훈련비, 복리후생비

2.3 현금흐름표의 이해

기업의 현금흐름이 막히면 사람에 있어서 혈액의 흐름이 막히는 것과 같이 매우 위험한 상황을 초래할 수 있다. 현금흐름표는 기업의 일정 기간 경영활동을 통하여 발생하는 현금의 유입과 현금의 유출을 나타내는 보고서이다. 현금흐름표를 통하여 기업의 미래현금흐름을 예측해 볼 수 있고 당기순이익의 질적 특성을 파악할 수 있다. 재무상태표의 기초현금액을 기초로 회계기간 동안에 경영활동을 통해 현금유입과 유출이 빈번히 발생하여 증감 변화하여 기말현금잔액이 된다. 이러한 기초현금에서 기말현금으로의 현금의 증감에 대한 세부적인 내역을 현금증감 변화의 원천별, 즉 영업활동, 투자활동, 재무활동으로 나누어 현금흐름을 파악할 수 있다.

기업의 현금흐름은 영업활동으로부터 현금흐름, 투자활동으로부터 현금흐름, 재무활동으로부터 현금흐름 등 3가지 범주에서 발생하고 있다. 영업활동 현금흐

그림 1-5 현금흐름표

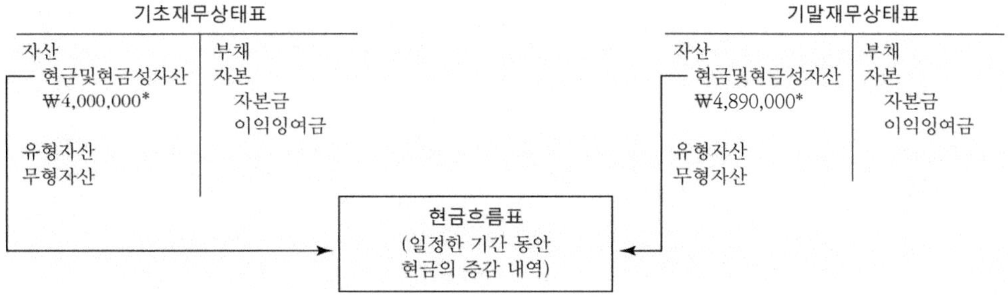

* [예제 1-6] 현금및현금성자산의 기초 및 기말잔액임.

름은 상품판매로부터 현금유입과 상품의 구매로부터 현금유출이 발생한다. 투자활동 현금흐름은 유형자산의 취득으로 현금유출, 유형자산의 처분에서 현금유입이 발생하고, 재무활동 현금흐름은 은행으로부터 자금을 차입할 경우 현금유입, 차입금의 상환시 현금유출이 발생한다. 실무에서는 영업활동 현금흐름은 당기순이익에서 현금유출이 없는 비용은 가산하고 현금유입이 없는 수익은 차감하며 영업활동으로 인한 자산부채의 변동을 조정하여 산정하는 간접법을 많이 활용하고 있다.

현금흐름표의 각 현금흐름의 유형별 현금유입과 유출에 대한 의미를 이해하고 이에 잘 대처해야 한다. 영업활동 현금흐름은 현금유입에서 현금유출을 차감한 순현금흐름이 투자활동이나 재무활동의 현금흐름과의 증감조정 후에도 플러스이고 일정 규모 이상인 경우에는 기업의 현금흐름은 양호한 것으로 판단할 수 있다.

표 1-5 현금흐름

구분	현금유입	현금유출
영업활동 현금흐름	직접법: 매출로부터 현금유입 간접법: 당기순이익 + 현금유출 없는 비용 가산	직접법: 매입 및 각종 비용 지급 간접법: 현금유입이 없는 수익 차감
투자활동 현금흐름	대여금의 회수, 금융상품 처분, 유형자산 처분 등	금융상품 취득, 대여금의 대여, 유형자산 취득
재무활동 현금흐름	현금차입, 주식발행, 배당금수입	차입금 상환, 이자지급, 배당금지급, 자기주식 취득

표 1-6 현금흐름표의 핵심 포인트

구분	주요 활동	핵심 포인트
영업활동으로부터 현금흐름	영업활동 -현금유입 -현금유출	순현금흐름이 플러스인가? 순현금흐름의 규모가 적정한가? 순현금흐름이 상승추세인가?
투자활동으로부터 현금흐름	투자활동 -현금유입 -현금유출	순현금흐름이 플러스 혹은 마이너스인가? 현금유입 원천이 적정한가? 영업자산 등의 투자가 적절한가?
재무활동으로부터 현금흐름	재무활동 -현금유입 -현금유출	순현금흐름이 마이너스인가? 현금유입 추세는 어떠한가? 자본비용은 적정한가?

투자활동 현금흐름에 있어서 순현금흐름이 플러스인 경우 현금유출보다 현금유입 사유가 무엇인지 세부적으로 파악하여 이에 대처해야 하며, 재무활동 현금흐름은 가능한 한 현금유출보다 현금유입에 대한 내용을 파악하여 이에 대응한 자금관리방안을 수립하는 것이 바람직할 것이다.

■ 영업활동

기업의 주된 수익창출활동으로서 일반적으로 제품의 생산 및 재화와 용역의 판매와 관련한 활동을 의미한다. 영업활동으로 인한 현금흐름은 일반적으로 당기순이익의 결정에 영향을 미치는 거래로부터 주로 발생하며, 재무상태표의 유동자산이나 유동부채와 관련성을 가지고 있다. 영업활동으로 인한 현금유입액은 상품 및 제품의 판매로 인한 현금유입, 투자활동과 재무활동에 속하지 않는 거래에서 발생한 기타의 현금유입이 있다. 영업활동으로 인한 현금유출액은 원재료, 상품 및 제품 등의 매입에 따른 현금유출, 판매관리비와 종업원 등에 대한 현금유출, 이자비용 지급이나 법인세 납부 등의 거래에서 발생한 현금유출이 해당된다. 일반적으로 영업활동 현금흐름은 양의 현금흐름이 발생해야 정상적인 영업활동에 따른 현금흐름이라 할 수 있다. 사업개시 초기에는 매출이 제대로 발생할 수 없기 때문에 영업활동에 따른 현금흐름이 양의 현금흐름을 기대하기는 어렵다. 영업활동 현금흐름이 음이라고 해서 회사의 미래가 나쁘다고만 볼 수는 없다.

예제 1-3

다음 자료에 의하여 영업활동으로 인한 현금흐름을 계산하세요.

당기순이익	₩77,000,000	감가상각비	₩15,000,000
매출채권의 증가	10,000,000	매입채무의 증가	5,000,000
재고자산의 증가	5,000,000	유형자산처분이익	450,000

풀이

=당기순이익+감가상각비+영업활동과 무관한 손실−영업활동과 무관한 이익
+자신의 감소 또는 부채의 증가−자산의 증가 또는 부채의 감소
=77,000,000+15,000,000−450,000+5,000,000−15,000,000
=81,550,000

■ 투자활동

투자자산, 유형자산 및 무형자산 등의 주로 비유동자산의 취득과 처분 활동을 의미한다. 투자활동으로 인한 현금유입액은 장기금융상품 또는 장기투자증권의 처분, 유·무형자산의 처분 등이 해당된다. 투자활동으로 인한 현금유출액은 장기금융상품 또는 장기투자증권의 취득, 유·무형자산의 취득 등이 해당된다. 투자활동 현금흐름은 음의 현금흐름이 발생해야 건전한 경영활동이 이루어지고 있는 기업이라고 볼 수 있다. 회사가 성장가능성이 클수록 투자에 대한 요구가 커질 것이기 때문에 투자활동 현금흐름은 현금이 유출되는 방향으로 흐르기 마련이다.

예제 1-4

다음 자료에 의하여 투자활동으로 인한 현금흐름을 계산하세요.

① 기계장치 ₩500,000,000(감가상각누계액 ₩300,000,000)을 ₩10,000,000,000에 매각하고 현금을 받았다.
② 새로운 ERP시스템과 더불어 PC, 서버(Server) 등 하드웨어와 소프트웨어 등에 ₩10,000,000,000을 투자하고 그 대금의 50%는 현금으로 지급하고 잔액은 장기성 할부로 처리한다.

③ 건물 ₩10,000,000,000을 매수하고 등기비용 등 ₩800,000,000을 지급한 후 취득하다.

풀이

• 투자활동으로 인한 현금유입 (단위: 백만원)	
- 기계장치 매각	10,000
• 투자활동으로 인한 현금유출	
- 유 · 무형자산 매입	5,000
- 건물 취득	10,800
• 투자활동으로 의한 순현금흐름	- 5,800

■ **재무활동**

사채 등을 발행하여 현금의 차입 및 상환활동, 신주 발행이나 배당금의 지급활동과 같이 부채와 자본의 증감에 관련된 활동이다. 재무활동으로 인한 현금유입액은 장 · 단기차입금의 차입, 사채의 발행, 유상증자, 자기주식 처분 등이 해당된다. 재무활동으로 인한 현금유출액은 장 · 단기차입금의 상환, 사채의 상환, 유상감자, 자기주식의 취득 및 현금배당의 지급 등이다. 재무활동 현금흐름은 투자활동 현금흐름처럼 음의 현금흐름이 경영상황이 양호하다는 신호이다. 재무활동 현금흐름이 음의 현금흐름인 경우 기존에 조달한 자금을 상환하거나 배당으로 주주에게 성과를 배분한다는 의미이다. 회사에 충분한 자금여력이 있기 때문에 기존에 빌린 자금을 상환하거나 주주에게 배당할 수 있다는 반증이기 때문이다.

예제 1-5

다음 자료에 의하여 재무활동으로 인한 현금흐름을 계산하세요.

① 액면금액 ₩1,000주식 100,000주를 발행하여 주주에게 교부하고 현금을 납입받다.

② 은행으로부터 차입한 ₩200,000,000과 이자 ₩2,000,000을 상환하다.

③ 주주에게 배당금 ₩1,000,000을 지급하다.

풀이

• 재무활동으로 인한 현금유입

- 유상증자 100,000,000
- 재무활동으로 인한 현금유출
  - 부채상환 202,000,000
  - 배당금 지급 1,000,000
- 재무활동으로 인한 순현금흐름 - 103,000,000

현금흐름표는 기초재무상태표의 기초현금과 기말재무상태표의 기말현금의 차이인 현금증감액에 대하여 현금유입과 현금유출의 상세한 내역에 대한 보고서이다. 기업의 현금흐름은 영업활동으로 인한 현금흐름, 투자활동으로 인한 현금흐름, 재무활동으로 인한 현금흐름으로 구성된다. 이를 모두 더한 값이 현금의 증감이 된다.

예제 1-6

더나은미래㈜ 재무정보를 활용하여 20×2년도의 간접법에 의한 현금흐름표를 작성해 보세요.

(1) 재무상태표

계정과목	20×1	20×2	계정과목	20×1	20×2
유동자산			유동부채		
현금 및 현금성자산	4,000,000	4,890,000	매입채무	4,940,000	4,290,000
매출채권	3,100,000	3,900,000	미지급비용	110,000	165,000
대손충당금		(390,000)	선수금	180,000	120,000
미수수익	100,000	150,000	단기차입금	6,000,000	7,930,000
선급비용	150,000	100,000	비유동부채		
재고자산	3,875,000	4,875,000	사채	12,000,000	10,000,000
비유동자산			장기차입금	9,830,000	11,755,000
투자자산	5,000,000	4,500,000	자본		
건물	50,000,000	50,000,000	자본금	20,000,000	20,000,000
(감가상각누계액)	(500,000)	(700,000)	이익잉여금	13,265,000	13,565,000
기계장치	1,000,000	1,000,000			
(감가상각누계액)	(400,000)	(500,000)			
자산총계	66,325,000	67,825,000	부채및자본총계	66,325,000	67,825,000

(2) 손익계산서

계정과목	20×1	20×2	계정과목	20×1	20×2
매출원가	10,075,000	12,675,000	매출	15,500,000	19,500,000
급여	1,550,000	1,950,000	임대수익	500,000	110,000
판매촉진비	465,000	585,000	투자자산처분이익		390,000
광고비	465,000	585,000			
연구개발비	620,000	780,000			
복리후생비	465,000	585,000			
대손상각비	310,000	390,000			
감가상각비	155,000	300,000			
이자비용	150,000	180,000			
수도광열비	50,000	50,000			
보험료	10,000	10,000			
통신비	50,000	50,000			
당기순이익	1,635,000	1,860,000			
합계	16,000,000	20,000,000	합계	16,000,000	20,000,000

풀이

현금흐름표

202×.1.1~202×.12.31

1. 영업활동 현금흐름	(115,000)
1) 당기순이익	1,860,000
2) 현금유출이 없는 비용 가산(감가상각비, 대손상각비)	690,000
3) 영업활동과 무관한 수익 차감(투자자산처분익)	(390,000)
4) 영업활동과 무관한 비용 가산(이자비용)	180,000
5) 영업활동 관련 자산의 증가 또는 부채의 감소 (매출채권, 미수수익, 재고자산, 매입채무, 선수금)	(2,560,000)
6) 영업활동 관련 자산의 감소 또는 부채의 증가 (선급비용, 미지급비용)	105,000
2. 투자활동 현금흐름	890,000
1) 투자활동 현금유입	
투자자산의 처분	890,000
기타포괄손익 - 공정가치 금융자산의 처분	
당기손익 - 공정가치 금융자산 처분	

관계기업투자주식 처분	
유무형자산처분	
2) 투자활동 현금유출(기계장치 구매 등)	
기타포괄손익 - 공정가치 금융자산의 취득	
당기손익 - 공정가치 금융자산 취득	
관계기업투자주식 취득	
유무형자산 취득	
3. 재무활동 현금흐름	115,000
1) 재무활동 현금유입	
차입금 차입	3,855,000
신주발행 유상증자	
2) 재무활동 현금유출	
차입금상환(사채)	(2,000,000)
배당금지급	(1,560,000)
이자지급	(180,000)
4. 현금의 순증가(1 + 2 + 3)	890,000
5. 기초현금	4,000,000
6. 기말현금	4,890,000

* 이자비용은 재무활동으로 인한 것으로 분류하였음.

* 배당금지급액 = (기초이익잉여금 + 당기순이익) − 기말이익잉여금
  = (13,265,000 + 1,860,000) − 13,565,000 = 1,560,000

■ 기업상황별 현금흐름의 방향성

회사의 발전단계별로 영업활동, 투자활동 및 재무활동에 따른 현금흐름의 방향성을 추정해 볼 수 있다. 기업의 창업 초기는 기업이 시장에 진출하는 시기이므로 상대적으로 자금 조달이나 투자가 많이 발생하고 매출의 증가를 기대하기는 어렵다. 이로 인하여 재무활동으로 인한 현금의 유입이 발생하고, 투자활동으로 인한 현금의 유출이 발생하며, 영업활동으로 인한 현금의 유출이 발생한다.

성장기에는 점점 매출이 늘어나고, 적자였던 손익은 흑자로 돌아서면서 급격하게 증가하며 매출 증가에 대응하여 시설투자와 자금조달이 필요하다. 이 시기에도 재무활동으로 인한 현금의 유입이 발생하고, 투자활동으로 인한 현금의 유출이 발생하며, 영업활동으로 인한 현금이 유입되기 시작된다. 성숙기에는 매출이

그림 1-6 현금흐름의 방향

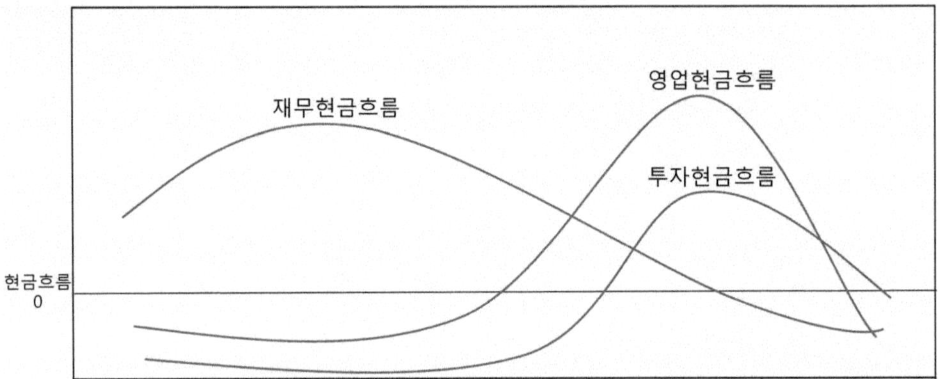

	창업초기	성장기	성숙기	쇠퇴기
매출액	적음	상승	최대	감소
이익	적자	적자/흑자	최대	감소/적자

정점에 이르지만 매출의 성장률은 낮아지고 기업의 자금 조달 및 시설투자도 줄어들게 되어 기존에 조달한 자금을 여유자금으로 상환하기도 한다. 이 시기에는 재무활동으로 인한 현금의 유출이 발생하고 투자활동으로 인한 현금의 유입 또는 유출이 발생하며, 영업활동으로 인한 현금은 지속적으로 유입된다. 쇠퇴기에 접어든 회사는 일부 사업부를 매각 처분하거나 기업의 활동을 중단하는 경우도 발생하고 기존 설비자산 등을 매각하여 채무를 상환하기도 한다. 이 시기는 재무활동으로 인한 현금의 유출이 발생하고, 투자활동으로 인한 현금의 유입이 발생하며, 영업활동으로 인한 현금의 유입이 적어지거나 유출이 발생한다.

또한 기업의 경영상황과 성과에 따라서 현금흐름에 상당한 차이를 보이고 있다. 경영성과가 좋은 우량기업의 경우에는 영업활동에 따른 현금흐름이 양의 순현금흐름, 투자 및 재무활동에 따른 현금흐름이 음의 순현금흐름을 나타내고 있다.

반면에 부실기업은 영업활동에 따른 현금흐름이 음의 순현금흐름, 투자활동에 따른 현금흐름은 보유자산의 매각 등으로 양의 순현금흐름, 재무활동에 따른 현금흐름은 차입자금의 상환 등으로 음의 순현금흐름을 보이고 있다.

표 1-7 기업경영상황별 현금흐름

구분	우량기업	신생성장기업	부실기업	구조조정기업
영업활동 현금흐름	+	+	−	+
투자활동 현금흐름	−	−	+	+
재무활동 현금흐름	−	+	−	−

2.4 자본변동표의 이해

자본변동표는 자본항목의 변동내용을 포괄적이고 체계적으로 나타내기 위한 재무제표의 하나로서 자본의 각 구성요소별로 장부금액의 각 변동액을 기초시점과 기말시점의 자본의 크기와 그 변동에 관한 정보를 제공하는 재무보고서이다. 자본을 구성하고 있는 자본금, 자본잉여금, 기타포괄손익누계액, 자본조정, 이익잉여금의 변동에 대한 포괄적인 정보를 제공한다. 자본변동표는 자본항목 관련 기초잔액, 당해 기간의 각 자본항목의 변동사항을 합하여 기말자본을 형성하게 된다. 자본의 변동내용은 포괄손익계산서와 현금흐름표에 나타난 정보와 연결할 수 있어 재무제표 간의 관계를 명확히 파악할 수 있다. 특히 자본변동표는 포괄손익계산서를 거치지 않고 재무상태표의 자본에 직접 가감되는 항목에 대한 정보를 제공한다. 또한 다른 재무제표와는 달리 전기와 당기의 상태가 표로 집계되어 두 회계기간의 자본변동 내역을 잘 파악할 수 있다. 자본변동표의 핵심은 자본변화의 크기와 변동내역이다.

❙ 자본변동표의 핵심 포인트

1. 재무상태표상의 자본항목과 함께 비교하여 검토한다.
   –자본변동의 원인을 파악해 기업의 재무상황 변화를 파악한다.
2. 자본항목 금액의 절대적 규모와 변동의 원천을 파악한다.
   –주주, 영업, 자산거래 등의 원천별로 규모와 변동을 파악한다.

자본변동표는 재무상태표에서 자본항목의 변동명세서이며 동시에 이익잉여금의 처분계산서의 내용을 포함하고 있다.

예제 1-7

더나은미래㈜의 20×1년도 자본거래에 관한 내용은 다음과 같다.

(1) 20×1.12.31 부분재무상태표 (단위: 천원)

자본금	70,000,000
주식발행초과금	2,000,000
이익잉여금	50,000,000
기타포괄손익누계액	500,000

(2) 20×2년에 발생한 자본거래 내역은 다음과 같다.

① 자기주식 1,000,000주를 주당 ₩1,500에 취득하였다.

② 주주총회에서 의결된 배당금 ₩7,000,000,000을 현금지급하다.

③ 액면 @1,000의 주식 10,000,000주를 주당 @3,000에 발행하였다.

④ 유형자산의 평가이익 ₩10,000,000,000이 발생하였다.

⑤ 이번 회계연도의 당기순이익은 ₩20,000,000,000이다.

(단위: 천원)

구분	납입자본	이익잉여금	기타포괄손익	(자본조정)	총계
20×2.1.1	72,000,000	50,000,000	500,000	–	122,500,000
당기순이익		20,000,000			20,000,000
재평가이익			10,000,000		10,000,000
유상증자	10,000,000	20,000,000			30,000,000
배당금지급		(7,000,000)			(7,000,000)
자기주식취득				(1,500,000)	(1,500,000)
20×2.12.31	82,000,000	83,000,000	10,500,000	(1,500,000)	174,000,000

3 재무제표 분석

3.1 재무제표 분석 개요

재무제표는 기업의 재무상태나 경영성과를 보여주는 보고서로 기업의 내·외부 이해관계자들에 의해 해당 기업이 평가받는 성적표와 같은 것이다. 기업의 경영자나 투자자가 재무제표 분석을 잘 활용할 수 있다면 경영자에게는 과거의 경영성과를 체크해서 기업의 미래전략을 기획하는 데 많은 도움이 될 것이며, 투자자에게는 해당 기업의 주식투자나 자금대여 등 투자의사결정에 유용한 정보가 될 것이다. 특히 주주나 채권자 등 기업의 재무정보이용자들은 미래수익 잠재력과 관련 위험을 예측하기 위하여 재무제표 정보를 활용하게 된다. 이들은 기업의 미래 재무상태와 경영성과에 관심을 갖고 있으며 투자한 주식의 배당이나 시세차익을 기대하고 있기 때문에 재무제표 분석은 이러한 정보욕구를 충족시켜 주는 수단이다.

재무제표 분석은 추세분석, 구성비 분석, 비율분석 등으로 구분할 수 있으며, 비율분석은 기본재무제표인 재무상태표, 포괄손익계산서, 현금흐름표를 활용하여 수익성, 활동성, 유동성, 안정성, 성장성 등 다양한 관점에서 분석할 수 있다. 수익성은 손익계산서를 중심으로 매출 대비 이익으로 수익성을 측정할 수 있으며 손익계산서와 재무상태표의 자산이나 자본 대비 이익으로도 수익성을 측정할 수 있다. 활동성은 매출액에 대비하여 자산운용의 효율성을 측정하고, 유동성은 재무상태표의 유동자산과 유동부채를 대비해서 측정한다. 안정성은 재무구조의 안정성을 자기자본과 타인자본을 비교하여 측정할 수 있으며, 성장성은 매출액이나 이익, 자산 등의 성장추세를 측정하여 미래의 성장가능성을 예측하는 데 활용될 수 있다.

그러나 이러한 재무제표 분석에는 한계점이 있다. 우선 재무제표는 기업의 과거 재무적 정보이므로 재무제표 분석 결과도 과거의 재무정보이다. 의사결정의 대부분은 기업의 미래에 대한 사항으로 과거의 재무제표는 의사결정에 필요한 정보로서 한계가 있다. 물론 미래의 재무적 정보를 추정하는 데 있어서 과거의 재무적 정보를 활용하게 되고 이를 기초로 미래 재무정보를 추정하게 된다. 또한 재무제표를 활용한 비율분석은 기업에 대한 기본적 분석이므로 각 비율분석의 숫자 의미를 기업이 속한 산업과 기업의 자원과 역량 등과 연계하여 구체적으로 살펴봐야 한다. 기업마다 회계처리방법이 다르기 때문에 비율분석 결과에 있어서 차이가 있을 수 있다는 것을 알고 재무제표 분석 결과를 활용해야 한다.

재무제표를 활용하여 기업의 경영성과 등을 분석하는 방법에는 추세분석, 구성비 분석, 비율분석의 3가지 방법이 있다.

■ 추세분석

기업의 여러 회계연도 재무제표를 비교하여 증감률의 추세를 파악하여 분석하는 방법이다. 재무상태나 경영성과를 비교하여 증감률의 추세를 살펴보면 기업의 경영상황이 개선되고 있는지 아니면 악화되고 있는지 파악할 수 있다. 추세분석에 많이 활용하는 지표가 매출액성장률, 총자산성장률, 영업이익성장률 등이다.

매출액성장률(%) = (당기 매출액 − 전기 매출액)/전기 매출액 × 100
총자산성장률(%) = (기말 총자산 − 기초 총자산)/기초 총자산 × 100
영업이익성장률(%) = (당기 영업이익 − 전기 영업이익)/전기 영업이익 × 100

반면에 추세분석한 결과 총자산이 감소하는 추세에 있다든가 매출액이 감소한다든가 영업이익이 감소하는 추세에 있다면 그 기업은 경영위기 상황에 빠져들고 있다고 판단할 수 있고 이에 대한 대책을 마련해야 할 것이다.

■ 구성비 분석

재무상태표, 손익계산서 등 재무제표의 각 구성항목이 전체에서 차지하는 비중을 파악하여 분석하는 것이다. 재무상태표에서 차변 자산의 구성항목을 비교해서 산업의 특성을 맞추어 자산포트폴리오의 적정성을 판단할 수 있으며, 대변의 자기자본과 타인자본의 구성항목을 비교하여 자본구성의 안정성 등을 파악할 수 있을 것이다. 손익계산서에서는 매출액에 대비하여 비용의 구성을 비교해서 비용구조를 파악하여 동종산업과 비교해서 적정성 여부를 판단할 수 있을 것이다.

■ 비율분석

재무제표 비율분석은 재무제표 항목 간 관계를 분석하는 방법으로 수익성, 안정성, 유동성, 활동성 등을 파악할 수 있다. 기업의 재무정보이용자의 목적에 따라서 관심을 갖는 비율분석 항목이 약간의 차이는 있을 수 있다. 기업에 돈을 빌려준 채권자의 경우에는 다른 비율분석보다 대여금을 안전하게 돌려받을 수 있을 것인지와 정기적으로 이자를 지급받을 수 있을 것인지가 최대 관심사항이므로 유동성과 안정성을 분석하는 비율을 중요하게 볼 것이다.

예제 1-8

한국의 대기업 A사와 B사의 202×년도 사업보고서에 나타난 요약재무제표를 활용하여 재무제표 분석을 진행하세요.

A사와 B사의 요약재무상태표

202×년 12월 31일 기준 (단위: 백만원)

	A사	B사
유동자산	12,115,244	71,009,286
현금및현금성자산	2,202,138	989,045
단기금융상품	307,500	29,101,284
매출채권	4,185,100	24,736,740
재고자산	4,980,384	13,831,372
기타유동자산	440,122	2,350,845
비유동자산	41,430,324	153,162,763
관계기업투자자산	6,776,725	56,587,548
기타금융자산	11	3,107
유형자산	31,607,910	86,166,924
무형자산	3,004,983	7,002,648
이연법인세자산	0	992,385
기타비유동자산	40,695	2,411,151
자산총계	53,545,568	224,172,049
유동부채	6,076,049	23,453,581
매입채무	1,570,339	6,599,025
미지급금	2,083,920	9,829,541
차입금	1,613,755	432,714
충당부채	33,995	2,932,468
당기법인세부채	535,892	3,556,146

기타유동부채	238,148	103,687
비유동부채	6,153,453	1,503,453
장기미지급금	272,389	1,247,752
장기차입금	5,583,434	150,397
이연법인세부채	202,311	103,598
기타비유동부채	95,319	1,706
자본	41,316,066	199,215,015
자본금	3,657,652	897,514
자본잉여금	4,183,564	4,403,893
기타포괄손익누계	14,546	(268,785)
이익잉여금	33,460,304	194,182,393
부채 및 자본총계	53,545,568	224,172,049

A사와 B사의 요약포괄손익계산서

202×.1.1부터 202×.12.31까지

	A사	B사
매출액	30,524,987	166,311,191
매출원가	20,753,412	116,753,419
매출총이익	9,771,575	49,557,772
판매비와 관리비	5,225,698	29,038,798
영업이익	4,545,877	20,518,974
기타영업외수익	83,023	797,494
기타영업외비용	148,132	857,242
법인세비용	1,432,193	4,836,905
당기순이익	3,048,575	15,622,321
기타포괄손익	1,793	(549,299)
총포괄손익	3,050,368	15,073,022

풀이

요약재무상태표 구성비율 분석

	A사	구성비율	B사	구성비율
유동자산				
당좌자산	6,694,738	12.50%	54,827,069	24.46%
재고자산	4,980,384	9.30%	13,831,372	6.17%
기타유동자산	440,122	0.82%	2,350,845	1.05%
비유동자산				
투자자산	6,776,736	12.66%	56,590,655	25.24%

유형자산	31,607,910	59.03%	86,166,924	38.44%
무형자산	3,004,983	5.61%	7,002,648	3.12%
기타비유동자산	40,695	0.08%	3,403,536	1.52%
자산총계		100.00%		100.00%
유동부채				
매입채무	1,570,339	2.93%	6,599,025	2.94%
미지급금	2,083,920	3.89%	9,829,541	4.38%
차입금	1,613,755	3.01%	432,714	0.19%
기타유동부채	808,035	1.51%	6,592,301	2.94%
비유동부채				
장기미지급금	272,389	0.51%	1,247,752	0.56%
장기차입금	5,583,434	10.43%	150,397	0.07%
기타비유동부채	297,630	0.56%	105,304	0.05%
자본				
자본금	3,657,652	6.83%	897,514	0.40%
자본잉여금	4,183,564	7.81%	4,403,893	1.96%
기타포괄손익누계	14,546	0.03%	−268,785	−0.12%
이익잉여금	33,460,304	62.49%	194,182,393	86.62%
부채 및 자본총계		100.00%		100.00%

요약포괄손익계산서 구성비율 분석

	A사	비율	B사	비율
매출액	30,524,987	100.00%	166,311,191	100.00%
매출원가	20,753,412	67.99%	116,753,419	70.20%
매출총이익	9,771,575	32.01%	49,557,772	29.80%
판매비와 관리비	5,225,698	17.12%	29,038,798	17.46%
영업이익	4,545,877	14.89%	20,518,974	12.34%
기타영업외수익	83,023	0.27%	797,494	0.48%
기타영업외비용	148,132	0.49%	857,242	0.52%
법인세비용	1,432,193	4.69%	4,836,905	2.91%
당기순이익	3,048,575	9.99%	15,622,321	9.39%
기타포괄손익	1,793	0.01%	−549,299	−0.33%
총포괄손익	3,050,368	9.99%	15,073,022	9.06%

3.2 재무제표 비율분석

재무제표 비율분석은 재무상태표와 손익계산서 등 재무제표의 항목 간 관계의 분석을 통하여 기업의 수익성, 활동성, 유동성, 안정성, 성장성 등을 파악하여 회계정보이용자들에게 경제적 의사결정에 유용한 정보를 제공해 줄 수 있다. [예제 1-8]의 요약재무상태표와 손익계산서를 활용하여 재무제표 비율분석을 하고자 한다.

1) 수익성 분석(Profitability Ratio)

수익성지표는 기업이 실질적으로 얼마나 이익을 창출했는가를 보여주는 것으로 기업의 경영성과를 평가할 때 주요하게 사용된다. 수익성지표는 손익계산서와 재무상태표의 관련 항목을 활용하여 분석할 수 있고 매출총이익률, 영업이익률, 총자산이익률, 자기자본이익률 등을 통하여 파악할 수 있다. 수익성지표가 높을수록 경영성과가 우수하다는 것을 나타낸다.

■ 매출총이익(영업이익, 당기순이익)률

손익계산서의 매출액 대비 이익(매출총이익, 영업이익, 당기순이익)이 얼마나 발생했는지 나타내는 지표이다. 매출총이익률은 매출액에서 매출원가를 차감하여 매출총이익을 산출하고 이를 매출액으로 나누어 산출한다. 매출총이익률이 40%이면 100원당 40원의 이익을 창출하고 원가가 60원이라는 의미로 해석할 수 있다. 영업이익률은 매출총이익에서 판매관리비를 차감하여 영업이익을 산출하여 매출액으로 나누어 산출한다. 산업계에서는 영업이익을 수익성 측정의 주요한 지표로 활용하고 있다. 영업이익률이 15%이면 100원당 15원의 이익이 발생하고 영업비용이 85원이라는 의미로 해석할 수 있다. 당기순이익률은 영업이익에서 영업외수익과 영업외비용을 가감하고 법인세를 차감하여 산출된 이익을 매출액으로 나눈 것이다. 당기순이익률이 10%이면 100원당 10원의 이익을 창출하고 총비용은 90원이라는 의미로 해석할 수 있다.

$$매출총이익률(\%) = \frac{매출총이익}{매출액} \times 100$$

$$= \frac{9,771,575}{30,524,987} \times 100 = 32.01\%$$

$$영업이익률(\%) = \frac{영업이익}{매출액} \times 100$$

$$= \frac{4,545,877}{30,524,987} \times 100 = 14.89\%$$

$$당기순이익률(\%) = \frac{당기순이익}{매출액} \times 100$$

$$= \frac{3,048,575}{30,524,987} \times 100 = 9.96\%$$

■ **총자산이익률**(ROA: Return On Assets)

기업이 보유한 자산이 당기 성과에 기여한 정도를 나타내는 지표로서 당기순이익을 총자산으로 나누어 표시된다. 총자산은 자기자본(자본)과 타인자본(부채)의 조달을 통하여 확보되므로 이에 대응하여 이익은 이자비용 차감전 이익을 적용하는 것이 타당하나 산업계 실무에서는 흔히 당기순이익을 적용한다.

$$총자산이익률(\%) = \frac{당기순이익}{평균총자산} \times 100$$

$$= \frac{3,048,575}{53,545,568} \times 100 = 5.69\%$$

당기순이익은 일정한 기간 동안의 성과이므로 기말총자산보다는 기초총자산과 합하여 평균한 평균총자산으로 정확히 적용하는 것이 원칙이나 큰 차이가 발생하지 않으므로 실무에서는 기말총자산을 적용하여 산출하기도 한다.

■ **총자산이익잉여금비율**(ESA: Earning Surplus on Assets)

총자산누적이익률은 기업이 보유한 자산이 누적 성과에 기여한 정도를 나타내는 이익잉여금을 총자산으로 나누어 표시된다. 총자산은 자기자본과 타인자본을 통하여 조달한 자금으로 취득하므로 총자산은 총자본과 같다. 따라서 총자본 대비 이익잉여금은 재무구조의 안정성을 나타낼 수 있는 수익성 지표로 활용할 수 있다.

$$\text{총자산이익잉여금비율(\%)} = \frac{\text{이익잉여금}}{\text{총자산}} \times 100 = \frac{33,460,304}{53,545,568} \times 100 = 62.49\%$$

■ **자기자본이익률(ROE: Return On Equity)**

자기자본이 투입되어 얼마만큼의 순이익을 창출했는지를 나타내는 지표로서 주주 측면에서 수익성을 평가하는 지표이다. 자기자본이익률이 총자본에서 타인자본을 차감한 자기자본에 대비한 이익창출을 얼마나 했는지에 대해 관심을 갖는다. 자기자본이익률이 높다는 것은 주주가 납입한 자본을 잘 활용하여 이익을 창출하고 있다는 것을 의미한다.

$$\text{자기자본이익률(\%)} = \frac{\text{당기순이익}}{\text{평균자기자본}} \times 100 = \frac{3,048,575}{41,316,066} \times 100 = 7.38\%$$

2) 활동성 분석(Asset Efficiency Ratio)

활동성 분석은 재무상태표와 손익계산서를 활용하여 기업이 보유하고 있는 자산을 얼마나 능률적으로 활용하였는가를 나타내는 분석지표로서 일반적으로 매출액에 대한 주요 자산의 회전율로 나타낸다. 활동성 분석 지표는 매출채권회전율, 재고자산회전율, 총자산회전율 등의 지표가 있다.

■ **매출채권회전율**

매출채권이 현금화되는 속도를 나타내며, 이를 통해 매출채권 관리가 효율적으로 이루어지는지 알 수 있다. 매출채권회전율이 높다는 것은 매출액 대비 매출채권이 낮다는 것으로 외상판매보다 현금판매 비중이 높거나 매출채권이 빨리 회수되고 있다는 것을 의미한다. 반면에 매출채권회전율이 낮다는 것은 현금보다 외상판매의 비중이 높거나 매출채권의 회수 속도가 늦다는 것을 의미한다. 매출채권회전율의 적정성 여부는 과거 매출채권회전율이나 산업계 평균과 비교하여 판단할 수 있다. 매출채권회수기간은 1년을 매출채권회전율로 나누어 산출할 수 있다. 매출채권회전율이 높을수록 매출채권회수기간이 짧아진다.

$$\text{매출채권회전율} = \frac{\text{매출액}}{\text{평균매출채권}}$$

$$= \frac{30{,}524{,}987}{4{,}185{,}100} = 7.3$$

$$\text{매출채권회수기간} = \frac{365}{\text{매출채권회전율}}$$

$$= \frac{365}{7.3} = 50.3\text{일}$$

■ 재고자산회전율

매출원가를 평균재고자산으로 나누어 산출되며 재고자산이 판매되는 속도를 나타낸다. 이를 통해 재고자산의 관리가 효율적으로 이루어지는지 알 수 있다. 재고자산회전율이 높다는 것이 재고자산 보유액이 낮고 상품이 잘 판매되고 있다는 것인 반면에 재고자산회전율이 낮다는 것은 재고재산 보유액이 높아 상품이 잘 판매되고 있지 않다는 것을 의미한다.

$$\text{재고자산회전율} = \frac{\text{매출원가}}{\text{평균재고자산}}$$

$$= \frac{20{,}753{,}412}{4{,}980{,}384} = 4.2$$

$$\text{재고자산회전기간} = \frac{365}{\text{재고자산회전율}}$$

$$= \frac{365}{4.2} = 86.9\text{일}$$

재고자산회전기간은 1년을 재고자산회전율로 나누어 재고자산이 판매되는 평균적인 기간을 산출할 수 있다. 재고자산회전율이 높을수록 재고자산 판매기간이 짧아진다.

■ 총자산회전율

수익을 창출하는 데 자산이 얼마나 효율적으로 사용되는지 나타내는 지표로 매출액을 평균총자산으로 나누어 산출한다. 총자산회전율이 높다는 것은 총자산 대비 매출액이 높다는 것으로 자산이 효율적으로 활용되고 있다는 것을 의미한다.

$$\text{총자산회전율} = \frac{\text{매출액}}{\text{평균총자산}}$$

$$= \frac{30{,}524{,}987}{53{,}545{,}568} = 0.57$$

3) 유동성 분석(Liquidity Ratio)

유동성은 1년 이내에 현금화가 가능한 자산과 1년 이내에 현금을 지급해야 할 부채가 얼마나 되는지를 나타내는 분석지표이다. 1년 이내에 상환해야 할 부채를 현금으로 상환할 수 있는 능력이므로 기업에 자금을 대여한 채권자가 관심을 갖고 있는 지표이다.

■ 유동비율

유동자산을 유동부채로 나누어 산출되며 유동부채의 상환능력을 나타낸다. 유동비율이 높다는 것은 유동부채를 상환할 유동자산을 충분히 보유하고 있다는 의미이다. 일반실무에서는 유동비율이 200~300% 수준일 경우 적정하다고 판단하나 속한 산업의 특성에 따라 차이가 있을 수 있다.

$$\text{유동비율(\%)} = \frac{\text{유동자산}}{\text{유동부채}} \times 100$$

$$= \frac{12{,}115{,}244}{6{,}076{,}049} \times 100 = 199.3\%$$

■ 당좌비율

재고자산을 현금화하기 위해서는 판매과정을 거쳐야 하므로 상대적으로 현금화하는 데 시간이 더 소요된다. 유동자산 중에서 현금화기간이 긴 재고자산을 제외하여 당좌자산으로 유동성 지표를 측정한 것이 당좌비율이다. 당좌비율은 유동비율보다 단기부채의 상환능력을 더 적정하게 표시한 지표이다.

$$\text{당좌비율(\%)} = \frac{\text{당좌자산}}{\text{유동부채}} \times 100$$

$$= \frac{(12{,}115{,}244 - 4{,}980{,}384)}{6{,}076{,}049} \times 100 = 117.4\%$$

예제 1-9

더나은미래㈜의 21기와 22기의 재무제표를 활용하여 재무제표의 분석에 있어서 안정성 분석과 성장성 분석에 적용해 본다.

재무상태표

(단위: 천원)

	21기	22기
자산		
유동자산		
현금 및 예금	100,000	110,000
단기금융자산	20,000	25,000
매출채권	50,000	55,000
재고자산	40,000	45,000
비유동자산	200,000	250,000
자산총계	410,000	485,000
유동부채		
매입채무	45,000	50,000
차입금	55,000	40,000
비유동부채		
사채	110,000	145,000
부채총계	210,000	235,000
납입자본	100,000	100,000
이익잉여금	100,000	150,000
자본총계	200,000	250,000
부채 및 자본총계	410,000	485,000

포괄손익계산서

(단위: 천원)

	21기	22기
매출액	600,000	650,000
매출원가	360,000	350,000
매출총이익	240,000	300,000
판매비와 관리비	100,000	120,000
판매비	55,000	65,000
관리비	45,000	55,000
영업이익	140,000	180,000
영업외수익	10,000	15,000
이자수익	10,000	10,000
영업외비용	8,000	8,000
이자비용	8,000	8,000
법인세	28,800	37,800
순이익	115,200	151,200

4) 안정성 분석(Safety Ratio)

기업의 재무구조의 안정성 여부를 나타내는 것으로 자기자본에 대비한 부채의 비중이 얼마민큼인지를 표시하는 지표이다. 기업이 장기적으로 채무의 원리금을 상환할 수 있는지 여부를 평가하고 채권자는 장기채권의 위험부담 정도를 평가하는 기준으로, 레버리지 비율(leverage ratio)이라고도 한다. 기업에 자금을 대여하는 채권자의 입장에서는 유동성과 더불어 안정성 관련 지표에 관심을 갖게 된다. 안정성지표는 부채비율, 이자보상비율 등이 있다.

■ **부채비율**

총부채를 자기자본으로 나눈 것으로 레버리지 비율(leverage ratio)이라고도 한다. 자기자본에 비해 부채가 매우 많으면 경제상황이 불안정할 경우 부채를 상환하지 못해 기업이 위험에 처할 수도 있다. 일반적으로 실무에서는 자기자본에 대비하여 부채가 200~300%일 경우 재무구조가 부실하여 위험하다고 판단하고 있다.

$$\text{부채비율(\%)} = \frac{\text{총부채}}{\text{자기자본}} \times 100$$

$$= \frac{210,000}{200,000} \times 100 = 105\%, \quad \frac{235,000}{250,000} \times 100 = 94\%$$

■ 차입금 비율

기업이 조달한 전체 자본 중에서 특정 시점에 이자를 지급하거나 원금을 상환하기로 계약을 맺고 조달한 차입금의 비중을 나타내는 지표이다. 지표의 이름과 같이 기업이 외부 금융회사나 자본시장에서 대출 또는 채권 발행을 통해 조달한 금융부채에 의존하는 정도를 측정한다. 차입금 비율을 이용하여 기업의 신용위험과 부채상환능력을 파악할 수 있다.

$$\text{차입금 비율(\%)} = \frac{\text{차입금}}{\text{총자본}} \times 100$$

$$= \frac{155,000}{410,000} \times 100 = 38\%, \quad \frac{185,000}{485,000} \times 100 = 38\%$$

■ 이자보상비율

기업이 조달한 부채에 대한 이자를 지급할 수 있는 능력을 나타내는 것으로 이자비용차감전이익을 이자비용으로 나누어 산출한다. 이자보상비율이 높을수록 이자비용을 지불하기에 충분한 이익을 확보하고 있다는 것이지만 이자보상비율이 1보다 적은 경우에는 경영활동결과 발생한 이익으로 이자비용도 지급하지 못하는 수준으로 이익이 낮다는 것을 의미한다.

$$\text{이자보상비율} = \frac{\text{이자비용차감전이익}}{\text{이자비용}}$$

$$= \frac{140,000}{8,000} = 17.5, \quad \frac{180,000}{8,000} = 22.5$$

5) 성장성 비율(Growth Ratio)

일정 기간 동안에 기업의 규모나 이익이 얼마나 증가했는지 측정하는 지표로 매출액증가율, 영업이익증가율, 당기순이익증가율, 총자산증가율 등을 사용한다.

■ **매출액증가율(Net Sales Growth Rate)**

기업의 매출액이 전기와 대비하여 얼마나 증가했는지를 나타내는 지표이다.

$$\text{매출액증가율}(\%) = \frac{(\text{당기매출액} - \text{전기매출액})}{\text{전기매출액}} \times 100$$

$$= \frac{(650{,}000 - 600{,}000)}{600{,}000} \times 100 = 8.33\%$$

■ **영업이익증가율**

기업의 영업이익은 전기와 비교하여 얼마나 증가했는지를 나타내는 지표이다.

$$\text{영업이익증가율}(\%) = \frac{(\text{당기영업이익} - \text{전기영업이익})}{\text{전기영업이익}} \times 100$$

$$= \frac{(180{,}000 - 140{,}000)}{140{,}000} \times 100 = 28.57\%$$

■ **순이익증가율**

기업의 순이익이 전기에 대비하여 얼마나 성장했는지를 나타내는 지표이다.

$$\text{순이익증가율}(\%) = \frac{(\text{당기순이익} - \text{전기순이익})}{\text{전기순이익}} \times 100$$

$$= \frac{(151{,}200 - 115{,}200)}{115{,}200} \times 100 = 31.3\%$$

■ 총자산증가율

기업의 총자산이 얼마나 증가했는지를 나타내는 지표이다.

$$총자산증가율(\%) = \frac{(당기말총자산 - 전기말총자산)}{전기말총자산} \times 100$$

$$= \frac{(485,000 - 410,000)}{410,000} \times 100 = 18.3\%$$

6) 시장가치비율(Market Value Ratio)

시장가치비율은 주식시장에서 형성된 주식가격과 재무제표 항목을 적용하여 산출되는 비율이다. 주식가격은 주식시장 참여자인 투자자들이 기업가치를 평가한 결과로 기업의 주식이 증권시장에서 어떻게 평가되고 있는지에 대한 가치지표이다. 주식가격은 기업의 현재의 수익성을 토대로 미래 현금창출능력과 위험도를 반영하여 기업의 실질적인 가치를 적절하게 표시하는 것이다. 시장가치비율은 투자자에게 투자대상기업에 대한 기업가치에 대한 정보를 나타내는 것으로서 투자자에게 투자의사결정에 유용한 정보를 제공한다. [예제 1-10]의 재무정보를 활용하여 시장가치비율, 즉 주당순이익, 주가수익비율, 주가순자산비율을 산출해 보자.

예제 1-10

다음의 우수상생㈜의 재무정보를 활용하여 주당순이익, 주가수익비율, 주가순자산비율을 산출하세요.

(1) 재무정보

(단위: 억원)

구분	금액
자산총액	1,000
부채총액	300
당기순이익	500
시가총액	5,000

(2) 현재 주가 ₩5,000, 발행주식수(보통주) 100,000,000주

■ **주당순이익(EPS: Earning Per Share)**

기업의 당기순이익을 당해 연도까지 발행한 주식수로 나누어 계산한 것으로 1주당 귀속되는 당기순이익을 나타낸다. 주식수는 보통주를 의미하며 보통주주의 입장에서는 당기순이익 중에 우선주 주주에게 먼저 배당금을 지급한 후에 배당금을 받게 되므로 보통주 당기순이익 계산 시 당기순이익에서 우선주 배당금을 차감한 금액을 적용한다.

$$\text{주당순이익} = \frac{(\text{당기순이익} - \text{우선주 배당금})}{\text{가중평균 발행주식수}} = \frac{\text{500억원}}{\text{1억주}} = 500(\text{원})$$

■ **주가수익비율(PER: Price Earning Ratio)**

1주당 주식가격을 주당순이익으로 나눈 것으로 현재 주식가격이 주당이익의 몇 배로 형성되어 있는지를 나타낸다. 주식가격이 해당 기업의 미래수익성과 위험에 대한 시장의 평가가 반영되기 때문에 기업의 미래이익이 크게 증가할 것으로 진망하면 PER이 높게 형성된다. 주가수익비율이 높다면 주당순이익은 평균인데 주가가 높아서인 경우와 주가는 평균 수준인데 주당순이익이 너무 낮은 경우로 나누어 볼 수 있다. 기업의 재무적 위험이 동일하다면 기업의 성장성이 높은 경우 주가수익비율이 높게 나타난다.

$$\text{주가수익비율} = \frac{\text{주가}}{\text{주당순이익}} = \frac{5{,}000}{500} = 10$$

주가수익비율은 주식의 저평가 여부를 판단하는 기준으로 사용되고 동종업계의 평균 PER과 비교하여 고평가 혹은 저평가되었는지 판단하기도 한다.

■ **주가순자산비율(PBR: Price Book-Value Ratio)**

주가를 1주당 순자산가치로 나눈 것으로 현재 주식가격이 순자산장부가치의 몇 배로 형성되어 있는지를 나타내는 비율이다. 1주당 순자산가치는 총자산에서 총부채를 차감한 순자산을 발행주식수로 나누어 산출된다.

$$주가순자산비율 = \frac{주가}{주당순자산} = \frac{5,000}{700} = 7.1$$

PBR이 1 이하이면 저평가되었다고 볼 수 있으나 반드시 1 이하라고 해서 저평가되었다고 단정할 수는 없다. PBR이 1 이하라는 것은 자산에 대한 프리미엄이 할인되어 거래되고 있다는 의미이며 투자자의 기대수익률보다 낮은 수준의 자기자본이익률을 보일 가능성이 높다. 자산의 가치는 자산이 벌어들이는 이익에 따라서 결정되는데 주가순자산비율이 높은 것은 향후 자기자본이익률이 더 커질 것으로 기대하고 자기자본이익률을 유지할 수 있는 기간도 길 것이란 기대가 반영된 것이다.

확·인·문·제

※ 각 문항의 설명 중 옳은 것에는 T, 틀린 것에는 F를 하시오.

01. 유동성 비율은 기업의 단기채무의 상환능력을 평가하는 비율로서 주로 재무상태표의 현금흐름정보를 보완하며 유동비율 지표가 당좌비율보다 특성을 잘 반영한다. (　　)

02. 단기채권자인 은행이나 거래처들은 총자산회전율보다는 유동비율이나 당좌비율에 더 큰 관심을 가질 것이다. (　　)

03. 총자산이익률을 측정할 때 분자로 영업이익을 사용하면 당기순이익을 사용하는 것보다 정상적인 영업효율성을 더 적절히 측정할 수 있다. (　　)

04. 아디다스의 PER은 20, 나이키의 PER은 50이라면, 투자자들은 아디다스의 이익성장률이 더 높을 것으로 기대한다. (　　)

05. 주가수익비율(PER)은 기업이 가득하거나, 미래 가득하게 될 순이익의 질을 평가하기 위한 지표로 이용될 수 있다. (　　)

06. 기말에 보유하고 있던 유가증권을 장부가격 이상으로 처분한다면 당좌비율이나 유동비율을 개선시킬 수 있다. (　　)

07. 이자보상비율이 1 이하로 낮을수록 이자지급능력이 양호하여 자금조달이나 신용도가 높은 기업이라 할 수 있다. (　　)

08. 어느 기업의 유동비율은 산업평균비율보다 낮으나 당좌비율은 산업평균보다 높다면, 당좌자산의 상대적인 비중이 높다고 해석할 수 있다. (　　)

09. 경영자에 의하여 선택된 회계처리방법으로 인해 보고되는 이익이 지속성이 높고, 예측가능성이 높을수록 기업의 이익의 질이 비교적 높다고 할 수 있다. (　　)

10. 수익성 비율은 기업의 경영성과에 대한 평가에 사용되는 비율로 매출액이익률은 매출수익 한 단위당 얼마의 이익을 얻고 있는가를 나타낸다. (　　)

11. 현금 및 현금성자산은 유동성이 가장 높은 자산이며, 은행예금은 매출채권보다 유동성이 높다. (　　)

12. 유동비율이 낮으면 유동부채의 상환능력이 좋고, 부채비율이 낮으면 기업의 재무건전성이 높다. (　　)

13. 재고자산회전율은 재고자산이 판매되는 데 걸리는 평균기간으로 기업의 수익성과 밀접한 관계가 있으며 매출액을 재고자산으로 나누어 산출한다. (　　)

14. 부채비율은 채권자가 제공한 자금이 소유주가 출자한 자금의 몇 배가 되는가를 나타내는 비율로 기업의 재무위험을 나타내며 부채를 자기자본으로 나누어 산정한다. (　　)

15. 영업이익률은 매출액에서 매출원가를 차감하여 산출한 매출총이익에 판매관리비를 차감하여 영업이익을 산출하고 매출액으로 나누어 산정한다. (　　)

16. 재무상태표의 차변은 자금의 운용, 대변은 자금의 조달원천에 대한 정보로 자금의 조달과 자금의 운용은 반드시 일치하지 않을 수 있다. (　　)

17. 손익계산서는 기업의 일정 시점에 창출한 이익으로 기업의 경영활동 결과에 대한 성과이며 경영자의 경영성적표라 할 수 있다. (　　)

18. 포괄손익계산서는 원칙 중심과 포괄주의에 입각해 수익과 비용을 항목별로 구분, 표시하고 당기순이익, 기타포괄손이, 총포괄손이을 나타낸다. (　　)

19. 기초현금에서 기말현금으로의 현금의 증감에 대한 세부적인 현금흐름의 원천별, 즉 영업활동, 재무활동, 투자활동으로 나누어 현금흐름을 파악할 수 있다. (　　)

20. 기업가치는 영업활동에서 창출되는 잉여현금흐름을 자본비용으로 할인한 순현재가치를 의미하는 것으로 현재와 미래의 현금창출능력과 사업이나 재무리스크 등에 좌우되게 된다. (　　)

■ 해답: 1. F　2. T　3. T　4. F　5. T　6. T　7. F　8. T　9. T　10. T　11. T　12. F　13. F　14. T　15. T　16. F　17. F　18. T　19. T　20. T

실· 습· 문· 제

1. 더나은미래㈜의 수정전시산표와 결산수정사항을 활용하여 202×년도 보고식 재무제표를 작성하세요.

(1) 수정전시산표 (단위: 천원)

항목	금액	항목	금액
현금	5,000,000	매입채무	2,000,000
단기금융상품	4,625,000	미지급금	1,250,000
매출채권	2,500,000	선수금	389,000
미수금	400,000	미지급비용	150,000
재고자산	4,500,000	단기차입금	550,000
기계장치	1,000,000	사채	3,000,000
건물	3,000,000	자본금	8,000,000
매입	17,500,000	이익잉여금	2,000,000
급여	2,000,000	기타포괄손익누계	4,500,000
지급수수료	1,500,000	매출	21,000,000
복리후생비	700,000	임대수익	316,000
광고비	100,000		
통신료	50,000		
수도광열비	40,000		
보험료	240,000		
합계	43,155,000	합계	43,155,000

(2) 결산수정 사항

① 재고자산의 실사 결과 ₩5,000,000,000이다.

② 매출채권의 3% 대손충당금을 설정한다.

③ 광고비 미지급액이 ₩5,000,000이 있으며 회계처리하지 않았다.

④ 보험료 미경과분이 ₩100,000,000이 있다.

⑤ 미지급금 ₩700,000,000을 지급하였으나 회계처리하지 않았다.

1-1. 손익계산서를 작성하세요.

1-2. 재무상태표를 작성하세요.

2. 더나은미래㈜의 다음 자료에 의하여 현금흐름을 계산하세요.

(1) 재무상태표

계정과목	20×1	20×2	계정과목	20×1	20×2
유동자산			**유동부채**		
현금 및 예금	3,000,000	4,924,500	매입채무	3,363,500	6,231,500
매출채권	7,207,500	9,067,500	미지급비용	320,000	300,000
대손충당금		(604,500)	선수금	200,000	100,000
대여금	100,000	330,000	단기차입금	200,000	150,000
선급금	150,000	100,000	**비유동부채**		
재고자산	6,486,750	8,160,750	사채	15,000,000	15,000,000
비유동자산			장기차입금	2,000,000	3,000,000
투자자산	5,000,000	5,000,000	**자본**		
건물	40,000,000	50,000,000	자본금	30,000,000	37,069,500
(감가상각누계액)	(400,000)	(600,000)	이익잉여금	12,160,750	16,127,250
기계장치	2,000,000	2,000,000			
(감가상각누계액)	(300,000)	(400,000)			
합계	63,244,250	77,978,250	합계	63,244,250	77,978,250

(2) 손익계산서

계정과목	20×1	20×2	계정과목	20×1	20×2
매출원가	14,415,000	18,135,000	매출	24,025,000	30,225,000
급여	2,402,500	3,022,500	이자수익	25,000	25,000
판매촉진비	720,750	906,750			
광고비	720,750	906,750			
연구개발비	961,000	1,209,000			
복리후생비	720,750	906,750			
대손상각비	480,500	604,500			
감가상각비	240,250	300,000			
이자비용	150,000	180,000			
수도광열비	50,000	50,000			
보험료	10,000	10,000			
통신비	50,000	52,250			
당기순이익	3,128,500	3,966,500			
합계	24,050,000	30,250,000	합계	24,050,000	30,250,000

3. 더나은미래자원㈜ 재무상태표와 포괄손익계산서를 이용해서 수익성, 유동성, 활동성, 안정성 지표를 분석하고 그 결과에 대한 평가의견을 제시해 보세요.

재무상태표

(단위: 백만원)

	21기	22기		21기	22기
현금	100,000	160,450	매입채무	80,000	98,725
매출채권	90,000	80,000	미지급비용	20,000	20,000
재고자산	30,000	27,000	장기차입금	110,000	105,000
기계장치	50,000	45,000	자본금	89,490	89,490
건물	150,000	135,000	이익잉여금	120,510	134,235
자산총계	420,000	447,450	부채와 자본총계	420,000	447,450

손익계산서

202×.1.1~202×.12.31 (단위: 백만원)

매출액		300,000
매출원가		180,000
매출총이익		120,000
판매관리비		
급여	30,000	
판매수수료	20,000	
대손상각	450	
감가상각	20,000	70,450
영업이익		49,550
이자비용		9,750
법인세비용		9,800
당기순이익		30,000

3-1. 재무제표 분석을 하세요.

(1) 수익성-매출총이익률, 영업이익률, 총자산이익률, 자기자본이익률을 산출하세요.

(2) 활동성-매출채권회전율, 매출채권평균회수기간, 재고자산회전율, 재고자산평균회전기간, 총자산회전율을 산출하세요.

(3) 유동성-유동비율, 당좌비율을 산출하세요.

(4) 안정성-부채비율, 이자보상비율을 산출하세요.

3-2. 재무제표 분석 결과에 대한 평가의견을 제시해 보세요.

4. 더나은미래자원㈜ 재무상태표와 포괄손익계산서를 이용해서 수익성, 유동성, 활동성, 안정성 지표를 분석하고 그 결과에 대한 평가의견을 제시해 보세요.

재무상태표

(단위: 백만원)

	21기	22기		21기	22기
현금	320,000	335,475	매입채무	220,000	200,000
매출채권	200,000	190,000	미지급비용	30,000	30,000
재고자산	20,000	19,000	장기차입금	100,000	83,075
기계장치	40,000	35,000	자본금	150,000	150,000
건물	120,000	115,000	이익잉여금	200,000	231,400
자산총계	700,000	694,475	부채와 자본총계	700,000	694,475

손익계산서

202×.1.1~202×.12.31 (단위: 백만원)

매출액		400,000
매출원가		240,000
매출총이익		160,000
판매관리비		
급여	46,525	
판매수수료	50,000	
대손상각	475	
감가상각	15,000	112,000
영업이익		48,000
이자비용		8,750
법인세비용		7,850
당기순이익		31,400

4-1. 재무제표 분석을 하세요.

(1) 수익성-매출총이익률, 영업이익률, 총자산이익률, 자기자본이익률을 산출하세요.

(2) 활동성-매출채권회전율, 매출채권평균회수기간, 재고자산회전율, 재고자산평균회전기간, 총자산회전율을 산출하세요.

(3) 유동성-유동비율, 당좌비율을 산출하세요.

(4) 안정성-부채비율, 이자보상비율을 산출하세요.

4-2. 재무제표 분석 결과에 대한 평가의견을 제시해 보세요.

5. 더나은미래㈜의 부분재무상태표는 아래와 같다.

부분재무상태표

(단위: 천원)

현금	₩5,000	매입채무	₩3,500
당기손익인식금융자산	2,000	미지급금	2,500
매출채권	3,000	선수금	5,000
재고자산	3,000	단기차입금	3,000
기타유동자산	5,000		

5-1. 유동비율과 당좌비율이 각각 얼마인지 계산하세요.

5-2. 순운전자본은 얼마인지 구하세요.

6. 더나은미래㈜의 비교 요약재무상태표와 추가정보를 활용하여 아래 물음에 답하세요.

비교 요약재무상태표

(단위: 백만원)

	제22기	제21기
현금	50,000	45,000
매출채권	6,000	5,500
재고자산	4,000	5,000
유형자산	40,000	35,000
자산총계	100,000	90,500
매입채무	60,000	50,500
지급어음	20,000	10,000
보통주자본	15,000	20,000
이익잉여금	5,000	10,000
부채와 자본총계	100,000	90,500

22기의 추가정보는 다음과 같다.

(단위: 백만원)

구분	금액
매출액	90,000
매출원가	63,000
영업비용	10,000
법인세	1,000
당기순이익	16,900

6-1. 유동비율과 당좌비율을 계산하세요.

6-2. 매출채권회전율, 재고자산회전율을 계산하세요.

6-3. 영업이익률과 당기순이익률을 계산하세요.

6-4. 자기자본이익률과 자산이익률을 계산하세요.

6-5. 부채비율을 계산하세요.

7. 더나은미래㈜의 요약재무상태표는 아래와 같다.

요약재무상태표

202×년 12월 31일 현재 (단위: 백만원)

현금	130,000
매출채권	20,000
재고자산	50,000
토지	30,000
건물	150,000
감가상각누계액	(30,000)
자산총계	350,000
매입채무	100,000
보통주자본금	50,000
이익잉여금	200,000
부채와 자본총계	350,000

〈추가정보〉

① 202×년 포괄손익계산서의 매출액과 매출원가는 각각 400,000과 240,000이다. (단위: 백만원)

② 영업비용은 100,000이며 당기순이익은 20,000이다. (단위: 백만원)

7-1. 유동성 비율을 계산하세요.

7-2. 활동성 비율을 계산하세요.

7-3. 수익성 비율을 계산하세요.

7-4. 부채비율을 계산하세요.

8. 다음의 재무정보를 활용하여 시장가치비율을 산출하세요.

(1) 재무정보

(단위: 억원)

구분	금액
자산총액	2,000
부채총액	1,000
당기순이익	800
시가총액	8,000

(2) 현재 주가 ₩5,000, 발행주식수(보통주) 200,000,000주

8-1. 주당순이익률과 주가수익률을 산출하세요.

8-2. 주당순자산율을 산출하세요.

▌실습문제 풀이

1. 1-1. 손익계산서

손익계산서

202×.1.1~202×.12.31 (단위: 천원)

수익		21,316,000
매출	21,000,000	
임대수익	316,000	
비용		21,605,000
매출원가	17,000,000	
급여	2,000,000	
지급수수료	1,500,000	
복리후생비	700,000	
광고비	105,000	
통신비	50,000	
수도광열비	40,000	
보험료	140,000	
대손상각비	75,000	
당기순손실		(294,000)

• 참고사항: 결산수정분개

(차) 재고자산	5,000,000,000	(대) 매출원가	5,000,000,000
(차) 대손상각비	75,000,000	(대) 대손충당금	75,000,000
(차) 광고비	5,000,000	(대) 미지급비용	5,000,000
(차) 선급보험료	100,000,000	(대) 보험료	100,000,000
(차) 미지급금	700,000,000	(대) 현금	700,000,000

1-2. 재무상태표

재무상태표

202×년 12월 21일 현재 (단위: 천원)

자산	
유동자산	
현금	4,300,000
단기금융상품	4,625,000
매출채권	2,500,000
대손충당금	(75,000)
미수금	400,000
재고자산	5,000,000
선급비용	100,000
비유동자산	
기계장치	1,000,000
건물	3,000,000
자산총계	20,850,000
부채	
유동부채	
매입채무	2,000,000
미지급금	550,000
선수금	389,000
미지급비용	155,000
단기차입금	550,000
비유동부채	
사채	3,000,000
부채총계	6,644,000
자본	
자본금	8,000,000
이익잉여금	1,706,000
기타포괄손익누계	4,500,000
자본총계	14,206,000
부채와 자본총계	20,850,000

2.

1. 영업활동 현금흐름		4,290,000
1) 당기순이익		3,966,500
2) 현금유출이 없는 비용 가산(감가상각비 등)		904,500
3) 영업활동과 무관한 수익 차감(이자수익 등)		(25,000)
4) 영업활동과 무관한 비용 가산		180,000
5) 영업활동 관련 자산, 부채의 증감		736,000
2. 투자활동 현금흐름		(10,205,000)
1) 투자활동 현금유입		25,000
장기금융상품 처분		
기타포괄손익 - 공정가치 금융자산 처분		
당기손익 - 공정가치 금융자산 처분		
관계기업투자주식 처분		
유무형자산처분		
이자수익	25,000	
2) 투자활동 현금유출(기계장치 구매 등)		10,230,000
기타포괄손익 - 공정가치 금융자산의 취득		
당기손익 - 공정가치 금융자산 취득		
관계기업투자주식 취득		
유무형자산 취득	10,000,000	
자금의 대여(대여금)	230,000	
3. 재무활동 현금흐름		7,839,500
1) 재무활동 현금유입		8,069,500
유상증자	7,069,500	
차입금차입(장기차입금)	1,000,000	
2) 재무활동 현금유출		230,000
차입금상환(단기차입금)	50,000	
배당금지급		
이자지급(이자비용)	180,000	
4. 현금의 순증가(1 + 2 + 3)		1,924,500
5. 기초현금		3,000,000
6. 기말현금		4,924,500

* 이자비용은 재무활동, 이자수익은 투자활동으로 분류하였음.

3. 3-1. (1) 매출총이익률 = (120,000/300,000) × 100 = 40%

영업이익률 = (49,550/300,000) × 100 = 16.52%

총자산이익률 = (30,000/433,725*) × 100 = 6.92%

* 433,725 = (기초총자산 + 기말총자산)/2

자기자본이익률 = (30,000/216,862.5*) × 100 = 13.83%

* 216,862.5 = (기초총자본 + 기말총자본)/2

3–1. (2) 매출채권회전율 = 300,000/85,000* = 3.53

* 85,000 = (기초매출채권 + 기말매출채권)/2

매출채권평균회수기간 = 365/3.529 = 103.42일

재고자산회전율 = 180,000/28,500* = 6.32

* 28,500 = (기초재고자산 + 기말재고자산)/2

재고자산평균회전기간 = 365/6.315 = 57.79일

총자산회전율 = 300,000/433,725* = 0.69

* 433,725 = (기초총자산 + 기말총자산)/2

3–1. (3) 유동비율 = (267,450/118,725) × 100 = 225.27%

당좌비율 = [(267,450 − 27,000)/118,725] × 100 = 202.53%

3–1. (4) 이자보상비율 = 39,750*/9,750 = 4.08

* 39,750 = 이자비용차감전이익 = 30,000 + 9,750

부채비율 = (223,725/223,725) × 100 = 100%

3–2. 매출총이익률이 40%, 영업이익률이 16.52%로 수익성이 상당히 양호하고 활동성 또한 좋게 평가된다. 유동비율 역시 200% 이상이며, 부채비율(부채/자기자본)이 100%이므로 재무구조도 안정적이라고 볼 수 있다.

4. 4–1. (1) 매출총이익률 = (160,000/400,000) × 100 = 40%

영업이익률 = (48,000/400,000) × 100 = 12%

총자산이익률 = (48,000/697,237.5*) × 100 = 6.88%

* 697,237.5 = (기초총자산 + 기말총자산)/2

자기자본이익률 = (30,000/295,700*) × 100 = 10.15%

* 295,700 = (기초총자본 + 기말총자본)/2

4–1. (2) 매출채권회전율 = 400,000/195,000* = 2.05

* 195,000 = (기초매출채권 + 기말매출채권)/2

매출채권평균회수기간 = 365/2.051 = 177.96일

재고자산회전율 = 240,000/19,500* = 12.31

* 19,500 = (기초재고자산 + 기말재고자산)/2

재고자산평균회전기간 = 365/12.037 = 30.32일
총자산회전율 = 400,000/697,237.5* = 0.57
* 697,237.5 = (기초총자산 + 기말총자산)/2

4-1. (3) 유동비율 = (544,475/230,000) × 100 = 236.73%
당좌비율 = [(544,475 − 19,000)/230,000] × 100 = 228.47%

4-1. (4) 부채비율 = (313,075/381,400) × 100 = 82.08%
이자보상비율 = 40,150/8,750 = 4.59

4-2. 매출총이익률이 40%, 영업이익률이 12%이므로 해당 기업의 수익성은 상당히 양호한 것으로 평가된다. 수익성이 좋으므로 활동성, 유동성, 안정성도 양호하며 재무건전성이 높은 기업으로 평가된다.

5. 5-1. 유동비율 = (18,000/14,000) × 100 = 128.57%
당좌비율 = (15,000/14,000) × 100 = 107.14%

5-2. 순운전자본 = 유동자산 − 유동부채 = 18,000 − 14,000 = 4,000

6. 6-1. 유동비율 = (60,000/80,000) × 100 = 75%
당좌비율 = (56,000/80,000) × 100 = 70%

6-2. 매출채권회전율 = 90,000/5,750 = 15.65
재고자산회전율 = 63,000/4,500 = 14

6-3. 영업이익률 = (27,000/90,000) × 100 = 30%
당기순이익률 = (17,000/90,000) × 100 = 18.88%

6-4. 자기자본이익률 = (17,000/25,000) × 100 = 68%
자산이익률 = (17,000/95,250) × 100 = 17.84%

6-5. 부채비율 = (80,000/20,000) × 100 = 400%

7. 7-1. 유동비율: (200,000/100,000) × 100 = 200%
당좌비율: (150,000/100,000) × 100 = 150%

7-2. 매출채권회전율 = 400,000/20,000 = 20
매출채권회수기간 = 365/20 = 18.25일
재고자산회전율 = 240,000/50,000 = 4.8
재고자산회전기간 = 365/4.8 = 76.04일

7-3. 매출이익률 = (160,000/400,000) × 100 = 40%
자산회전율 = 400,000/350,000 = 1.14
자산이익률 = (20,000/350,000) × 100 = 5.71%
보통주자본이익률 = (20,000/50,000) × 100 = 40%

7-4. 부채비율 = (100,000/250,000) × 100 = 40%

8. 8-1. 주당순이익 = (당기순이익 - 우선주 배당금)/가중평균 발행주식수
= 800억원/2억주 = 400원
주가수익비율 = 주가/주당순이익 = 8,000/400 = 20

8-2. 주가순자산비율 = 주가/주당순자산 = 5,000/500 = 10

02

기업경영진단 · 평가

1. 기업경영진단
2. 부실기업 진단
3. 기업신용평가

1 기업경영진단

1.1 기업경영진단 개요

기업은 대내외 경영환경의 변화에 맞추어 기업 자체가 스스로 변신하고 공진화하지 않으면 성장이 멈추고 수익성이 악화되어 부실기업으로 전락하고 종국에는 기업파산이라는 죽음에 이르게 될 수 있다. 사람들은 정기적으로 건강진단을 통하여 건강상태를 점검하고 이상부문은 조기에 발견하여 치료함으로써 건강한 몸을 유지해 간다. 기업도 마찬가지로 경영상황에 대한 진단을 통하여 기업의 건강상태를 정기적으로 점검하고 이상부문을 조기에 발견하여 개선하거나 해결함으로써 건강한 기업으로 생존과 지속가능한 발전을 해나갈 수 있게 하는 과정이 기업경영진단이다.

기업경영진단을 통해 건강한 기업이 되어 경쟁력을 강화하고 수익성을 향상시키며 기업가치를 증대함으로써 기업의 생존과 지속적인 성장, 발전을 해나가도록 하는 데 목적이 있다. 기업경영진단은 기업 전체를 대상으로 하는 종합경영진단과 특정부문 단위로 이루어지는 부문경영진단으로 크게 나눌 수 있다.

기업의 종합경영진단은 2~3년 주기로 정기적으로 자체 혹은 외부 전문기관에 의뢰하여 기업의 건강상태를 사전 점검받아 미래 변화하는 경영환경에 대비하는 것이 바람직할 것이다. 기업의 종합경영진단은 실제 기업의 오랜 경영경험과 경영 전반에 대한 이론적 지식을 겸비한 전문가의 주도하에 해당 기업의 실무전문가가 참여하는 방식으로 진행하는 것이 가장 효율적이고 효과적이다. 하지만 경영의 다양한 경험과 이론적 지식을 겸비한 전문가가 많지 않고 내부적으로 실무전문가의 참여에도 한계가 있으므로, 이 경우에는 외부 전문기관에 의뢰하여 기업종합경영진단을 받을 수 있을 것이다. 기업종합경영진단의 역량을 갖춘 외부 전문기관도 많지 않으므로 기업종합경영진단의 선정은 진단 방법론과 각 분야 전문인력 등을 제대로 갖추어져 있는지에 대하여 충분히 사전 검토하고 이미 종합경영진단을 실제 받은 기업 등에 평가의견 등을 종합하여 선정하여야 할 것이다. 외부 전문기관에 의뢰하는 경우에도 그대로 맡기는 것이 아니라 내부 실무전문가

그림 2-1 기업경영진단 체계

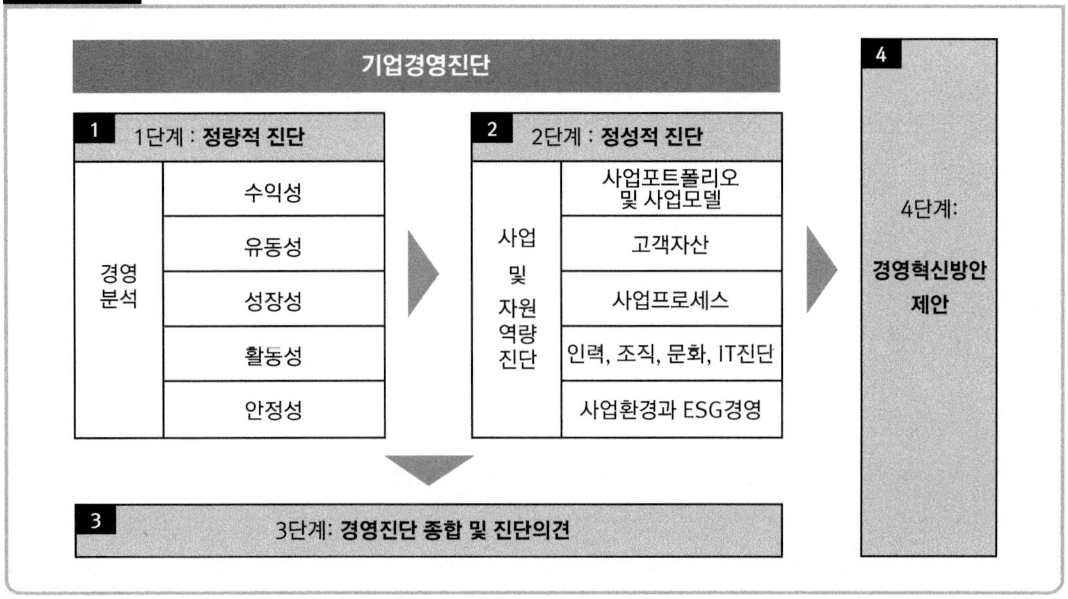

들의 적극적인 참여가 있어야만 기업종합경영진단이 효과적으로 진행될 수 있다. 사람도 자신 몸의 이상증상은 스스로 먼저 감지하듯이 기업의 경영상 문제도 기업 스스로 이미 잘 알고 있고 이상증상을 감지하고 있으므로 기업의 실무전문가의 참여와 경영진에 대한 인터뷰 등을 통하여 기업의 이상증상을 객관적으로 확인할 수 있다.

■ 기업경영진단 체계

기업경영진단을 위해서는 회계정보 등의 기업내부정보와 기업외부정보를 수집하여 분석하고 회계정보에 대해 수익성, 유동성, 성장성, 안정성, 활동성 측면에서 동종산업의 타기업과 비교해 보면 이상징후를 발견할 수 있다. 기업경영진단 체계는 [그림 2-1]과 같이 재무제표의 경영분석 지표를 통하여 경영의 이상 여부를 판단한 후 사업환경 진단과 더불어 사업 및 자원·역량진단으로 경영상 문제와 그 원인이 무엇인지 세부적으로 진단하게 된다.

마지막 경영진단 결과는 재무제표 분석과 같은 정량적 진단, 사업 및 자원·역량 진단과 같은 정성적 진단을 종합하여 진단의견을 제시하고 규명된 경영상의 문제와 그 원인에 대한 해결방안을 제시한다. 현재의 경영상 문제와 원인, 미래

경영환경에 대한 예측, 통찰력 등을 토대로 경영합리화 방안이나 경영혁신방안을 경영진단 결과에 따른 처방으로 제안하여야 한다.

기업의 생존과 지속가능한 성장에 있어서 근원은 이익의 창출 여부에 달려 있으므로 재무제표 분석을 통하여 수익성, 유동성, 안정성, 성장성 등의 지표로 기업경영의 건강상태를 먼저 파악하고 수익성이 저하되고 있다면 시장 수요적 측면에 있어서의 문제인지 제품이나 서비스의 공급 측면에서의 문제인지를 동종산업의 경쟁자와의 비교분석을 통하여 파악할 수 있다.

사업포트폴리오 및 사업모델의 수익성과 성장성 관점에서 향후 3~5년을 전망하면서 사업별로 분석, 진단하여 문제점을 발굴함과 아울러 시장이나 고객의 니즈와의 적합성, 자원 · 핵심역량 보유 여부 등을 진단하여 혁신방안을 도출하여야 한다. 사업포트폴리오와 고객자산 측면에서의 문제는 이를 뒷받침하는 관련 프로세스의 문제로 인한 것이므로 프로세스의 진단을 하고 프로세스의 문제가 제도의 문제인지 사람의 문제인지 등을 파악하여야 한다. 기업의 경영프로세스는 결국 사람, 조직, 문화의 문제로 인하여 민첩하고 효율성 있게 작동하지 않는 경우가 많으므로 사람, 조직, 문화 진단이 필요하다.

■ 경영진단 등급 부여

경영분석 지표에 의한 진단(정량적 진단)과 사업 및 자원 · 역량진단(정성적 진단)을 실시하고 진단 결과 취득한 경영진단점수에 따라서 〈표 2-1〉과 같이 기업의

표 2-1 경영진단 등급

경영진단점수	등급	등급 해석
160 이상	SA	글로벌 초우량기업 수준
140 이상	A+	우량(상) 기업 수준
130 이상	A	우량(중) 기업 수준
110 이상	B+	업계 평균 상회 기업 수준
100 이상	B	업계 평균 기업 수준
90 이상	B-	업계 평균 조금 미달 기업 수준
80 이상	C+	업계 평균 매우 미달 기업 수준
70 이상	C	부실징후 기업 수준
60 이상	C-	부실기업 수준
59 이하	D	부도기업 수준

우량 및 부실 수준에 대한 등급을 부여한다. 경영진단 등급은 동종업계의 평균 기업 수준인 B등급을 기준으로 최상단의 글로벌 초우량기업 수준인 SA등급에서 부도기업 수준인 D등급까지 10등급으로 구분되어 부여할 수 있다.

1.2 경영분석 지표에 의한 기업경영진단

재무제표의 분석을 통해 기업의 수익성, 성장성, 활동성, 안정성, 유동성 등의 경영분석 지표에 대해 파악하고 동종업종의 타기업과 비교분석을 통하여 기업의 건강상태를 진단할 수 있다. 기업은 사업에 필요한 자금을 자기자본과 타인자본을 통해 조달하여 생산설비를 구축하고 제품이나 서비스를 생산, 판매하여 이익을 창출하는 조직이다. 사업에 투입된 자기자본과 타인자본에 대한 자본비용 이상의 이익 실현은 생존과 지속가능한 성장을 위한 필수적인 요건이다.

재무제표에 표시된 회계상 이익은 수익에서 비용을 차감하고 실현된 이익을 의미하고 있어서 자기자본에 대한 기회비용이 고려되지 않는 한계가 있다. 주주가 투자한 자본에 대한 기대수익률이나 사채 발행 등을 통해 조달한 타인자본의 이자를 종합한 자본비용이 반영된 실질적 부가가치 창출을 측정하는 경제적 부가가치(EVA: Economic Value Added) 지표를 회계상 이익의 한계를 보완하는 수단으로 활용할 필요성이 있다.

재무제표 경영분석 지표에 의한 기업경영진단은 〈표 2-2〉와 같은 양식을 활용하여 진행하면 간편하게 할 수 있으며 그 결과를 동종 타기업과 비교분석하여 경영상태의 양호 여부를 판정할 수 있다. 수익성, 성장성, 활동성, 안정성, 유동성 등의 경영분석 지표는 재무제표를 활용하여 측정값을 구하고 동종산업 평균값과 대비하여 평가지표 수를 산정한 후 가중치를 곱하여 경영진단점수를 산출한다.

특정 경영분석 지표에 의한 경영진단의 왜곡을 방지하기 위하여 각 평가지표는 동종산업계 평균의 2배를 초과하지 않도록 하고, 그것을 초과하는 경우에는 2배수로 제한 적용할 수 있다.

표 2-2 경영분석 지표에 의한 진단

구분	지표	가중치 (W)	측정값 (A)	동종업계 평균(B)	평가지수 (A/B)	경영진단점수 W*(A/B)
수익성 (50%)	매출총이익률	10				
	영업이익률	10				
	당기순이익률	10				
	자기자본이익률	10				
	총자산이익잉여금비율	10				
성장성	매출액증가율	5				
	자산증가율	5				
	이익증가율	5				
활동성	재고자산회전율	5				
	매출채권회전율	5				
	총자산회전율	5				
유동성 · 안정성	유동비율	5				
	부채비율	5				
	차입금비율	5				
	이자보상비율	5				
합계		100				

경영분석 지표별 측정값을 산출한 후 15개 항목 지표를 합하여 경영진단점수를 산정하고 등급을 〈표 2-1〉과 같이 부여한다.

15개 경영분석 지표에 의한 경영진단 결과 C+등급 이하의 등급에 대해서는 사업 및 역량진단의 2단계 경영진단을 반드시 받아 볼 필요가 있다. 경영분석 지표의 진단에 의하여 동종산업의 평균 비율보다 낮다면 그 지표를 구성하는 세부적 요소별로 분석하여 그 원인이 되는 요인을 찾아내서 개선해야 할 것이다.

경영분석 지표에 의한 세부적인 요소에 대하여 원인과 해결방안에 대해서는 사업 및 자원 · 역량 진단을 통하여 마련할 수 있다. 예를 들어, 자기자본이익률 지표분석을 통하여 경영상황을 진단해 보면 자기자본이익률 지표는 매출액순이익률, 자산회전율, 레버리지비율로 구성되어 있고 각각 세부지표들이 높을수록 수익성이 증가한다. 즉, 자기자본이익률은 매출이익률, 자산의 효율성이 증대되고, 부채를 통한 레버리지 효과에 의하여 자기자본이익률이 커지게 된다.

매출액순이익률의 경우를 다시 세부적으로 분해해 보면 당기순이익 대비 매출액으로 당기순이익은 매출액 − 매출원가 − 판매관리비 − 기타영업비용에서 산출되고 매출액은 판매가격과 판매수량에서 산출된다. 매출액이 동종 타경쟁사에 대비하여 낮다면 판매가격과 판매수량을 결정하는 요소들에 대하여 경쟁기업과 비교분석해 보면 자사의 강점과 약점, 문제점을 파악할 수 있고 그에 대한 해결방안을 찾을 수 있을 것이다. 재무제표에 의한 경영분석 지표를 통하여 각 지표의 세부적인 요소에 대하여 동종산업의 경쟁자와 비교함으로써 수익성, 성장성, 활동성, 유동성, 안정성 등에서 자사의 강 · 약점이 어디에 있는지를 파악할 수 있다. 수익성, 성장성, 안정성 등의 재무제표 분석방법은 제1장에서 이미 설명하였으므로 각 지표 간의 관계성과 분석결과의 의미와 활용방법에 대하여 추가한다.

■ 수익성

기업이 만든 제품이나 서비스가 높은 가격으로 판매되어 많은 이익을 창출하고 그 이익이 지속성을 유지한다면 수익성이 양호하고 기업가치도 증대될 것이다. 회계상의 이익은 시간적 가치를 고려하지 않고 이익의 실현 여부에 중점을 두고 있고 자기자본에 대한 자본비용을 고려하지 않는 한계가 있다. 실현된 영업이익에 대하여 자기자본과 타인자본에 대한 자본비용을 보상하고 나서 잉여이익의 여부를 초점을 둔 경제적 부가가치(EVA) 지표가 회계상 수익성 지표의 한계를 보완해 줄 수 있어서 산업계에서 성과평가 지표로 많이 활용되고 있다.

수익성은 매출총이익률, 매출영업이익률, 매출당기순이익률, 자기자본이익률, 총자산이익률에 대하여 분석한다. 매출총이익률은 제품이나 서비스 제조원가의 경쟁력을 파악할 수 있고 매출액영업이익률과 매출액순이익률은 영업활동에서의 이익의 비중과 비영업활동의 이익 비중을 가늠해 볼 수 있다. 자기자본이익률은 주주들이 관심을 갖는 지표이고 주주의 기대수익률과 비교하여 주식 투자에 대한 의사결정시 활용되는 지표이다. 총자산이익률은 보유자산을 얼마나 효율적으로 이용하여 이익을 창출하는지를 나타내는 지표이다.

■ 유동성과 안정성

기업이 상대적으로 높은 양질의 이익 지속성에 따라서 유동성과 안정성을 좌우하게 된다. 기업이 생산판매한 제품이나 서비스가 고가로 잘 판매가 되어 자금순환이 원활하게 잘 된다면 수익성이 좋을 것이고 당연히 유동성과 안정성이 견실하게 된다.

■ 성장성과 활동성

기업성장성은 매출액이나 자산규모, 이익규모의 증가가 성장성을 나타내는 지표이다. 기업의 외형상 성장은 시장점유율을 확대하거나 신제품을 개발하여 새로운 시장을 개척하거나 새로운 사업영역에 진출하여 매출액이나 자산규모의 증대를 이룰 수 있다. 기업의 성장성이나 수익성은 그 기업의 활동성과도 상관관계가 높다. 재고자산회전율이나 매출채권회전율, 총자산회전율과 같은 활동성 지표는 기업의 성장성, 수익성, 안정성을 유도하는 선행적 지표의 성격을 갖는다고 할 수 있다.

예제 2-1

○○○화장품 회사의 재무정보와 제시된 경영분석 지표를 활용하여 경영진단을 하고 경영진단 등급을 부여하세요. (단, 부채비율과 차입금비율은 A/B의 역수인 B/A를 적용한다.)

(1) 재무상태표

항목	제34기	제33기
자산		
유동자산	27,865,238,070	26,893,737,468
현금및현금성자산	6,909,705,561	3,892,568,909
단기금융상품	3,050,000,000	60,000,000
매출채권 등	8,535,393,356	10,108,860,742
기타유동자산	688,525,592	1,066,758,085
재고자산	8,634,969,353	11,739,996,800
당기법인세자산	46,644,208	25,552,932
비유동자산	82,162,704,171	84,625,090,373
자산총계	110,027,942,241	111,518,827,841
부채		
유동부채	18,604,186,807	22,238,016,248
매입채무 등	7,174,313,860	8,312,071,409
단기/장기 차입금	8,812,337,498	11,083,116,664

유동리스부채	594,254,356	968,854,246
기타유동부채	2,023,281,093	1,872,293,140
당기법인세부채		1,680,789
비유동부채	7,994,652,812	10,878,242,410
부채총계	26,598,839,619	33,116,258,658
자본		
자본금 및 자본잉여금	61,713,502,252	61,713,502,252
기타자본구성요소	-8,324,096,001	-8,324,096,001
기타포괄손익누계액	1,858,200,311	160,570,163
이익잉여금(결손금)	28,181,496,060	24,852,592,769
자본총계	83,429,102,622	78,402,569,183
자본과부채총계	110,027,942,241	111,518,827,841

(2) 포괄손익계산서

	제34기	제33기
수익(매출액)	70,392,619,685	73,428,075,257
매출원가	36,754,015,688	38,509,925,049
매출총이익	33,638,603,997	34,918,150,208
판매비와관리비	33,151,567,098	37,148,559,704
판매비와관리비	33,143,631,634	37,171,589,025
대손상각비(대손충당금환입)	7,935,464	-23,029,321
영업이익(손실)	487,036,899	-2,230,409,496
기타이익	1,424,706,011	1,177,811,073
기타손실	754,491,820	876,925,184
금융수익	116,903,748	79,969,836
금융원가	223,695,739	429,152,769
지분법손익	2,386,008,172	1,208,786,323
법인세비용차감전순이익(손실)	3,436,467,271	-1,069,920,217
법인세비용	126,893,214	-644,605,609
당기순이익(손실)	3,309,574,057	-425,314,608
기타포괄손익	1,716,959,382	855,140,809
총포괄손익	5,026,533,439	429,826,201

(3) 경영분석 지표

구분	지표	가중치	측정값 (A)	업계평균 (B)	평가지수 (A/B)	경영진단 점수
수익성	매출총이익률	10.00		20.98%		
	영업이익률	10.00		9.40%		
	당기순이익률	5.00		10.37%		
	자기자본이익률	5.00		12.64%		
	총자산이익잉여금비율	20.00		41.90%		
성장성	매출액증가율	2.00		32.05%		
	자산증가율	2.00		16.14%		
	이익증가율	1.00		41.45%		
활동성	재고자산회전율	2.00		9.13		
	매출채권회전율	2.00		10.05		
	총자산회전율	1.00		0.93		
유동성 및 안정성	유동비율	10.00		142.84%		
	부채비율	15.00		68.90%		
	차입금비율	10.00		21.75%		
	이자보상비율	5.00		1610.15%		
합계		100.00				

풀이

○○○화장품의 경영분석 지표에 의해 경영진단을 실시한 결과는 B등급이다. 동종업계의 평균 수준의 기업이다. 동종업계 대비 총자산 대비 이익잉여금비율, 영업이익률, 매출액 증가비율, 재고자산회전율이 낮아서 향후 성장성과 수익성이 악화될 가능성이 높을 것으로 전망됨.

구분	지표	가중치	측정값 (A)	업계평균 (B)	평가지수 (A/B)	경영진단 점수
수익성	매출총이익률	10.00	47.79%	20.98%	2.28	20.00
	영업이익률	10.00	0.69%	9.40%	0.07	0.74
	당기순이익률	5.00	4.70%	10.37%	0.45	2.27
	자기자본이익률	5.00	3.97%	12.64%	0.31	1.57
	총자산이익잉여금비율	20.00	25.61%	41.90%	0.61	12.23
성장성	매출액증가율	2.00	− 4.13%	32.05%	− 0.13	− 0.26
	자산증가율	2.00	− 1.34%	16.14%	− 0.08	− 0.17
	이익증가율	1.00	41.45%	41.45%	1.00	1.00

활동성	재고자산회전율	2.00	3.61	9.13	0.40	0.79
	매출채권회전율	2.00	7.55	10.05	0.75	1.50
	총자산회전율	1.00	0.64	0.93	0.69	0.69
유동성 및 안정성	유동비율	10.00	149.78%	142.84%	1.05	10.49
	부채비율	15.00	31.88%	68.90%	2.16	30.00
	차입금비율	10.00	0.00%	21.75%	2.00	20.00
	이자보상비율	5.00	217.72%	1610.15%	0.14	0.68
합계		100.00				101.52

1.3 사업포트폴리오 및 자원 · 역량 진단

여러 가지 사업을 함께 하는 대규모 기업은 사업포트폴리오 진단이 요구되고 단일사업을 하는 기업군은 상품진단을 정기적으로 실시하는 것이 상품이나 사업포트폴리오의 경쟁력을 높이고 일정 수준의 수익성을 지속적으로 유지할 수 있게 된다.

상품이나 사업포트폴리오의 진단은 수익성과 성장성 관점에서 분석하여 수익성과 성장성이 현저히 떨어지는 사업에 대해서는 미래사회와 기술 발전 동향 등의 거시적 변수를 살펴보고 세부적인 시장조사, 경쟁력, 산업 동향 등을 종합적으로 고려하여 사업포트폴리오 재구축이나 상품 리뉴얼 전략을 구사해야 한다. 기업은 사업환경 변화에 맞추어 사업포트폴리오를 미래 유망사업군 중심으로 사업포트폴리오의 개편과 자원 · 역량의 진단을 통하여 경쟁력을 지속적으로 강화해 나가야 한다. 기업의 사업포트폴리오 및 자원, 역량 진단체계는 [그림 2-2]와 같다.

■ 사업환경 및 ESG경영 진단

사업환경 및 ESG경영 진단은 기술환경, 경제환경, 시장환경, 정책규제 등 환경변화에 따른 기회와 위협요소를 진단하고, 자사의 강점과 약점을 도출하여 전략적 방향성과 과제를 정립함은 물론이고 ESG경영과 관련하여 환경영향, 사회적 책임, 지배구조의 건전성 여부도 함께 진단하여야 한다. 재무적 성과가 뛰어나더라

그림 2-2 사업포트폴리오 및 자원 · 역량 진단체계

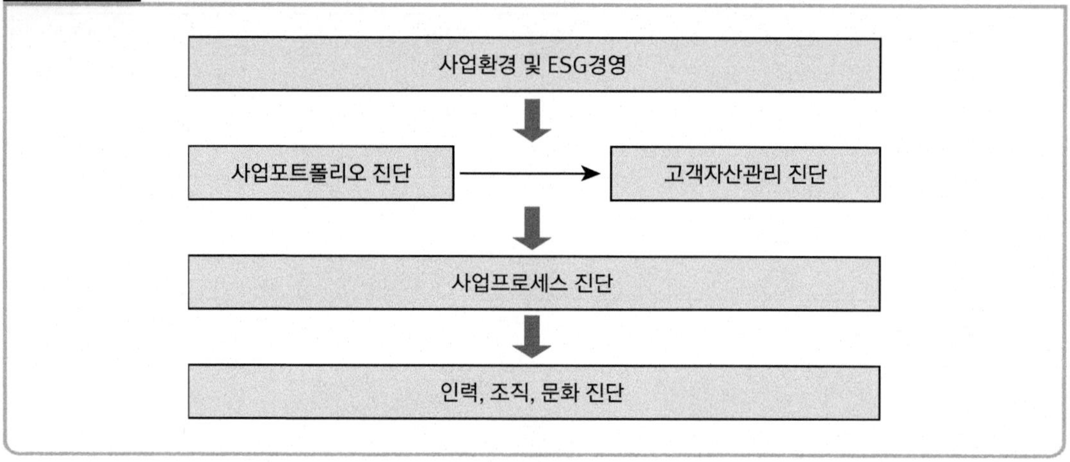

도 ESG경영 측면에서 문제가 있는 것으로 인지될 경우에는 경영의 리스크로 작용되고 가업가치도 제대로 평가받을 수 없다.

사업환경 변화에 따른 기회와 위협요인에 대하여 어떻게 대응하느냐에 따라서 수익성의 향상이나 지속적 유지를 좌우하게 된다. 최근 ESG경영이 국내외적으로 활발하게 도입되고 인공지능과 디지털 대전환이 급속하게 진행되고 있어서 이에 대한 체계적인 대응과 관련 경영시스템의 혁신이 필요하다. 사업환경 및 ESG경영은 〈표 2-3〉 평가지표로 기본적인 요소에 대하여 진단을 할 수 있다.

사업환경 및 ESG경영에 대한 진단결과 60점 이하 경우에는 사업환경 변화 및 ESG경영에 대한 대응력이 많이 떨어져 경영의 리스크로 작용하고 있다는 의미이다. 변화하는 사업환경과 ESG경영 시대에 맞추어 기회요인은 최대한 활용하고 위협요인을 최소화하는 전략적 대응이 필요하다.

미래 사업환경의 변화와 ESG경영의 본격화 등에 대응하여 사업포트폴리오, 사업모델, 경영자원 및 프로세스 등 경영시스템의 혁신을 중단없이 지속적으로 이루어나가는 기업만이 미래의 생존과 지속가능한 성장이 가능한 시대이다.

■ 사업포폴리오 및 사업모델 진단

많은 기업들은 사업의 위험 분산과 시너지를 창출하기 위하여 핵심역량기반으로 여러 가지 사업군을 이루어 경영을 해 나가고 있다. 여러 가지 사업의 가치평

표 2-3 사업환경 및 ESG경영진단 평가지표

평가항목	평가지표	가중치	10점 척도	경영 평가점수
1. 사업환경의 선제적 대응력	1-1 환경변화의 감지능력	0.5		
	1-2 환경변화에 따른 기회 포착력	0.5		
	1-3 환경변화에 따른 경영시스템 재구성 및 전환능력	1.5		
	1-4 비즈니스 생태계에서의 위상과 혁신주도력	1		
	1-5 변화와 혁신의 방향성과 속도의 적정성	1		
2. 사업환경의 위험성	2-1 환경의 복잡성 및 변화의 속도에 적응력	0.5		
	2-2 산업수명주기에 따른 전략적 적합성	0.5		
	2-3 AI/디지털 대전환의 대응의 적정성	0.5		
	2-4 규제 및 정책환경의 영향 정도	0.5		
	2-5 글로벌 경제질서 불확실성의 영향 정도	0.5		
3. ESG경영의 적정성	3-1 제품 및 생산공정의 환경친화성	1		
	3-2 에너지 및 탄소배출량의 적정성	0.5		
	3-3 근로자 존중 등의 인간중심경영	0.5		
	3-4 협력업체와의 공정거래와 사회적 공헌	0.5		
	3-5 지배구조의 투명성과 책임성	0.5		
계		10		100

가와 자원배분을 결정하기 위해 매년 사업포트폴리오 분석을 실시한다. 그 방법론으로 많이 활용되고 있는 BCG매트릭스(Boston Consulting Group Matrix), GE 매트릭스(GE business Screen Matrix)를 활용하여 진단할 수 있다.

BCG매트릭스 분석은 시장성장률과 상대적 시장점유율을 척도로 사업을 평가한 후 내부 자원의 배치를 결정하는 것이다. 시장점유율(market share)과 시장성장률(market growth) 두 가지 요소를 기준으로 기업의 사업을 "스타(Star) 사업", "현금젖소(Cash Cow) 사업", "물음표(Question Marks) 사업", "개(Dog) 사업"으로 구분한다.

세부적으로 BCG매트릭스를 살펴보면 상대적 시장점유율은 낮지만 시장성장률은 높은 경우 "물음표" 사업이다. 시장은 성장하고 있지만 이 시장에 진입하여 얼마나 수익을 창출할지 모르기 때문이다. 이 영역은 자사에서 차별화할 수 있는 요

그림 2-3 BCG매트릭스

소를 갖고 있지 못하다면 이 사업을 계속해야 할지 철수해야 할지 검토해 봐야 할 것이며, 사업을 계속 추진한다면 적극적인 투자를 통해 경쟁사 대비 우위를 차지할 수 있는 전략과 실행방안이 강구되어야 한다. 기업의 행동에 따라서는 차후 스타 사업이 되거나, 개 사업으로 전락할 수 있는 위치에 있다. 일단 투자하기로 결정한다면 상대적 시장점유율을 높이기 위해 많은 투자금액이 필요하다.

"스타" 사업은 성장률과 시장점유율이 높아서 계속 투자를 하게 되는 유망한 사업으로 수익성과 성장성이 큰 사업(상품)을 의미한다. 사업을 성공하기 위해 지속적인 투자가 필요한 영역으로 시장성장률도 좋고 시장점유율도 좋은 사업 또는 상품이다. 고성장, 고점유율 사업으로 시장 내에서 선도적 위치를 차지하고 있지만 성장 중인 시장에 경쟁업체들의 도전을 계속 이겨내려면 이 사업에서 경쟁력 우위를 유지할 수 있는 기술개발 등의 차별화 전략이 지속적으로 강구해야 할 것이다.

"현금젖소" 사업은 점유율이 높아서 이윤이나 현금흐름은 양호하지만 앞으로 성장하기 어려운 사업으로 합리화 사업이다. 성장률은 낮지만 현재 수익 창출원이 되는 사업으로 시장점유율이 높아서 순현금이익을 크게 가져다주는 효자사업이라고 할 수 있고 자금의 원천이 되는 사업이라 할 수 있으나, 스타였던 사업이 시장 성장성이 둔화됨에 따라 현금젖소로 이동하게 된다. 기존 투자에 비해 수익이 지속적으로 나올 수 있기 때문에 선도적 위치를 유지하는 데 많은 노력이 필요하다.

"개" 사업은 성장하기 어렵고 이윤과 현금흐름이 좋지 못한 안 좋은 사업으로 철수대상 사업이다. 낮은 시장점유율과 낮은 성장률로 인하여 자금 유입이 많지는 않고 이익도 매우 적거나 적자도 발생하기도 해서 구조조정대상 사업으로 시장에서는 빨리 철수해야 하는 사업이다.

상대적 시장점유율만을 고려했던 BCG 매트릭스와는 달리 GE매트릭스는 시장점유율의 성장, 상대적 브랜드 파워, 내부적 혁신능력, 품질과 같이 기업 역량의 다양한 측면을 고려함으로써 종합적으로 분석, 평가하고 있다.

그림 2-4 GE매트릭스

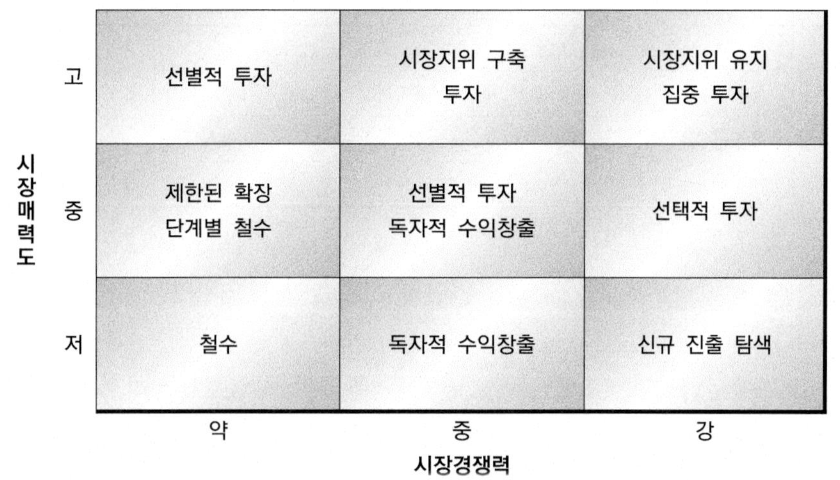

세부적인 내용을 보면 매트릭스에는 9개의 영역이 만들어지는데 좌측 상단에 있는 3개의 영역은 전반적인 매력도가 높아 기업이 투자 또는 성장전략을 펼쳐야 하고, 대각선 방향의 3개 영역은 전반적인 매력도가 중간 정도여서 선택과 집중의 전략을 펼쳐야 하며, 우측 하단의 3개 영역은 전반적인 매력도가 낮아서 수확 또는 철수 전략을 고려해야 함을 의미한다.

시장매력도 지표는 시장규모 · 시장성장률 · 평균이익률 등으로 측정하고, 시장경쟁력은 시장점유율 · 가격경쟁력 · 제품과 서비스의 품질 · 기술력 등으로 측정할 수 있다. 한 기업의 사업의 매트릭스상 위치를 보면 어떤 사업에 장려되어야

표 2-4 사업포트폴리오 및 사업모델의 평가지표

평가항목	평가지표	가중치	10점 척도	경영 평가점수
1. 사업매력도	1-1 시장규모 및 시장의 성장성	1		
	1-2 경쟁자 수와 경쟁강도	1		
	1-3 산업의 평균 수익성	0.5		
	1-4 사업의 위험도	0.5		
2. 사업경쟁력	2-1 핵심자원 및 역량의 보유 여부	1.5		
	2-2 사업모델의 경쟁우위력	1		
	2-3 사업모델(브랜드)의 인지도와 선호도	0.5		
	2-4 신사업 발굴 및 R&D투자의 적정성	0.5		
	2-5 경영시스템의 디지털전환 정도	1		
3. 사업포트폴리오 적합도	3-1 사업포트폴리오의 현재, 미래의 적합성	1		
	3-2 적자 혹은 매출감소 사업 보유 여부	1		
	3-3 5년 내 사업포트폴리오 개편실적	0.5		
계		10		100

하는지, 어떤 사업이 유지되고, 어떠한 사업들이 철수되어야 하는지를 알 수 있게 된다.

BCG매트릭스와 GE매트릭스 분석을 통하여 사업포트폴리오의 적합성을 파악에 더하여 〈표 2-4〉 사업포트폴리오 및 사업모델 평가지표로 기본적인 요소에 대하여 진단을 할 수 있다.

사업포트폴리오 및 사업모델에 대한 평가결과 60점 이하 경우에는 사업포트폴리오와 사업모델이 경쟁력이 떨어져 고객과 시장의 요구하는 수준에 맞지 않다는 의미이다. 이 경우에는 고객가치와 기업가치의 제고 관점에서 사업포트폴리오 및 사업모델을 혁신해야 할 것이다. 네트워크로 연결되는 디지털세상에서의 비즈니스는 개별제품이나 서비스 단위의 경쟁이 아니라 정보의 공유와 협업을 통한 비즈니스 모델 간의 경쟁으로 전환되고 있다. 따라서 고객가치의 창출과 제공, 고객관리나 공급망관리 등의 시스템 구축 운영에 있어서 기업 내 · 외부의 연결된 네트워크 전반의 최적화와 협업을 통하여 비즈니스 모델의 경쟁우위력을 만들어가는 것이 성공요인이 되고 있다.

■ 고객자산관리 진단

고객자산관리 진단은 사업모델 전반과 브랜드 등에 대하여 인지도와 선호도, 고객의 신뢰와 충성의 정도를 진단하는 것이다. 기업의 수익원은 고객이고 재무제표에 표시되지 않은 커다란 자산이다. 고객에게 최고의 가치를 제공하여 만족도를 높이고 고객신뢰도와 충성도를 구축함으로써 고객자산가치를 축적해 나가야 한다. 기업에 수익을 창출해 주는 고객군의 구성이 어떻게 되어 있는지 진단하여 미래사업환경 변화에 맞추어 전략적으로 고객군의 최적 믹스를 구성해 가는 것이 수익성 향상에 크게 기여할 수 있다. 신규고객의 획득과 함께 기존고객의 유지 및 관계강화가 기업 수익성을 제고하는 데 주요 원천이 된다.

고객자산관리(customer assets management) 진단은 고객자산[1]의 구성요소인 가치자산(value equity), 브랜드자산(brand equity), 관계자산(relationship equity)에 대하여 측정하여 고객생애가치(Customer Lifetime Value: CLV)를 산출할 수 있다. 가치가산은 고객이 기업이 제공하는 제품이나 서비스에 대한 가격, 품질, 편리성을 평가하는 것이고, 브랜드 자산은 브랜드에 대한 주관적인 고객평가로 객관적으로 지각된 가치 이상의 것이다. 관계자산은 고객이 브랜드를 바꾸지 않으려는 경향성으로 고객과 기업 간 관계에 초점을 두고 관계가 형성, 유지, 강화되는 다양한 경험과 활동에 의해 구축된다. 이러한 고객자산의 구성요소들이 산업의 특성에 따라 각 요소 간 비중의 차이가 있다. 고객자산관리는 〈표 2-5〉 평가지표로 기본적인 요소에 대하여 진단을 할 수 있다.

고객자산관리에 대한 진단결과 60점 이하 경우에는 고객자산관리에 대한 부실로 인하여 고객의 이탈과 기업가치의 훼손으로 이어질 수 있다는 의미이다. 고객은 기업의 존재이유이고 생존과 지속가능한 성장의 기반이므로 변화하는 고객니즈(needs)와 원츠(wants)에 맞추어 고객가치를 혁신하는 노력이 필요하다.

고객자산과 고객충성도 관련 연구[2]에 의하면 고객들은 가치자산, 브랜드자산, 관계자산 모두를 고려해 기업 또는 제품에 대해 평가하고, 이를 기반으로 충성적 행동을 결정하는 것으로 나타나고 있다. 또한 제품유형에 따라 고객자산의 구성

1) Rust, Roland T., Valarie A. Zeithaml and Katherine N. Lemon(2000), *Driving Customer Equity: How Customer Lifetime Value is Reshaping Corporate Strategy*, The Free Press.

2) 안광호, 김성환, 김모란(2011), 고객자산 구성요소가 고객충성도에 미치는 상대적 효과에 관한 연구, 한국마케팅학회.

표 2-5 고객자산관리 진단 평가지표

평가항목	평가지표	가중치	10점 척도	경영 평가점수
1. 가치자산의 차별성	1-1 상품이나 사업모델의 기능적 가치 차별성	1.5		
	1-2 상품이나 사업모델의 품질 적정성	1.5		
	1-3 상품이나 사업모델의 가격경쟁력	1		
	1-4 상품이나 사업모델의 편의성	1		
2. 브랜드자산 충성도	2-1 브랜드 인지도 및 선호도	0.5		
	2-2 브랜드 충성도	1		
	2-3 브랜드 확장성	0.5		
	2-4 브랜드 관리체계의 적합성	0.5		
3. 관계자산의 신뢰도	3-1 고객경험관리의 적합성	1		
	3-2 고객의 관계유지 정도	0.5		
	3-3 고객의 관계 확장성 정도	0.5		
	3-4 고객의 신뢰도 및 충성도	0.5		
계		10		100

요소의 상대적 영향력이 다르게 나타났는데, 이는 제한된 마케팅자원을 가진 기업들이 제품유형에 따라 고객자산 구성요소에 대한 마케팅투자의 비중을 차별화시켜야 함을 시사하는 연구결과가 나왔다.

고객자산의 구성요소들과 고객충성도 간의 관계에서 고관여/이성제품의 경우 가치자산과 브랜드 자산이 고객충성도에 유의하게 영향을 미치는 것으로 나타났으며, 고관여/감성제품의 경우에는 가치자산, 브랜드자산, 관계자산 모두 고객충성도에 긍정적인 영향을 미치는 것으로 나타났다. 저관여 이성/감성제품의 경우 가치자산, 브랜드자산, 관계자산 모두 고객충성도에 유의하게 영향을 미치는 것으로 나타났다. 한 가지 사례로서 2000년 초 SK텔레콤의 경우 자사의 고객군이 중장년대의 고객층이 중심이 되고 젊은 고객층이 상대적으로 절대 부족하다는 것을 고객 분석결과 확인하고 젊은층 고객을 확보하기 위하여 TTL이라는 별도 브랜드로 젊은층 취향에 맞추어 상품과 서비스를 개발하고 프로모션을 실행하여 성공적으로 20~30대의 젊은 고객층을 확보하였다. 고객자산가치는 기업과 거래를 선택하는 고객으로부터 발생하며 기업의 제품이나 서비스를 반복적으로 구매하는 고

그림 2-5 고객가치관리 프로세스

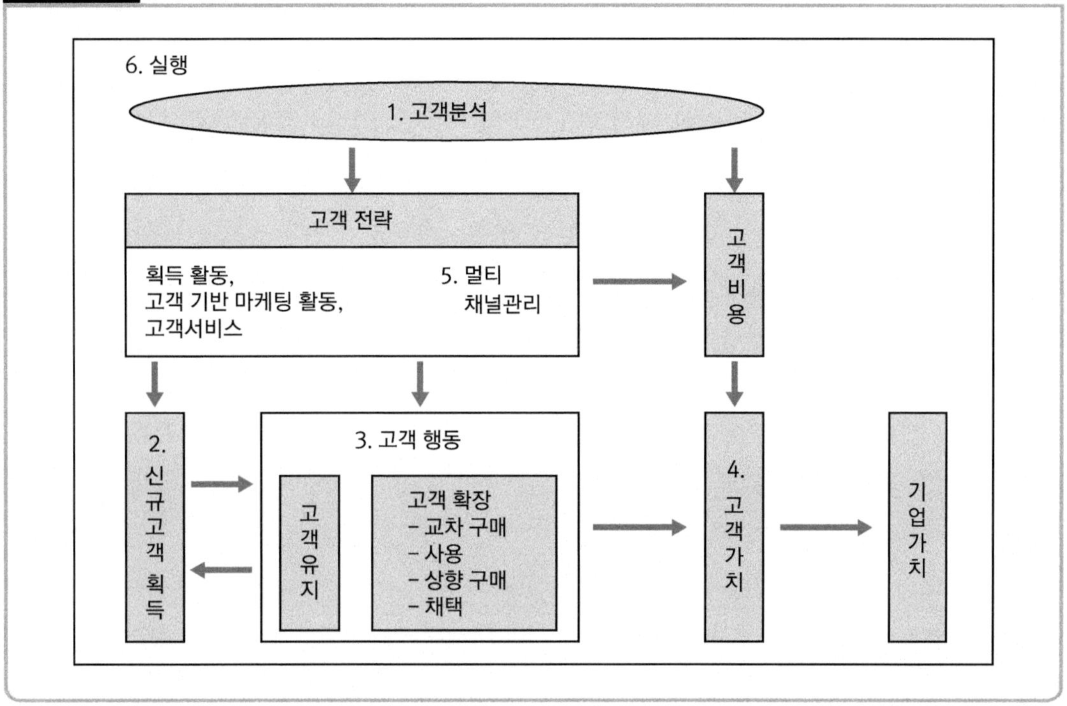

객과의 관계유지, 확대가 중요한 과제이다. 고객자산의 유지는 고객전략에 의해서 고객과 기업 간 경험적 관계에 초점을 두고 기업활동에 의하여 이루어지거나 고객에 의한 고품질관계의 구축, 형성, 유지를 포함하여 구체적인 고객유지 프로그램에 의한 고객과의 관계형성을 위한 노력의 결과이다. 많은 기업들이 고객중심적인 경영전략을 추구하면서 브랜드전략에서 고객자산전략으로, 상품에서 서비스로, 거래에서 관계로, 고객획득에서 고객유지관계로, 제품에서 고객경험으로 전환되는 고객자산화 전략이 중요해지고 있다. 고객자산관리는 고객가치가 고객의 수명주기 전체에 걸쳐서 최대화될 수 있도록 [그림 2-5]와 같이 고객가치관리 프로세스[3]를 구축, 운영할 필요성이 있다.

---

3) Peter C. Verhoef, Jenny van Doorn and Matilda Dorotic(2007), Customer Value Management: An Overview and Research Agenda, *Marketing · JRM.*

■ 사업프로세스 진단

사업프로세스 진단은 고객가치 창출을 위하여 기업이 경영자원을 투입하여 제품이나 서비스를 생산하여 판매 및 서비스를 걸쳐서 성과를 창출하는 과정을 점검하고 문제점과 원인을 파악하는 것이다. 프로세스의 혁신은 일하는 방식의 혁신으로 혁신적인 프로세스를 재정립하는 것 이외에 새로운 규칙과 역할, 조직개편과 성과보상, 정보시스템을 포함한 경영관리체계를 혁신하는 활동이 동시에 이루어져야 한다. 현재 수행하고 있는 프로세스에 대한 지속적인 개선이 아니라 혁신적인 프로세스를 선정하여 부가가치활동만을 모아 프로세스를 단순화, 표준화하고 자동화가 될 수 있도록 현재 프로세스를 재구축하는 혁신활동이다.

이러한 프로세스의 혁신은 고객가치 혁신 관점에서 현재 수준에서의 사업환경, 경영전략, 조직, 업무 프로세스, 정보시스템 등을 분석하여 고객가치 창출에서 고객서비스로 이어지는 사업의 가치사슬(value chain)별 프로세스가 효율이고 효과적으로 운영될 수 있도록 해야 한다. 고객의 니즈와 가치 발굴단계에서는 신규고객이나 기존고객 등에서 나타나는 욕구와 내재된 미충족된 욕구를 발굴하여 이를 충족시킬 있도록 제품이나 서비스 개량, 개선, 신규제품 개발 등에 반영시켜야 한다.

사업프로세스는 〈표 2-6〉 평가지표로 기본적인 요소에 대하여 진단을 할 수 있다. 사업프로세스에 대한 진단결과 60점 이하 경우에는 사업프로세스의 지연이나 장애 등으로 인하여 고객의 창출이나 전달에 문제가 발생할 수 있어서 영업이익이나 기업가치의 훼손으로 이어질 수 있다는 의미이다. 고객가치 중심으로 각 부문별 혁신적 아이디어를 발굴, 채택, 적용하여 판매 및 마케팅 프로세스, 공급 프로세스, 경영관리 프로세스에서의 부가가치 창출, 원가절감, 품질, 서비스의 혁신을 이루는 노력이 필요하다.

아울러 마케팅전략의 기획과 개발단계에서는 고객의 니즈 등에 맞추어 제품을 기획하고 기획된 제품의 목표원가를 달성하도록 디자인과 차별적인 기능을 설계, 개발하여야 한다. 제품 생산단계에서는 제품기획과 디자인에 맞추어 공정을 설계하고 생산, 원가통제, 품질관리 등의 세부적인 프로세스를 효율적으로 운영하여야 한다. 제품판매 및 마케팅단계에서는 고객의 인지도와 선호도를 높이고 고객가치에 맞춘 4P 믹스 및 브랜드 전략을 전개하고 고객서비스 단계에서는 고객경험관리 등을 통해 고객과의 신뢰관계를 구축하여 고객자산 형성 및 강화에 집중

표 2-6 사업프로세스 진단 평가지표

평가항목	평가지표	가중치	10점 척도	경영 평가점수
1. 판매/마케팅 프로세스의 적합성	1-1 제품이나 서비스의 경쟁우위력	1		
	1-2 4P믹스 및 브랜드관리 적정성	1		
	1-3 과도한 할인판매 및 고객클레임 증가 여부	0.5		
	1-4 온 · 오프라인 판매채널의 경쟁력	1		
	1-5 고객개발 및 경험관리 프로세스 적합성	1		
2. 공급 프로세스의 민첩성과 유연성	2-1 제품개발, 설계 및 목표원가의 적합성	1		
	2-2 구매조달의 원가경쟁력	0.5		
	2-3 제조공정의 자동화, 지능화 정도	0.5		
	2-4 재고, 유휴인력 및 시설, 제품불량 등의 급증 여부	0.5		
	2-5 물류의 신속성과 효율성	0.5		
3. 경영관리 프로세스의 합리성	3-1 비전과 전략의 적합성	0.5		
	3-2 인재육성과 관리의 적정성	0.5		
	3-3 의사결정과정의 투명성과 효율성	0.5		
	3-4 경영정보시스템의 적합성	0.5		
	3-5 평가 및 보상의 공정성	0.5		
계		10		100

해야 할 것이다.

■ 인력 · 조직 · 문화 진단

인력 · 조직 · 문화 진단은 기업의 목적과 가치를 공유하는 사람들과 관련되어 있다. 조직구성원, 그 구성원이 속한 조직, 그 조직에서의 공통의 행동과 공유가치는 성과를 좌우하는 핵심요소이다. 스마트사회에서는 창의적 인재, 수평적이고 자율적 조직, 개방적 문화가 결합된 인간중심 경영이 학계와 산업계에 크게 부각되고 있다.

기업의 성과는 개인의 성과가 모여서 팀의 성과가 되고, 팀의 성과가 모여서 부문의 성과가 되며, 각 부문조직의 성과가 모여서 기업 전체 조직의 성과가 만들어진다. 그러므로 조직, 문화, 그리고 그 조직의 구성원의 지적능력(knowledge)과 각종 스킬(skill), 인성(attitude)이 결합하여 기업의 성과를 만들어낸다. 기업에서는 각 개인들이 창의적인 생각으로 각 개인, 각 팀 간 원활하게 소통하고 협업을 할 수 있도록 건강한 조직과 창의적인 문화를 형성하고 정착되어야만 고성과를 만들어 낼 수 있다. 고객가치 창출 관점에서 개인, 조직, 그리고 기업문화가 변화하는 사업환경에 맞추어 함께 공진화되어 가는 사람중심 경영기업이 고성과를 이루는 기업이 될 수 있다. 사람중심 경영을 하는 기업에서는 개인이나 팀 조직은 비전을 공유하고 팀과 개인이 무엇을 해야 하는지 그 일이 왜 중요한지를 알고 있고 개인과 팀의 목표를 설정하며 서로 간에 공감하고 이에 도전할 의지를 갖게 한다.

인력, 조직, 문화는 〈표 2-7〉 평가지표로 기본적인 요소에 대하여 진단을 할 수 있다. 인력, 조직, 문화의 프로세스에 대한 진단결과 60점 이하 경우에는 조직구성원 간 커뮤니케이션과 협업의 어려움, 조직 내 리더십 및 결속력 약화, 경직된 조직문화 등으로 인한 성과향상의 한계성에 직면해 있다는 의미이다.

조직 내에서 조직구성원 상호 간 믿음과 존중하는 마음으로 역할과 책임을 분담하고 원활한 소통으로 서로 협력해서 임무를 수행하고, 조직의 리더는 여러 가지 어려움을 극복하고 목표를 실현할 수 있는 팀 구성원들의 능력을 믿고 코칭

표 2-7 인력 · 조직 · 문화 진단 평가지표

평가항목	평가지표	가중치	10점 척도	경영 평가점수
1. 조직구성원의 창의성	1-1 조직구성원의 창의적 역량	1		
	1-2 경영진 간 불화 및 불신 여부	1		
	1-3 조직구성원의 직무만족도 및 이직률	1		
2. 조직의 유효성	2-1 비전과 전략의 적합성, 공유 여부	0.5		
	2-2 조직구조의 전략적 적합성	1		
	2-3 리더의 창의적 리더십	1		
	2-4 조직커뮤니케이션 활성화 정도	0.5		
	2-5 공정한 평가 및 보상 정도	1		
3. 기업문화의 개방성 및 자율성	3-1 수평적이고 개방적 사고와 신뢰	0.5		
	3-2 다양성과 자율성 존중	1		
	3-3 새로운 아이디어 제안과 수용	0.5		
	3-4 혁신성과 협업 정도	1		
계		10		100

또는 서포터로서의 역할을 수행해야 한다. 구글의 인사 관련 빅데이터 분석 결과 생산성이 좋은 상위 25% 팀과 하위 25%인 팀을 구분짓는 결정적 요인은 리더의 탁월한 리더십인 것으로 나타났다. 리더는 조직구성원들이 자율적이고 창의적인 분위기 속에서 소통과 토론을 통하여 이해하고 조정하며 신뢰와 협력의 수평적 문화를 정착시켜 조직 내에는 결속력을 강화해 나가야 한다. 또한 조직구성원의 성과에 대한 평가는 사업실적과 기여도에 따라서 공정하게 평가받고 보상받는 문화와 제도를 잘 구축하고 공정하게 운영하여야 한다.

1.4 기업경영진단 종합 및 경영혁신방안 제안

기업경영진단은 재무제표에 의한 정량적 진단과 사업 및 핵심역량에 의한 정성적 진단을 종합하여 전체적인 측면에서 기업 건강상의 문제점 등의 진단의견을 제시하고 경쟁력을 회복하고 고객가치 창출을 통한 영업이익과 기업가치를 증대하는 경영혁신방안을 〈표 2-8〉과 같이 제안한다.

경영진단은 사람들이 정기적으로 건강상태를 진단받고 사전에 건강관리를 하듯이 기업의 건강상태를 진단하여 기업의 경쟁력을 약화시키는 요인을 사전에 발견하여 제거하고 경쟁력을 강화하여 급변하는 기업환경에 능동적으로 적응하여 생존과 지속가능한 성장을 도모할 수 있게 만드는 경영혁신의 도구이다. 글로벌 선도기업인 삼성의 경우도 정기적으로 계열사들의 경영진단을 통하여 경영상 문제점을 사전에 발견하고 사업구조조정 등의 혁신을 통하여 경쟁우위력과 글로벌 리딩 컴퍼니로서의 포지션을 유지해 나가고 있다.

더 나은 미래경영은 현재의 건실한 경영기반 위에서 가능하므로 객관적인 회계정보에 의한 경영분석, 사업 및 자원 · 역량에 대한 정기적인 경영진단은 인공지능과 디지털대전환시대에 기업이 나아갈 방향과 전략을 선택하고 경쟁력을 강화하는 데 많은 도움이 될 것이다.

표 2-8 기업경영진단 종합의견 및 경영혁신방안 제안

평가구분	평가지표	경영진단점수	경영평가등급
1. 정량적 평가	1-1 수익성		
	1-2 성장성		
	1-3 활동성		
	1-4 유동성 · 안정성		
	소계		
2. 정성적 평가	2-1 사업포트폴리오 및 사업모델(40%)		
	2-2 고객자산관리(20%)		
	2-3 사업프로세스(50%)		
	2-4 인력, 조직, 문화(50%)		
	2-5 사업환경과 ESG경영(40%)		
	소계		
경영진단 평균 점수			

1. 경영진단 종합 및 진단의견

2. 경영혁신방안 제안 요약

※ 붙임: 경영혁신방안 제안서

1.5 상장법인의 경영진단과 의견

상장법인은 경영진의 경영진단과 의견(MD&A: Management's Discussion and Analysis of financial condition and results of operations)을 사업보고서에 기재하도록 지정되어 있다. 이것은 회사가 경영진의 시각에서 회사의 영업실적 및 재무상태 등의 변동원인 및 향후 불확실성 등에 대한 경영분석 의견을 서술식으로 사업보고서에 공시하는 제도이다. 경영에 관한 중요사항을 경영진의 관점에서 분석한 의견을 기재하는 것으로 투자자가 회사의 재무상태, 영업실적 및 그 변동 등을 이

표 2-9 사업보고서의 경영진단의견 분량 비교 (단위: 페이지, 점유비(%))

기업명	한국 ('16 사업보고서)	미국 ('16 Annual Report)	차이
신한지주	22 / 491 (4.5)	54 / 279 (19.4)	32 (14.9)
KB금융	19 / 638 (3.0)	41 / 217 (18.9)	22 (15.9)
한국전력	10 / 559 (1.8)	28 / 161 (17.4)	18 (15.6)
POSCO	12 / 455 (2.6)	37 / 122 (30.3)	25 (27.7)
LG디스플레이	7 / 266 (2.6)	23 / 102 (22.5)	16 (19.9)
우리은행	20 / 735 (2.7)	37 / 208 (17.8)	17 (15.1)
SK텔레콤	10 / 376 (2.7)	21 / 113 (18.6)	11 (15.9)
KT	2 / 437 (0.5)	31 / 127 (24.4)	29 (23.9)
평균	13p (2.6%)	34p (20.5%)	21 (17.9)

해하고, 향후 사업예측 등에 필요한 정보를 제공하는 것을 목적으로 하고 있다. 재무상태, 영업실적 등에 중요한 영향을 미쳤거나 미칠 예상이 되는 사건, 사실, 추세 또는 불확실성 등을 분석하여 재무제표상의 정보만으로는 명확히 드러나지 않는 정보를 제공해 주어야 한다. 재무제표를 서술식으로 단순히 반복하거나, 충분한 분석 없이 사업연도 간 금액 변동상황의 단순비교는 금지하고 있다.

금융감독원의 조사에서 한국과 미국에 동시 상장되어 있는 법인의 MD&A 기재분량을 비교[4]해 보면 국내 사업보고서의 정보제공량이 부족함을 알 수 있다.

경영진단과 의견은 회사별 상황에 맞게 금융감독원의 기업공시 서식 작성기준에 따라서 작성되고 경영진이 이를 직접 최종 검토한 후 공시하여야 한다. 기업공시 서식 작성기준에 포함된 경영진단과 의견 작성의 일반원칙과 항목기준[5]에 대해 주요 내용을 세부적으로 살펴보면 〈표 2-10〉과 같다.

4) 금융감독원(2018.1.22), 「이사의 경영진단 및 분석의견(MD&A)」, 기재실태 점검 및 대응방안, 언론보도자료.

5) 금융감독원(2022.4.22), 기업공시 서식 작성기준.

표 2-10 사업보고서의 공시 작성기준

구분	주요 내용
일반원칙	1. 회사의 재무상태 및 영업실적 등에 중요한 영향을 미쳤거나 미칠 것으로 예상되는 객관적인 사건, 사실, 추세 또는 발생가능한 불확실성 등(이하 이 장에서 "사실 등"이라 한다)을 중심으로 기재한다. 2. 경영진이 알고 있는 정보 중 중요한 내용을 누락하지 않고 기재한다. 3. 사실 등이 회사의 미래 재무상태 및 영업실적에 미치는 영향은 재무제표 또는 통계적 자료 등 합리적 근거에 기초하여 기재하며, 해당 사실 등이 발생한 원인, 회사에 영향을 미칠 것으로 판단한 근거, 사실 등의 중요성 등에 대한 분석을 포함하여야 한다. 4. 공시정보 이용자의 이해를 돕는 데 필요한 경우를 제외하고는 단순히 재무제표를 서술식으로 반복하거나, 충분한 진단이나 분석 없이 사업연도 간 금액의 변동상황을 단순비교하여서는 아니된다. 5. 공시내용을 쉽게 이해할 수 있도록 알기 쉬운 용어를 사용하여 명확하고 간결하게 기재한다. 6. 외국기업의 경우 당해 기업의 사업 등에 관련된 해당 국가의 경제 · 재정 · 통화 · 정치정책 등에 대하여 국내의 공시정보 이용자에게 직 · 간접적으로 중요한 영향을 미치거나 미칠 수 있는 사항을 추가하여 기재한다. 7. 기업인수목적회사의 경우 사업의 내용을 추진하고자 하는 합병으로 간주하여 해당 사항을 기재한다.
기재사항	1. 미래에 대한 예측정보를 포함하여 기재하는 경우에는 예측정보에 대한 주의문구를 법 제125조 제2항 각 호에서 정한 기준을 준수하여 기재한다. 2. 기재내용 중 핵심사항을 요약하여 기재하고, 경영진이 회사의 성과평가시 사용하는 주요 경영지표가 있는 경우에는 당해 지표의 변동내역과 주요 변동원인을 기재한다. 3. 공시대상기간의 재무상태 및 영업실적에 중요한 영향을 미친 일반적 요인을 분석하고 미래에 중요한 영향을 미칠 것으로 예상되는 추세, 불확실성 등을 기재한다. 4. 최근 사업연도 중 신규사업 진출을 결정하였고 동 사항을 외부에 공표한 경우에는 신규사업의 개요, 위험요소, 진행경과, 회사에 미치는 영향 등을 분석하여 기재하고, 직전 2사업연도 동안 신규사업 진출에 관한 결정이 있었던 경우에는 계획과 진행경과와의 차이내용 및 원인을 추가한다. 5. 공시대상기간 중 중단사업이 있는 경우에는 사업중단의 사유, 중단사업이 회사의 재무상태, 영업실적 또는 유동성 등에 미치는 영향, 향후 중단사업에 대한 처리방안 등을 기재한다.

2 부실기업 진단

부실기업은 이익창출능력과 부채상환능력이 없어 생존하기 어려운 한계기업으로, 기업이 창출한 영업이익으로 이자비용조차도 지급하지 못하는 기업을 의미한다. 부실기업의 매출액은 증가 추세를 보일 수도 있지만 수익성이 개선되지 않아 저조하고, 부실기업의 차입금은 영업성과와 대비하여 비교적 높게 나타나고 있다. 이러한 한계기업늘은 현재의 재무위기를 극복하기 위해 세품을 원가 이하 또는 큰 폭의 할인된 가격으로 제품을 판매하는 경우가 많이 발생하고 있다. 투자 축소, 재고 처분, 매출채권 회수 등에 많은 노력을 하고 있지만 현금흐름은 개선되지 않고 계속 악화되는 경우가 많이 발생한다. 부실기업은 수익성의 악화, 성장성의 악화, 유동성 악화, 안정성의 악화의 악순환 사이클로 빠져들어 결국에는 법정관리기업이 되거나 파산에 따른 청산절차를 밟게 된다.

2.1 부실기업의 개념

부실기업은 영업활동의 부진과 악화로 인하여 자체적으로 이익창출능력이 떨어지고 이로 인하여 유동성 부족으로 부채상환능력이 취약하고, 현금흐름이 악화되어 정상적인 경영활동의 한계에 직면한 기업을 말한다. 사람에게서 혈액이 원활하게 순환하지 못하고 어느 부위에서 막히면 생명이 위험하듯이 기업도 자금의 흐름이 원활하지 못하면 부실기업으로 전락하게 된다. 기업의 경영활동은 투자활동을 통하여 제품이나 서비스의 생산에 필요한 생산설비 등의 생산수단을 확보하고 영업활동을 통해서 원자재를 조달하여 제품이나 서비스를 생산 · 판매하며 재무활동으로 투자활동과 영업활동에 필요한 자금을 조달하는 순환과정을 지속적으로 반복하며 부가가치를 창출하게 된다.

정상적인 건강한 기업은 고객에게 판매할 제품이나 서비스를 만들기 위해 기계, 공장, 재고자산 등에 투자하고 제품이나 서비스를 고객에게 판매하여 이익을 창출하여 채권자에게 이자, 주주에게 배당금을 주고 남는 이익은 신규시설 등의 재투자

그림 2-6 **기업의 이익 창출**

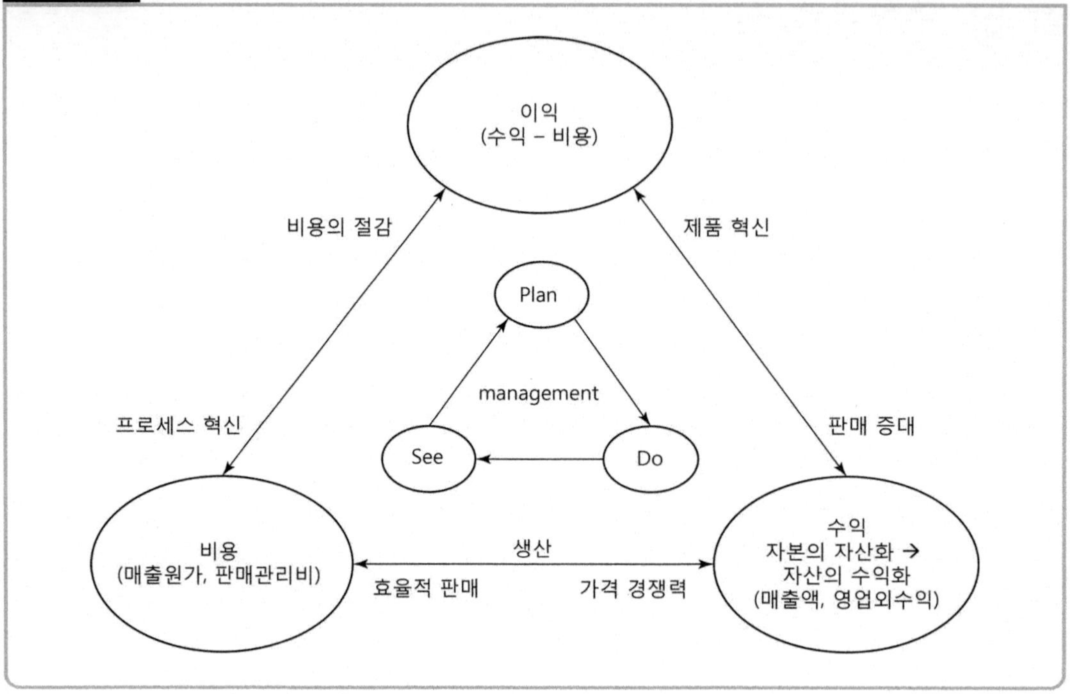

를 위해 사용하거나 채무를 상환하는 데 사용하게 된다. 반면에 건강하지 못한 부실기업은 제품이나 서비스의 생산 · 판매를 통해 이익이 제대로 창출되지 않고 제품이나 서비스의 생산 · 판매로부터 발생하는 이익만으로는 투자나 운용자금의 부족 등으로 인하여 회사채 발행이나 유상증자를 통해 자금을 조달하게 된다.

대부분의 기업부실은 경영자의 리더십과 경영활동의 실패로 인한 경쟁력 저하로 수익성이 악화되고 현금유입이 감소함으로써 부채상환능력 악화로 이어지는 악순환의 연결고리를 만들면서 영업활동에서의 현금흐름이 악화일로로 가는 경향이 있다.

기업은 짧은 기간 동안에 부실해지는 것이 아니라 고객가치 혁신에 소홀하여 내부적으로 누적되어온 품질불량, 판매부진이나 할인판매 등으로 수익성이 점차 악화되고 영업활동을 통한 자금의 유입이 원활하지 않아 외부차입에 의한 투자와 운전자금의 운용이 누적되면서 부실규모가 더욱 커지는 결과를 초래하게 된다. 4차 산업혁명시대의 기업들은 인공지능과 디지털 대전환시대의 패러다임의 변화에 맞추어 비즈니스 모델, 자원, 프로세스의 혁신을 통하여 경영의 효율성과 효과성을 향

그림 2-7 기업환경과 부실기업

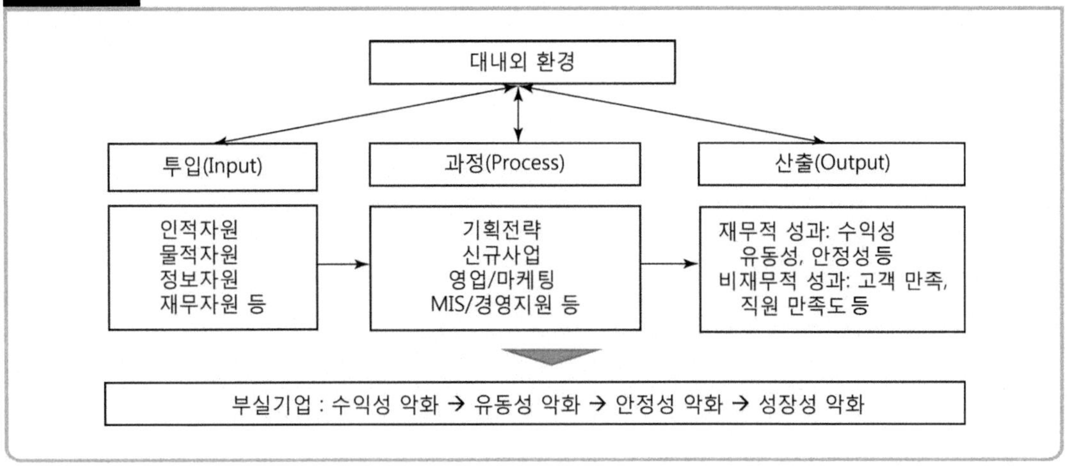

상시켜나가야만 생존과 지속가능한 성장이 가능할 것이다. 경영성과의 개선은 자사의 비즈니스 모델의 혁신을 토대로 투입(input)과 프로세스(process)의 혁신이 이루어져야 가능하며 그렇지 않을 경우 경영성과가 떨어져 수익성 악화 → 유동성 악화 → 안정성 악화의 악순환의 사이클에 빠져 부실기업으로 전락할 수 있다.

기업들은 사업환경의 변화 속에서 투입(Input) → 과정(Process) → 산출(Output)의 경영시스템의 상태를 지속적으로 모니터링하고 진단하여 혁신을 지속적으로 이루어나가야 한다. 부실기업은 영업활동에서 벌어들인 현금을 초과하여 재고자산, 기계, 공장 등의 운전자본 및 시설투자에 충당하게 되는데, 투자에 필요한 부족자금은 은행 차입, 회사채 발행 등을 통한 부채로 조달하는 경우가 많다. 기업투자가 내부에서 창출할 수 있는 현금흐름보다 과도하게 소요되어 부족한 자금을 외부에서 차입한 결과 재무구조가 급격하게 악화되고 경제상황이 악화될 경우 유동성 위기를 초래하여 부실기업이 되는 경우가 많이 있다. 부실기업의 악순환 사이클에 빠져들지 않기 위해서는 사전에 정기적으로 경영진단을 하고 부실징후의 원인을 분석하며 문제점을 정확하게 정의하고 솔루션을 찾아 근본적으로 해결해 나가야 한다. IMF 외환위기 상황에서 기업의 부실화로 1년 동안 부도가 난 기업들의 부실원인을 분석한 자료[6]를 활용하여 주요 부실원인 및 재무지표를 재정리하면 다음과 같다.

6) 손기원(1998), 현금흐름과 재무전략, 경영베스트.

표 2-11 부도기업의 부실원인과 재무지표

주요 부실원인	기업체 수	재무지표	비율
과잉투자	7	부채비율	444.18
무리한 사업 확장	7	매출순이익률	－4.05
영업부진	5	자기자본이익률	－2.11
유동성 부족, 과다한 차입	5	총자산회전율	0.77
경기침체	3	매출액증가율	12.27

지난 2008년 글로벌 금융위기가 다가오자 정부는 부채비율을 중심으로 부실기업에 대한 기업구조조정을 촉구한 적이 있다. 2009년 상반기 정부는 건설업과 조선업을 대상으로 구조조정 대상기업을 선정하고 부실징후 기업과 부실기업을 기준으로 퇴출을 하였다. 당시 선정기준은 현금흐름, 부채비율, 영업이익, 성장성을 기준으로 퇴출을 결정하였는데 부채비율이 가장 큰 역할을 한 것으로 알려져 있다. 이처럼 기업은 자금조달의 원천인 타인자본과 자기자본에 대하여 채권자나 주주에게 채무상환이나 주주이익 창출에 대한 역량을 보여주지 못한다면 자본시장에서 외면받게 되고 부실기업화되게 된다.

2.2 부실기업의 진단

부실기업 여부에 대한 진단은 기업경영진단에서 설명한 [그림 2-1]의 기업경영진단 체계와 각 경영진단 평가지표에 따라서 진단하여 C등급 이하인 경우에는 부실기업의 가능성이 높다고 할 수 있다. 세부적인 진단방법에 대해서는 기업경영진단을 참조하기 바란다.

부실기업은 부실이나 파산에 이르기 전에 판매 저조, 수익성 하락 등 여러 가지 증후들이 나타나게 된다. 표면적으로 판매 부진, 부실채권 과다, 재고자산과다, 수익성 저하, 고정자산에의 과다투자, 자기자본 부족 등의 재무적 징후와 종업원의 사기 저하, 이직률 증가 등과 같은 비재무적 징후를 나타낸다. 부실기업을 분석하는 데 있어서 수익성, 활동성, 유동성, 안정성 등의 지표를 주로 활용하는 전통적인 경영분석기법은 부실기업 징후와 원인분석에 접근하기에는 한계점이 있을 수 있으나 객관적인 재무제표 정보에 의해 분석 · 활용하기에 용이하므로 많이 이용되고 있다. 기본 재무제표를 활용한 기업부실 징후 분석에 대하여 수익성, 활동성, 유동성, 안정성, 성장성 등의 지표분석을 통하여 세부적 내용을 파악할 수 있다. 부실기업의 선정기준으로 부채비율을 중요한 변수로 판단한다고 하여도 부채비율 이외에 자기자본비율, 당좌비율, 총자산규모, 총자본경상이익률, 이자보상비율, 총자본회전율, 재고자산회전율을 함께 고려하는 것이 유의미한 것으로 나타나고 있다.[7)]

또한 알트만(Altman)의 판별분석(MDA: Multiple Discriminant Analysis)은 재무비율 5개(X_1, X_2…, X_5)를 선정하여 판별점수(Z-score)의 산출을 통하여 부실기업과 정상기업을 예측할 수 있다.

$$Z = 0.012X_1 + 0.014X_2 + 0.033X_3 + 0.006X_4 + 0.999X_5$$

X_1 : 운전자본/총자산
X_2 : 이익잉여금/총자산
X_3 : 이자와 세금 차감전 이익/총자산
X_4 : 우선주 및 보통주의 시장가치의 합/총부채의 장부가치
X_5 : 매출/총자산

Z-score 모형의 판정: $Z < 1.81$ → 부실기업
$1.81 < Z < 2.99$ → 판정유보
$Z > 2.99$ → 건실기업

알트만의 Z score 모형은 과거에 이미 도산한 기업을 표본으로 이용하여 추정된 모형으로 미래의 부실기업을 예측하는 데는 한계가 있을 수 있다. 알트만, 헬더만, 나라야난(Altman, Haldeman, Narayanan)은 1977년 Z-score 모형에 비해 부도 예측도가 더 정확한 Zeta 모형을 개발하였다. Zeta 모형은 판별식 등 구체적으로 알려져 있지 않고 있으며, Zeta 모형에 투입되는 변수와 중요도 순위는 〈표 2-12〉와 같이 공개되어 있다.

---

7) 김상봉, Philip Ji, 조경준(2011), 부도예측모형을 이용한 기업부실화의 원인분석, 시장경제연구.

표 2-12 Zeta 모형의 변수의 측정방법

변수명	측정방법	중요도 순위
X_1 = 수익성	EBIT/총자산	7
X_2 = 이익안정성	과거 10년간 X_1의 표준편차	2
X_3 = 채무이행능력	이자보상비율	6
X_4 = 누적적 수익성	이익잉여금/총자산	1
X_5 = 유동성	유동비율	5
X_6 = 자본구조	보통주지분(시가)/총자본(시가)의 5개년 평균 (총자본 = 보통주 + 우선주 + 장기부채 + 자본화리스)	3
X_7 = 기업규모	총유형자산	4

■ **수익성의 악화**

부실기업은 정상기업에 비하여 기업의 본질적인 경영활동인 생산, 판매, 관리부문에서의 수익성 확보에 문제가 있고 손실이 발생하는 경우가 대부분이다. 일반적으로 총자산이익률, 자기자본이익률, 매출이익률의 경우 부실기업은 낮았으며 계속적으로 악화되고 있는 것으로 나타나고 있다. 최근 한계기업들은 신기술의 급속한 출현과 디지털 대전환으로 기업이 속해 있는 산업과 사업모델의 경쟁력이 취약함과 아울러 제품이나 서비스의 경쟁력이 취약하여 매출의 성장이 정체 또는 하락하는 상황에 처하는 경우가 많이 발생한다. 매출액의 정체나 하락을 극복하기 위하여 많은 한계기업들은 판매가격을 인하하거나 큰 폭의 할인판매를 통하여 매출액의 증가를 도모하지만 매출액 증가에 상응하는 판매마진을 확보하지 못하여 매출총이익률이 하락하게 되고 영업이익이 하락하는 악순환의 사이클로 빠지게 된다.

수익적 관점에서 분석해 보면 동종업계 회사와 비교하여 수익성을 평가하는 재무비율은 다양하지만 총자산이익률이나 매출영업이익률 지표를 많이 활용한다. 총자산이익률은 자산을 얼마나 효율적으로 사용하여 수익을 냈는지 알 수 있는 비율이다. 이것은 매출액에 대비하여 영업이익이 얼마인지와 자산이 얼마나 효율적으로 활용되고 있는지에 따라서 총자산이익률이 증가한다. 결국 총자산이익률은 매출영업이익률이 증가하고 자산회전율이 좋아지면 동시에 증가된다.

총자산이익률(return on assets)

$$= \frac{\text{영업이익}}{\text{총자산}}$$

$$= \text{매출액이익률}\left(\frac{\text{영업이익}}{\text{매출액}}\right) \times \text{자산회전율}\left(\frac{\text{매출액}}{\text{총자산}}\right)$$

또한 기업의 종합적인 경영성과지표인 경제적 부가가치(EVA)는 기업의 부실을 조기에 발견하는 데 도움을 줄 수 있는 수단이다. 우량기업과 부실기업의 경제적 부가가치는 크게 차이가 나고 있다. 이지보상비율이 이자상환능력을 나타내는 지표인 반면 경제적 부가가치는 원리금상환능력, 재무구조의 건전성, 사업의 수익성까지 파악함으로써 부실의 원인도 진단할 수 있는 종합적인 지표이다.

경제적 부가가치(economic value added)
= 세후영업이익 − 자본비용
= (영업이익−법인세) − 자본비용
= 영업활동 현금흐름 − 감가상각비 − 자기자본비용

경제적 부가가치에 의하여 부실기업을 분석해 보면 일반적으로 총자산이익률(return on assets)은 정상기업보다 낮게 나타나고, 영업이익률은 산업평균에 비해 현저히 떨어지고, 자산회전율이 1 이하 상태에서 지속적으로 하락하는 경우가 많이 발생하고 있다. 자본비용 측면에서는 부채비율이 높아 재무구조가 불안정하고 가중평균자본비용도 산업평균보다 높을 뿐만 아니라 이자보상비율이 1 이하로 영업이익으로 이자비용도 부담하지 못하는 상황이 지속되는 징후를 보이고 있다.

표 2-13 EVA 구성요소별 부실 징후

구분	EVA 구성요소	부실 징후
투자수익성	영업이익률: 영업의 수익성	-산업평균 대비 낮은 영업이익률
	자산회전율: 자산의 효율성	-자산회전율이 1 이하 상태에서 지속하락
가중평균 자본비용	부채비율: 재무구조의 건전성	-산업평균 대비 높은 부채비율
	이자보상비율: 금융비용의 부담능력	-이자보상비율이 1 이하 지속

부실기업과 정상기업 간의 자산회전율, 매출액영업이익률, 이자보상비율을 비교한 표[8])를 살펴보면 이자보상비율을 제외하고 투자자산회전율이나 매출액영업이익률에서는 부도기업과 정상기업 간 큰 차이가 나지 않는다.

표 2-14 부도기업과 정상기업의 비교

	부도기업			정상기업		
	투하자산 회전율(배)	영업 이익률(%)	이자보상 배율(배)	투하자산 회전율(배)	영업 이익률(%)	이자보상 배율(배)
부도 5년 전	1.0	10.1	1.2	1.2	14.3	3.1
부도 4년 전	1.0	10.9	1.3	1.2	13.9	3.2
부도 3년 전	1.0	11.3	1.3	1.3	14.2	3.3
부도 2년 전	0.9	10.8	1.1	1.2	11.4	2.6
부도 1년 전	0.9	8.9	0.9	1.2	12.3	2.8

예제 2-2

1997년 IMF 직전 한국기업들의 1996년도의 현금흐름표, EVA, 당기순이익이다. 각 기업 영업활동 현금흐름 기준 EVA를 산출하고 부실기업을 선택하세요.

(단위: 백만원)

구분	H기업	K기업
매출액	6,607,138	11,489,835
세후영업이익	86,803	7,037
영업활동 현금흐름	1,506,158	481,358
감가상각비	353,272	235,362
자본비용	529,908	278,044

풀이

H기업 현금흐름기준 EVA　622,978 = 1,506,158 − 353,272 − 529,908

K기업 현금흐름기준 EVA　−32,048 = 481,358 − 235,362 − 278,044

• 부실기업은 K기업이다.

8) 박상수(2000), 실패하는 기업의 7가지 습관, LG주간경제.

■ 성장성/활동성의 악화

회사가 성장하고 있는지를 확인하려면 손익계산서에서 회사의 매출액 추이를 살펴보거나 재무상태표에서 자산규모의 성장, 유형자산의 증가를 살펴보는 방법이 있다. 제조기업의 경우 제품 수요가 늘어나 판매가 증가할 것이라고 예측된다면 제품 생산을 늘리기 위해 공장 신축이나 제품 설비라인을 늘리는 등 투자를 늘려야 하기 때문이다. 경영자는 경영상황을 파악하기 위해 경영활동 결과보고서인 재무제표를 자주 들여다보는 습관이 중요하지만 재무제표는 기업의 재무적 성과만을 보여주기 때문에 그 외의 고객이나 기업의 자원과 경영프로세스 전반에 대하여 살펴보면서 재무적 결과물에 대한 투입(input)과 과정(process)에 대해서도 점검해야 한다. 정상적 기업은 고객의 니즈에 부합되는 제품을 생산하고 판매하여 부가가치를 창출하고 지속적으로 성장해 나가지만, 비정상적인 기업은 경쟁력의 취약 등으로 인하여 판매가 부진하여 매출액 성장이 정체 내지 하락되고 자산회전율이 저조한 경우가 많이 발생할 수 있다. 특히 부도기업의 경우는 부실로 인하여 투하자산 대비 매출액이 낮고 매출액에 대한 이익도 낮게 나타나고 있다.

$$\text{매출액성장률} = \left(\frac{\text{당기매출액} - \text{전기매출액}}{\text{전기매출액}}\right) \times 100$$

$$\text{자산회전율} = \frac{\text{매출액}}{\text{총자산}}$$

$$\text{재고자산회전율} = \frac{\text{매출원가}}{\text{재고자산}}$$

기업의 경영자가 기업이 가진 경쟁력과 무형의 가치, 임직원들의 역량, 서비스나 제품의 잠재력, 브랜드와 고객자산 등을 재무제표와 함께 입체적으로 들여다볼 수 있는 통찰력이 있다면 해당 기업의 성장성과 활동성에 장애요소로 작용하는 고질적인 문제의 핵심을 파악할 수 있고 이를 해결할 수 있는 솔루션을 찾을 수 있을 것이다.

■ 유동성과 안정성의 악화

부실기업은 재무구조가 불안정하고 건실하지 못하여 채무지급능력이 낮은 것이 일반적이다. 자기자본보다 부채가 높아 이자 부담이 커지고 불경기에는 자금의 유동성에 문제가 발생할 수 있다. 부채비율이 높다는 것은 시설투자 등의 필요한 자금을 자기자본이 아니라 은행 등의 금융기관에서 차입하여 조달했다는 것이다. 기업의 부채비율이 높다면 고정적으로 지출되는 이자비용이 커지고 수익성 저조로 인해 유동성이 저조하고 채무지급능력을 상실하게 되어 한계기업으로 전락할 위험성이 크다.

$$\text{부채비율} = \frac{\text{부채}}{\text{자기자본}}$$

$$\text{유동비율} = \frac{\text{유동자산}}{\text{유동부채}}$$

단기부채상환능력을 파악하기 위해서는 부채비율보다 유동비율을 적용하여 판단해야 한다. 유동비율이 높다는 것은 1년 내에 현금화할 수 있는 자산이 1년 내에 갚아야 하는 부채보다 많다는 것이다. 부채비율보다 유동비율이 높을수록 재무구조가 건전하다는 의미로 유동비율은 200% 이상, 부채비율은 100% 이하라면 건전한 편이라 할 수 있다.

이외에도 채권자들은 이자보상비율과 현재 창출한 현금흐름으로 미래에 원금을 상환받을 수 있는지의 여부도 많은 관심을 갖고 있다. 부채상환능력은 영업이익을 연간 부채상환원금으로 나누어 산출되는데 〈표 2-15〉에서 보듯이 부도기업은 부도 1년 전에 13%이었고, 정상기업의 원금상환능력은 33%이었다.[9)]

표 2-15 부도기업과 정상기업의 원금상환능력 등

	부도기업			정상기업		
	원금상환능력 (%)	투자여력 (%)	부채의존도 (%)	원금상환능력 (%)	투자여력 (%)	부채의존도 (%)
부도 5년 전	18	75	119	48	170	96
부도 4년 전	20	104	124	49	132	95
부도 3년 전	21	100	134	51	111	99
부도 2년 전	18	70	115	38	97	92
부도 1년 전	13	47	168	33	107	88

9) 박상수(2000), 실패하는 기업의 7가지 습관, LG주간경제.

부도기업의 원금상환능력은 정상기업의 1/3에 불과했다. 이자보상비율과 마찬가지로 원금상환능력도 부도 직전에 급격히 악화되는 경향을 보였다. 부도기업들은 과도한 투자 → 낮은 수익성 → 이자지급능력 저하 → 운용자금 부족 → 단기자금 조달 → 원리금상환불이행(부도)의 악순환을 거치고 있다. 이 과정에서 부도기업들은 결국 미래 수익성을 고려하지 못한 과도한 투자나 투자에 비해 매출이 오르지 않는 것이 기업부실을 촉발하는 요인으로 작용하고 있다.

2.3 부실기업의 대책

부실기업은 수익성의 악화와 높은 부채비율로 인한 재무구조가 불안정하고 현금흐름이 막히는 유동성 위기에 몰려 부도기업으로 전락하는 경우가 많다. 수익성 측면에서 산업평균에 대비하여 영업이익이나 당기순이익이 적자로 전환되고 제품생산과 판매 등의 경쟁력이 취약하여 매출액이 하향하는 동시에 안정성 측면에서 부채비율이 높고 이자비용 부담이 크므로 정상적인 경영활동이 어려워진다.

■ **수익성과 안정성의 대책**

수익성에 대하여 손익계산서 해당 항목의 회계정보를 활용하여 분석하고 그 원인에 대하여 체크리스트를 활용해서 개선한다면 효과적일 것이다.

표 2-16 수익성 점검

항목	측정지표	체크할 사항
매출액	① 매출액의 규모 및 추세 ② 판매가격 및 수량 ③ 시장점유율	• 최근연도의 매출의 방향성이 어떤가? • 제품경쟁력이 있는가? • 판매력 등 시장경쟁력이 있는가?
매출원가	① 제품제조원가 ② 적정 재고자산 규모	• 변동제조원가가 적정한가? • 고정제조원가는 적정한가? • 재고자산 규모가 적정한가?
매출총이익	매출총이익률	• 동종산업 대비 매출총이익률이 적정한가?
판매비	매출액 대비 판매비	• 변동판매비가 적정한가? • 고정판매비가 적정한가?
관리비	매출액 대비 관리비	• 변동관리비가 적정한가? • 고정관리비가 적정한가?
영업이익	영업이익률	• 동종산업 대비 영업이익률이 적정한가?

안정성에 대해서는 재무상태표 해당 항목의 회계정보를 활용하여 총자산이익률, 자산회전율, 부채비율 등에 대한 지표를 측정하고 이에 대한 원인을 점검하여 재무구조개선 방안을 모색해야 할 것이다.

표 2-17 안정성 점검

항목	측정지표	체크할 사항
유동자산	① 유동비율/당좌비율 ② 매출채권회전율 ③ 재고자산회전율	• 유동성 비율이 적정한가? • 현금흐름표와 연계한 현금흐름이 적정한가? • 매출채권의 회수가 적정한가? • 판매가 원활하게 잘 되고 있는가?
비유동자산	① 영업/비영업자산 비율 ② 고정자산적합률	• 영업과 비영업자산의 규모가 적정한가? • 자금조달과 자산운영의 균형성이 있는가?
유동부채	유동자산과 연계	• 단기부채 지급능력이 있는가?
비유동부채	부채비율	• 부채비율이 적정한가? • 차입금 비율이 적정한가? • 이자보상비율이 적정한가?
자기자본	자기자본이익률	• 자기자본이익률이 적정한가? • 총자산 누적이익잉여금이 적정한가? • 총자본 대비 자기자본이 적정한가?

기업이 성장 · 발전하기 위해서는 매출이익률을 향상시키고 차별화된 기술과 사업모델을 창출하기 위한 투자를 통하여 자산운용의 효율성을 높여야 한다. 부실기업의 수익성과 안정성의 개선은 수익을 창출할 수 있는 사업 중심으로 사업구조조정과 더불어 재무구조조정을 통하여 달성할 수 있을 것이다.

■ 사업구조 및 재무구조 개편

부실기업은 사업구조조정과 더불어 비즈니스 모델이나 제품의 혁신을 통하여 선택과 집중전략으로 수익성을 획기적으로 개선해야 한다. 기존 사업의 사업성에 대한 철저한 수익성 분석을 토대로 구조조정을 하여야 하며, 경영우위를 확보할 수 있는 사업부문을 선택하여 핵심역량을 집중하여야 한다.

유휴부동산, 비관련 다각화로 인한 보유주식 매각과 자본비용 이상의 수익을 얻지 못하는 사업에 대해서는 매각하거나 철수하는 전략이 필요함과 아울러 자산보유나 통제를 바탕으로 하는 유형자산 경영보다는 비즈니스 모델의 혁신을 통하여 자산의 부가가치를 증대시킬 수 있는 무형자산 우위의 스마트 경영으로 전환해 나가야 할 것이다. 사업구조 개편 등으로 수익성 중심의 사업에 자원과 역량을 집중하여 이익을 창출하고 유휴자산의 매각으로 확보한 자금으로 재무구조를 견실하게 바꾸어가야 한다. 이러한 사업구조조정과 재무구조조정 등의 노력에도 불구하고 수익성과 안정성의 개선이 지체되고 자금의 흐름이 원활하지 못하여 채무불이행(failure to pay) 상태가 되면 부도(default)처리가 된다.

■ 기업회생 및 파산

부실기업이 최종 부도처리되어 부도기업이 되면 기업회생 절차, 파산절차의 개시가 되며 재무개선작업(debt restructuring), 워크아웃(workout)과 같은 기업을 살려내는 채권자 주도의 기업회생작업을 진행하게 된다. 기업회생작업은 부실징후가 있는 기업에 대해 채권자들과 채무자가 채무의 변제방법 및 향후 기업 정상화를 상호 협의하여 기업갱생을 도모하는 재건형 정리절차이다.

워크아웃은 '기업구조조정 촉진법'의 적용을 받아 금융권이 진행하는 것으로 IMF경제위기에 따라 기업의 구조조정을 쉽게 하기 위해 한시적으로 만든 법인 반면에, 법정관리는 '채무자 회생 및 파산에 관한 법률'에 근거해 법원이 진행하는 것이다. 워크아웃은 법정관리와 달리 채권자인 금융권 채무만을 대상으로 한다. 금융권은 이미 투자한 자금을 떼이지 않기 위해 자금을 더 빌려주거나 상환기간을 연장해주며 필요에 따라서는 신규 자금도 지원하는 등 일부 손실을 분담하게 된다. 이와 함께 채권단은 채무기업에게 경영진 교체, 인원 감축, 자산 매각 등 고강도 구조조정을 통한 재무구조개선 이행을 요구한다.

법원에서 진행되는 법정관리는 채무지급 불능의 파탄에 직면하였으나 회생의 가망이 있는 주식회사에 관하여 채권자 · 주주, 그 밖의 이해관계인의 이익을 조정하며 그 사업의 정리 · 재건을 꾀하는 절차이다. 법원이 지정한 전문가가 기업과 금융권 사이에 개입해 기업을 파산시키는 것이 나은지, 회생시키는 것이 나은지를 분석한다. 법정관리에 들어가면 채권과 채무가 모두 정지되고 부도를 낸 기업주의 민사상 처벌이 면제된다.

워크아웃과 법정관리는 감면받는 채무 범위에도 차이가 있다. 워크아웃은 금융권 채무에 한정되지만, 법정관리는 일반 상거래 채무까지 감면받는다. 부실기업주 입장에선 일반 하청업체 채무까지 줄일 수 있다는 이점이 있다.

3 기업신용평가

기업의 경영활동을 수행하면서 거래관계로 인하여 발생하는 채권과 채무관계는 물론이고 은행 등 금융기관으로부터 자금을 차입하는 경우가 많이 발생한다. 이때 특정 기업이 채권이나 자금을 대여해주는 금융기관이나 기업에 대하여 만기일에 채권과 원리금을 상환해 줄 수 있는 능력이 신용이다. 경제활동을 수행하는 과정에서 상호 신뢰와 신용도가 매우 중요하며 사회적으로도 거래안정과 거래비용을 줄이는 데 많은 기여를 한다.

신용평가는 기업이 만기에 특정 채무에 대한 원리금을 상환할 수 있는 능력 및 의지를 측정하여 신용등급화하는 것으로 전문성과 객관성을 갖춘 신용평가기관이 채무를 부담한 기업이 만기까지 원리금을 상환할 수 있는 능력을 측정하여 신용등급을 부여하게 된다. 상호 거래당사자들 간의 신용은 현재의 자금상환능력과 미래의 특정 시기에 특정 규모의 현금이 창출될 가능성에 의해 좌우된다. 따라서 현금흐름에 영향을 주는 요소들을 고려하여 미래의 현금흐름을 정확하게 예측하는 것이 신용평가의 핵심이라고 할 수 있다.

3.1 신용평가 개요

기업의 미래경영성과는 기업을 둘러싸고 있는 외부환경 변화에 맞추어 기업 내부의 자원과 역량을 총결집하여 경영자가 어떤 비전과 리더십으로 경영활동을 전개하느냐에 따라 좌우되므로 미래채무상환능력은 미래경영성과에 달려 있다고 할 수 있다. 기업의 미래현금창출능력에 영향을 미치는 위험요소는 대외적인 요인으로는 정치 · 경제 · 사회 · 문화 등이 있으며, 대내적인 요인으로는 경영자의 리더십, 조직의 인적 · 물적 등의 자원과 역량에 따라 많은 차이가 발생할 수 있다. 기업의 미래현금창출능력은 대내외 많은 요인들에 영향을 받게 되고 기업과 채권자, 투자자 간에는 정보의 비대칭이 있어서 기업은 자신의 원리금 상환능력을 가장 잘 알고 있을 가능성이 높은 반면, 투자자는 기업의 상환능력을 정확하게

그림 2-8 신용평가의 프로세스

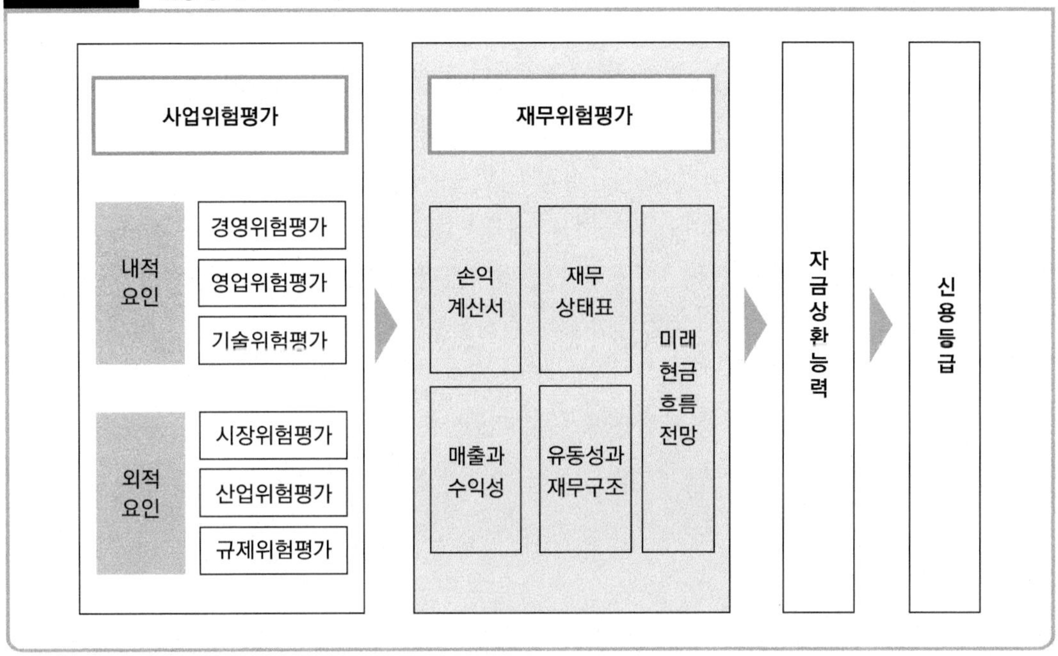

이해하기가 매우 어렵다. 이는 기업이 자신에게 불리한 정보를 되도록이면 감추려고 할 가능성이 높은 탓도 있지만, 모든 정보가 공개되어 있다고 하더라도 투자자가 그것을 상환능력이라는 관점에서 정확하게 해석하기가 쉽지 않기 때문이다.

기업은 회사채 또는 기업어음을 발행할 때 금리를 낮추거나 적정한 만기를 확보하는 등 조금이라도 유리한 조건으로 자금을 빌리고자 하는 유인이 있다. 반면 투자자는 기업에 자금을 투자할 때 적정한 리스크 프리미엄(risk premium)이 반영된 금리수준 등 기업의 상환능력에 맞는 조건을 요구하게 마련이다. 이러한 정보의 비대칭성은 적정한 자금의 수요와 공급이 이루어지는 것을 방해하기 때문에 결국 금융시장의 효율성을 저해하게 된다. 정보의 비대칭으로 최종적으로 결정된 금리가 적정수준보다 높거나 낮을 경우 기업이 자금조달을 줄이거나 투자자가 투자규모를 줄이게 되기 때문에 금융시장 전체적으로 효율적인 균형점에서 자금의 수요와 공급이 이루어지지 못하기 때문이다. 신용평가 전문기관은 기업과 투자자 사이에서 공정하고 전문적인 의견을 제시함으로써 정보의 비대칭성을 완화, 결국 효율적인 금융시장이 작동하도록 하는 데 의의가 있다.

일반적으로 신용평가업무의 프로세스[10]는 미래채무상환능력에 영향을 미치는 대외요인과 대내요인을 분석하고 사업위험요인과 재무위험요인 등을 평가하여 미래현금흐름을 전망함으로써 자금상환능력을 평가하고 이를 기반으로 평가의뢰를 받은 기업의 신용등급을 부여하게 된다.

신용평가는 전문적인 분석능력과 경험을 바탕으로 다양한 정보를 수집하고 이를 기초로 미래의 채무상환능력을 예측함으로써 투자자에게 기업의 신용위험에 대한 정보를 제공한다. 다른 한편으로는 기업에게 자금조달 가능성을 높이고 조달비용을 절감할 수 있는 기회를 제공하는 역할을 수행하게 된다. 신용평가업무는 실무적인 경험과 노하우 등이 특히 필요한 영역이므로 사업위험 평가와 재무위험 평가의 내용은 한국신용평가와 Nice신용평가의 평가방법론[11] 등을 참고하여 기술하였음을 밝혀둔다.

3.2 사업위험의 평가

사업위험은 기업이 사업을 경영하면서 직면하게 되는 위험이다. 기업을 둘러싸고 있는 대내외 환경은 어떻게 대응하느냐에 따라 위험요인이 되기도 하고 기회요인이 되기도 한다. 사업의 위험은 내적인 위험요인과 외적인 위험요인으로 분류될 수 있고, 내적인 위험요인은 경영위험, 영업위험, 기술위험 등으로 크게 분류할 수 있으며, 외적인 위험요인은 산업위험, 시장위험, 규제위험 등으로 나눌 수 있다. 외적인 위험은 채무를 갖고 있지 않아도 직면하는 위험으로 사업을 경영하면서 직면하게 되는 내재된 위험이다.

이러한 내외부의 다양한 위험요인들이 사업위험을 가져오고 재무위험으로 직접 반영되어 기업의 이익창출이나 현금흐름에 영향을 미치게 된다. 특히 최근 국내외 기업들이 빠른 속도로 ESG(Environmental, Social and Governance) 경영체계를 도입하여 생존과 지속가능한 경영을 위하여 시대적 전환기에 핵심 경영전략으로 접근하고 있다. 따라서 ESG 요소들이 사업과 재무위험에 미치는 영향을 면밀히 분석하고 대응해야 할 것이다.

---

10) 백운수, 김운섭(2022), 기업신용 위험분석, 한국금융연수원의 내용을 참고하여 일부 수정.

11) 한국신용평가 및 Nice신용평가의 홈페이지 "평가방법론".

그림 2-9 기업의 지배구조

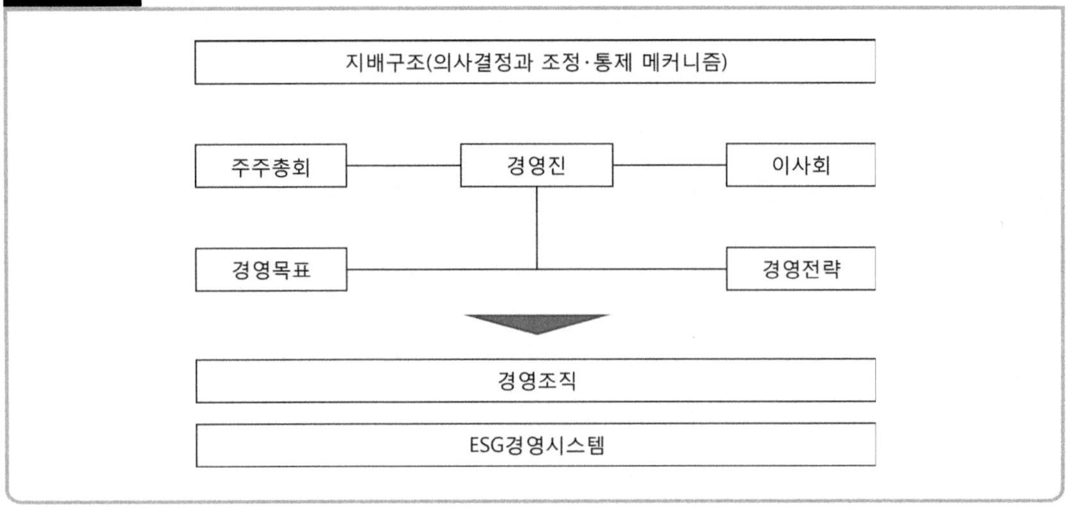

■ 경영위험

경영위험은 회사운영 주체에 대한 신용위험으로, 기업 신용도의 토대를 이루는 가장 중요한 요인 중 하나이다. 경영위험은 경영진의 비전과 전략, 리더십, 경영정보시스템 등과 관련되어 있는데, 이것은 기업의 지배구조, 경영진의 경영철학과 재무정책, 재무위험에 대한 성향 등에 따라 좌우된다. 기업의 현금창출능력은 기업에 존재하는 자원과 시장의 기회를 최대한 활용하는 경영기술과 능력에 좌우되고, 언제 발생할지 모르는 위험에 대한 효과적인 대응능력, 주요 참여시장에서 주요 구성원들과 관계를 유지하는 능력 등에 의해서도 좌우된다.

경영위험의 가장 대표적인 것으로 지배구조와 관련된 문제를 들 수 있는데, 지배구조는 기업의 이해관계자들 간의 이해관계를 조율하기 위한 소유구조, 의사결정구조, 경영관리구조 등의 통제시스템으로 경영전략 등의 주요한 경영의사결정에 직접적으로 영향을 미치게 된다. 결국 지배구조 평가는 기업의 의사결정구조가 주주를 포함한 이해관계자의 이익을 보호하는 수준이 어느 정도인지를 판가름하는 것이 핵심이라고 할 수 있다. 신용평가에 있어 이해관계자는 지배주주, 소액주주, 경영자 등의 소유권과 지배권에 대한 문제뿐만 아니라, 주주와 채권자 간의 이해관계도 고려할 수 있는 의사결정과 조정 · 통제체계가 바람직한 지배구조라고 할 수 있다.

기업이 채무를 상환할 충분한 현금창출능력을 갖는 것과 채권자의 이익을 보존하는 방식으로 경영이 이루어지는 것은 별개의 문제이다. 경영진은 회사의 가치를 유지하고 주주이익을 최대화하기 위해 주주에 대해서는 신의성실의 책임을 갖는 반면, 채권자에 대해서는 채무계약서상에 명시된 제한적인 계약적인 의무만을 부담한다. 따라서 경영진이 어떠한 의사결정구조를 가지고 있는지를 파악하는 것은 원리금 상환가능성을 평가하는 데 있어 매우 중요한 의미를 가진다. 지배구조 평가는 지분구조상의 경영권 장악력, 이사회 구성 및 의결권, 규정과 감사제도를 통한 내부통제, 정보의 공유 등에 대해 투명성과 안정성 등에 대한 평가를 바탕으로 한다.

최고경영진의 리더십과 경영능력은 기업의 미래성과를 좌우하는 핵심요인이다. 기업의 중요한 의사결정을 책임지고 있는 최고경영진의 역량은 해당 기업의 미래를 좌우하므로 경영진의 리더십과 경영능력을 객관적으로 평가하여 반영하여야 한다.

■ 영업위험

기업의 영업은 고객가치를 창출하고 기업의 이익을 확보하기 위하여 제품이나 서비스의 생산 · 판매를 통하여 부가가치를 창출하는 과정이라 할 수 있다. 이러한 과정에서 발생하는 위험을 영업위험이라 한다. 시장과 고객의 니즈와 요구에 맞추어 비즈니스 모델을 어떻게 혁신하여 고객의 가치를 제공할 것인지, 기업 내부적으로 핵심역량을 기반으로 비즈니스 구조를 어떻게 매력적으로 만들어 갈 것인지에 대하여 최고경영진은 전략적인 의사결정을 하여야 한다. 사업모델과 사업포트폴리오에 대한 최고경영진의 의사결정이 적기에 제대로 되지 않을 경우에는 기업을 위기로 몰아넣을 수 있다. 과거 코닥이나 노키아의 사례에서 보듯이 사업환경의 변화에 따라서 제품이나 사업모델 혁신의 기회를 놓치는 기업은 시장에서 퇴출되는 위기를 맞이하게 된다.

영업위험은 기업이 동종산업 내에서 시장지위 및 어느 정도의 경쟁력을 보유하고 사업구조와 사업모델에 의해 고객의 가치를 창출할 수 있는 구매 - 생산 - 판매 - 고객관리로 이어지는 관련 시스템과 역량을 제대로 갖추고 있는지와 더불어 제대로 작용하는지가 매출뿐만 아니라 수익력 및 현금창출력에 중요한 요소로 평가된다. 기업의 과거실적과 현재상황은 재무제표를 통해 수익창출능력을 어느 정

그림 2-10 사업구조 및 사업모델

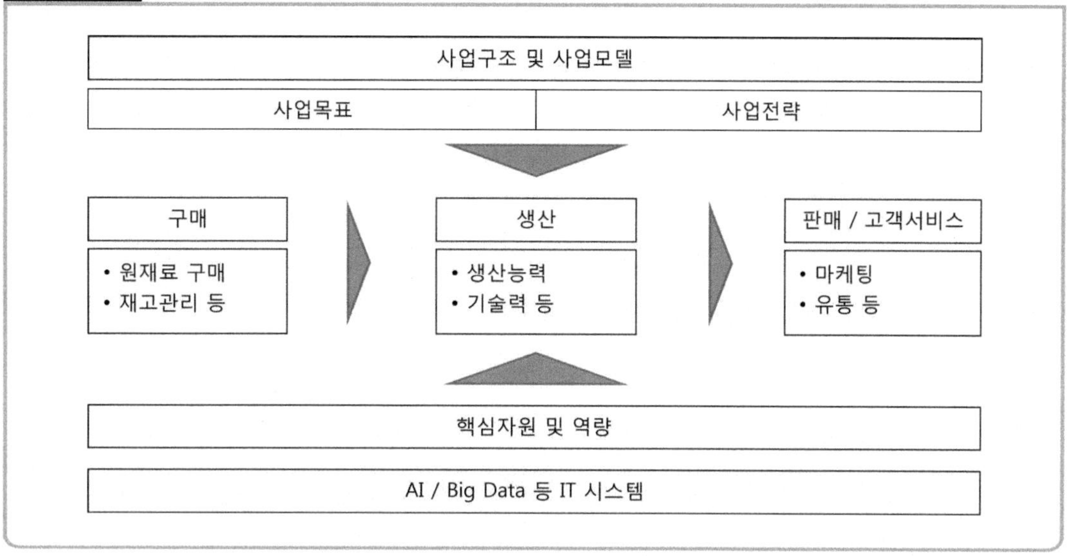

도 파악할 수 있지만, 미래의 영업활동을 통하여 창출되는 수익창출능력에 대한 판단은 미래의 불확실성 등으로 예측하기 어려운 실정이다. 하지만 미래수익창출능력은 미래사업환경 변화요인에 따라 사업모델과 구조, 시장점유율 및 매출창출능력이 어떻게 변화시켜야 하는지를 파악하여 기업의 현재 시장지위와 미래 지속성 여부에 대해 판단하여야 할 것이다. 사업포트폴리오상의 주력사업의 성장전망뿐만 아니라 신규 사업의 활성화 가능성도 충분히 고려하여 기업의 미래 시장지위 변화방향에 대해 판단하여야 한다.

■ 산업위험

과학기술의 급속한 발전에 따라 3차례의 걸친 산업혁명을 통하여 산업구조의 혁신이 이루어져 왔으며, 이제 4차 산업혁명시대에 인공지능과 디지털 대전환에 의해 전 산업을 혁신의 장으로 몰아가고 있어서, 사업모델의 혁신에 의한 부가가치를 창출하지 못하는 기업은 생존의 위험에 노출되어 있다. 거시적 환경 측면에서 기업에게 영향을 주는 정책, 경제동향 및 기술 트렌드 등을 조망하고 고객(customer), 경쟁자(competitors), 자사(corporate) 관점에서 분석을 통해서 기업의 미래 모습을 예상해 볼 수 있다. 기업이 속해 있는 산업의 매력도가 기업의 수익

그림 2-11 산업분석과 마이클 포터의 5 Forces Model

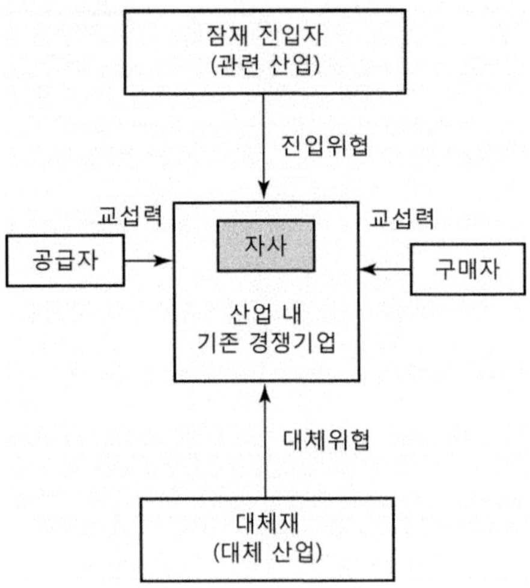

5 Force	고려 요인
산업 내 경쟁 정도	동종업종 시장경쟁 정도 산업변화 추세 산업의 집중 정도
대체재의 위협	관련산업 추세분석 관련기술발전 추세분석
신규진입 위협	시장 및 경쟁구조 분석 시장특성, 규모, 성장률 분석 신기술 동향 분석
공급자의 교섭력	원자재, 원재료 등의 공급력
구매자의 교섭력	고객유형 및 특성분석

성과 성장성에 크게 영향을 미치고 있으므로 산업구조 분석을 통하여 신용평가 대상기업의 미래수익창출능력을 평가할 수 있다. 이러한 산업분석은 마이클 포터의 5 Forces Model을 활용하여 산업환경을 조망하고 위험요소를 분석하는 것이 의미가 있을 것으로 판단된다.

산업의 구조적 매력도와 그 산업의 핵심 성공은 잠재적 경쟁자와 대체재의 위협, 기존 산업 간의 경쟁, 공급자와 소비자의 협상력 등 5가지 요소들에 의하여 결정될 수 있다([그림 2-11] 참조). 일반적으로 수익성이 높고 성장성이 기대되는 산업일수록 많은 기업이 그 산업에 참여하려고 하고 초기 일부 소수기업이 특정산업에서 초과이익을 누리고 있다고 하더라도 조만간 다수의 신규진입기업이 출현하여 시장을 놓고 치열한 경쟁을 벌인다면 기존기업의 수익성도 저하될 수밖에 없을 것이다. 특정 산업에 새로운 경쟁기업의 진출가능성이나 산업 내에서 기존 기업 간의 경쟁, 혹은 대체제품이나 서비스의 위협에 대응하기 위해서는 사업모델의 혁신을 통하여 제품의 차별화, 원가절감 등의 경쟁우위력의 확보가 중요하다.

■ **기타 사업위험**

기타 사업위험은 시장위험, 기술위험, 규제환경위험이 있다. 시장위험은 금리의 상승, 환율변동, 경기 하강, 정부정책 변화 등으로 인하여 발생하는 신용위험이다. 이러한 시장위험은 기업 측면에서는 통제불능한 변수들이기는 하나 최고경영진의 대응에 따라서 위험을 줄일 수 있다.

4차 산업혁명시대의 기술위험은 인공지능과 디지털 대전환에 따라 산업 전반에 걸친 혁신이 진행되고 있으며 기존산업에서의 가치창출 방식을 파괴하여 새로운 사업모델에 의한 가치를 창출하고 신기술기업이 출현하여 기존기업의 생존과 지속가능한 성장을 위협할 가능성이 높으므로 이에 대한 대책이 마련되어 있어야 할 것이다. 또한 과학기술의 발전과 화석연료의 과도한 소비 등으로 인한 지구환경오염과 기후위기로 인하여 기업의 제품이나 서비스를 생산하고 소비하는 과정에서의 환경오염 등의 위험에 대하여 면밀히 사전 점검하여 이로 인한 위험요인이 기업의 평판이나 영업에 영향을 미치지 않도록 관리해야 한다.

3.3 재무위험의 평가

재무위험(financial risk)은 기업이 자금을 조달하고 운용함으로써 발생하는 위험으로서 타인자본에 대한 의존도가 높을수록 고정자본비용이 커지므로 재무위험도 증가하게 된다. 기업이 경영활동에 사용하는 자금에는 자기자본과 타인자본이 있다. 자기자본은 자본금에 잉여금(자본잉여금, 이익잉여금)을 합한 것이고, 타인자본은 차입금이나 사채와 같이 외부로부터 조달한 자금으로서 만기까지 이자를 고정적으로 지급해야 한다. 이익이 났을 때만 배당을 하는 자기자본과 달리 타인자본은 이익에 관계없이 고정적으로 이자를 지급해야 하므로 타인자본 비율을 높지 않게 유지하는 것이 바람직하다.

기업의 경영활동에서 발생하는 재무위험은 영업이나 투자활동에 필요한 자금을 조달하는 행태에 따라 발생하는 위험과 조달한 자금인 차입금을 활용함에 따라 발생하는 위험을 의미한다. 자본구조가 건실하지 못해 총자본 대비 차입금 비중이 높아질수록 재무위험은 증가하고 타인자금의 비중이 클수록 자산이나 자기자본의 위험 흡수능력이 떨어지고 현금흐름의 안정성도 저하된다. 재무위험 분석은 현재와 미래의 재무구조에 따라 발생하는 채무상환능력의 불확실성과 자기자본, 보유자산 및 추가자금조달능력 등의 재무적 능력을 평가하게 되며 재무정책 및 구조, 수익성, 현금흐름의 적정성 등을 활용하게 된다.

■ 재무전략

기업은 합리적인 재무전략을 통하여 자금조달에 대한 재무위험을 낮추고 투자활동의 효율성과 수익성을 제고하여 영업위험을 줄여야 한다. 최고경영진의 재무전략과 정책은 기업의 비전과 전략에 맞추어 사업전략과 재무전략의 정합성, 수익창출능력과 재무구조의 적정성이 있는지 등에 대하여 원칙과 방향을 결정하는 것이다. 최고경영진의 보수적인 재무전략과 공격적인 재무전략에 따라서 사업전략과 투자전략이 달라지고 그에 따른 사업위험과 재무위험도 차이가 크게 나게 된다.

재무위험의 원천은 타인자본조달에 수반되어 발생하는 고정비인 금융비용으로부터 발생하므로 금융비용에 대한 부담이 높을 경우 경기가 위축되어 매출이 줄고 이익이 감소하여도 일정한 비용을 반드시 지출하여야 하기 때문에 경기변동에 대한 대응력이 약화되어 부실화가 급속하게 진행된다. 기업들은 금융비용에 따른 재무위험뿐만 아니라 재무활동과 관련하여 발생하는 위험을 줄이는 재무전략을 수립하고 실행하여야 한다.

기업의 경영계획에 따라 투자활동과 같이 장기적인 활동에 소요되는 자금은 채권이나 주식발행 또는 내부유보자금 등과 같은 장기자금으로 조달하고, 일반 운영자금은 단기자금을 통해 조달함으로써 부채기간의 불일치에 따른 일시적인 자금경색에 처하는 상황을 방지하여야 한다. 목표재무구조를 설정하고 추가적인 자본조달 시에는 목표자본구조를 유지할 필요가 있으며 제품판매를 확대하는 동시에 매출채권을 조기에 회수할 수 있는 방안을 활용하여 차입금에 대한 의존도를 낮출 수 있는 방안을 고려할 수 있다. 기술이 빠른 속도로 변화하고 제품의 라이프사이클이 짧아지고 있는 요즘에는 일정 수준 이상의 시설 또는 연구개발 투자가 사업기반의 유지를 위해 필요하지만 단기적인 수익성과 재무구조에 집착하여 시설투자와 차입금 활용을 축소시킬 경우 중 · 장기적으로 기존의 현금창출능력과 재무구조를 유지할 수 있는 능력에 대해 문제가 발생할 수 있다. 재무전략의 보수성과 공격성은 산업특성이나 사업경쟁력과의 관련하에 분석되고 평가되어야 한다.

■ 재무구조의 안정성 여부

기업은 미래수익창출을 위하여 경영활동에 필요한 자금을 기업 내부나 기업 외부에서 자본을 조달하여 자본운용을 한다. 자금조달의 원천이 주주로부터의 자금조달과 이익창출을 통한 자금조달의 경우 직접적인 조달비용을 지급하지 않고 별도 자금상환이 없는 안정적 자금인 반면에, 은행이나 제3자로부터 조달하는 자금과 같이 정기적으로 이자비용을 지급해야 하고 만기일에는 원금을 상환해야 하는 불안정한 자금도 있다. 기업의 안정적인 자금인 자기자본과 불안정한 타인자본의 구성비율에 따라서 재무구조의 안정성이 결정된다. 총자본 대비 타인자본 의존도가 높을수록 채무상환 부담으로 인하여 재무안정성이 떨어지게 되고 재무위험이 증가하게 된다.

이와 더불어 조달된 자금을 기업이 어떻게 운용하느냐에 따라서 재무안정성에 영향을 미치게 된다. 기업이 유동자산 및 고정자산에 자본을 투입하는 경우 전체적으로 자산 간의 조화 및 균형이 이루어지는지 여부가 기업의 재무적 안정성에 큰 영향을 미치게 된다. 재무적 안정성 기준에서 유동자산과 고정자산의 적정구성비는 어떻게 할 것인가는 업종에 따라 차이가 많이 나는데, 업종 차이를 고려하여 상호 자산 간에 과부족 없는 균형이 이루어질 때 기업의 안정성이 확보되고 수익성도 견지된다고 할 수 있다. 거액의 설비투자를 하고 나서도 성장하기보다는 적자에 허덕이는 기업을 보게 된다. 이는 기업이 자산구성 측면에서 적정한 배분을 무시한 결과, 과도한 고정자산투자가 도산의 한 원인이 되기도 한다. 기업의 재무구조상 채권자가 부담하게 되는 위험은 자기자본에 대한 부채의 비율이다. 부채비율이 높다는 것은 손실을 흡수할 자기자본의 양이 그만큼 적다는 것을 의미하기 때문에 채권자의 위험이 크다는 것을 나타내며, 높은 부채비율로 인해 이자부담이 많으면 수익성이 저하되며 경기불황기에 높은 부채비율은 매우 불리하게 작용한다.

표 2-18 재무구조의 안정성

구분	정의
부채비율	총부채/자기자본 : 100% 내외 표준비율
차입의존도	차입금총액/총자산 : 자본구성의 안정성
총차입금/EBITDA	총차입금/EBITDA : EBITDA기준 채무부담
유동비율	유동자산/유동부채 : 200% 수준 표준비율

이와 더불어 유동성은 단기원리금 상환 관점에서 가장 중요하며 유동성 비율은 유동부채 대비 유동자산으로 측정된다. 유동성 분석은 현금화될 수 있는 자산이 현금으로 지불해야 할 부채에 비해 충분한지 여부를 검토하는 것이다. 재무상태표에 기초한 유동성 지표는 대체로 현재 이용가능한 현금수준을 나타내며 향후 채무상환에 필요한 현금을 계속 창출할 수 있는 능력은 관련성이 별로 없다. 예를 들어, 어떤 기업이 현재는 충분한 현금을 보유하고 있지만 자금소요가 계속 발생하여 유동성이 경색될 가능성도 있고, 반대로 현재는 현금 보유규모가 적으나 현금화가 가능한 자산의 규모와 자본시장 접근능력 등에 따라서 자금소요에 충분히 대응할 수도 있는 것이다. 유동성은 미래에 발생할 자금의 조달시기와 사용시기에 큰 영향을 받고 단기자금의 지급능력을 보여주는 것이므로 유동성의 규모는 소요자금에 대비하여 적정수준을 유지해야 한다.

■ 수익성의 적정성 여부

재무구조가 안정적이고 자산의 운용이 효율성이 높다면 수익성도 높아 기업의 이익창출능력이 양호할 것이다. 수익성이 좋다는 것은 기업이 자산과 자원을 효율적으로 이용하여 미래에 발생할 수 있는 다른 위험요인이나 경기침체기에도 상대적으로 적게 받아 높은 수익성을 실현할 수 있다는 것이다. 우수한 수익성을 기반으로 안정된 재무구조를 유지하고 있는 기업은 낮은 금리로 자금을 원활하게 조달할 수 있기 때문에 투자에 보다 적극적인 전략을 취함으로써 경쟁우위도 빠르게 확보하는 경향이 있다.

수익성 분석을 통해 수익구조에 영향을 미치는 제반 요인을 파악하고, 이러한 요인들이 변동될 때 수익성과 이에 따른 내부자금 창출력이 어떻게 변화될지를 예측할 수 있다. 수익성 분석은 손익계산서에 초점을 맞추어 원가분석을 포함하여 기업의 생산방식 및 원가구조에 대해 이해하고 매출액 변화가 기업의 이익에 어떤 영향을 줄 것인지를 분석하여야 한다. 비용구조 분석은 변동비와 고정비로 나누어 손익분기점 분석을 실시함으로써 기업이 버틸 수 있는 최악의 수준과 이에 대한 가능성을 파악하면 불확실한 미래상황에 대해 여러 가지 가정을 적용하여 다양한 시나리오 분석이 가능하다. 수익성 분석은 대부분 매출분석과 연계하여 이루어지지만 자산과 수익성, 자본과 수익성에 대한 분석도 동시에 수행되는 것이 바람직하다. 수익성 분석에서는 일반적으로 손익계산서에 표시되는 매출액 대비 각종 이익과 비용의 비율로써 산출한 원가율, 영업이익률, 자산이나 자기자본에 대비한 이익률 등을 대표적으로 사용한다.

자기자본이익률이 낮아 신주발행을 통해 자금조달이 어려워지면 차입금이 증가될 수 있어서 자산의 효율적인 활용과 통제능력을 측정하기 위해 총자산이익률을 활용하기도 한다.

표 2-19 수익성 분석

구분	정의
당기순이익률	당기순이익/매출액 : 매출액 단위당 순이익
영업이익률	영업이익/매출액 : 매출액 단위당 영업이익
총자산이익률	순이익/총자산 : 총자산 단위당 순이익
자기자본이익률	순이익/자기자본 : 자기자본 수익성

■ **현금흐름의 안정성 여부**

기업의 주된 현금흐름은 영업활동으로부터의 현금흐름이며, 영업활동으로부터의 현금흐름이 마이너스인 경우 투자활동 혹은 재무활동을 통하여 부족한 현금흐름을 충당하게 된다. 현금흐름 분석을 통하여 기업의 영업활동, 투자활동, 재무활동을 통해 유입되는 현금과 현금운용 차이를 파악함으로써 원리금의 상환가능성을 평가하고 현금 유 · 출입의 원천, 규모, 발생시기, 안정성 등을 판단하여 기업의 미래 현금흐름에 대해 합리적으로 예측하여야 한다. 기업의 일정 기간 동안의 현금순환주기에 따른 현금의 변화는 현금의 유입과 유출로 구분할 수 있으며, 영업에 의한 현금흐름과 영업외 활동에 의한 현금흐름으로 나눌 수 있다.

이러한 현금흐름의 구분을 통하여 영업활동으로부터 현금흐름을 근간으로 미래 현금흐름을 합리적으로 추정하여야 할 것이다. 그러나 영업환경 변화로 현금흐름이 급격히 감소하거나 자금사정 악화로 계획된 자금조달에 차질이 발생하게 된 경우 기업이 외부자금조달 수단에 의하지 않고 자금사용계획의 조정을 통해 현금흐름의 부족을 극복할 수 있는 방안을 검토하여야 한다. 시장상황이 좋지 않을 때 자금조달면에서는 외부자금조달 대체수단의 보유 여부, 유휴 미래현금흐름, 자산 처분가능성 등을 마련하여야 한다. 특히 단기신용도 평가 관점에서는 유사시 기업의 대체자금 조달능력을 의미하는 재무탄력성을 갖추는 것이 중요하다.

3.4 상환능력 평가

채무상환능력은 기업의 이익창출능력과 동일하므로 매출액에서 얼마나 이익이 발생하는가라는 측면과 투자된 자산 대비 이익이 얼마나 창출되는가로 측정될 수 있다. 투자된 자산에 투입된 자금이 내부자금인지 아니면 외부자금인지에 따라서 자본의 구조에 영향을 받게 되고, 외부자금의 크기와 의존도에 따라서 상환부담이 가중될 수 있다. 기업이 많은 이익을 창출하더라도 현금으로 회수되지 않은 이익은 유동성의 위기를 초래할 수 있으므로 채무상환능력에 따른 이익창출능력은 영업활동에서의 순현금흐름을 제대로 파악해야 할 것이다.

■ 이익창출능력

기업의 이익창출은 생존과 지속가능한 성장을 위해 필수적인 요소이다. 충분한 수익성을 창출하고 있을 때 회수된 자금을 기반으로 지속적인 투자가 이루어져 미래 현금창출력이 보장될 수 있으며, 수익성이 약할 경우 미래 현금창출력이 감소함은 물론 투자활동이 차입에 의존함으로써 재무구조도 악화된다.

이익창출능력은 당기순이익이나 이자, 세금, 감가상각차감전 이익(EBITDA: earnings before interest, tax, depreciation, and amortization), 또는 영업활동에서의 순현금흐름을 보면 알 수 있다. 단기적인 현금창출능력은 영업활동에 의한 순현금흐름이 EBITDA보다 기업의 현금흐름을 보다 충실하게 반영하고 있으며, 장기적으로는 기업은 생존하고 성장해야 하고 성장하려면 투자가 필수적으로 수반되게 되므로 영업활동에 의한 현금흐름과 투자활동에 의한 현금흐름을 함께 고려하여 잉여현금흐름(free cashflow)으로 현금창출능력을 파악할 수 있을 것이다.

표 2-20 이익창출능력

구분	정의
EBITDA/매출액	(영업이익 + 감가상각비 + 대손상각비)/매출액
영업활동현금/유 · 무형자산투자	영업활동순현금흐름/유 · 무형자산투자

이익창출능력은 매출액에 대비한 EBITDA의 비율을 통하여 현금창출능력을 가늠해 볼 수 있으며 장기적인 측면에서 영업활동에서의 순현금흐름이 유 · 무형자산에 대한 투자 부담을 얼마나 충당가능한지를 보는 것도 유용한 지표가 될 수 있다.

■ 상환부담능력

상환부담능력은 단기상환의무, 총차입금, 순차입금 등 지급의무부채를 상환할 수 있는 능력을 측정할 수 있다. 이러한 상환부담은 차입금의 규모가 크고 비중이 높을수록 외부 위험의 충격이나 내부 영업이나 경영위험에 크게 영향을 받을 수 있으므로 신용평가에서 부정적 요소로 볼 수 있다. 현금흐름 측면에서의 부채의 상환능력은 EBITDA 등 현금창출력을 기준으로 판단한다.

표 2-21 상환부담능력

구분	정의
단기상환액/EBITDA	(단기차입금 + 유동성차입금 + 순금융비용)/EBITDA
이자보상비율	영업이익/이자비용
EBITDA/금융비용	EBITDA/(금융비용 + 매출채권매각손실 + 자산유동화비용)

영업에서 창출된 현금이 금융비용을 충당할 수 있는지를 측정하는 것으로 이자비용을 충분히 감당할 수 있는 현금창출이 이루어지지 못한다면 기업은 외부자금에 의존하게 되며 유동성이 악화되어 부채상환능력이 현저히 악화되어 부도기업으로 전락할 수 있다. 일반적으로 이자보상비율이 1 이하인 기업의 경우에는 채무상환능력이 없는 한계기업으로 분류하고 채권자들은 이에 대해 특별관리를 하게 된다.

예제 2-3

각 회사의 자산총수익률과 이자보상비율을 산정하고 상환부담능력을 설명하세요.

(1) 재무정보

구분	더나은미래㈜	우수상생㈜	㈜아티너스
매출액	100,000,000	50,000,000	40,000,000
총자산	60,000,000	30,000,000	24,000,000
영업이익	12,000,000	4,000,000	800,000
당기순이익	10,000,000	3,500,000	1,600,000
자기자본 : 타인자본	40% : 60%	45% : 55%	35% : 65%

(2) 추가정보: 타인자본의 비중 및 이자율(단, 타인자본은 전액 금융부채임)

구분	더나은미래㈜	우수상생㈜	㈜아티너스
이자율	7%	8%	9%
타인자본비중	60%	55%	65%

풀이

구분	더나은미래㈜	우수상생㈜	㈜아티너스
총자산이익률	16.67%	11.67%	6.67%
타인자본	36,000,000	16,500,000	15,600,000
타인자본비용	7%	8%	9%
이자비용	2,520,000	1,320,000	1,404,000
이자보상비율	4.76	3.03	0.57

- ㈜아티너스는 영업이익으로 이자비용도 충당하지 못하는 부실기업으로 상환부담능력이 없다.

■ 현금흐름의 안정성

기업이 영업활동을 통하여 이익을 창출하였더라도 현금기준으로 한 이익창출 규모를 파악하는 것이 중요하다. 영업활동에 의한 현금유입과 현금유출을 차감한 순현금흐름이 매년 일정한 수준 이상으로 유지되고 순현금흐름의 규모가 클수록 현금흐름의 안정성이 높다고 할 수 있다. 현금흐름의 안정성은 단기적으로는 영업활동에 의한 순현금흐름으로 측정할 수 있으며, 장기적으로는 영업활동에서의 현금흐름에서 투자활동에서의 현금흐름을 차감한 잉여현금흐름으로 파악할 수 있다.

표 2-22 현금흐름의 안정성

구분	정의
영업활동 현금흐름 규모	영업활동에서 창출되는 순현금흐름의 규모
영업활동 현금흐름의 변동성	영업활동 현금흐름의 표준편차/영업활동 현금흐름 평균

부채상환능력은 현금기준으로 이익창출능력, 부채상환부담능력, 현금흐름의 안정성 등에 의해 결정된다. 기업의 현금창출력 및 부채상환능력은 재무상태표, 손

익계산서 등을 이용하여 현금흐름표를 기반으로 일정 기간에 걸친 현금의 유입과 유출 금액을 파악하고 변동 요인을 분석함으로써 기업이 현금흐름을 통해 원리금을 상환할 수 있는지 판단을 할 수 있다. 기업의 신용평가는 채권자나 투자자의 이익을 보호하는 관점에서 기업의 채무상환능력에 영향을 미치는 요인을 중점적으로 관리되어야 한다.

예제 2-4

1997년 IMF 직전 한국기업들의 1996년도의 현금흐름표이다. 각 기업의 순현금 증감을 구하고 부실기업을 선택하고 그 이유를 설명하세요.

(단위: 백만원)

구분	K기업	S기업	H기업	D기업
영업활동	481,358	(5,302)	59,855	(131,467)
투자활동	(808,882)	(29,024)	(132,285)	17,446
재무활동	254,528	28,321	62,198	120,682

풀이

- 각 기업의 순현금 증감:
  K기업 −72,996, S기업 −8,005, H기업 −10,232, D기업 6,661
- 상기 모든 기업은 부실기업이다. K기업은 차입에 의한 과잉투자, S기업은 수익성 악화에도 불구하고 차입을 통한 투자, H기업은 과잉투자, D기업은 수익성 악화로 보유자산 매각, 차입과다인.

3.5 신용등급 결정

신용등급은 영업활동으로부터의 현금창출능력에 따른 채무상환능력에 달려 있다. 기업의 신용등급은 부채상환능력을 의미하는 신용등급과 여신상품별로 상품의 특성과 담보 등을 반영한 여신등급으로 나눌 수 있다. 여신등급은 신용등급을 토대로 담보, 보증서 등과 같이 신용보강의 수단을 반영하여 결정되므로 동일한 기업이라 하더라도 여신등급은 달라질 수 있다.

신용등급 결정은 사업위험, 재무위험을 평가한 후 현금창출능력과 채무상환능력 등을 종합하여 기업신용등급을 결정하게 된다. 채무상환능력은 미래의 현금창출능력과 채무상환 부담 간의 관계로, 현금창출능력에 비하여 채무상환 부담이 작을수록 채무상환능력은 우수하여 높은 신용등급이 부여될 수 있다. 현금창출은 영업이나 투자활동을 통하여 창출할 수 있는 현금창출능력과 재무활동을 통하여 외부현금 조달능력으로 판단한다. 채무상환 부담은 차입금이나 각종 채무에 대한 규모와 조건 등에 따라 상환부담이 상이하므로 세부적인 채무내용을 살펴보아야 한다.

신용위험은 사업위험과 재무위험이 결합되어 나타나게 되고 사업활동에 따른 현금창출 부분과 재무활동에 따른 조달과 운용부분이 상호 작용하면서 선순환할 경우에는 현금창출능력이 채무상환 부담을 초월하여 기업은 양호한 신용등급을 받을 수 있을 것이다. 그 반대로 자산을 획득하여 영업을 하고 이익을 창출하는 활동과 자금을 조달 · 운용하는 활동이 악순환에 빠져들 경우에는 신용등급이 좋지 않게 될 것이다. 현금흐름 창출과 부채상환 부담은 사업위험과 재무위험에 상호 긴밀하게 영향을 미치고 있으며 부채비율이 높으면 영업 및 투자활동에 제약요인으로 작용하여 영업자산의 적기 확보기회를 놓치게 되어 사업경쟁력 저하를 초래하고 사업위험이 상승한다. 부채비율의 급격한 증가로 인하여 사업위험을 유발하게 되어 이익잉여금 축소, 외부자금조달로 인한 자본구조에 영향을 미치게 되므로 결국에는 재무위험을 유발하는 악순환에 빠져들 수 있다.

■ 신용등급 부여

신용평가는 평가대상기업의 상환능력을 판단하기 위해 우선적으로 사업활동으로부터 현금을 창출해 낼 수 있는 능력을 보고 그 다음에 재무활동을 통한 현금창출능력을 본다.

현금창출능력과 미래의 채무상환 부담 간의 규모와 조건, 관계 등의 차이에 대하여 상호 비교 · 검토하여 어떠한 등급의 부여가 적합한지 여부를 판단하여 신용등급을 부여하게 된다. 신용등급의 평가는 비재무적 정보(사업위험)와 재무적 정보(재무위험)를 통합해서 신용등급 결정 모델을 활용하여 산정하고 전문적인 지식을 갖고 있는 신용평가자의 검토를 통하여 신용등급을 부여하는 것이 바람직하다. Nice신용평가의 평가방법론[12)]에서 제시하고 있는 신용등급은 〈표 2-23〉과 같다.

표 2-23 신용등급

등급	정의
AAA	원리금 지급확실성이 최고수준이며, 현단계에서 합리적으로 예측가능한 장래의 어떠한 환경변화에도 영향을 받지 않을 만큼 안정적임.
AA	원리금 지급확실성이 매우 높지만 AAA등급에 비해 다소 열등한 요소가 있음.
A	원리금 지급확실성이 높지만 장래 급격한 환경변화에 따라 다소 영향을 받을 가능성이 있음.
BBB	원리금 지급확실성은 인정되지만 장래 환경변화로 원리금 지급확실성이 저하될 가능성이 있음.
BB	원리금 지급확실성에 당면 문제는 없지만 장래의 안정성 면에서는 투기적 요소가 내포되어 있음.
B	원리금 지급확실성이 부족하여 투기적이며, 장래의 안정성에 대해서는 현단계에서 단언할 수 없음.
CCC	채무불이행이 발생할 가능성을 내포하고 있어 매우 투기적임.
CC	채무불이행이 발생할 가능성이 높아 CCC등급에 비해 불안요소가 더욱 큼.
C	채무불이행이 발생할 가능성이 높고 현단계에서는 장래 회복될 가능성이 없을 것으로 판단됨.
D	원금과 이자가 지급불능상태에 있음.

채권시장이나 금융기관의 자금을 차입할 경우 자금 대여나 투자 등을 결정하는 데 기업의 신용등급정보가 유용하게 활용되고 있다. 뿐만 아니라 공공기관이나 일반기업과의 큰 규모의 거래계약을 체결할 경우에도 기업의 신용평가서와 신용등급을 요구하고 있다. 금융기관에서는 신용등급을 여신자산에 대한 대손충당금 설정, 금리결정, 신용위험 관리 등 여러 측면에서 활용하고 있다. 신용평가는 평가시점에서의 채무상환능력에 대한 의견이므로 평가에 영향을 미치는 요인의 변화에 대하여 분석하고, 합리적으로 예측하여 미래의 채무상환능력을 전망하여 채택하는 것이라 할 수 있다.

12) Nice신용평가 홈페이지.

확·인·문·제

※ 각 문항의 설명 중 옳은 것에는 T, 틀린 것에는 F를 하시오.

01. BCG매트릭스상 상대적 시장점유율은 낮지만 시장성장률은 높은 경우 "개(dog)" 사업이다. 시장은 성장하고 있지만 이 시장에 진입하여 얼마나 수익을 창출할지 모르기 때문이다. (　　　)

02. 부실기업은 영업이익창출이 저조하고 유동성이 낮고 부채비율이 높아서 타인자본과 자기자본에 대하여 채권자나 주주에게 채무상환능력이나 주주이익 창출능력이 매우 부족한 기업이다. (　　　)

03. 비즈니스 위험은 비즈니스의 경제적 환경과 관련이 있는 수익성 위험, 경영위험, 기술위험, 환경위험 등이 있는 반면에 재무위험은 부채 조달의 사용과 관련된 시장위험, 유동성위험, 영업위험 등이 있다. (　　　)

04. 영업위험은 사업구조 및 모델, 영업전략, 마케팅능력, 유통망, 운영의 효율성, 경쟁력에 의해 평가되며 비용의 효율화와 수익의 극대화가 바람직한 영업활동이다. (　　　)

05. 기업경영진단 체계는 재무제표의 경영분석 지표를 통하여 경영의 이상 여부를 판단한 후 사업 및 자원 · 역량진단으로 경영상 문제와 그 원인이 무엇인지 세부적으로 진단하게 된다. (　　　)

06. 재무상태를 평가하는 요소는 자본구조, 차입구조, 자산구조, 자산의 시장가치이고 손익상황을 평가하는 요소는 매출액, 비용구조, 수익성, 차입금상환능력이다. (　　　)

07. 대상기업의 미래현금흐름의 규모 등에 따라서 부채상환능력의 평가가 좌우되기 때문에 시나리오분석을 통하여 시나리오별 미래현금흐름을 예측하고 사전 신용위험을 줄일 수 있는 방안을 모색해야 한다. (　　　)

08. 기업의 상환능력을 평가할 때 영업활동에 의한 현금창출능력과 차입금과 부채를 포함한 자본구조의 변화, 유동성 등을 종합분석하여 평가해야 한다. (　　　)

09. 신용등급은 신용평가의 결과인 부채상환능력에 따라서 등급의 형태로 표시한 것을 의미하며 개별여신등급은 동일한 기업일지라도 여신상품의 특성과 신용보강 수단의 차이에 관계없이 여신등급이 동일하다. (   )

10. 상환능력을 평가할 때 미래현금창출능력, 유동성, EBITDA, 감가상각비, 보유자산의 처분, 유상증자나 재차입 등을 고려하여야 한다. (   )

11. 재무융통성을 평가할 때 모기업의 지원가능성, 자산의 시장가치, 신용등급, 자금조달원의 다양성 등을 고려하여야 한다. (   )

12. 신용등급은 이원적 등급평가체제로 구분되어 운영되는데, 그 중 하나는 기업의 부채상환능력을 의미하는 신용등급과 다른 하나는 여신상품별로 상품특성을 반영한 여신등급을 말한다. (   )

13. 기업이 속해 있는 산업의 매력도에 따라서 성장성이 좌우되고 같은 산업이라고 하더라도 경영능력이나 경영위험도에 따라서 경영성과가 차이날 수 있다. (   )

14. 기업의 성과는 경제상황이나 시장위험 등에 따라서 차이가 발생할 수 있으며 시장위험에는 금리 및 환율변동위험, 정부정책위험, 기술위험 등이 있다. (   )

15. 경영위험은 지배구조, 최고경영진의 경영능력, 경영조직 및 시스템, 대주주의 열의 및 자금력, 경영철학, 기업문화 등에 좌우되며 기업의 경영성과에 직접적으로 영향을 미친다. (   )

▮해답: 1. F 2. T 3. F 4. T 5. T 6. F 7. T 8. T 9. F 10. F 11. T 12. T 13. T 14. F 15. T

실·습·문·제

1. 다음의 재무정보를 활용하여 두 기업의 영업이익 기준 및 현금흐름 기준의 경제적 부가가치와 관련하여 물음에 답하세요.

(1) 영업이익 기준

(단위: 백만원)

구분	㈜핀큐	㈜아티너스
매출액	8,000,000	3,500,000
영업이익	800,000	350,000
법인세 등	5,000	3,000
자본비용	700,000	600,000
(타인자본비용)	450,000	400,000
(자기자본비용)	250,000	200,000

(2) 현금흐름 기준

(단위: 백만원)

구분	㈜핀큐	㈜아티너스
영업활동 현금흐름	1,600,000	500,000
감가상각비	600,000	300,000
자본비용	300,000	250,000

(3) 추가정보: 영업이익률 8%, 부채비율 100%

1-1. ㈜핀큐, ㈜아티너스 기업의 영업이익기준 경제적 부가가치는 얼마인가요?

1-2. 경제적 부가가치기준으로 어느 기업이 부실기업인가요?

1-3. ㈜핀큐, ㈜아티너스 기업의 현금흐름기준 경제적 부가가치는 얼마인가요?

1-4. 매출액 대비 EVA, 매출액 대비 영업현금흐름은 얼마인가요?

2. 다음의 재무정보를 활용하여 정상기업과 부실기업을 구분하고 각각의 수익성, 유동성, 안정성 관련 물음에 답하세요.

구분	더나은미래㈜	우수상생㈜	㈜아티너스
매출액	300,000	225,000	240,000
영업이익	24,000	11,250	9,600
이자비용	3,000	10,000	12,000
당기순이익	19,000	−5,000	−10,000
유동자산	80,000	60,000	39,000
유동부채	40,000	50,000	30,000
차입금	60,000	125,000	150,000
부채총액	100,000	175,000	180,000
자본총액	100,000	75,000	120,000
자산총액	200,000	250,000	300,000

2-1. 정상기업과 부실기업의 영업이익률과 당기순이익률은 얼마인가요?

2-2. 정상기업과 부실기업의 차입금 의존도, 부채비율은 얼마인가요?

2-3. 유동비율, 이자보상비율은 얼마인가요?

3. 기업의 재무정보를 활용하여 아래 기업의 부채상환능력에 대하여 물음에 답하세요.

구분	더나은미래㈜	우수상생㈜	㈜아티너스
매출액	5,000,000	4,000,000	3,500,000
영업이익	500,000	200,000	140,000
이자비용	200,000	210,000	170,000
감가상각비	50,000	20,000	15,000
차입금	400,000	300,000	200,000
법인세	60,000	−	−

3-1. 각 기업의 EBITDA 대비 차입금을 산출하고 그 의미를 설명하세요.

3-2. 각 기업의 이자보상비율을 산출하고 그 의미를 설명하세요.

3-3. 각 기업의 영업활동 현금흐름은 얼마인가요?

4. 다음 기업들의 재무정보를 활용하여 물음에 답하세요.

(1) 재무정보

구분	더나은미래㈜	우수상생㈜	㈜아티너스
매출액	6,000,000	5,000,000	4,000,000
영업이익	300,000	250,000	200,000
총자산	3,000,000	2,000,000	1,600,000
자기자본	1,500,000	1,000,000	1,000,000

(2) 추가정보: 연 이자율 7%, 부채는 전액 금융부채임.

4-1. 각 기업의 총자산이익률은 얼마인가요?

4-2. 각 기업의 자기자본이익률은 얼마인가요?

4-3. 앞으로 경제가 계속 성장할 것으로 전망된다면 더나은미래㈜, 우수상생㈜, ㈜아티너스의 투자우선순위는?

5. 더나은미래㈜는 ㈜아티너스를 취득 인수하였다. 취득일 현재 각 회사의 자산, 부채 및 자본이 아래와 같은 경우 물음에 답하세요.

- ㈜아티너스의 주식 인수조건
  - 더나은미래㈜ 주식 1주에 대해 ㈜아티너스 주식 1주의 비율로 교환
  - ㈜아티너스와 더나은미래㈜의 주식 액면금액은 ₩1,000
- ㈜아티너스 주식의 주당가격 ₩4,000

계정과목	더나은미래㈜		㈜아티너스	
	장부금액	공정가치	장부금액	공정가치
자산	1,000,000	1,200,000	500,000	550,000
부채	600,000	700,000	200,000	200,000
자본금	200,000		100,000	
자본잉여금	100,000		100,000	
이익잉여금	100,000		100,000	

5-1. 더나은미래㈜가 아티너스회사를 인수합병 후 재무상태표의 자산총액은?

5-2. 더나은미래㈜가 아티너스회사를 인수합병 후 재무상태표의 부채총액, 자본총액은?

5-3. 더나은미래㈜의 재무상태표상의 영업권은?

5-4. 더나은미래㈜가 아티너스회사를 인수합병 후 더나은미래㈜의 부채비율을 합병 전과 비교하여 설명하세요.

6. 각 회사의 자산총수익률과 이자보상비율을 산정하고 상환부담능력을 설명하세요.

(1) 재무정보

구분	더나은미래㈜	우수상생㈜	㈜아티너스
매출액	50,000,000	20,000,000	14,000,000
총자산	50,000,000	25,000,000	15,000,000
영업이익	5,000,000	1,400,000	560,000
당기순이익	4,000,000	1,000,000	280,000
자기자본 : 타인자본	40% : 60%	45% : 55%	35% : 65%

(2) 추가정보: 타인자본의 비중 및 이자율(단, 타인자본은 전액 금융부채임)

구분	더나은미래㈜	우수상생㈜	㈜아티너스
이자율	6%	7%	8%
타인자본비중	60%	55%	65%

7. 아래 제시된 재무자료와 경영분석 지표를 활용하여 ○○○화장품의 경영진단점수와 등급을 부여하세요. (단, 부채비율과 차입금비율은 A/B의 역수인 B/A를 적용한다.)

(1) 재무제표

항목	제16기	제15기
자산		
유동자산	1,494,243,228,821	1,389,842,161,973
현금및현금성자산	219,222,057,626	521,080,097,521
금융기관예치금	88,100,000,000	46,500,000,000
당기손익-공정가치금융자산	490,839,332,272	166,463,243,160
매출채권	349,194,890,548	335,631,476,779
기타수취채권	24,020,738,003	22,717,677,811
기타유동자산	26,127,595,706	25,062,088,270
재고자산	292,672,388,559	259,048,944,888
당기법인세자산		13,338,633,544
매각예정비유동자산	4,066,226,107	
비유동자산	3,796,809,426,809	3,507,768,993,312
자산총계	5,291,052,655,630	4,897,611,155,285

부채		
유동부채	451,004,870,181	343,685,509,858
매입채무	63,734,360,267	63,650,793,449
기타지급채무	214,547,213,557	197,472,340,727
당기법인세부채	53,307,981,105	
계약부채	14,188,934,219	17,190,577,510
기타충당부채	8,675,918,813	6,465,063,251
기타유동부채	90,930,851,244	51,554,418,201
리스유동부채	5,619,610,976	7,352,316,720
비유동부채	114,121,971,892	135,507,129,784
부채총계	565,126,842,073	479,192,639,642
자본		
자본금 및 자본잉여금	778,200,745,115	747,913,303,581
기타자본구성요소	−2,760,732,135	−101,388,380,296
기타포괄손익누계액	−260,907,916	−370,193,575
이익잉여금	3,950,746,708,493	3,772,263,785,933
자본총계	4,725,925,813,557	4,418,418,515,643
자본과 부채총계	5,291,052,655,630	4,897,611,155,285

(2) 포괄손익계산서

	제16기	제15기
매출액	3,475,232,779,753	3,016,950,982,776
매출원가	1,129,672,101,887	999,436,136,442
매출총이익	2,345,560,677,866	2,017,514,846,334
판매비와관리비	2,005,430,070,556	1,858,739,594,604
영업이익	340,130,607,310	158,775,251,730
금융수익	8,811,618,252	11,692,259,376
금융비용	20,623,028,292	3,455,673,770
기타영업외손익	22,195,859,258	−55,796,578,024
법인세비용차감전순이익	350,515,056,528	111,215,259,312
법인세비용	70,438,718,000	6,778,105,020
당기순이익	280,076,338,528	104,437,154,292
세후기타포괄손익	−46,630,560,244	7,101,364,138
당기총포괄이익	233,445,778,284	111,538,518,430

(3) 경영분석 지표

구분	지표	가중치	측정값 (A)	업계평균 (B)	A/B	점수
수익성	매출총이익률	10.00		20.98%		
	영업이익률	10.00		9.40%		
	당기순이익률	5.00		10.37%		
	자기자본이익률	5.00		12.64%		
	총자산이익잉여금비율	20.00		41.90%		
성장성	매출액증가율	2.00		32.05%		
	자산증가율	2.00		16.14%		
	이익증가율	1.00		41.45%		
활동성	재고자산회전율	2.00		9.13		
	매출채권회전율	2.00		10.05		
	총자산회전율	1.00		0.93		
유동성 및 안정성	유동비율	10.00		142.84%		
	부채비율	15.00		68.90%		
	차입금비율	10.00		21.75%		
	이자보상비율	5.00		1610.15%		
합계		100.00				

▌실습문제 풀이

1. 경제적 부가가치(EVA)
   = 세후영업이익 − 자본비용
   = (영업이익 − 법인세) − 자본비용
   = 영업활동 현금흐름 − 감가상각비 − 자기자본비용

1−1. 핀큐기업의 영업이익기준 EVA = 800,000 − 5,000 − 700,000 = 95,000
아티너스기업의 영업이익기준 EVA = 350,000 − 3,000 − 600,000 = − 253,000

1−2. 아티너스기업이 부실기업이다.

1−3. 핀큐기업의 현금흐름기준 EVA = 1,600,000 − 600,000 − 300,000 = 700,000

아티너스기업의 현금흐름기준 EVA = 500,000 − 300,000 − 250,000 = −50,000

1-4. 핀큐기업의 매출액 대비 EVA, 매출액 대비 영업현금흐름:

(95,000/8,000,000) × 100 = 1.19%, (1,600,000/8,000,000) × 100 = 20%

2. 더나은미래를 정상기업, 우수상생과 아티너스를 부실기업으로 분류할 수 있다.

2-1. 더나은미래의 영업이익률, 당기순이익률:

(24,000/300,000) × 100 = 8%, (19,000/300,000) × 100 = 6.33%

우수상생의 영업이익률, 당기순이익률:

(11,250/225,000) × 100 = 5%, (−5,000/225,000) × 100 = −2.22%

아티너스의 영업이익률, 당기순이익률:

(9,600/240,000) × 100 = 4%, (−10,000/240,000) × 100 = −4.17%

2-2.

구분	정의
부채비율	총부채/자기자본 : 100% 내외 표준비율
차입금 의존도	차입금총액/총자산 : 자본구성의 안정성

더나은미래의 차입금 의존도 및 부채비율:

(60,000/200,000) × 100 = 30%, (100,000/100,000) × 100 = 100%

우수상생의 차입금 의존도 및 부채비율:

(125,000/250,000) × 100 = 50%, (175,000/75,000) × 100 = 233.33%

아티너스의 차입금 의존도 및 부채비율:

(150,000/300,000) × 100 = 50%, (180,000/120,000) × 100 = 150%

2-3.

구분	정의
이자보상비율	영업이익/이자비용
유동비율	유동자산/유동부채 : 200% 수준 표준비율

더나은미래의 유동비율 및 이자보상비율:

(80,000/40,000) × 100 = 2 × 100 = 200%, 24,000/3,000 = 8

우수상생의 유동비율 및 이자보상비율:

(60,000/50,000) × 100 = 1.2 × 100 = 120%, 11,250/10,000 = 1.125

아티너스의 유동비율 및 이자보상비율:

(39,000/30,000) × 100 = 1.3 × 100 = 130%, 9,600/12,000 = 0.8

3.

구분	정의
차입금/EBITDA	(단기차입금+유동성차입금+순금융비용)/EBITDA
이자보상비율	영업이익/이자비용
EBITDA/금융비용	EBITDA/(금융비용+매출채권매각손실+자산유동화비용)

3-1. 기업의 차입금 상환능력을 평가하는 지표로서, 차입금상환계수라고 한다.
더나은미래의 차입금상환계수: 400,000/550,000=0.73
우수상생의 차입금상환계수: 300,000/220,000=1.36
아티너스의 차입금상환계수: 200,000/154,000=1.3

3-2. 기업의 채무상환능력을 나타내는 지표로, 기업이 영업이익으로 금융비용(이자비용)을 얼마나 감당할 수 있는지를 보여주는 지표이다.
더나은미래의 이자보상비율: 500,000/200,000=2.5
우수상생기업의 이자보상비율: 200,000/210,000=0.95
아티너스의 이자보상비율: 140,000/170,000=0.82

3-3. 영업활동 현금흐름=영업이익+감가상각비
더나은미래: 500,000+50,000=550,000
우수상생: 200,000+20,000=220,000
아티너스: 140,000+15,000=155,000

4. 총자산이익률(return on assets)
=영업이익/총자산
=매출액이익률(영업이익/매출액)×자산회전율(매출액/총자산)

4-1. 더나은미래의 총자산이익률: (300,000/3,000,000)×100=10%
우수상생의 총자산이익률: (250,000/2,000,000)×100=12.5%
아티너스의 총자산이익률: (200,000/1,600,000)×100=12.5%

4-2. 자기자본이익률(ROE)=당기순이익/자기자본
더나은미래의 자기자본이익률:
{(300,000−1,500,000×7%)/1,500,000}×100=13%
우수상생의 자기자본이익률:
{(250,000−1,000,000×7%)/1,000,000}×100=18%

아티너스의 자기자본이익률:
{(200,000 − 600,000 × 7%)/1,000,000} × 100 = 15.8%

4-3. 위에서 산출된 ROE에 의하면 투자우선순위는 우수상생㈜ → ㈜아티너스 → 더나은미래㈜ 순이다.

5. 5-1. 1,000,000(더나은미래사의 자산 장부가액) + 550,000(아티너스사의 자산 공정가치) = 1,550,000

5-2. 자산총액: 1,000,000 + 550,000 = 1,550,000
부채총액: 600,000 + 200,000 = 800,000
자본총액: 자산 − 부채 = 1,550,000 − 800,000 = 750,000

5-3. 아티너스사의 발행주식총수 = 100,000/1,000 = 100주
영업권 = 합병대가 − 피합병기업의 순자산 공정가치
50,000 = ₩4,000 × 100주 − (550,000 − 200,000)

5-4. 합병 전 부채비율 = (600,000/400,000) × 100 = 150%
합병 후 부채비율 = {(600,000 + 200,000)/(400,000 + 350,000)} × 100 = 106.67%
→ 더나은미래에 비해 아티너스사의 부채비율이 상대적으로 낮았으므로, 합병 후 아티너스사의 부채비율은 감소했다.

6.

구분	더나은미래㈜	우수상생㈜	㈜아티너스
총자산이익률	8.0%	4.0%	1.87%
타인자본	30,000,000	13,750,000	9,750,000
타인자본비용	6%	7%	8%
이자비용	1,800,000	962,500	780,000
이자보상비율	2.78	1.45	0.72

㈜아티너스는 차입금상환 부담능력이 없다.

7. ○○○화장품의 경영분석 지표에 의해 경영진단을 실시한 결과는 A+등급이다. 이 등급은 매우 우량한 기업 수준이다. 매출총이익률, 이익증가율이 우수하고 유동비율, 부채비율이 매우 양호하여 재무구조가 매우 견실함.

지표	가중치(W)	측정값(A)	업계평균(B)	측정값(A)/ 업계평균(B)	경영진단 점수
매출총이익률	10.00	67.49%	20.98%	3.22	20.00
영업이익률	10.00	9.79%	9.40%	1.04	10.41
당기순이익률	5.00	8.06%	10.37%	0.78	3.89
자기자본이익률	5.00	5.93%	12.64%	0.47	2.34
총자산이익잉여금비율	20.00	74.67%	41.90%	1.78	35.64
매출액증가율	2.00	15.19%	32.05%	0.47	0.95
자산증가율	2.00	8.03%	16.14%	0.50	1.00
이익증가율	1.00	114.22%	41.45%	2.76	2.00
재고자산회전율	2.00	4.10	9.13	0.45	0.90
매출채권회전율	2.00	10.15	10.05	1.01	2.02
총자산회전율	1.00	0.66	0.93	0.71	0.71
유동비율	10.00	331.31%	142.84%	2.32	20.00
부채비율	15.00	11.96%	68.90%	5.76	30.00
차입금비율	10.00	2.16%	21.75%	10.06	20.00
이자보상비율	5.00	1649.28%	1610.15%	1.02	5.12
합계	100.00				154.97

03

기업가치 평가

1. 기업가치 평가 개요
2. 기업가치 평가방법

1 기업가치 평가 개요

1.1 기업가치의 의의 및 분류

기업가치 평가는 기업의 미래수익을 추정하여 가치를 결정하는 것으로, 가치평가를 통해 시장에서 형성되는 가격의 적정성을 판단할 수 있다. 기업가치(EV: enterprise value)는 시가총액에 순부채를 더하여 산출하거나 자기자본가치와 부채의 가치를 더해서 나타내기도 한다. 이것은 기업이 보유한 유형자산과 무형자산을 활용하여 창출할 수 있는 가치를 의미하며 본질가치와 시장가치로 구분된다.

본질가치는 자산가치, 수익가치, 혼합형가치 등으로 세분할 수 있다. 시장가치는 주가수익비율(PER: price earning ratio), 주가순자산비율(PBR: price book value ratio) 등으로 측정된다. 이처럼 여러 가지 기업가치 평가방법이 있으나 실무적으로 많은 활용되는 기업가치 평가는 현금흐름할인법과 상대적 가치평가법이다. 일

그림 3-1 기업가치의 분류

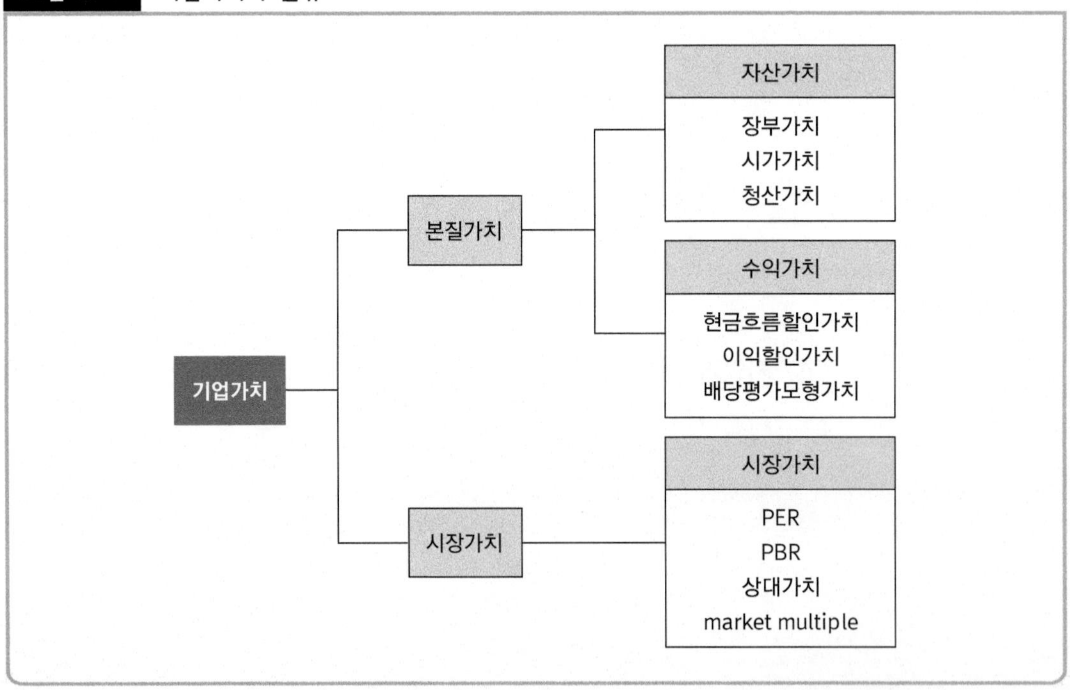

반적으로 시장가치란 증권시장에서 거래되는 주식의 가치를 말하는 것으로 회사의 적정주가를 산정하기 위해서는 증권시장에서 형성된 주가를 이익이나 자산으로 나누어 계산하면 된다. 기업가치는 기업이 보유한 유·무형의 자산을 활용하여 창출하는 수익력을 기초로 한 가치이고 궁극적으로는 주식을 얼마로 평가할 것인가의 이슈이다.

기업가치 평가방법은 몇 가지 기준으로 구분될 수 있다. 기업가치 평가시 대상기업 본연의 내재적 가치만으로 평가하느냐 아니면 시장가치로 평가하느냐로 나눌 수 있다. 비상장기업의 시장가치법에 의한 평가의 경우에는 대상기업과 유사한 비교기업들의 시장가격을 참조하느냐로 평가할 수 있다. 기업가치 평가는 각각의 방법론에 속하는 평가법과 각 평가법이 도출하는 가치의 종류, 자산가치, 수익가치, 시장가치를 세부적으로 살펴보고 이해해야 한다.

■ 자산가치

자산가치란 기업이 보유한 자산의 가치이다. 그것은 객관성, 이해가능성이 높으나 미래수익창출능력을 반영하고 있지 못한다는 한계를 갖고 있다. 자산은 장부가치가 아닌 시장가치로 환산해 평가할 때 실제 자산의 가치를 더욱 잘 반영할 수 있다. 이 방법은 계산이 쉽다는 장점이 있지만, 기업이 영업활동으로 얻는 미래이익의 가치를 반영하지 못한다는 단점이 있다. 또한 유형자산 비중이 높은 기업엔 적합할 수 있지만, 무형자산 비중이 높은 기업에 적용하기 어려울 수도 있다. 기술, 브랜드, 노하우, 또는 저작권과 같은 무형자산을 시장가치로 환산하는 방법이 어렵기 때문이다.

자산가치 평가방법은 평가기준일 현재 보유하고 있는 총자산의 공정가치를 기업가치로 보고 순자산의 공정가치를 자기자본의 공정가치로 평가하는 방법이다. 자산가치는 그 평가방법이 비교적 단순하고 객관적이라는 장점을 가지고 있으나 장부상 반영되어 있지 않은 무형자산의 가치를 반영하기 어렵고, 평가대상 실체가 미래의 수익 또는 현금흐름 창출을 목적으로 존재하는 계속기업(going concern)이라는 점에서 기업의 수익창출능력을 반영하지 못하는 단점이 있다. 자산가치 평가방법은 재무상태표상의 각 자산과 부채 항목을 평가하는 기준에 따라 장부가치법(book value method), 공정가치법(fair value method) 및 청산가치법(liquidated value method) 등으로 분류할 수 있으며 각 방법에 따라 자산가치 금액은 달라질 수 있다.

■ 수익가치

수익가치는 기업이 미래에 창출하는 이익에 대한 현재가치의 평가를 말한다. 기업이 얼마나 이익을 창출할 것인지를 평가하기 때문에 기업의 현재와 미래의 현금창출능력을 반영한다고 보면 된다. 수익가치는 회사가 이익을 창출해야만 투자를 할 수 있고, 주주에게 배당금도 지급할 수 있고, 이자비용을 지급할 수 있기 때문이다. 다만, 미래수익창출능력을 반영한 논리적인 방법이나 미래수익 추정의 객관성 부족 등의 한계점이 있다.

수익가치 평가방법은 평가대상일 현재의 재무상황보다는 평가기준일 현재 보유한 유 · 무형의 자산을 통하여 미래에 창출해 낼 것으로 기대되는 수익 또는 현금흐름을 그 수익 창출에 내재된 위험요인을 고려한 적절한 할인율로 할인하여 평가대상의 가치를 평가하는 방법으로 현금흐름할인법(DCF: discounted cash flow approach)으로 주로 평가한다.

기업가치를 결정하는 세 가지 요소인 미래순현금흐름(FCF: free cash flow), 할인율(WACC: weighted average cost of capital), 계속기업가치(CV: continuing value)의 결정시 평가자의 전문가적 판단이 요구된다. 현금흐름할인법은 실무적으로 가장 널리 활용되고, 이론적으로도 가장 우수한 방법으로 알려져 있으나, 그 외에도 이익할인가치, 배당평가모형가치 등의 방법이 있다. 현금흐름할인법은 기업가치를 평가할 때 우선적으로 살펴보아야 하는 과정으로 재무상태표의 자산과 부채 항목을 현금흐름의 발생기준에 따라서 구분하여야 한다. 미래로 가기 위한 시작점이 되는 것은 평가기준일 현재의 재무상태표이기 때문이며, 미래의 이익을 예측하기 위한 기초가 되는 숫자는 평가기준일 이전까지 기록된 손익계산서가 되기 때문이다. 손익계산서는 매출, 영업비용을 인용하여 사용하고 영업활동 외의 이익과 비용은 기업가치에 고려하지 않는다. 재무상태표는 영업과 영업외로 나누는 과정이 손익계산서보다는 다소 복잡하므로 다음과 같이 구분할 수 있다. 영업(운전자본과 영업자산 · 부채)과 비영업(비영업자산 · 부채 및 이자부 부채)으로 나누고 영업으로 포함된 자산은 향후 현금흐름 창출에 영향을 미치는 기반이 된다. 미래현금흐름의 현재가치에는 현재 재무상태표의 영업자산과 부채가 미래의 영업가치를 만들어내며 그 현재가치가 바로 기업가치가 된다.

■ 시장가치

시장가치는 공개경쟁시장에서 협상되는 가격으로 증권거래소에서 형성되는 주가와 시가총액을 의미한다. 이것은 기업의 미래이윤에 대한 투자자들의 기대치를 나타내는 것이다. 투자자가 기업에 투자를 하거나 기업을 매각하려고 한다면, 기업의 투자나 매각에 따른 적정가격을 추정하여 기업의 시장가치를 평가하여야 한다. 기업의 시장가치를 평가하는 가장 쉬운 방법은 주식시장에서 거래되고 있는 주식거래가격인 시가총액을 계산하는 것이다. 시가총액은 발행주식수의 전체 가치를 나타내는 것으로 기업의 주가와 전체 발행주식수를 곱한 것이다. 만약 주식이 증권거래소에 상장되어 있지 않는 비상장기업의 시장가치는 상대가치평가법을 적용하여 평가할 수 있다. 이 방법은 상장기업의 시가총액을 고려하고, 비슷한 기업들을 분석하며, 전체 승수로 시장가치를 판단할 수 있다. 기업의 시장가치는 기업에 이해관계가 있는 투자자들의 가치를 나타내고, 기업의 전체적인 가치 규모에 대한 비교적 객관적인 판단을 할 수 있는 정보이다. 따라서 기업에 투자를 하거나 가지고 있는 기업을 매각하려고 한다면, 기업의 시장가치에 의한 의사결정이 유용한 수단이 될 수 있다.

자산가치 평가방법과 수익가치 평가방법이 평가대상기업의 고유한 재무상황 및 미래수익창출능력을 이용하여 가치를 평가하는 방식이라면, 시장가치 평가방법은 평가대상의 재무상황과 미래수익창출 가능성을 기초로 시장메커니즘을 통해 형성되는 가치를 말한다. 상장기업의 경우 증권시장에서 주식가격이 형성되는데, 이러한 증권시장에서의 주가는 바로 주식발행기업의 시장가치가 된다. 비상장기업의 시장가치는 증권시장을 통해 형성될 여지가 없기 때문에 객관적인 시장가치는 존재하지 않으나, 동일한 업종에 속하고 규모가 비슷한 상장기업의 주가를 이용하여 상대적인 시가(상대가치)를 산정해 볼 수 있다. 이 방법은 비교대상이 되는 상장기업의 산정시 평가자의 전문가적인 판단이 요구되며 유사상장기업 비교법, 유사거래 비교법, 평가대상 기업 내의 유사매각거래 비교법이 있다.

지금까지 살펴본 자산가치법, 수익가치법, 시장가치법의 장·단점은 〈표 3-1〉과 같다.

인수합병의 경우 대상기업의 가치평가는 기업이 현재 보유하고 있는 유·무형의 모든 자산들의 수익창출능력이 얼마인가에 대한 가치부여라고 할 수 있다. 합

표 3-1 자산가치법, 수익가치법, 시장가치법의 장 · 단점

구분	장점	단점
자산가치법	• 객관성과 간편성 • 현재 재무상태, 순자산의 반영	• 미래수익창출능력 반영 못함 • 무형자산의 반영 한계
수익가치법	• 미래수익창출능력 반영	• 미래수익창출 추정의 제약 • 객관적 평가의 한계
시장가치법	• 객관적으로 검증된 시장가치 • 평가정보 접근 용이	• 비교대상기업 선정의 적정성 • 주가의 변동성

병법인 또는 개인이 매수주문을 하기 전에 인수대상 기업의 공정한 가치를 결정해야 적정한 가격을 제시할 수 있으며, 인수대상 기업은 그러한 합병제의 수용 여부를 판단하기 위해서 자신의 기업가치를 정확히 산정할 필요가 있게 된다. 하지만 이러한 기업의 가치평가에 절대적이고도 객관적인 기준이 있는 것은 아니라는 점에 어려움이 있다. 이는 산업환경, 금융시장의 변화, 경쟁상황 등 기업을 둘러싼 내 · 외부요인과 적대적 혹은 우호적 합병인지의 여부, 합병목적 등에 따라 다양한 평가방법이 있을 수 있고, 선택된 방법에 의한 기업가치를 어떻게 해석해야 하는지에 대해 각기 다른 관점이 있을 수 있기 때문이다. 따라서, M&A에 있어 기업가치를 평가할 때는 이러한 모든 요인들을 종합해야만 보다 진정한 기업가치에 근접할 수 있을 것이다.

1.2 기업가치 평가절차

기업가치의 평가절차는 평가준비단계 – 평가단계 – 평가결과 보고단계로 나누어 진행할 수 있다. 평가준비단계에서는 가치평가대상이 속한 산업분석, 경제순환이나 경제성장률 등의 관련정보를 수집 · 분석하고 대상기업의 과거 3~5년간의 재무제표 분석, 시장상황, 해당 기업의 자산과 역량분석 등을 통하여 추정재무제표를 작성하여 평가에 필요한 객관적인 정보를 확보한다. 평가단계는 미래현금창출능력 등을 기초로 기업가치 평가에 적합한 방법을 선택하여 평가를 실시하고 그 결과를 보고하게 된다. 기업가치 평가에 있어서 평가단계보다 가치평가에 적용되는 미래재무적 정보의 합리성과 타당성을 추정하고 생산하는 평가준비단계가 더

그림 3-2 기업가치 평가절차

중요하다. 평가단계는 가장 합리적인 가치평가방법을 적용하여 기계적으로 계산하는 과정이고 가치평가에 사용하는 미래현금흐름 정보에 대해서는 가능한 한 객관적이고 타당한 정보를 추정하여야 한다.

■ 경영환경 및 기업분석

경기순환, 경제성장률 등 거시경제요인을 분석하고 시장경쟁상황(경쟁기업의 위협, 대체재의 위협 등) 등 산업분석을 통하여 평가대상기업이 속한 시장의 성장전망 등으로 사업 매력도를 분석해야 한다. 대상기업의 주력사업에서 발생하는 과거 매출액과 이익, 주요 제품의 제품수명주기상의 위치, 산업계 내에서 시장 포지션, 경영위험과 재무위험을 파악해야 하며, 경쟁기업에 대비한 차별적인 경쟁우위요인 등을 파악해야 한다. 대상기업이 속한 산업의 성장전망과 매출증가율을 추정하고 이에 대응한 대상기업의 경쟁우위력을 토대로 시장점유율과 매출증가율을 추정한다.

이러한 재무적 정보 외에도 기업의 성격, 연혁 및 전망, 제품 및 고객, 산업의 특성과 상황, 대내외 경제적 영향요인, 관련정보를 제공하는 자본시장의 동향, 평가대상회사의 가치와 관련된 과거 거래 등의 비재무적 정보를 포함하여 검토하여야 한다. 또한 재무적 정보는 과거의 재무제표를 가치평가 목적에 맞도록 현행가치로 수정・조정하고, 평가대상회사와 유사회사의 과거 재무제표를 금액・구성비율・재무비율 등의 관점에서 분석하여야 한다.

■ 추정재무제표 작성

경영환경 변화와 기업의 자원 및 역량 등을 고려하여 매출액 등 수익을 추정하고 이에 대응한 비용을 추정하여 5년의 추정재무제표를 작성한다. 평가시점의 재무제표를 기준으로 한 비교나 단기간의 실적추정을 통한 주식가치 산출은 평가결과의 왜곡을 초래할 가능성이 높으므로 사용하지 않는 것이 바람직하다.

■ 미래재무적 추정치를 현재가치로 환산

추정재무제표로부터 미래 현금창출능력을 파악할 수 있도록 미래순현금흐름, 영업이익 등을 기간별로 도출하고 현재가치로 환산한다. 평가방법은 일반적으로 인정되고 있고 시장에 기초하여 위험과 수익을 측정하는 방법(시장접근법)을 우선적으로 선택하되, 현금흐름할인법 등 이익접근법은 검증수단으로 사용하는 것이 바람직하다. 다만, 시장에 평가대상회사와 유사한 회사가 많지 않아 유사회사 선정에 자의성이 개입될 가능성이 현저히 높다고 판단될 경우에는 시장접근법과 이익접근법을 적용한 결과치를 평균하여 최종 주식가치를 도출하거나, 이익접근법만을 사용하는 방안도 고려하여야 한다.

■ 기업가치의 타당성 검토

추정된 기업가치를 대상기업이 요구하는 가격이나 증권시장에서 투자자들에 의해 평가된 시장가치에 비추어 타당성을 검토하여 가치평가를 확정 · 보고한다.

이상에서 살펴본 바와 같이 기업가치 평가절차는 기업의 내부와 외부를 통하여 재무적 · 비재무적 정보를 수집하고 분석하는 작업을 시작으로 진행되어야 한다. 가치분석은 비즈니스나 기업활동 상황을 분석하는 것으로서 기술, 산업, 기업, 제품을 분석하고 기술성, 시장성, 사업성, 수익성 등을 분석하게 된다. 그것은 기본자료 분석에 근거하여 가치평가방법론의 적용, 필요 변수의 도출, 가치지표의 도출, 가치 조정 등의 과정을 통하여 이루어진다. 평가대상기업의 재무제표를 추정하고, 비용이나 현금흐름을 결정하고, 할인율, 할증률 등을 결정한다. 기업가치 평가보고서에는 최소한 가치평가 의뢰자, 가치평가자, 평가대상 자산, 목적과 용도, 평가기준일, 평가방법, 평가결과, 결과의 한정조건, 평가기준일 등이 기재되어 있어야 한다.

2 기업가치 평가방법

2.1 수익가치접근법

수익가치접근법은 기대효익을 가치로 전환시키는 방법을 사용하여 기업가치를 결정하는 방법으로 현금흐름할인법, 배당평가법, 경제적 부가가치법 등이 있으나, 실무적으로는 현금흐름할인법을 많이 사용한다.

현금흐름할인법은 자산이 미래에 창출할 수익가치인 잉여현금흐름(FCF: free cash flow)을 현재가치로 평가한 것이다. 미래현금흐름은 산업분석, 경쟁자분석, 기업분석 등을 토대로 미래 5년간의 추정재무제표에 의한 순현금흐름을 추정하고 추정연도 말의 잔여가치를 구하여 해당 현금흐름이 가지고 있는 위험수준을 반영한 할인율로 기업가치를 평가한다.

$$\text{현금흐름가치} = \sum_{t=1}^{n} \frac{FCF(t)}{(1+r)^t} + \frac{CV}{(1+r)^n}$$

- $FCF(t)$: t년도의 잉여현금흐름
- t: 현금흐름 추정연도
- r: 할인율
- n: 최종 추정연도(통상 5년)
- CV(continuing value): n년도 말 기업의 잔여가치

현금흐름할인법에 의한 기업가치 평가절차는 사업성과 성장성의 분석을 통하여 미래현금흐름을 추정하고 자본비용을 적용하여 현금흐름의 할인을 통해 미래 기업가치를 추정하게 된다.

■ 경영환경 및 기업분석

회사의 외부환경요소(기술, 경제, 사회, 법률/정책, 경쟁 등)의 분석에 의한 기회와 위협 요인을 파악하며 내부기업요소(재무, 사람, 정보 등의 자원과 생산/마케팅역량 등)의 강점과 약점을 파악하여 기업이 나가야 할 방향을 결정하는 전략을 개발해

야 한다. 평가대상회사의 사업성과 성장성 분석에 연계될 수 있도록 구체적이고 상세하게 이루어져야 한다. 거시경제요인, 기술적 요인, 제도법규상 요인, 산업구조적 요인 등 외부환경요인이 평가대상회사에 미치는 영향도 상세히 분석하여야 한다. 거시경제요인으로는 판매단가, 구매단가, 인건비, 각종 고정비용, 이자수익 및 이자비용, 자본비용 등을 고려하고, 기술적 요인으로는 기술력의 차별화가 기업가치의 핵심요소인 경우에는 당해 기술의 내용 및 적정한 연구개발비 규모 등을 파악하여 가치평가과정에 적극 반영하여야 하며, 제도법규상 요인으로는 공정거래법, 반덤핑 규제, 환경오염방지법 등 기업의 영업환경에 중요한 영향을 미칠 수 있는 제도나 법규가 있을 경우 이를 반드시 고려해야 한다. 또한 산업구조적 요인으로는 경기연동성, 시장형태의 비교, 산업수명주기, 산업연관분석, 산업경쟁구조 분석을 실시하여야 한다.

■ 미래수익과 비용 예측

기업이 속해 있는 산업의 시장의 미래성장성을 예측하고 해당 기업의 경쟁상황과 자사의 경쟁력 등을 고려해서 시장점유율을 추정하고 이에 미래수익을 예측한다. 미래수익에 대응하여 미래비용은 매출추정에 근거하여 생산계획을 통해 생산수량을 결정하고 과거생산비용을 근거로 제조원가를 추정하며 매출추정에 근거하여 판매관리비를 추정한다. 향후 5년간에 대해서는 상세한 예측을 실시하고, 영구기간에 대하여는 소수의 중요한 변수에만 집중한 단순화된 방법으로 예측을 실시하는 다기간 분석을 고려할 수 있다. 평가대상회사의 실질적인 가치창출 요소(고객가치, 시장규모, 제품의 수명주기 등)에 대한 지식과 정확한 분석을 통해 미래 시나리오를 현재 실적에 연결하여야 한다. 평가대상회사의 기술요소로부터 창출되는 실적이 회사의 경제적 상황과 회사가 속한 산업의 경쟁역학관계와 일관된 추세를 갖는지에 대하여 고려하여야 하며, 평가대상회사 추정매출 증가가 해당 산업의 성장보다 빠르다면 빠른 성장을 유지시켜 나갈 자원을 미래에도 계속 보유하고 있어야 하는데, 핵심자원의 계속적인 보유에 대한 분석이 필요하다.

해당 산업의 경쟁구조에 대한 충분한 분석을 통하여 산업의 진입장벽이 약하거나 고객의 힘이 강해지면 기대수익이 낮아질 수 있으므로 기술의 변화가 수익률과 위험에 미칠 영향을 분석하여야 한다. 급격한 기술의 변화는 기업의 수익률을 악화시키는 요소와 더불어 평가대상회사의 매출액 추정은 객관적인 자료와 분석을 통해 뒷받침되어야 한다. 추정된 재무수치들이 적절한지에 대하여 사후적으로 분석하여야 하며, 추정된 재무수치의 적절성은 평가대상회사의 과거 재무제표와 유사회사의 재무제표와의 재무비율을 비교함으로써 검증 가능하다. 급격한 재무비율의 변화 또는 유사회사의 재무비율과의 현저한 차이가 발생할 경우 그 원인에 대하여 합리적인 근거를 제시하여야 한다.

■ 미래현금흐름 추정

투하자본에 대한 영업수익에서 영업비용을 차감한 영업이익에 대하여 법인세를 공제한 후 순영업이익을 산출한 후 현금지출이 없는 감가상각비를 가산하고 순운전자본과 자본적 지출을 차감하여 미래현금흐름을 추정한다. 미래현금흐름은 기업에서 창출되는 잉여현금흐름(FCF: free cash flow)으로 해당 산업의 규모와 해당 기업의 시장침투율, 장기적으로 유지가능한 수준의 총마진 등과 같은 측정수단에 의하여 정의되어야 한다.

잉여현금흐름(FCF) = 세후영업이익 + 비현금비용 − 순운전자본증가액
− 투자소요자금액

해당 산업의 규모는 장기 GDP성장률 등 거시경제변수를 충분히 고려하여 추정하되 장기 인플레이션율도 고려하여야 하며, 해당 산업의 규모 등 미래현금흐름 추정시 사용되는 자료를 평가대상회사로부터 입수한 경우에는 당해 자료의 객관성 및 신뢰성을 검증한 후 사용하여야 한다. 높은 불확실성을 합리적으로 반영할 수 있도록 확률가중치에 의한 시나리오(probability-weighted scenarios)를 사용할 것도 고려할 필요가 있다. 불확실성을 충분히 고려하여 낙관적, 중립적, 비관적 전망이 포함된 미래 예상치를 합리적으로 추정하는 것이 바람직하다. 이 경우 각각의 전망은 미래 일정 시점에서 경쟁상황을 고려한 산업 내 기업의 포지셔닝 또는 개발 중인 제품 등의 성공확률에 따라 결정될 수 있다. 영구가치는 기업이 속한 산업의 경기순환주기를 결정하고, 경기순환주기상 중간점에서의 이익수준에 근거하여 추정기간 이후의 FCF 현재가치로서 계속기업을 가정하여 산출한다. 추정기간 종료 후 기업의 잔여가치는 추정기간 종료시 잉여현금흐름과 영구성장률, 가중평균자본비용 등을 고려해 산출한다.

$$\text{n년도말 기업의 잔여가치(CV)} = \sum_{t=1}^{n} \frac{FCF(t)(1+g)}{WACC-g}$$

- $FCF(t)$: 추정기간 종료시의 FCF
- g: 영구성장률
- $WACC$: 가중평균자본비용

■ 자본구조/자본비용 추정

기업의 자본조달은 타인자본과 자기자본에 대한 자본비용으로 타인자본은 채권자들의 요구수익률(이자율), 자기자본은 주주들의 요구수익률을 파악하여 자기자본과 타인자본의 구성비율에 결합하여 가중평균자본비용(WACC: Weighted Average Cost of Capital)을 산출한다. 자본비용은 평가대상회사로부터 기대되는 미래효익이나 현금흐름이 발생되는 시점, 위험요소, 성장성, 화폐의 시간가치 등을 종합적으로 고려하여 결정하고, 그 근거가 관련 자료를 통해 뒷받침될 수 있어야 한다.

$$WACC(\text{가중평균자본비용}) = K_e \times \frac{S}{(S+B)} + K_d(1-T_c) \times \frac{B}{(S+B)}$$

- K_e: 자기자본비용
- K_d: 타인자본비용(차입금의 부채비용)
- T_c: 법인세율
- S: 자기자본총액
- B: 이자지급부채총액
- 자기자본비용: 회사의 자기자본에 대한 자본비용
- $K_e = R_f + \frac{E(R_m)}{R_f} \times \beta_i + \alpha$
- R_f: 무위험이자율
- $E(R_m)$: 시장기대수익률
- β_i: 회사의 체계적 위험(시장수익률에 대한 민감도)
- α: 회사의 특정위험(specific risk) 가산율

■ 현금흐름 할인

화폐의 시간적 가치에 따라서 현재현금과 미래현금은 동일한 가치가 아니므로 미래현금흐름을 가중평균자본비용으로 할인하여 미래현금흐름의 현재가치를 산출

하는 것이다.

■ 영업가치 및 기업가치

일정 기간의 미래현금흐름의 현재가치와 그 후 영구적 현금흐름의 현재가치를 합한 금액이 영업가치이며, 영업자산에 의한 창출되는 영업가치에서 비영업자산가치를 합산하여 기업가치를 산출한다. 기업가치에서 타인자본가치를 차감할 경우 자기자본가치가 된다. 이것은 주식의 시가총액과는 차이가 있을 수 있는데 자기자본가치가 시가총액보다 큰 경우에는 상대적으로 주식시장에서 저평가받고 있다고 할 수 있다.

예제 3-1

미래자원㈜는 3년 동안 잉여현금흐름이 1년 뒤 500억원, 2년 뒤 600억원, 3년 뒤 800억원을 창출한다고 할 경우 장부상 금융부채가 480억원, 자기자본이 720억원, 부채의 자본비용이 12%, 자기자본의 자본비용이 15%이며, 법인세율이 20%이면 이 기업의 기업가치는? (단, 영구성장률 1%, 비영업자산가치 300억원)

풀이

가중평균자본비용 = (480/1,200) × (1 − 0.2) × 12% + (720/1,200) × 15% = 12.84%

예측기간가치 = $500/(1+0.1284)^1 + 600/(1+0.1284)^2 + 800/(1+0.1284)^3$ = 1,471(억원)

영구가치 = $\{800 \times (1+0.01)/(0.1284-0.01)\}/(1+0.1284)^3$ = 4,750(억원)

영업가치 = 예측기간가치 1,471 + 영구가치 4,750 = 6,221(억원)

기업가치 = 영업가치 6,221 + 비영업자산가치 300 = 6,521(억원)

주주가치 = 기업가치 6,521 − 부채가치 480 = 6,041(억원)

2.2 시장가치접근법

주식이 자본시장에 상장되어 있는 경우에는 시장가치는 상장되어 있는 주식의 시가총액이 되지만, 주식이 상장되어 있지 않는 기업의 경우에는 상장되어 있는 유사기업의 시장가치를 토대로 시장가치를 추정하는데 이를 상대적 가치평가라 한다. 유사상장기업의 시가총액을 기준으로 비상장기업의 자기자본가치를 추정하

표 3-2 시장가치접근법

구분	세부내용	비고
1단계 (비교대상기업 선정)	• 한국표준산업분류표 등을 참고하여 비교대상 집단을 선정한 후 유사성에 대한 테스트 • 비교대상회사를 선정함에 있어 IPO 공모가격 산정시 유사회사 선정에 관한 심사기준 적용	사업의 유사성, 규모 및 성장률, 영업 및 재무사항 고려
2단계 (각종 배수 검토)	• 비교대상회사와 재무자료의 내용 또는 작성기준 등의 차이를 분석하여 중요한 차이 조정	비교대상회사의 PER, PSR*, EV/EBITDA
3단계 (시가배수 선정)	시가배수를 선정하되, 2 이상의 시가배수를 선택	
4단계 (시가배수 적용)	선정된 시가배수를 평가대상회사에 적용	
5단계 (결과치 도출)	2 이상의 시가배수를 사용하여 산출한 결과치를 단순 또는 가중평균하여 결과치를 도출	

* 주가매출액비율(PSR: Price Selling Ratio)

는 방법이다. 기업가치(EV)와 상관관계가 가장 높은 것이 유 · 무형 감가상각과 이자차감전 영업이익(EBITDA: earnings before interest, taxes, depreciation and amortization)인 것으로 나타나고 있어 상장기업의 기업가치와 EBITDA의 배율을 비상장기업에 그대로 적용하여 자기주식가치를 산정하게 된다.

시장접근법은 매매된 유사회사, 회사소유지분 등과의 비교를 통해 평가대상회사, 소유지분의 가치를 결정하는 방법으로서 유사회사비교법, 동종거래접근법 등이 있으나, 기업공개(IPO: initial public offering)시에는 유사회사비교법을 많이 사용한다. 동종거래접근법에 따른 평가시에는 비교에 사용된 소유지분, 거래사례 등은 합리적인 비교기준의 역할을 할 수 있어야 한다.

비교대상회사의 선정시에는 평가대상회사와 유사한 사업을 영위하고 있는지에 대하여 제품의 속성, 제품별 구성비, 주요 시장 등을 고려하여 조사해야 하고, 매출액이나 총자산의 규모 및 기간별 매출이나 손익의 추세를 비교하고, 차이가 클 경우 비교대상에서 제외하거나 시가배수의 조정 등을 해야 한다. 시장점유율, 경쟁관계, 판매처 및 구매처와의 관계 등 영업에 관한 사항과 각종 수익성, 성장성, 안정성 등 재무비율을 비교하여 합리적인 선정기준으로 비교회사를 선정하여야 한다. 금융감독위원회의 유가증권의 발행 및 공시 등에 관한 규정 시행세칙에서는 비교회사가 주당 경상이익이 액면가액의 10% 이상, 주당 순자산이 액면가액

이상인 경우 선정의 적정성 여부 등을 제시하여야 한다고 규정하고 있다.

비교대상회사의 시가배수는 시가배수별 특성, 장단점을 파악하여 PER(주가/주당순이익), PSR(주가/주당매출액), EV/EBITDA 등 적용할 시가배수를 선정하여야 한다. 기간별로 산출된 시가배수의 차이가 클 경우에는 최근 연도의 시가배수만을 사용하기보다는 기간별 시가배수에 적절한 가중치를 부여하여 산출하는 것이 바람직하며, 다양한 기간별 배수는 최근 1개 회계연도, 과거 3개년 평균치 등 여러 기간의 배수를 산정하여 적절한 가중치를 부여한다. 비교대상회사와 평가대상회사의 예상성장률 또는 규모의 차이가 발생할 경우 시장배수에 이를 적절히 반영하여야 한다. 시가배수 산출시 비교대상회사의 비영업용 순자산을 제거한 후 적용한 경우에는 평가대상회사에 시가배수를 적용한 후 평가대상회사의 비영업용 순자산을 가산하여야 한다. 평가대상회사의 향후 추정이익 등(추정당기순이익, 추정 EBITDA, 추정매출액 등)에 대하여 시가배수를 적용할 경우에는 수익접근법에 따라 향후 추정이익 등을 추정하여야 한다.

예제 3-2

더나은미래자원㈜는 '비상장기업'으로, 회사의 순자산 및 최근 3년간의 당기순이익에 대한 정보를 활용하여 기업가치를 평가해 보자.

회사의 재무상태 및 경영성과

(단위: 백만원)

- 재무상태(202×.12.31 현재)
  총자산 100,000　부채 40,000　자본금 30,000　이익잉여금 30,000
- 발행주식수 1,000,000주

(1) 주당 순자산가치 = 60,000,000,000/1,000,000 = ₩60,000

(2) 주당 순손익가치

(단위: 백만원)

구분	전전기	전기	당기
당기순이익	4,000	5,000	6,000
주당순이익	4,000	5,000	6,000
가중치 적용	4,000 (4,000×1)	10,000 (5,000×2)	18,000 (6,000×3)

주당 순손익가치 = {(4,000 + 10,000 + 18,000)/(1 + 2 + 3)}/10% = ₩53,333

(3) 세법상 비상장주식의 평가

세법상 비상장주식의 평가는 자산가치와 손익가치를 2:3으로 가중평균해서 산출한다.

풀이

(주당 순자산가치 60,000×2+주당 순손익가치 53,333×3)/5=₩56,000

〈상속세 및 증여세법상 보충적 평가방법〉

- 순자산가치=해당 법인의 순자산가액/발행주식총수
- 순손익가치=1주당 최근 3년간의 순손익액의 가중평균액/순손익가치환원율*

* 순손익가치환원율은 금융기관이 보증한 3년 만기 회사채의 유통이자율을 감안하여 국세청장이 정하여 고시하는 이자율로 현재는 10% 적용

- 비상장주식의 1주당 평가액=(1주당 순자산가치×2+1주당 순손익가치×3)/5

■ **EV/EBITDA 배수(multiple)에 의한 가치평가**

기업가치(EV: enterprise value)는 상장법인의 경우에 있어서 시가총액(자기자본가치)에 타인자본가치를 합한 것이다. 이자, 법인세, 감가상각차감전 영업이익(EBITDA: earnings before interest, taxes, depreciation and amortization)을 기업가치로 나누어 몇 배수인지를 구한다.

> EV/EBITDA 배수(multiple)에 의한 가치평가
> =유사기업의 EV/EBITDA 배수×대상기업의 EBITDA

상장법인의 EBITDA 배수를 산정한 후 비상장법인의 산출된 EBITDA를 곱하여 상장법인의 기업가치를 산출한다. EV/EBITDA는 기업가치(EV)에 감가상각비차감전 영업이익을 나누어 산출한다.

예제 3-3

더나은미래㈜는 컴퓨터 생산 및 판매를 하는 비상장기업으로 동종유사기업의 EV/EBITDA가 7로 나타나고 있다. 더나은미래㈜의 재무 관련 정보를 활용하여 기업가치를 산출하세요.

① 영업이익 500억원 ② 감가상각비 20억원 ③ 순부채액 200억원

풀이

기업가치 = 유사기업의 EV/EBITDA × 자사의 EBITDA
= 7 × (500억원 + 20억원) = 3,640억원
주주가치(자기자본) = 3,640 − 200 = 3,440억원

■ **주가수익비율에 의한 가치평가**

주가수익비율(PER: Price Earning Ratio)은 주가가 주당이익의 몇 배인가를 나타내는 지표로 현재 주가를 1주당 당기순이익으로 나눈 값이다. 현재주가가 10,000원이고 1주당 이익이 1,000이라면 PER은 10이 된다. PER이 높다는 것은 상대적으로 미래가치가 높은 기업이라고 볼 수 있으며 기업의 단위당 이익에 대한 시장에서의 평가수준을 의미한다. 주가수익비율에 의한 상대적 가치평가방법은 주가와 순이익이 연결되어 비상장기업 등에 있어서 간편하고 쉽게 이용할 수 있는 방법이다.

PER에 의한 가치평가 = 유사기업의 PER × 대상기업의 주당이익

기업의 이익 대비 주가가 몇 배인가 하는 의미와 더불어 주식 한 주가 창출하는 이익 1원에 대해 투자자들은 얼마를 지불하는가로 해석할 수 있다.

예제 3-4

더나은미래㈜는 ㈜핀큐를 인수합병하기로 하고 기업가치는 유사기업인 A기업의 PER 20을 기준으로 기업가치를 평가하기로 하였다. ㈜핀큐의 예상되는 주당순이익이 2,000원이고 발행주식수는 1,000,000주이다(단, 부채가치 200억원).

풀이

한 주당 주가 = PER × EPS = 20 × ₩2,000 = ₩40,000
㈜핀큐의 기업가치 = ₩40,000 × 1,000,000주 + ₩20,000,000,000 = ₩60,000,000,000

확·인·문·제

※ 각 문항의 설명 중 옳은 것에는 T, 틀린 것에는 F를 하시오.

01. 기업가치는 기업이 보유한 유형자산과 무형자산을 활용하여 창출할 수 있는 가치를 의미하며 본질가치와 시장가치로 구분된다. (　　)

02. 본질가치는 자산가치, 수익가치, 혼합형가치 등으로 세분할 수 있다. 상대가치는 PER, PSR, PBR, EV/EBITDA 등으로 측정된다. (　　)

03. 주가순자산비율(PBR: price-to-book ratio)은 기업의 가치를 순자산의 배수로 자기자본의 시장가치가 장부가치 대비 몇 배에 평가되는가를 의미한다. (　　)

04. EV/EBITDA는 기업가치(EV: enterprise value)를 EBITDA로 나눈 것으로 EV는 주주의 가치와 채권자의 가치, 즉 주식가치와 금융부채의 가치를 더한 것을 의미하며 EBITDA는 영업이익(EBIT)에 유 · 무형 감가상각비(DA)를 더한 것이다. (　　)

05. 일반적으로 기업가치란 증권시장에서 거래되는 주식의 가치를 말하는 것으로 회사의 적정주가를 산정하기 위해서는 증권시장에서 형성된 주가를 이익이나 자산으로 나누어 계산하면 된다. (　　)

06. 현금흐름가치는 수익가치접근법에서 자산이 미래에 창출할 수익가치인 잉여현금(FCF)을 현재가치로 평가한 것이다. (　　)

07. 자산가치는 객관성, 이해가능성이 높으나 미래수익창출능력을 반영하고 있지 못하고, 수익가치는 미래수익창출능력을 반영한 논리적인 방법이나 미래수익 추정의 객관성 부족 등의 한계점이 있으며, 시장가치는 객관적 공정가치이나 비상장기업의 가치평가를 위한 직접적 적용이 곤란하다. (　　)

08. 기업가치 평가에 있어서 가치평가단계보다 가치평가에 적용되는 미래재무적 정보의 합리성과 타당성을 추정하고 생산하는 평가준비단계가 더 중요하므로 가치평가에 사용하는 미래현금흐름 정보에 가능한 객관적이고 타당한 정보를 추정하여야 한다. (　　)

09. 상대적 가치평가법은 산업분석, 경쟁자분석, 기업분석 등을 토대로 미래 5년간의 추정 재무제표에 의한 순현금흐름을 추정하고 추정연도 말의 잔여가치를 구하여 해당 현금흐름이 가지고 있는 위험수준을 반영한 할인율로 기업가치를 평가한다. (   )

10. 주가수익비율을 통한 상대적 가치평가는 주가와 순이익이 연결되어 비상장기업 등에 있어서 간편하고 쉽게 이용할 수 있는 방법으로 유사기업의 주가수익비율에 대상기업의 주당이익을 곱하여 적용한다. (   )

11. 주식이 상장되어 있지 않는 기업의 경우, 상장되어 있는 유사기업의 시장가치를 토대로 시장가치를 추정하는 것을 상대적 가치평가라 한다. 유사상장기업의 장부가액을 기준으로 비상장기업의 자기자본가치를 추정하는 방법이다. (   )

12. 일정 기간의 미래현금흐름의 현재가치와 그 후 영구적 현금흐름의 현재가치를 합한 금액이 영업가치이며 영업자산에 의해 창출되는 영업가치에서 비영업자산가치를 차감하여 기업가치를 산출한다. (   )

13. 더나은미래㈜의 1년간 이익이 1,000억원인데 주식의 시가총액이 1조원이라면 이 기업의 PER은 10이다. PER 10의 경우 상대적으로 주가가 저평가되어 있다고 할 수 있다. (   )

14. A기업과 B기업은 동일한 사업을 영위하고 있을 경우 기업 A와 B의 PER이 각각 20과 30이라고 하면 A기업의 주가가 B기업의 주가보다 고평가되었다고 판단할 수 있다. (   )

15. 가치평가는 투자자산의 매각가격을 판단하거나 매각시점을 결정하는 데에 사용되며 투자수익률은 투자자산의 매수가격을 매각가격으로 나눈 값이다. (   )

▮해답: 1. T 2. T 3. F 4. T 5. F 6. T 7. T 8. T 9. F 10. T 11. F 12. F 13. T 14. F 15. F

실·습·문·제

1. 미래자원㈜의 향후 5년간의 현금흐름을 추정한 자료는 다음과 같다. 5년 이후 현금흐름은 영구히 계속되는 것으로 가정한다. 가중평균자본비용이 10%일 때 이 기업의 기업가치는? (단, 비영업자산가치 500억원, 영구성장률 0%)

(단위: 억원)

	t=1	t=2	t=3	t=4	t=5
매출액	500	600	600	700	700
영업비용	300	300	400	400	500
영업이익	200	300	200	300	200
1. 세후영업이익(세율 20%)	160	240	160	240	160
2. 감가상각비	10	15	20	22	25
3. 순운전자본증가액	5	6	7	8	9
4. 자본적 지출	10	15	20	25	20

2. 더나은미래자원㈜는 비상장기업으로 회사의 순자산 및 최근 3년간의 당기순이익에 대한 정보를 활용하여 기업가치를 평가해 보세요. (단, 부채는 전액 금융부채임)

회사의 재무상태 및 경영성과

(단위: 백만원)

- 재무상태(202×.12.31. 현재)
  총자산 150,000 부채 50,000 자본금 30,000 이익잉여금 70,000
- 3년간의 당기순이익
  전전기 5,000 전기 6,000 당기 7,000
- 발행주식수 1,000,000주

* 순손익가치환원율은 10% 적용한다.

3. 미래자원㈜의 향후 5년간의 현금흐름을 추정한 자료는 다음과 같다. 5년 이후 현금흐름은 영구히 계속되는 것으로 가정한다. 가중평균자본비용이 15%일 때 이 기업의 기업가치는? 단, 발행주식총수는 1,000,000주이다. (단, 비영업자산가치 200억원)

(단위: 1억원)

	t=1	t=2	t=3	t=4	t=5
매출액	600	700	800	900	1000
영업비용	550	620	700	800	850
영업이익	50	80	100	100	150
1. 세후영업이익(세율 20%)	40	64	80	80	120
2. 감가상각비	10	15	20	22	25
3. 순운전자본증가액	5	6	7	8	9
4. 자본적 지출	10	15	20	25	20
현금흐름(1+2-3-4)	35	58	73	69	116

3-1. 현금흐름할인법으로 기업가치를 평가해 보세요.

3-2. 주가수익비율에 의해 t=5 시점의 기업가치를 평가해 보세요. (영업외수익이나 영업외비용은 없으며 PER=5로 가정한다. 단, 순부채는 500억원)

4. 더나은미래㈜는 비상장기업으로 스마트러닝 기업교육을 하고 있으며, 상장되어 있는 동종 유사기업 A, B, C의 추가 및 주당이익은 다음과 같다. 주가수익비율에 의한 주식가치평가 결과를 산출하세요. (단, 당사의 주당이익은 ₩6,000)

동종 유사기업	주식가격	주당이익	PER
A	49,500	4,500	11
B	78,000	6,000	13
C	65,000	6,500	10

5. 더나은미래㈜는 비상장기업으로 자동차부품제조업을 영위하고 있으며, 상장되어 있는 동종 유사기업의 EV/EBITDA의 평균이 6으로 나타나고 있다. 아래 재무관련 정보를 활용하여 기업가치를 산출하세요.

영업이익	300,000,000	감가상각비	20,000,000	순부채액	420,000,000

▌실습문제 풀이

1.

	t=1	t=2	t=3	t=4	t=5
매출액	500	600	600	700	700
영업비용	300	300	400	400	500
영업이익	200	300	200	300	200
1. 세후영업이익(세율 20%)	160	240	160	240	160
2. 감가상각비	10	15	20	22	25
3. 순운전자본증가액	5	6	7	8	9
4. 자본적 지출	10	15	20	25	20
현금흐름(1+2−3−4)	155	234	153	229	156

- 예측기간가치 = $156/1.1^5 + 229/1.1^4 + 153/1.1^3 + 234/1.1^2 + 155/1.1^1$ = ₩702.52
- 영구가치 = $(156/0.1)/1.1^5$ = ₩968.64
- 영업가치 = 702.52 + 968.64 = ₩1,671.16
- 기업가치 = 1,671.16 + 500 = ₩2,171.16

2. • 주당 순자산가치 = 100,000,000,000/1,000,000 = ₩100,000
- 주당 순손익가치 = ((5,000 + 12,000 + 21,000)/6)/0.1 = ₩63,333
  ((100,000 × 2) + (63,333 × 3))/5 = ₩78,000
- 기업가치 = 780억원 + 500억원 = 1,280억원

3. 3−1.
- 측정기간가치 = $35/(1+0.15)^1 + 58/(1+0.15)^2 + 73/(1+0.15)^3$
  $+ 69/(1+0.15)^4 + 116/(1+0.15)^5$ = 219.41억원
- 영구가치 = $(116/0.15)/1.15^5$ = 384.48억원
- 영업가치 = 219.41 + 384.48 = 603.89억원
- 기업가치 = 603.89 + 200 = 803.89억원
- 자기자본가치 = 기업가치 803.89 − 부채가치 500 = 303.89억원
- 1주당 가치 = 자기자본가치 30,389,000,000/1,000,000 = 30,389원

3−2.
- EPS = 120억원/1,000,000주 = ₩12,000
- P = EPS × PER = ₩12,000 × 5 = ₩60,000

- 기업가치 = ₩60,000 × 1,000,000주 + 500억원 = 1,100억원

4. 동종업계의 평균 PER = (11 + 13 + 10)/3 = 11.33
   주식가격 = EPS × PER = 6,000 × 11.33 = ₩67,980

5. 기업가치 = EV/EBITDA × 자사의 EBITDA = 6 × 320,000,000 = ₩1,920,000,000
   주주가치(자기자본) = 1,920,000,000 − 420,000,000 = ₩1,500,000,000

PART 2

원가기획과 원가관리

BUSINESS ACCOUNTING MANAGEMENT

04

원가기획과 원가회계

1. 원가정보와 원가기획의 이해
2. 원가정보의 흐름과 원가계산

1 원가정보와 원가기획의 이해

1.1 원가의 개념과 분류

기업이 생존하고 지속적인 성장을 해 나가기 위한 필수적인 조건이 무엇인지 함께 잠시 생각해 보자. 기업이 고객에게 제품이나 서비스를 제공하여 고객이 느끼는 가치가 고객이 지불하는 가격(비용)보다 높아야 함과 아울러 그 가격은 기업이 고객에게 제공하는 제품이나 서비스의 생산원가보다 높아야 할 것이다.

【기업 생존등식】

가치 〉 가격 〉 원가

회계적인 측면에서 보았을 때 기업의 생존을 위해서는 기업의 수익을 최대화하고 비용은 최소화하는 방향으로 경영전략을 전개해 나가야 한다. 수익의 최대화는 제품이나 서비스의 판매수량과 판매가격에 직접적으로 관계가 있으며 가장 좋은 방법은 판매수량을 최대화하고 판매가격도 높이는 방법이 최상의 전략이나 경쟁환경 속에서 실제 실행해 나가는 데에는 여러 가지 극복해야 할 요인들이 많이 있을 것이다. 비용의 최소화는 판매된 제품의 제조원가를 최소화하면서 판매관리비용을 최소화해야 이루어질 수 있는데, 제품의 제조원가의 절감은 투입되는 원재료의 원가, 생산직 인력의 원가, 생산시설 가동에 들어가는 원가를 잘 관리해서 낮추어야 가능할 것이다. 판매관리비용의 절감은 제품이나 서비스를 판매하는 인력이나 채널의 운용비용, 조직운영과 사업관리에 지출되는 비용을 줄여야 할 것이다.

원가는 어떤 제품이나 서비스를 생산하거나 어떤 프로젝트 등의 임무를 수행하기 위해 투입된 자원을 화폐적 가치로 표시한 금액을 의미한다. 원가(cost)와 관련된 개념으로 비용(expense)이 있는데 원가와는 무엇이 다른가? 산업계에서는 원가와 비용을 혼합하여 사용되는 경우가 많다. 비용은 원가를 포함하는 개념으로 수익을 발생시키기 위하여 사용된 자원의 가치로서 수익창출활동에 대응하여 발생한다. 매출원가의 경우 제조된 제품이 판매가 될 경우에는 매출이라는 수익이 발생하고 판매된 제품의 매출에 대응하여 판매된 제품의 제조원가가 매출원가가 되며 판매되지 않고 창고에 남아 있는 제품은 재고자산이 된다. 일상생활에서 흔히 어떤 물건을 구매하기 위해 판매점에 가서 제품을 선택하고 가격을 지불하는 과정에서 가격을 좀 할인해 달라고 요청하면 판매점 주인은 원가에도 밑진다라고 하면서 할인해주기를 거부하는 경우를 경험한 적이 있을 것이다. 이 경우 원가는 판매점 주인이 제품을 구매한 가격과 각종 부대비용을 포함한 금액에 못 미친다는 의미일 것이다.

이처럼 원가의 개념은 일상생활뿐만 아니라 기업의 경영에서 매우 중요한 개념이다. 기업이 직원을 채용할 것인가 아니면 그 일을 외부에 아웃소싱할 것인가, 새로운 신규사업에 투자할 것인가, 제품 가격을 얼마로 결정할 것인가 등 경영활동에 있어서 의사결정에는 이에 필요한 원가정보가 반드시 요구된다. 어떠한 결정을 하게 될 때 의사결정을 하는 사람은 각 활동이 가져다주는 효익과 이를 위해 어떤 자원이 얼마나 필요한가를 생각해야 한다. 이렇게 사용되는 자원의 양이 원가(cost)를 의미한다. 기업이나 단체의 경영관리자가 여러 가지 의사결정을 할 때 각 선택대안마다 소요되는 자원의 양, 즉 원가정보는 합리적 의사결정을 하는 필수적인 정보이다. 의사결정자들은 원가의식과 원가정보에 대한 이해를 하여야 한다. 원가의 대상에는 제품이나 서비스, 기업이나 조직부서, 사업프로젝트, 어떤 활동이나 프로세스 등이 원가대상이 될 수 있다. 기업에서의 원가는 제조원가와 비제조원가로 나눌 수 있다.

■ 고정원가와 변동원가

활동수준에 따른 원가분류를 살펴보면 변동원가, 고정원가, 혼합원가로 구분할 수 있다. 활동수준(생산량, 판매량 등)에 따라서 원가가 증감 변동하는 변동원가와 활동수준과 무관하게 발생하는 고정원가로 나눌 수 있다. 제품을 제조할 때 투입되는 원재료의 경우에는 제품의 생산량에 따라서 비례하여 증가하므로 변동원가에 해당하고, 공장 설비의 감가상각비는 생산수준과 무관하게 고정되어 있는 원가이므로 고정원가에 해당된다. 기타원가로서 관련원가, 기회원가, 매몰원가가 있다. 관련원가는 의사결정과 관련이 있는 원가로 대체안 간의 차이가 있는 미래원가를 의미한다. 기회원가는 관련원가에 포함되는 것으로 그 대안 중 1개 대안을 선택할

그림 4-1 고정원가와 변동원가

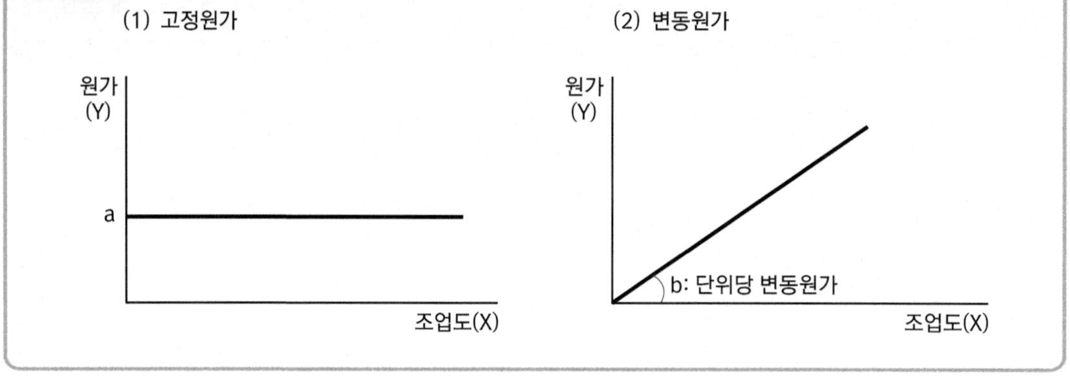

경우 포기한 대안의 이익 또는 수익을 말한다. 반면에 매몰원가는 과거의 의사결정 결과로 이미 발생한 원가로 미래 의사결정에 관련이 없는 비관련원가이다.

■ 제조원가와 비제조원가

제조원가는 제품제조활동에 투입된 자원으로 원재료가 공장 생산시설에 투입된다. 생산직 직원에 의해 생산시설이 가동되어 원재료가 가공중에 있는 경우 재공품이 되고 원재료의 가공이 완료되는 경우 제품이 된다. 원재료, 인력, 생산설비 등 투입되는 자원의 발생형태에 따라서 재료원가, 노무원가, 제조경비로 구분할 수 있다. 제품에 원가가 배부되는 방식에 따라서 제품에 직접 배부되는 직접원가인 직접재료원가, 직접노무원가가 있으며 배부기준에 따라 간접 배부되는 제조간접원가로 구분할 수 있다. 직접원가는 원가대상별 분리 또는 추적이 가능한 원가로 직접 집계하며, 간접원가는 원가대상별 분리 또는 추적이 불가능한 공통원가로 필요시에 배부한다.

표 4-1 자원의 원가변환

투입자원	발생원가	배부방식	변환과정	
원재료	재료원가	직접재료원가	기초원가 (직접재료원가, 직접노무원가)	원재료
사람	노무원가	직접노무원가	가공원가 (직접노무원가, 제조간접원가)	↓ 재공품
기계설비 등	제조경비	제조간접원가		↓ 제품

그림 4-2 총원가와 판매가격

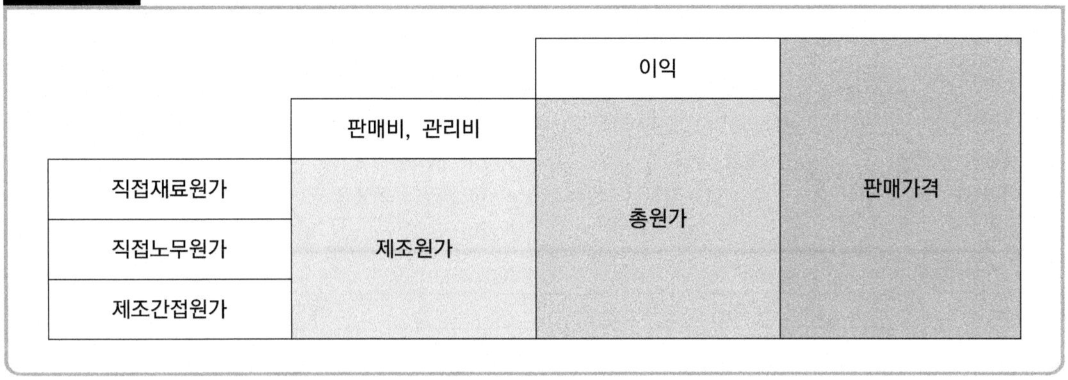

제조경비는 제품생산에 투입되는 자원 가운데서 원재료나 인력을 제외한 나머지 제품생산에 투입된 기계설비 등 물적자원에 대한 비용이다. 제조간접원가는 간접재료원가, 간접노무원가, 제조경비를 포함한 것으로 특정 제품에 직접 발생한 원가가 아니라 여러 제품에 공통으로 발생한 원가이다. 제조기업에서 제품제조를 위해 발생한 원가 이외에 판매관리를 위한 비제조원가가 발생하게 된다. 비제조원가는 제품판매를 위하여 발생하는 판매비와 회사의 운영이나 사업관리를 위해 발생하는 관리비가 있다. 기업에서 제품의 가격을 결정할 때 사용하는 원가 개념은 제품의 제조활동에 투입된 원가인 제조원가와 제품의 판매관리에 지출된 비제조원가를 합한 총원가를 기준으로 산출하게 된다.

제품의 판매가격의 결정은 총원가에서 일정 규모의 이윤을 부가하여 판매가격을 결정하게 된다.

1.2 원가기획

산업 간 융복합화와 기술의 급속한 발전에 따라 기업 간 경쟁이 심화되고 시장의 포화기에 이르러 시장에서의 가격경쟁이 격화되고 있다. 기업 간 가격경쟁에서 우위를 차지하고 지속적으로 성장해 나가기 위해서는 이를 뒷받침할 수 있는 제품이나 서비스의 원가경쟁력이 필수적이다. 더욱이 제품 원가의 대부분이 설계단계에서 확정되므로 실제 원가의 발생하기 이전 단계에서부터 원가관리가

그림 4-3 원가기획 프로세스

목표원가 설정	목표원가의 배분	결정원가 산정	목표원가 달성
▪ 목표원가 설정: 판매가격 – 목표이익 ▪ 중장기 이익목표 판매가격 연계	▪ 목표원가의 기능별 · 부문별 배분 ▪ 설계/개발단계 원가 배분	▪ 제품 견적원가 산정 ▪ 견적원가와 목표원가 차이 도출	▪ VE 등의 활동 ▪ 기능통합과 부품 공통화

이루어지고 생산과정, 이후의 판매 및 서비스, 폐기까지의 전 과정에서 발생하는 총원가에 대한 관리가 요구되는 환경에서 비즈니스 활동이 이루어지고 있다. 원가발생 단계에서 원가관리를 목적으로 개발된 표준원가제도는 원가의 결정단계에서의 관리에는 적합하지 않다. 표준원가관리는 생산단계의 원가통제에 초점을 두고, 이미 결정된 원가를 관리해가는 기법이기 때문에 원가관리의 효과가 크지 않다. 반면 원가기획은 제조원가의 대부분이 결정되는 제품의 기획・설계단계에서부터 원가절감 요인을 발굴하여 제품 생산 전 단계에서 원가절감을 위한 근본적인 조치를 취할 수 있다. 전통적인 방식에 의한 가격결정은 세조원가와 비세조원가를 합한 총원가에서 일정한 마진을 가산하여 가격을 결정하게 되었으나 글로벌 선도기업들은 가격을 기초한 원가설정방식으로 전환하였다.

가격에 기초한 원가관리시스템은 제품의 기획단계에서부터 고객이 지불할 의향이 있는 가격에 의해 허용원가가 설정된다. 따라서 원가우위를 확보하기 위해서는 제조원가와 비제조원가에서 경쟁력이 있어야 할 것이다. 제품의 생산과정에 있어서 원가절감은 물론이고 생산 이전단계인 제품기획, 디자인, 설계단계에서부터 원자재 구매, 물류단계와 더불어 판매관리단계까지 원가관리를 체계적이고 전략적으로 진행하여야 한다. 이처럼 제품의 생산 이전단계인 기획과 디자인, 설계단계에서 원가우위를 추구하는 원가관리기법인 원가기획과 목표원가(target costing)에 대하여 기업들의 관심이 높다.

■ 원가기획의 대상

기술수준의 평준화 등으로 제품의 차별화가 쉽지 않은 현실과 수요자 중심 시장의 가격경쟁에서 살아남기 위해서는 제품 생산 후 발생원가 중심의 원가관리가 아니라 가격경쟁력을 가질 수 있도록 사전적인 원가기획이 요구되고 있다. 고객중심의 원가기획은 시장경쟁상황에 맞추어 고객의 충족되지 않은 니즈를 파악하여 제품의 디자인과 기능 등에 반영하고 제품가격을 미리 설정하고 제품의 판매가격목표로 일정 규모의 이익을 낼 수 있도록 원가를 설정하고 사전 설정한 원가를 달성하기 위한 여러 가지 관리방법을 강구해야 한다.

이러한 원가기획은 연구개발, 설계, 생산, 판매와 회계 등 여러 부서들은 물론이고 협력업체와도 긴밀한 협력으로 원가를 줄이고 관리하여야 한다. 원가기획은 신제품기획, 원가계획과 제품설계의 3부문으로 구성되어 있으며, 다기능팀을 구성하여 초기 제품개발단계에서 생산완료 단계 및 유통, 폐기 단계까지 제품의 전 라이프사이클과 관련된 모든 업무 통합하여 진행하여야 한다. 설계 및 기술부서, 판매 및 마케팅부서, 자재부서, 원가 및 회계부서, 각종 서비스 및 지원부서, 공급업자, 판매업자 등으로 팀을 구성하고 모든 참여자가 동일한 목표이익의 실현을 위해 상호업무에 대한 이해와 제품 라이프사이클 전 과정에 참여함으로써 자신의 전문분야뿐만 아니라 전체 과정에 참여하고 책임을 공유하게 된다.

신제품기획부문은 마케팅, 디자인, 생산, 연구개발 등 여러 부서들이 참여하는 위원회 형태로 구성되어 운영된다. 위원회에서는 개발되는 제품에 대한 기능과 요구사항 등 세부명세, 개발 일정과 예산, 판매가격과 판매량을 결정한다. 위원회의 참여자들은 각 분야별 전문적 지식과 경험을 서로 공유하고, 새로운 아이디어를 도출하여 제품의 명세 등에 반영된다.

원가계획부문에서는 연구개발, 마케팅, 재무회계 등 여러 부서들의 종업원들이 참여하여 개발되는 제품의 추정원가와 목표이익, 목표원가가 결정된다. 추정원가와 목표원가의 차이가 발생할 경우 원가를 낮추기 위해 다양한 아이디어를 발굴하고 서로 간에 공유하며 원가절감 방안을 강구하게 된다. 제품설계 활동은 제품기획이 확정되면 그것에 기초해서 제품의 설계를 실시하는데, 설계단계의 개선을 통해서 목표원가를 달성하는 것이다.

설계단계는 기능, 외장 등에 관한 개략적인 구상을 하는 구상설계와 생산으로 이행되기 이전에 최종적으로 완성되는 상세설계로 구분된다. 상세설계에서는 신기능을 포함하여, 기능, 외장 등을 구성하는 각 부품에 대해서 부품수의 절감, 공수절감 방안 등을 고려하고 구체적인 설계를 실시한다. 상세설계에 의해 제품이

설계되고, 스팩이 결정되면 시험적으로 설계도를 작성하여 예상하는 성능, 기능이 발휘될 것인가의 여부를 사전 점검한다. 만약 불일치하는 부분이 있다면 디자인을 재검토하는 등 설계도면의 수정을 통해 제품의 완성도를 높여나간다.

■ **원가절감**

원가기획은 종합적인 이익을 관리해 나가는 것이다. 고객과 시장에서 수용가능한 가격을 설정하고 목표이익을 고려하여 목표원가를 설정하게 된다. 제품기획과 디자인단계의 목표원가에는 고객가치와 욕구를 충족시키는 기능을 반영하여 그 기능의 구현에 적합한 부품 및 공정을 설계하게 된다. 고객의 가치가 반영된 제품의 컨셉(concept)과 디자인에 구현될 수 있는 기능에 따른 목표원가가 시장과 고객이 수용할 수 있는 가격으로 개발되지 않는다면 제품개발이 성공할 수 없다. 원가기획에 의한 목표원가의 달성은 수많은 원가추정과 원가계산이 반복적으로 일어나며 각 단계에 의한 원가추정치가 목표원가를 달성하지 못하는 경우에는 원가절감을 위한 새로운 방법과 수단을 적용하면서 목표원가에 맞추어 나가는 과정을 수행하게 된다. 원가기획의 프로세스 전체에서 목표원가의 수준은 실제 생산단계에서 실현되어야 될 원가이다. 다품종 소량생산에 있어서 복잡성과 다양성에 따른 원가증가를 부품의 공통화 등을 통하여 제품 간에 걸친 원가절감이 요구되고 다양한 원가절감 방안이 개발, 적용되어야 한다.

1.3 원가회계정보

기업의 경영자는 의사결정자로서 경영자원과 프로세스를 효율적・효과적으로 운영, 관리할 수 있도록 경영과정에 있어서 여러 가지 의사결정을 하게 된다. 경영활동과정에서 경영자의 의사결정에 있어서 필요한 가장 기본적인 정보가 각종 사업과 관련된 발생하는 원가정보이다. 신규생산시설의 도입 여부에 대한 의사결정을 해야 할 경우 시설투자로 발생하는 원가와 수익창출 효과 등에 대한 정보를 토대로 생산시설 투자에 대해 의사결정을 하게 된다. 경영자는 경영계획단계에서 기업의 경영목표 설정, 전략선택, 기능별 실행계획, 예산편성의 일련의 과정을 수행하게 되며, 경영통제단계에서는 계획의 실행 결과를 확인하고 계획 대비 성과에 대한 차이분석을 하여 계획수정 등의 개선조치를 하게 된다.

기업의 원가정보는 제품생산에 필요한 원자재를 구입하여 공장설비시설의 가동을 통하여 제품을 완성하게 되고 이 과정에서 발생한 원가를 집계하여 제품제조원가를 계산하는 과정을 통하여 원가정보를 제공하게 된다. 원가정보는 제품의 원가계획, 경영계획과 통제, 의사결정에 필요한 원가정보를 제공하게 된다. 제품의 원가정보를 계산하여 매출원가나 재고자산에 대한 정보를 재무회계에 제공하고 예산편성, 통제, 신규설비 도입 등과 같은 중요한 원가정보를 관리회계에 제공하게 된다. 관리회계는 기업을 효율적이고 효과적으로 운영할 수 있도록 경영자에게 의사결정에 필요한 정보를 제공한다. 경영자는 경영관리와 의사결정을 잘 수행하기 위하여 관리회계를 활용하여야 한다. 경영자는 원가관리를 위해 제품별 산정된 원가정보를 바탕으로 원가절감과 원가통제를 위한 노력을 해야 하며 예산편성, 자본예산, 신제품 개발 등과 같은 관리적 의사결정을 적기에 수행하여 경영개선과 경영성과를 향상시켜 나가야 한다. 기업의 각 조직부문에서 수행한 경영성과에 대하여 공정하고 객관적으로 평가하여 차기 경영계획에 반영함과 동시에 조직단위별, 개인별 적정한 보상이 이루어지도록 해야 한다.

■ 원가관리회계

관리회계는 각 계층별 경영자가 계획, 통제, 의사결정에 필요한 재무적 정보를 제공하는 회계이다. 의사결정은 복수의 선택가능한 대안 중에서 특정 대안을 선택하는 단계로서 일상적 의사결정(programmed decision-making)과 전략적 의사결정(non-programmed decision-making)으로 나눌 수 있으며, 일상적 의사결정은 일련의 경영활동 과정에서 정형화되어 통상적으로 발생하는 크고 작은 의사결정으로 연도 경영목표, 계획, 예산편성, 경영성과 등과 일련의 경영과정에서 일어나는 사안에 대한 결정이다. 전략적 의사결정은 비정형화되어 예외적으로 발생하나 장기적으로 기업경영에 큰 영향을 미치는 의사결정으로 신규설비 도입, 신사업 진출, 해외 진출, 제품가격, 아웃소싱 등과 같은 중요한 경영사안에 대한 결정이다.

이러한 의사결정사항은 기업의 경영성과에 직접적인 영향을 미치게 되므로 경영자는 의사결정에 필요한 재무적 정보를 충분히 인지한 이후 결정을 하여야 한다. 경영자가 경영관리를 수행하기 위하여 가장 기초가 되는 재무적 정보가 제품이나 각 조직, 프로젝트 등에 발생하는 원가정보이므로 실무적으로나 학계에서는 원가회계와 관리회계를 통합하여 원가관리회계로 가르치거나 적용하는 경우가 많다. 기업을 경영관리하는 데 활용되는 3대 관리회계 시스템은 원가관리시스템, 예산관리시스템, 성과관리시스템을 의미하며, 원가관리시스템은 원가계획을 세우고 원가통제를 하는 것으로 원가계산을 기초로 하여 원가절감을 꾀하고 원가계산과 실제원가 차이에 대한 원인을 제거하여 경영활동을 효율적으로 관리하는 시스템이다. 예산관리시스템은 예산편성과 집행실적을 관리하고 회계관리와 연동시켜 예산통제를 하며 경영활동 전 과정에 관한 통합적 재무정보를 분석관리하는 시스템이다. 성과평가시스템은 각 부문이나 개인이 조직의 목표달성에 기여한 정보에 따라서 평가하여 보상하고 그 결과를 피드백해 주는 시스템이다.

기업의 외부이해관계자들에게 경제적 의사결정에 필요한 정보를 제공하는 재무회계는 신뢰할 수 있는 재무제표를 제공하여 이들의 의사결정을 돕고 있다. 재무제표를 작성함에 있어서 매우 중요한 매출원가에 대한 정보는 원가회계에서 산출한 제품의 제조원가 정보를 그대로 활용하고 재고자산의 평가에 대한 정보도 원가계획에서 제공한 정보를 적용하여 평가하게 된다. 원가관리회계와 재무회계의 특성을 비교한 표를 참고하여 어떠한 차이가 있는지를 살펴보고자 한다.

표 4-2 원가관리회계와 재무회계 비교

구분	재무회계	원가관리회계
목적	• 외부이해관계자의 경제적 의사결정에 유용한 정보 제공	• 내부이해관계자의 경제적 의사결정에 유용한 정보 제공
정보이용자	• 외부이용자(주주, 채권자, 정부 등)	• 내부이용자(경영자, 종사원 등)
정보의 내용	• 재무상태, 손익 등 과거거래의 기록의 보고(과거지향적 정보)	• 과거를 토대로 미래 예측하거나 추정한 정보 보고(미래지향적 정보)
회계처리원칙	• GAPP, IFRS	• 특별한 원칙 없음.
보고서	• 지정된 형식에 의한 보고서: 재무제표 • 재무상태표, 손익계산서, 현금흐름표 등	• 일정한 지정된 형식이 없음. • 사업계획/예산보고서, 성과분석 보고서
작성시기	• 1년 1~2회 공시	• 수시

■ 원가정보의 활용

원가회계정보는 경영계획, 예산편성, 예산과 실적 차이분석, 경영성과 평가 등 경영관리활동에 중요한 수단으로 활용된다. 기업에서 대체로 원가회계는 재무부서에서, 관리회계는 기획부서에서 직무분장이 되어 수행되지만 원가정보 기반의 원가관리회계에 대한 지식은 조직의 모든 부서, 특히 기업 각 부문 조직의 기획부서에서는 각 부문의 경영관리업무를 수행하기 위해서는 필요한 지식이다. 기획관련부서는 연도 경영계획이나 예산편성, 원가관리, 성과분석 평가 등의 업무를 일상적으로 수행하게 되며, 구매부서에서는 원자재와 조직의 각 부문 소요물품의 구매원가추정이나 재료원가 절감, 공급업체와의 가격협상 업무 등을 수행할 때 원가관리회계를 활용하게 된다. 마케팅과 영업부서에서는 제품이나 서비스 가격설정, 제품별 수익성 분석, 매출액 추정, 연도 마케팅이나 영업예산편성, 광고 및 판촉 활동의 원가 및 효과 분석 등에서 원가관리회계를 활용하게 되며, 생산부서는 표준원가에 의한 제품별 원가관리, 제품기능과 품질을 유지하면서 원가 최소화 방법을 찾는 원가기획관리 등에서 원가관리회계를 활용하게 된다. 심지어 인사부서에서도 전략사업단위별 조직단위 성과를 평가하여 성과급 지급이나 승진 등의 적절한 보상을 위하여 활용하고 있다. 원가관리회계를 중요하게 여기고 있는 미국에서는 회계감사를 하는 공인회계사(CPA: Certified Public Accountant)와는 별도로 기업 경영관리회계를 주요 영역으로 하는 공인관리회계사(CMA: Certified Management Accountant) 제도를 운영하고 있다.

2 원가정보의 흐름과 원가계산

2.1 원가정보의 흐름

제품제조과정에서의 원가정보의 흐름은 원재료 → 재공품 → 제품 → 매출원가로 전환되어 가는 과정에서 인적, 물적 경영자원이 원가로 전환되어 가는 것이다. 제품제조에 필요한 원가요소, 즉 원재료, 생산직원, 생산설비 등의 경영자원이 투입되어 공장에서 제품의 생산과정을 거치면서 원재료가 반제품을 걸쳐서 제품으로 완성된다. 완성된 제품은 판매과정을 통하여 판매가 되고 이때 제품원가는 매출원가로 변환되어 손익계산서에 표시된다.

그림 4-4 원가정보 흐름

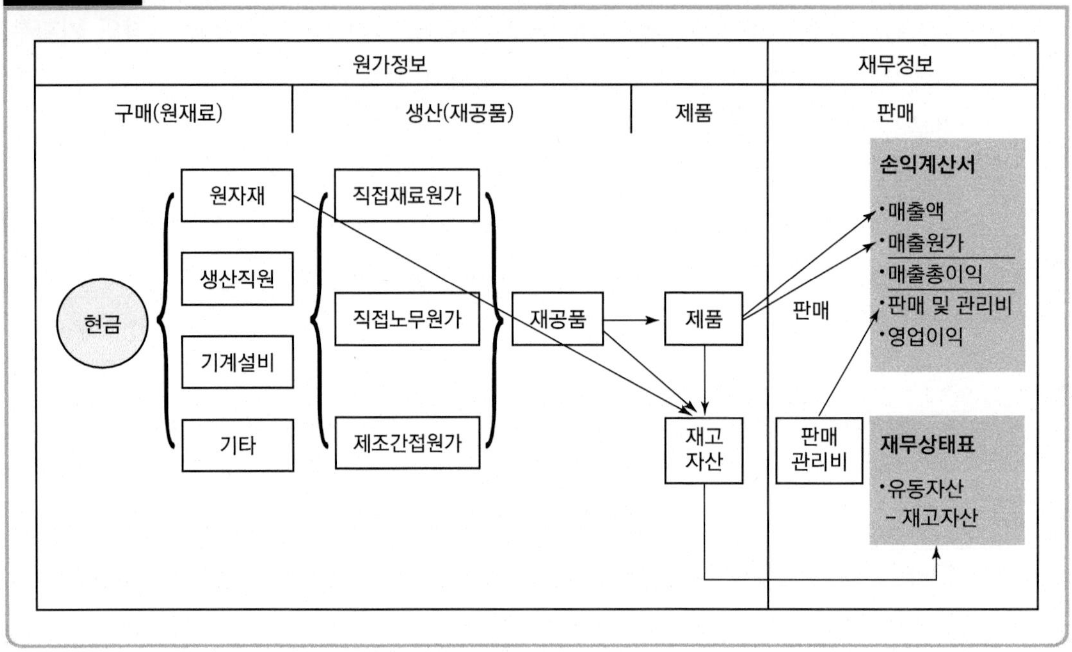

제품 제조를 위해 투입된 재료원가, 노무원가, 제조경비는 제품이 완성되어 판매될 때까지는 새고사산의 형태로 원가정보로 관리되고 완성된 제품이 판매가 되면 재무정보로 수익실현과 더불어 매출원가라는 비용으로 전환된다. 제조기업의 경우 제조과정에 투입된 원가정보는 기말결산시점에 판매된 것은 매출과 매출원가로 손익계산서에 표시가 되고 판매가 되지 않은 제품, 생산 중에 있는 재공품, 생산에 투입되지 않은 원재료는 재고자산으로 분류되어 재무상태표에 표시되게 된다. 특히 생산량보다 판매량이 적은 경우 외부에 보고되는 재무상태표에 재고자산의 과다보유시 매출원가가 상대적으로 과소하게 평가되어 영업이익이 과다하게 표시되는 왜곡현상이 일어날 수 있는 한계점이 있다.

2.2 원가계산방법

제품의 원가계산은 공장에 제품제조를 위하여 투입되어 사용된 자원을 제품에 분류, 집계해 나가는 절차이다. 제품의 제조원가를 계산하는 절차는 ① 원가요소

그림 4-5 원가정보의 계정기입

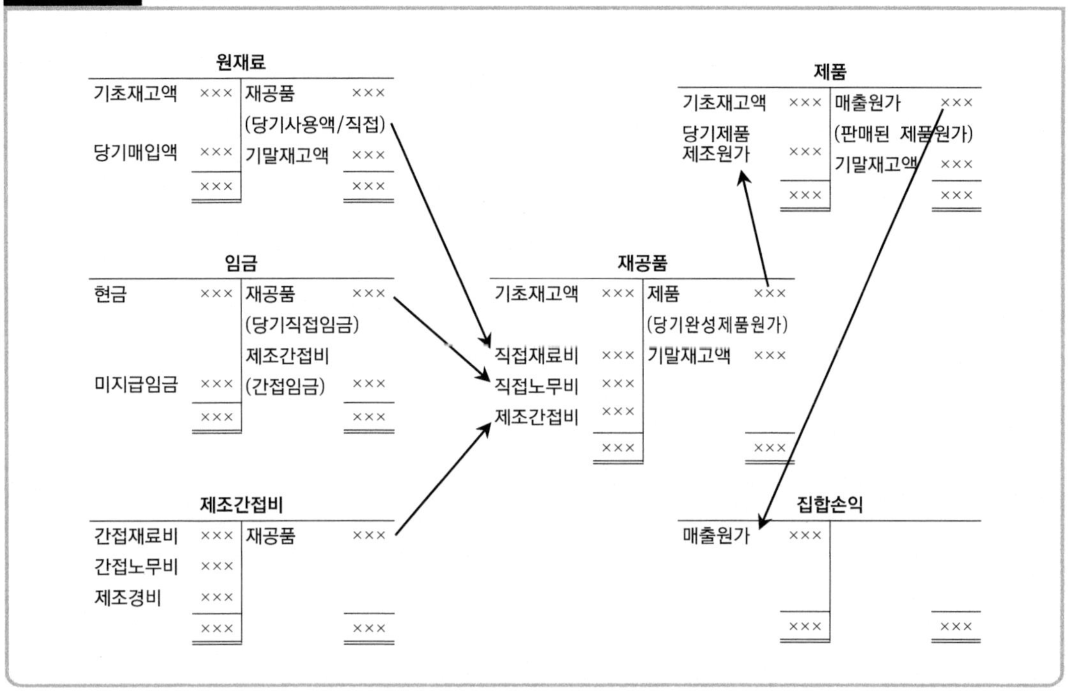

별 계산단계이다. 재료를 구입, 공장에 투입되어 발생하는 직접재료원가, 공장기계설비 가동 등 생산에 참여하여 발생하는 인력에 대한 직접노무원가, 기계설비의 가동이나 유지, 간접재료원가, 간접노무원가 등을 분류, 집계하는 단계이고 ② 제품별 원가계산하는 단계이다. 투입된 원가요소를 완성품과 미완성품으로 분류하여 원재료가 재공품과 제품으로 구분되어 완성된 제품원가가 산출된다. ③ 매출원가를 계산하는 단계이다. 제품원가 중 판매한 제품에 대해 매출원가로 인식하고, 미판매 제품은 재고자산으로 인식한다.

제품의 제조원가는 재공품 계정에서 전기의 재공품 재고와 당기에 투입된 직접재료원가, 직접노무원가, 제조간접원가에서 당기에 미완성된 기말 재공품을 차감하여 계상된다. 제품제조원가명세서는 재공품 계정에서 산출이 되는 완성된 제품의 제조원가에 대한 상세한 보고서이다.

예제 4-1

더나은미래㈜의 20×2년 기초 및 기말재고와 관련된 다음 자료를 활용하여 물음에 답하세요.

	기초재고	기말재고
원재료	100,000	90,000
재공품	150,000	130,000
제 품	140,000	150,000

당기의 원재료 매입액은 ₩300,000, 직접노무원가는 ₩100,000, 제조간접원가는 ₩150,000이다.

1. 당기 직접재료원가는 얼마입니까?
2. 당기 제품제조원가는 얼마입니까?
3. 당기 매출원가는 얼마입니까?

풀이

1.

원재료

기초재료	100,000	재공품	310,000
당기매입	300,000	기말재료	90,000
	400,000		400,000

2.

재공품

기초재공품	150,000	제품	580,000
직접재료원가	310,000		
직접노무원가	100,000		
제조간접원가	150,000	기말재공품	130,000
	710,000		710,000

3.

제품

기초제품	140,000	매출원가	570,000
당기완성제품	580,000	기말제품	150,000
	720,000		720,000

이처럼 제조원가명세서는 제조원가에 대한 세부 원가항목 및 금액, 원가흐름을 보여주는 부속 명세서이다. 재료원가는 생산과정에 투입된 재료원가로 기초재료재고액과 당기 재료매입액에서 기말에 공장에 투입되지 않고 남아 있는 재료를 차감하여 산출한다. 노무원가는 제조활동과 관련된 생산직 직원의 인건비 지급액으로 당기 발생 노무원가는 당기 임금지급액에서 전기 임금미지급액이 있으면 차감하고 당기 미지급액을 더하여 산출한다. 제조경비는 생산설비에 대한 감가상각비, 수도광열비, 공장부문에서 발생한 복리비, 조세공과금, 통신비, 수선비, 차량비 등의 각종 제조경비이다. 당기총제조원가는 당기에 투입된 모든 생산요소 투입물의 원가로 재료원가, 노무원가, 제조경비를 포함한 것이며 당기 제품제조원가는 당기총제조원가에 기초재공품재고액을 더하고 기말재공품재고액을 차감하여 산출한다.

예제 4-2

더나은미래㈜의 20×2년 1월 1일 재고자산과 생산, 판매 관련 정보를 활용하여 물음에 답하세요.

① 기초재고자산 구성은 원재료 ₩1,000,000, 재공품 ₩1,200,000, 제품 ₩800,000이다.
② 당기에 원재료 ₩3,000,000을 외상매입하였다.
③ 원재료 ₩3,500,000을 제조과정에 투입하였다.
④ 근로자에게 발생한 급여 ₩2,000,000을 소득세 ₩10,000을 원천징수하고 지급하였다.
⑤ 감가상각비 ₩400,000, 수선유지비 ₩500,000, 수도광열비 ₩700,000, 보험료 ₩30,000을 전액 현금으로 지급하였다. (80%는 생산부문에, 20%는 판매부문에 배부한다.)
⑥ 매출액은 ₩15,000,000이며 ₩8,000,000은 현금매출이고 나머지는 외상매출이다.
⑦ 기말재공품은 ₩900,000, 기말제품은 ₩800,000이다.

1. 모든 거래를 분개하고 원재료, 재공품, 제품의 T계정에 전기하세요.
2. 제조원가명세서를 작성하세요.
3. 손익계산서를 작성하세요.

풀이

1. 1-1 분개

	차변	금액	대변	금액
②	차) 원재료	3,000,000	대) 외상매입금	3,000,000
③	차) 재공품	3,500,000	대) 원재료	3,500,000
④	차) 재공품	2,000,000	대) 현금	1,990,000
			대) 예수금	10,000
⑤	차) 제조간접원가	1,304,000	대) 감가상각누계액	320,000
			대) 현금	984,000
	차) 재공품	1,304,000	대) 제조간접원가	1,304,000
	차) 판매관리비	326,000	대) 감가상각누계액	80,000
			대) 현금	246,000
⑥	차) 현금	8,000,000	대) 매출	15,000,000
	차) 외상매출금	7,000,000		

1-2 전기

원재료

차변	금액	대변	금액
기초원재료	1,000,000	재공품	3,500,000
당기매입액	3,000,000	기말원재료	500,000

재공품

차변	금액	대변	금액
기초재공품	1,200,000	제품	7,104,000
직접재료원가	3,500,000		
직접노무원가	2,000,000	기말재공품	900,000
제조간접원가	1,304,000		

제품

차변	금액	대변	금액
기초제품	800,000	매출원가	7,104,000
당기완성제품	7,104,000	기말제품	800,000

2. 제조원가명세서

제조원가명세서

재료원가		3,500,000
기초재료재고액	1,000,000	
당기재료매입액	3,000,000	
기말재료재고액	500,000	
노무원가		2,000,000
제조경비		1,304,000
감가상각비	320,000	
수선유지비	400,000	
수도광열비	560,000	
보험료	24,000	
당기총제조원가		6,804,000
기초재공품재고액		1,200,000
기말재공품재고액		900,000
당기제품제조원가		7,104,000

3. 손익계산서

손익계산서

매출액	15,000,000
매출원가	7,104,000
매출총이익	7,896,000
판매비와 관리비	326,000
당기순이익	7,570,000

확·인·문·제

※ 각 문항의 설명 중 옳은 것에는 T, 틀린 것에는 F를 하시오.

01. 수요자 중심 시장의 가격경쟁에서 살아남기 위해서는 제품 생산 후 발생원가 중심의 원가관리가 아니라 가격경쟁력을 가질 수 있도록 사전적인 원가기획이 요구되고 있다. (　　)

02. 제조원가는 직접재료원가, 직접노무원가, 제조간접원가로 구성되어 있으며 제품의 제조원가는 제품계정에서 산출되고 제조원가에 대한 상세한 보고서는 제조원가명세서이다. (　　)

03. 원가는 미래에 경제적인 효익을 제공할 수 있느냐 없느냐에 따라서 소멸원가와 미소멸원가로 구분하고, 소멸원가는 수익창출 여부에 따라서 제조원가인 비용과 손실로 구분될 수 있다. (　　)

04. 재화나 서비스를 취득하기 위해 사용된 가치는 취득원가라 하고, 제품이나 서비스를 만들기 위해 사용된 자원의 가치는 제조원가라 하며 배출 등의 수익을 창출하기 위해 사용된 자원의 가치를 비용, 즉 비제조원가인 기간원가라 한다. (　　)

05. 기업에서 제품판매가격의 결정은 제조원가와 비제조원가를 합한 총원가에서 이윤을 더하여 소비자, 경쟁사 등을 고려해 적정수준에서 결정한다. (　　)

06. 원가의 추적가능성 여부에 따라 직접원가와 간접원가로 나누고 생산량 등의 활동수준에 따른 원가의 변동 여부에 따라 고정원가와 변동원가로 구분하는데, 보험료는 직접원가이면서 변동원가이다. (　　)

07. 기초원가는 직접재료원가와 직접노무원가를 합한 것이고 가공원가는 직접노무원가와 제조간접원가를 합한 것이다. (　　)

08. 제품제조원가는 재공품계정에서 산출되며 그 차변에 있는 기초재공품재고액과 당기총제조원가를 합하고 그 대변에 있는 기말재공품재고액을 차감하여 완성된 제품의 제조원가를 산출한다. (　　)

09. 기회원가는 여러 대안 중에 하나의 안을 선택하는 경우, 포기하게 되는 차선의 대안을 선택할 경우에 얻을 수 있는 이익 또는 발생되는 원가를 의미한다. (　　)

10. 제조원가명세서는 직접재료원가, 직접노무원가, 제조간접원가의 세부사항을 기술하고 있으며 재공품계정에 대한 상세명세로 볼 수 있다. (　　)

11. 원가회계는 경영자가 의사결정에 필요한 기본적인 원가정보를 생산하여 재고자산, 매출원가 등의 정보를 재무회계에 제공하고 예산편성이나 원가통제 등의 정보를 관리회계에 제공한다. (　　)

12. 관리회계는 예산편성이나 설비투자 결정 등을 위해 추정원가 등 미래정보를 활용하나, 재무회계는 과거경영활동에 따른 재무상태나 손익 등 과거 정보이다. (　　)

13. 기초재료재고액이 ₩20,000, 당기매입자료 ₩80,000, 기말재고재료 ₩30,000일 경우 당기에 투입된 재료원가는 ₩70,000이다. (　　)

14. 제조원가는 직접재료원가, 직접노무원가, 제조간접원가로 구성되며 직접재료원가와 직접노무원가는 기초원가라 하고 직접노무원가와 제조간접원가를 가공원가라 한다. (　　)

15. 제품제조원가는 특정 기간에 완성된 제품의 제조원가를 계산하는 것으로 당기총제조원가와 기초재공품재고액을 가산한 합계액에서 기말재공품재고액을 차감하여 산출된다. (　　)

■ 해답: 1. T　2. T　3. T　4. T　5. T　6. F　7. T　8. T　9. T　10. T　11. T　12. T　13. T　14. T　15. T

실·습·문·제

1. 당기 생산요소별 투입원가와 재고자산 정보를 활용하여 물음에 답하기 바랍니다.

1) 당기투입원가

재료원가	₩5,000,000	노무원가	₩3,000,000	제조경비	₩2,000,000

2) 재고자산

기초재료	₩1,000,000	기말재료	₩800,000
기초재공품	1,000,000	기말재공품	1,500,000
기초제품	1,500,000	기말제품	1,500,000

1-1. 재료구입액은 얼마입니까?

1-2. 당기 제품제조원가는 얼마입니까?

1-3. 당기 매출원가는 얼마입니까?

2. 더나은미래㈜는 제품을 생산하기 위하여 원재료는 ₩50,000,000 매입하고 당기에 발생한 직접노무원가 ₩15,000,000, 제조간접원가 ₩5,000,000이 발생하였다. 재료, 재공품, 제품의 기초재고액과 기말재고액은 아래 표와 같다.

구분	기초	기말
재료	₩6,000,000	₩7,500,000
재공품	1,000,000	1,500,000
제품	1,500,000	3,000,000

2-1. 당기 직접재료원가는 얼마입니까?

2-2. 당기 제품제조원가는 얼마입니까?

2-3. 당기 제품의 매출원가는 얼마입니까?

3. 제품 생산에 투입된 원가요소 정보는 아래의 표와 같다.

기초재료재고액	₩50,000	재료매입액	₩200,000	기말재료재고액	₩80,000
생산직노동자 임금	100,000	공장사무실 급여	50,000	감가상각비	50,000
보험료	30,000	기타 제조경비	20,000		
기초재공품재고액	70,000	기말재공품재고액	80,000		

3-1. 재료원가, 노무원가, 제조경비는 각각 얼마입니까?

3-2. 제품제조원가는 얼마입니까?

4. 다음 자료는 더나은미래㈜에서 제품생산을 위해 투입된 원가항목들이며 기초재공품재고액 ₩500,000, 기말재공품재고액 ₩400,000, 기초제품재고액 ₩1,000,000, 기말제품재고액 ₩1,500,000이다.

	재료원가	금액	노무원가	금액	제조경비	금액
직접원가	기초재고	100,000	임금	70,000	감가상각비	50,000
	당기매입	500,000	퇴직급여	150,000	수선유지비	30,000
	기말재고	50,000			수도광열비	20,000
간접원가	기초재고	50,000	급여	70,000	보험료	3,000
	당기매입	0	퇴직급여	100,000	복리후생비	10,000
	기말재고	0			통신비	2,000

4-1. 당기의 직접재료원가, 당기의 직접노무원가, 당기의 제조간접원가는 얼마입니까?

4-2. 당기총제조원가와 당기제품제조원가를 구하시오.

4-3. 당기매출원가를 구하시오.

5. 더나은미래㈜의 20×2년 1월 1일 현재 재무상태표와 1월 중 거래내용 정보는 다음과 같다.

(1) 20×2.1.1 재무상태표

재무상대표

20×2년 1월 1일 현재 (단위: 천원)

자산			부채 및 자본	
유동자산			유동부채	
현금		200,000	매입채무	200,000
매출채권		250,000	미지급금	20,000
재고자산		100,000	차입금	150,000
제품	30,000			
재공품	40,000			
원재료	30,000			
비유동자산				
건물		100,000		
기계장치		100,000	자본금	200,000
감가상각누계액		(100,000)	이익잉여금	280,000
자산총계		850,000	부채 및 자본 총계	850,000

(2) 1월 중 거래내역은 다음과 같다.

① 원재료 70,000,000원을 50,000,000원은 현금으로 지급하고 나머지는 외상으로 매입하였다.

② 재료 75,000,000원을 공장에서 제품제조를 위하여 출고하였다.

③ 종업원 1월 총급여액 100,000,000원을 현금으로 지급하였으며, 급여의 발생내역은 직접노무원가 70%, 간접노무원가 10%, 판매원 급여 20%이다.

④ 제품제조로 발생한 1월 중 경비는 감가상각비 5,000,000원, 동력비 3,000,000원, 수선유지비 800,000원을 현금으로 지급하였다.

⑤ 제품 200,000,000원을 판매하고 80,000,000원은 현금으로 받고 나머지는 1개월 후에 받기로 하였다.

⑥ 1년간의 보험료 2,400,000원을 지급하였다. 보험료의 발생내역은 본사건물 40%, 공장건물 60%이다.

⑦ 1월 말에 재고자산에 대한 실사를 한 결과 원재료 25,000,000원, 재공품 30,000,000원, 제품 20,000,000원이다.

5-1. 20×2년도 1월 더나은미래㈜에서 발생한 거래들을 분개하세요.

5-2. 1월 말 기준으로 월말 결산을 진행한 결과, 1월 중 제조원가명세서와 손익계산서를 작성하세요.

❙ 실습문제 풀이

1. 1−1.

원재료

기초원재료	1,000,000	재공품	5,000,000
당기매입액	4,800,000	기말원재료	800,000
	5,800,000		5,800,000

1−2.

재공품

기초재공품	1,000,000	제품	9,500,000
직접재료원가	5,000,000	기말재공품	1,500,000
직접노무원가	3,000,000		
제조간접원가	2,000,000		
	11,000,000		11,000,000

1-3.

제품

기초제품	1,500,000	매출원가	9,500,000
당기완성제품	9,500,000	기말제품	1,500,000
	11,000,000		11,000,000

2. 2-1.

원재료

기초원재료	6,000,000	재공품	48,500,000
당기매입액	50,000,000	기말원재료	7,500,000
	56,000,000		56,000,000

* 당기직접재료원가 = 48,500,000

2-2.

재공품

기초재공품	1,000,000	제품	68,000,000
직접재료원가	48,500,000		
직접노무원가	15,000,000	기말재공품	1,500,000
제조간접원가	5,000,000		
	69,500,000		69,500,000

* 당기제품제조원가 = 68,000,000

2-3.

제품

기초제품	1,500,000	매출원가	66,500,000
당기완성제품	68,000,000	기말제품	3,000,000
	69,500,000		69,500,000

* 매출원가 = 66,500,000

3. 3-1.

원재료

기초원재료	50,000	재공품	170,000
당기매입액	200,000	기말원재료	80,000
	250,000		250,000

재료원가 170,000 = 기초원재료 50,000 + 당기매입액 200,000 - 기말원재료 80,000

노무원가 150,000 = 직접노무원가 100,000 + 간접노무원가 50,000

제조경비 100,000 = 감가상각비 50,000 + 보험료 30,000 + 기타 제조경비 20,000

3-2.

재공품

기초재공품	70,000	제품	410,000
직접재료원가	170,000		
직접노무원가	100,000	기말재공품	80,000
제조간접원가	150,000		
	490,000		490,000

* 당기제품제조원가 = 410,000

4. 4-1.

직접재료원가 = 기초재료 100,000 + 당기매입 500,000 - 기말재료 50,000
= 550,000

직접노무원가 = 70,000 + 150,000 = 220,000

제조간접원가 = 간접재료원가 50,000 + 간접노무원가 170,000 + 제조경비 115,000
= 335,000

4-2.

재공품

기초재공품	500,000	제품	1,205,000
직접재료원가	550,000		
직접노무원가	220,000	기말재공품	400,000
제조간접원가	335,000		
	1,605,000		1,605,000

당기총제조원가 = 직접재료원가 + 직접노무원가 + 제조간접원가 = 1,105,000

당기제품제조원가 = 기초재공품 + 당기총제조원가 - 기말재공품 = 1,205,000

4-3.

제품

기초제품	1,000,000	매출원가	705,000
당기완성제품	1,205,000	기말제품	1,500,000
	2,205,000		2,205,000

5. 5-1.

① 차) 원재료	70,000,000	대) 현금	50,000,000
		대) 외상매입금	20,000,000
② 차) 재공품	75,000,000	대) 직접재료원가	75,000,000

③	차) 직접노무원가	70,000,000	대) 현금	100,000,000
	차) 간접노무원가	10,000,000		
	차) 판매관리비	20,000,000		
	차) 재공품	70,000,000	대) 직접노무원가	70,000,000
④	차) 제조간접원가	10,000,000	대) 간접노무원가	10,000,000
	차) 제조간접원가	8,800,000	대) 감가상각비	5,000,000
			대) 동력비	3,000,000
			대) 수선유지비	800,000
⑤	차) 현금	80,000,000	대) 매출	200,000,000
	차) 매출채권	120,000,000		
⑥	차) 보험료	2,400,000	대) 현금	2,400,000
	차) 제조간접원가	1,440,000	대) 보험료	1,440,000

5–2.

제조원가명세서

(단위: 천원)

직접재료원가		75,000
기초재료재고액	30,000	
당기재료매입액	70,000	
기말재료재고액	25,000	
직접노무원가		70,000
제조간접원가		20,240
간접노무원가	10,000	
감가상각비	5,000	
동력비	3,000	
수선유지비	800	
보험료	1,440	
당기총제조원가		165,240
기초재공품재고액		40,000
기말재공품재고액		30,000
당기제품제조원가		175,240

손익계산서

(단위: 천원)

매출원가	175,240	매출	200,000
판매비	20,000		
보험료	960		
당기순이익	3,800		
비용과 순손익 총계	200,000	수익 총계	200,000

05

BUSINESS ACCOUNTING MANAGEMENT

개별원가계산

1. 개별원가계산의 의의와 절차
2. 실제원가계산과 정상원가계산

1 개별원가계산의 의의와 절차

1.1 개별원가계산의 의의와 절차

개별원가계산이란 특별주문이나 개별 수요에 따라 제품의 종류나 규격을 달리하는 특정 제품을 개별적으로 생산하는 기업에서 사용하는 원가계산법이다. 즉, 여러 종류의 제품을 고객의 주문에 의하여 개별적으로 생산하는 경우에 주로 사용하는 원가계산법이다. 개별원가계산의 특성은 이질적인 제품을 주문에 의하여 생산하므로 원가가 작업별로 추적하여 배부되며 건설업, 조선업, 기계제작업, 가구제조업, 영화제작업 등과 같이 고객의 주문에 따라 개별적으로 제품을 생산하는 업종이나 병원, 법률회사, 이사 등 서비스업에 적합한 원가계산방식이다. 이와 같은 기업들은 개별 제품별로 품질, 규격, 형태 등이 차이가 나기 때문에 각 제품마다 제조지시서별로 원가를 집계한다.

■ **제조지시서**

제조지시서란 어느 특정 제품의 생산을 위하여 발행되는 작업명령서이다. 이러한 제조지시서의 발행으로 인하여 공장에서는 제조활동을 시작하게 되며 당해 작업에 필요한 원재료, 노동력 및 제반 경비를 사용할 수 있는 권한이 생기고 모든 원가를 집계하게 되어 원가관리를 할 수 있게 된다. 제조지시서에는 특정제조지시서와 계속제조지시서가 있는데, 개별원가계산에서 사용되는 제조지시서를 계속제조지시서라고 한다. 제조지시서에는 일련의 번호가 지정되는데, 이 번호는 그 지시서에 의하여 제조되는 제품의 고유번호로 삼게 된다. 또한 원가집계도 제조지시서에 의하여 이루어지게 되므로 제조지시서는 개별원가계산서에서 가장 중요하다고 할 수 있다.

■ **원가의 집계**

직접재료원가와 직접노무원가는 개별 작업에서 직접적으로 추적할 수 있는 반면에, 제조간접원가는 특정 제품이나 작업과 관련하여 직접적으로 추적할 수 없

표 5-1 개별원가계산과 종합원가계산

	개별원가계산	종합원가계산
생산형태	다품종 소량주문생산 ex) 조선업, 항공업, 건설업 등	동종제품의 대량연속생산 ex) 시멘트, 제지업, 제분업 등
원가집계	개별작업별로 원가집계 (작업원가표)	제조공정별로 원가집계 (제조원가보고서)
원가구분	제조직접비, 제조간접비	재료비, 가공비 (직접노무비, 제조간접비)
정확성	상대적으로 높음	상대적으로 낮음
핵심과제	제조간접비 배부	완성품환산량 계산

는 제조원가이기 때문에 이를 적정한 기준으로 배부하여야 한다. 일반적으로 많이 사용되는 배부기준으로는 직접노무원가, 직접노동시간, 기계시간 등이 있다. 제조간접원가의 배부가 작업별로 합리적으로 배부되었는지 여부가 개별원가계산의 정확성에 큰 영향을 미친다. 이질적인 제품을 주문에 의해 생산하는 개별원가계산과 동일제품을 연속적으로 대량생산하는 종합원가계산을 비교하여 살펴보면 〈표 5-1〉과 같다.

개별원가계산의 절차는 1단계에서는 개별 작업별로 직접원가를 인식하여 직접원가는 개별 작업에 직접부과한다. 2단계에서는 제조간접원가를 원가배부기준에 따라서 배부한다.

1.2 개별원가요소별 원가 측정

개별원가계산의 원가흐름은 직접재료원가, 직접노무원가는 원가의 성격이 직접원가이므로 직접 배부하기 용이하나, 제조간접원가는 여러 작업에 공통으로 발생한 간접원가이므로 일정한 기준에 따라서 배부하여야 한다.

■ **직접재료원가**

직접재료원가는 재료출고청구서에 의하여 원재료 창고에서 출고되어 특정 제품의 생산에 투입된 원재료는 작업원가집계표에 집계가 되고 간접재료원가는 제조간접원가계정으로 집계가 된다. 직접재료원가는 특정 제품의 생산에 투입된 직접재료수량에서 직접재료 단위당 가격을 곱하여 산출한다.

직접재료원가 = 직접재료수량 × 직접재료 단위당 가격

■ **직접노무원가**

특정 제품을 생산하기 위해 당기에 제조과정에 투입된 생산직 근로자의 임금이다. 생산부문의 일과가 끝나면 회계부서에서는 작업전표를 수집하여 각 작업별 직접노무원가를 근로자 작업시간표에 따라서 작업원가집계표에 집계되고 간접노무원가는 제조간접원가계정으로 집계가 된다. 직접노무원가는 특정 제품생산에 투입된 직접노무시간(작업시간)에 시간당 임금을 곱하여 산출한다.

직접노무원가 = 직접노무시간(작업시간) × 시간당 임금

■ **제조간접원가**

제조간접원가는 일정 기간 경과해야 금액이 확정되는 원가도 있으며 간접재료원가, 간접노무원가와 기계장치나 공장건물에 대한 감가상각비, 보험료, 수선유지비, 생산관리자의 임금 등 발생한 제조간접원가를 집계하여 일정배부기준에 따라 배부하여 작업원가집계표에 집계한다. 제조간접원가는 배부기준량에 제조간접원가 배부율을 곱하여 산출한다.

제조간접원가 = 배부기준량 × 제조간접원가 배부율

제조간접원가 배부기준은 직접노무시간, 기계가동시간, 생산량 등이 있으나 기계가동시간을 기준으로 배부하는 것이 상대적으로 더 나은 수단이 될 수 있다. 제조간접원가의 배부는 제조간접원가 배부기준과 배부율에 따라 결정되는데, 제조간접원가 실제발생액에 의한 제조간접원가 배부율 산정이나 아니면 회계기간 초기에 결정하는 제조간접원가 예정배부율이냐에 따라 적용되는 내용에서 차이가 있다.

제조간접원가 배부율(실제 혹은 예상) = 제조간접원가 총액(실제액 혹은 예상액) / 배부기준량(실제액 혹은 예상액)

2 실제원가계산과 정상원가계산

2.1 실제원가계산

개별원가계산방법은 직접재료원가와 직접노무원가, 제조간접원가를 실제 발생액을 적용하여 계산하느냐 아니면 예정발생액을 적용하느냐에 따라서 실제원가계산과 정상원가계산으로 구분할 수 있다.

실제원가계산은 실제 직접재료원가와 실제 직접노무원가를 집적할 뿐만 아니라, 회계기간 말에 집적한 실제 제조간접원가를 실제 배부율에 의해 그 기간 동안의 재공품에 배부하는 원가계산법이다.

제조간접원가의 실제발생액에 대하여 실제배부율을 산정하여 배부기준량에 적용하여 실제제조간접원가 배부액을 산출할 경우 수선비, 난방비 등의 월별, 계절별 요인이 반영되어 월별 서로 다른 배부율 사용의 문제점이 발생할 수 있으며, 이들 해소하기 위해 배부율을 1년마다 계산한다면 실제 총제조원가를 계산하기 위하여 연말까지 기다려야 하는 문제점이 있어서 배부율의 안정성은 증가하나 적시성이 떨어지는 문제점에 노출하게 된다.

실제원가와 정상원가, 표준원가는 어떤 원가요소를 적용하느냐에 따라서 〈표

그림 5-1 실제원가계산

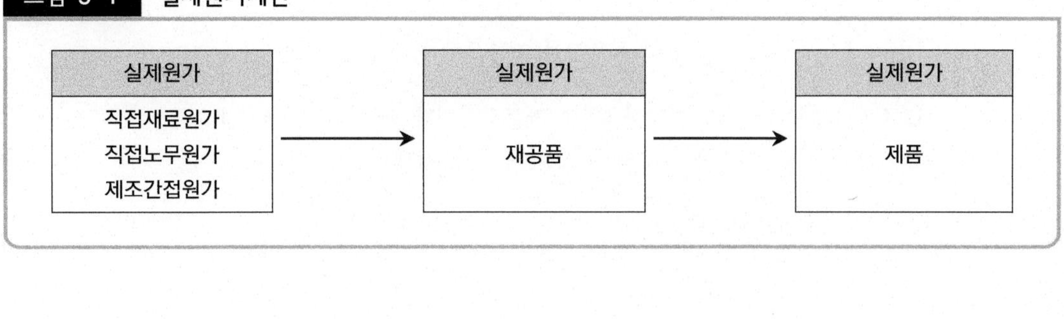

표 5-2 실제원가와 정상원가 비교

구분	실제원가	정상원가	표준원가
직접재료	실제원가	실제원가	표준원가
직접노무	실제원가	실제원가	표준원가
제조간접	실제배부율×실제배부기준(조업도)	예정배부율×실제배부기준(조업도)	예정배부율×실제산출량에 대해 허용된 배부기준

5-2>와 같이 구분된다. 실제원가는 모든 원가요소가 실제 발생한 원가이고 정상원가는 재료원가와 노무원가는 실제발생한 원가이나 제조간접원가는 예정제조간접원가이다.

반면에 표준원가는 실제 및 정상원가계산과 달리 이미 정해진 표준에 의해 개별 작업별로 원가를 집적하여 계산하는 방법이다.

예제 5-1

더나은미래㈜는 20×2년 5월 1일 고객으로부터 사무용, 가정용 가구 주문을 받고 제작하고 있다. 가구 제작과 관련하여 원가는 다음과 같다.

직접원가 (단위: 천원)

	사무용	가정용	합계
직접재료원가	10,000	8,000	18,000
직접노무원가	5,000	3,000	8,000

제조간접원가

간접재료원가	3,000,000
간접노무원가	1,000,000
감가상각비	500,000
수도광열비	100,000
보험료	200,000

* 기초재료계정잔액은 3,000,000이며, 5월 중 재료매입액은 12,000,000이다.
* 제조간접원가는 직접노무원가를 기준으로 배부한다.

1. 실제개별원가계산방법을 적용하여 제조간접원가 배부액을 산출하세요.
2. 사무용 가구, 가정용 가구의 제조원가를 산출하세요.

풀이

1. 제조간접원가 배부율 0.6 = 4,800,000/8,000,000
   사무용 가구 5,000,000 × 0.6 = ₩3,000,000
   가정용 가구 3,000,000 × 0.6 = ₩1,800,000

2. 제조원가
   사무용 가구 제조원가: 15,000,000 + 3,000,000 = ₩18,000,000
   가정용 가구 제조원가: 11,000,000 + 1,800,000 = ₩12,800,000

2.2 정상원가계산

정상원가계산은 각 제조지시서별로 직접재료원가와 직접노무원가의 실제발생액을 계산하되, 실제 개별원가계산과는 달리 제조간접원가를 예정원가 배부율을 기준으로 배부하는 원가계산법이다.

제조간접원가를 예상배부율로 계산함으로써 배부율의 안정성과 적시성을 동시에 달성할 수 있고 1년 단위로 배부율을 미리 정하여 원가계산기간 동안에 작업완료 시 즉시 제조간접원가 배부액을 산출하여 제품제조원가를 즉시 산출할 수 있는 장점이 있어서 실무에서 많이 활용하고 있다.

그림 5-2 정상원가계산

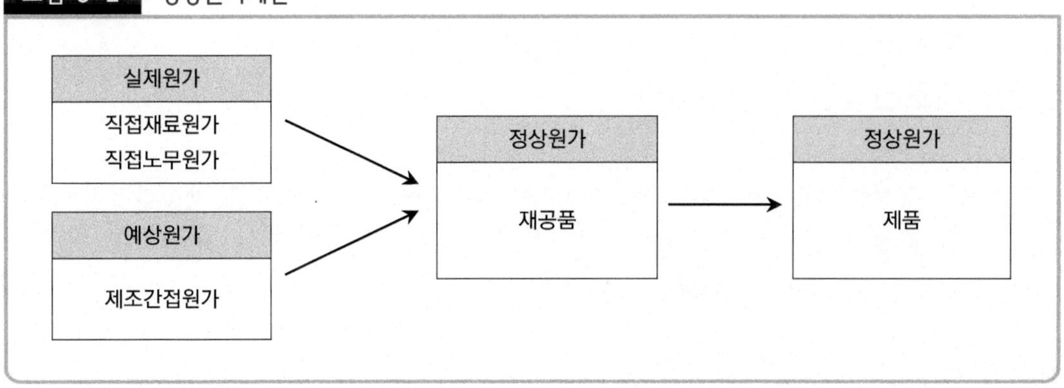

예제 5-2

더나은미래㈜는 정상원가계산을 적용하여 원가계산을 하고 있으며 발생한 원가는 다음과 같다.

(1) 직접원가 발생액

직접원가	A제품	B제품	C제품
직접재료원가	1,000,000	800,000	600,000
직접노무원가	600,000	500,000	400,000

(2) 제조간접원가 발생액

감가상각비	200,000	수선비	100,000
수도광열비	100,000	보험료	500,000

(3) 제조간접원가의 배부기준은 직접노무원가이고 예정배부율은 40%이다.

1. 제조간접원가 예정배부액을 계산하세요.
2. 각 제품의 제조원가를 계산하세요.

풀이

1. A제품 600,000×0.4＝₩240,000
   B제품 500,000×0.4＝₩200,000
   C제품 400,000×0.4＝₩160,000

2. 제품 A의 제조원가 ₩1,840,000＝1,600,000＋240,000
   제품 B의 제조원가 ₩1,500,000＝1,300,000＋200,000
   제품 C의 제조원가 ₩1,160,000＝1,000,000＋160,000

2.3 제조간접원가 배부차이

정상원가계산에 의한 제조간접원가 배부액이 실제 발생한 제조간접원가보다 과대 혹은 과소 배부가 발생하게 되는데 이는 연말에 가서 실제발생액과 예상배부액의 차이만큼 조정처리해야 한다.

과대배부: 제조간접원가 배부액 > 제조간접원가 실제액
과소배부: 제조간접원가 배부액 < 제조간접원가 실제액

제조간접원가 배부차이의 조정방법은 정상원가 배부차이를 재공품, 제품, 매출원가계정에서 나누어 배분하는 원가요소비례법과 매출원가에서 일괄 조정하는 방법 등이 있다.

예제 5-3

[예제 5-2]를 활용하여 제조간접원가 배부차이를 구하고 차액을 배부하세요.

(1) 제조간접원가 실제발생액과 예정배부액의 차이를 구하세요.
(2) 각 제품의 매출원가 비율에 따라 제조간접원가 과다(과소)배부액을 각 계정으로 배부조정하세요. (기초, 기말재고액은 없음)

풀이

(1) 제조간접원가 배부차이 300,000 (과소배부)
= 실제발생액 900,000 - 예정배부액 600,000

(2)

구분	매출원가	구성비(%)	배부차액	조정후매출원가
A제품	1,840,000	40.9	122,700	1,962,700
B제품	1,500,000	33.3	99,900	1,599,900
C제품	1,160,000	25.8	77,400	1,237,400
	4,500,000	100	300,000	4,800,000

확·인·문·제

※ 각 문항의 설명 중 옳은 것에는 T, 틀린 것에는 F를 하시오.

01. 정상원가계산은 직접재료원가와 직접노무원가는 실제발생원가로, 제조간접원가는 제조간접원가 예정배부율에 의한 제조간접원가 예정배부액으로 계산한다. (　　)

02. 원가정보 〈기초재공품 ₩20,000, 기말재공품 ₩15,000, 직접재료원가 ₩45,000, 직접노무원가 ₩33,000, 제조간접원가 배부액은 직접노무원가의 60%〉를 활용하여 당기 제품제조원가를 계산하면 ₩122,800이다. (　　)

03. 직접재료원가, 직접노무원가는 실제원가로 측정하고 제조간접원가는 기말에 실제제조간접원가 배부율을 계산하고 이를 이용하여 제조간접원가를 측정하는 방법을 실제원가계산이라 한다. (　　)

04. 실제 발생한 제조간접원가가 ₩120,000이고 제조간접원가 배부액이 ₩100,000이라면 제조간접원가가 과소배부되었으므로 ₩20,000만큼 매출원가에 가산함으로 조정할 수 있다. (　　)

05. 수도광열비, 감가상각비, 보험료 등은 간접원가로 개별 작업별로 직접 집계되지 않으므로 일정한 기준을 정하여 각 작업이나 제품에 배분한다. (　　)

06. 제조간접원가 배부액이 실제발생액보다 과소 혹은 과대배부되었을 경우에 그 금액이 크지 않으면 매출원가에서 조정하고 그 금액이 큰 경우에는 매출원가뿐만 아니라 재공품과 제품에서 조정한다. (　　)

07. 정상원가계산의 경우 제조간접원가 예정배부액을 제조간접원가계정 차변, 재공품계정 대변에 기입하며 제조간접원가 실제 발생액은 제조간접원가계정 대변에 기입한다. (　　)

08. 제조간접원가 배부차액은 매출원가조정법과 비례배부법이 있으며 실무에서 가장 많이 이용하는 방법은 매출원가조정법이다. (　　)

09. 원가회계정보이용자에는 투자자, 채권자뿐만 아니라 회계정보를 생산하는 경영자도 포함된다. (　　　)

10. 제조간접원가 예정배부율은 일정 기간에 대한 제조간접원가와 그 배부기준을 예정하여 계산하는 것으로 일반적으로 연초예산을 기준으로 계산한다. (　　　)

11. 제조간접원가 예정배부액은 제조간접원가 예정배부율을 각 작업지시서의 실제배부기준량에 적용하여 계산한다. (　　　)

12. 개별원가계산에 있어서 실제원가계산의 경우 직접재료원가와 직접노무원가는 실제원가를 사용하나 제조간접원가는 제조간접원가 예정배부율에 의한 제조간접원가를 제품별로 배부하여 원가계산을 한다. 제조간접원가의 실제 발생액이 배부제조간접원가보다 작은 경우 과다배부로 배부차이를 매출원가에서 차감 조정할 수 있다. (　　　)

13. 제품제조원가는 재공품계정에서 당기 제품제조원가를 산출하여 제품계정으로 대체하며 제품계정에서는 기초제품재고액과 당기총제조원가를 합하고 기말제품재고액을 차감하여 매출원가를 산출한다. (　　　)

14. 원가는 제품, 자산, 프로젝트, 특정 세부활동이나 프로세스도 원가대상이 될 수 있으며 원가대상별로 분리 또는 추적이 불가능한 원가를 간접원가라 한다. (　　　)

15. 〈직접재료원가 ₩10,000, 직접노무원가 ₩4,000, 제조간접원가 예정배부율은 기계운전시간당 ₩20, 기계운전시간 300시간, 기초재공품재고액 ₩5,000, 기말재공품재고액 ₩6,000〉일 때, 당기총제조원가는 ₩20,000이다. (　　　)

■ 해답: 1. T　2. T　3. T　4. T　5. T　6. T　7. T　8. T　9. T　10. T　11. T　12. T　13. F　14. T　15. T

실·습·문·제

1. 더나은미래㈜에서는 A기업과 B기업 IT정보시스템의 하드웨어와 소프트웨어 일체를 책임지고 구축하는 프로젝트를 수주하였다. A기업 시스템 생산원가요소 중에서 제조간접원가를 직접노무시간 기준으로 배분할 경우, A기업 시스템의 구축원가는 얼마입니까?

(1) A기업 시스템 구축
직접재료원가: ₩100,000,000
직접노무원가: ₩40,000,000
직접노무시간: 600시간

(2) 제조간접원가 총발생액: ₩50,000,000
(3) 당해 원가계산기간의 직접노무시간: 1,000시간

2. 더나은미래㈜에서 고객으로부터 주문받은 제품들을 생산하는 데 각각 투입된 생산원가요소정보를 활용하여 물음에 답하기 바랍니다.

(1) 투입생산원가

구분	제조지시서 #1	제조지시서 #2
기초재공품		₩300,000
직접재료원가	₩700,000	550,000
직접노무원가	500,000	300,000
제조간접원가	( )	( )
합 계		

(2) 제조지시서 #2는 제조가 완료되었으나 제조지시서 #1은 완료되지 않았다. 기초제품재고액 ₩500,000, 기말제품재고액 ₩400,000이다. 제조간접원가 발생액은 ₩600,000이고 제조간접원가 배부기준은 직접노무원가이다.

2-1. 제조지시서 #1, #2의 제조간접원가 배부액은 얼마입니까?
2-2. 제품제조원가와 기말재공품재고액은 얼마입니까?
2-3. 손익계산서에 반영될 매출원가는 얼마입니까?

3. 더나은미래㈜는 정상원가계산제도를 채택하여 원가계산을 하고 있으며 제조간접비 계정에서 실제발생액과 예상배부액과의 배부차이에 대하여 물음에 답하기 바랍니다.

제조간접원가	
₩160,000	₩200,000

3-1. 제조간접원가 실제발생액은 얼마입니까?

3-2. 제조간접원가 배부액은 과소배부 혹은 과다배부입니까?

3-3. 제조간접원가 배부차이가 얼마이며 매출원가에서 조정할 경우 분개를 하세요.

4. 더나은미래㈜는 서울, 부산, 대전에 아파트 공사를 시공하고 있다. 20×2년 중에 서울과 대전지역의 아파트는 완공하여 입주하였고 20×2년 말 부산지역 아파트는 미완공 상태에 있다.

(1) 실제발생원가

(단위: 억원)

	서울	대전	부산	합계
기초재공품	700	300	500	1,500
직접재료원가	350	200	250	800
직접노무원가	150	50	100	300

(2) 제조간접원가 등 원가정보: 실제 제조간접원가 발생액 150억원, 제조간접원가 발생예상액 180억원, 직접노무원가 발생예상액 450억원이다. (제조간접원가의 배부기준은 직접노무원가이다.)

4-1. 당기 실제원가계산에 의한 제품제조원가는 얼마입니까?

4-2. 정상원가계산에 의한 제품제조원가는 얼마입니까?

4-3. 실제원가계산과 정상원가계산의 차이에 대하여 설명하세요.

4-4. 제조간접원가 배부차이를 재공품, 제품, 매출원가에서 조정하면 얼마입니까?

5. 더나은미래㈜는 개별원가계산방식을 채택하고 있다. 1월 중 거래내용을 활용하여 물음에 답하기 바랍니다.

(1) 기초원가정보

---

① 기초재고액: 원재료 ₩50,000,000 재공품 ₩80,000,000 제품 ₩100,000,000
② 제조간접원가의 배부기준: 기계운전시간
③ 제조간접원가 발생예상액 ₩30,000,000, 예상기계운전시간 100,000시간
④ 기말재고액: 원재료 ₩100,000,000 재공품 ₩100,000,000 제품 ₩110,000,000
⑤ 1월 실제기계운전시간: 90,000시간

---

(2) 1월 중 거래내역

① 제품제조에 필요한 원재료 ₩500,000,000을 현금으로 매입하였다.
② 제품제조에 원재료 중에서 ₩400,000,000을 출고하였다.
③ 1월 중 종업원에 대한 급여를 ₩80,000,000 지급하였다.
급여는 생산직 직원 임금 ₩50,000,000, 공장관리직원 임금 ₩20,000,000, 판매직원 급여 ₩10,000,000이다.
④ 공장에서 발생한 제조간접원가는 다음과 같다.
수도광열비 ₩8,000,000, 감가상각비 ₩10,000,000(공장 80%), 보험료 ₩2,000,000(공장 50%), 수선유지비 ₩5,000,000
⑤ 1월 광고료 ₩1,000,000을 현금 지급하였다.
⑥ 1월 제품 ₩630,000,000을 판매하고 대금 ₩40,000,000은 현금으로 받고 나머지는 외상으로 하였다.

5-1. 각 거래내용을 분개하세요.

5-2. 제품제조원가와 매출원가는 얼마인가요?

5-3. 당기 제조간접원가가 과대 또는 과소계상되었는가? 제조간접원가 배부차이를 매출원가로 조정하는 분개를 하세요.

5-4. 당기 손익계산서를 작성하세요.

▌실습문제 풀이

1. 제조간접원가 배부율 ₩50,000＝₩50,000,000/1,000시간
   제조간접원가 배부액 ₩30,000,000＝600시간×₩50,000
   시스템 구축원가: 100,000,000＋40,000,000＋30,000,000＝₩170,000,000

2. 2–1. 제조간접원가 배부율 ₩0.75＝₩600,000/₩800,000
   제조간접원가 배부액:
   제조지시서 #1: ₩500,000×0.75＝₩375,000,
   제조지시서 #2: ₩300,000×0.75＝₩225,000

   2–2. 제품제조원가 #2: 300,000＋550,000＋300,000＋225,000＝₩1,375,000
   기말재공품재고액 #1: 700,000＋500,000＋375,000＝₩1,575,000

   2–3. 매출원가＝기초제품재고액 500,000＋당기제품제조원가 1,375,000
   －기말제품재고액 400,000＝₩1,475,000

3. 3–1. 제조간접비 실제발생액 ₩160,000
   * 실제발생액이 차변, 예정배부액이 대변

   3–2. 실제발생액보다 예정배부액이 ₩40,000 더 크므로 과다배부이다.

   3–3. 차) 제조간접원가 40,000 대) 매출원가 40,000
   * 매출원가를 ₩40,000만큼 감소시키는 분개를 통해 과다하게 배부된 비용을 취소한다.

4. 4–1. 제조간접원가 예정배부율 0.5
   ＝실제 제조간접원가 발생액 150 / 실제 직접노무원가 발생액 300

(단위: 억원)

	서울	대전	부산	합계
기초재공품	700	300	500	1,500
직접재료원가	350	200	250	800
직접노무원가	150	50	100	300
제조간접원가	75	25	50	150

제품제조원가 1,850억원 = 기초재공품재고 1,500억원 + 당기투입원가 1,250억원* − 기말재공품재고 900억원

* 1,250 = 350 + 200 + 250 + [(150 + 50 + 100) × 150%]

4-2. 제조간접원가 배부율 0.4
= 제조간접원가 예상액 180 / 직접노무원가 예상액 450

(단위: 억원)

	서울	대전	부산	합계
기초재공품	700	300	500	1,500
직접재료원가	350	200	250	800
직접노무원가	150	50	100	300
제조간접원가	60	20	40	120

제품제조원가 1,830억원 = 기초재공품재고 1,500억원 + 당기투입원가 1,220억원 − 기말재공품재고 890억원

4-3. 실제 제조간접원가 발생액이 150억원이고 제조간접원가 배부액 120억원이므로 제조간접원가가 30억원만큼 과소배부되었다.

4-4.

(단위: 억원)

구분	조정 전 잔액	배부 비율	배부액	조정 후 잔액
재공품	890	33%	9.9	899.9
제품	0	0	0	
매출원가	1,830	67%	20.1	1,850.1
계	2,720	100%	30	2,750

5. 5-1.

	차변	금액	대변	금액
①	차) 원재료	500,000,000	대) 현금	500,000,000
②	차) 재공품	400,000,000	대) 원재료	400,000,000
③	차) 직접노무원가	50,000,000	대) 현금	80,000,000
	차) 간접노무원가	20,000,000		
	차) 판매원 급여	10,000,000		
④	차) 제조간접원가	22,000,000	대) 수도광열비	8,000,000
			대) 감가상각비	8,000,000

			대) 보험료	1,000,000
			대) 수선유지비	5,000,000
	차) 감가상각비	2,000,000	대) 감가상각누계액	2,000,000
	차) 보험료	1,000,000	대) 현금	1,000,000
⑤	차) 광고선전비	1,000,000	대) 현금	1,000,000
⑥	차) 현금	40,000,000	대) 매출	630,000,000
	차) 매출채권	590,000,000		

5-2. * 제품제조원가 ₩457,000,000 = 기초재공품재고액 80,000,000 + (직접재료원가 400,000,000 + 직접노무원가 50,000,000 + 제조간접원가배부액 27,000,000) − 기말재공품재고액 100,000,000

* 매출원가 ₩447,000,000 = 기초제품재고액 100,000,000 + 제품제조원가 457,000,000 − 기말제품재고액 110,000,000

5-3. 제조간접원가 예상액은 ₩27,000,000이었으나, 실제로는 ₩42,000,000 발생하였으므로 ₩15,000,000만큼 과소배부되었다.

차) 매출원가	15,000,000	대) 제조간접원가	15,000,000

5-4.

손익계산서

(단위: 천원)

매출원가	462,000	매출	630,000
광고선전비	1,000		
감가상각비	2,000		
보험료	1,000		
당기순이익	164,000		
비용과 순손익 총계	630,000	수익 총계	630,000

06

공정별 원가계산

1. 공정별 원가계산의 의의 및 절차
2. 공정별 원가계산 방법

1 공정별 원가계산의 의의 및 절차

공정별 원가계산은 개별원가계산과는 달리 원가흐름을 직접 추적하여 파악하기보다는 공정별로 직접원가와 간접원가의 구분 없이 원가요소를 직접재료원가와 가공원가로 단순화하고 투입된 총원가를 당기에 생산된 완성품과 완성품환산량으로 나누어 원가계산을 한다. 이러한 원가계산방식은 동일제품을 공정을 통하여 대량으로 연속생산하는 업종에서 많이 활용되고 있으며, 대부분의 경우 종합원가계산이라는 용어로 많이 사용하고 있으나 본 교재에서는 보다 이해하기 쉽도록 공정별 원가계산(process costing)과 종합원가계산을 혼용하여 사용한다.

1.1 공정별 원가계산의 의의

공정별 원가계산은 동종 제품이 반복적/연속적 생산 프로세스를 통해 대량으로 제조되는 산업에 적합한 원가계산법이다. 주로 공정별로 제품이 생산되는 정유, 석유화학, 타이어 제조, 제지 등의 업종에 적합한 방법이다. 공정은 표준화된 제조방법과 기술을 반복적으로 수행하는 제품생산라인으로 제품생산에 있어서 공정 수가 하나인 경우와 둘 이상 여러 공정을 걸쳐서 제품이 생산될 수 있다. 예를 들어, 철강산업의 경우 제선공정 – 제강공정 – 압연공정을 통해서 각종 제강제품이 생산되고 있다. 각 공정별 제조원가는 그 공정에서 일정 기간 동안 생산한 제품에 배부하게 되는데 제조원가는 직접재료원가와 가공원가로 구분하여 산출하게 된다.

직접재료원가의 주요 재료는 생산공정 초기에 주로 모두 투입되고 생산공정 마지막에 포장재료 등에 사용되며 가공원가는 생산공정 내에서 계속적으로 발생하게 된다. 오늘날 제품의 생산공정이 자동화되고 로봇화됨에 따라서 제품생산라인에 생산직 직원들이 직접 참여하기보다는 생산공정에 간접참여 형태로 변화되어 가고 있어서 상대적으로 노무원가가 줄어들고 제조간접원가 비중이 지속적으로 증가하는 현상을 보이고 직접노무원가와 제조간접원가를 합하여 가공원가로 통합하여 처리한다. 가공원가의 투입 정도에 따라서 원재료의 가공이 진행되어 완성된 제품과 미완성품인 재공품으로 나누어지므로 생산공정 내내 발생하게 된다.

공정별 원가계산에서 직접재료원가, 가공원가의 원가흐름은 작업별 원가계산과 유사한 형태를 지니고 있다.

■ 직접재료원가

자동화된 공장설비시스템을 갖추고 있는 많은 제조기업에서는 제품의 특성에 따라 차이가 날 수 있지만, 직접재료는 일반적으로 생산공정 개시 초기단계에 일괄적으로 한꺼번에 투입되어 생산공정을 거치면서 재공품과 제품으로 전환된다. 원재료가 구매부서에서 연간 단가계약에 의하여 구입되어 생산공정에 투입되어 직접재료원가로 발생하게 되고 생산공정에 투입되지 않은 원재료는 재고자산형태로 재무제표에 표시가 된다. 직접재료원가 발생은 기초재료재고액에서 당기 구매재료액을 더하고 기말까지 공장에 투입되지 않는 기말재료를 차감한 후 당기 발생한 직접재료원가를 산출하게 된다.

■ 가공원가

제품의 제조공정이 자동화되고 로봇화됨에 따라서 생산공장에서 생산직 인력의 생산공정 참여는 제한적이고 자동화된 공장 설비시스템으로 원재료가 가공되고 있다. 이에 따라 직접노무원가 비중은 상대적으로 축소되고 제조간접원가 비중은 높아지고 있으며 직접노무원가와 제조간접원가는 직접재료를 가공하는 원가이므로 가공원가(전환원가; conversion cost)라고 부른다.

공정별 원가계산은 제조공정에서 일정 기간 동안 발생한 제조원가를 일정 기간 동안 생산된 산출량으로 나누어 평균화된 단가를 적용하는 방식을 사용한다. 동일한 제품을 연속적으로 대량생산하는 방식이므로 제품단위당 제조원가를 산출하여 완성된 제품수량을 곱하면 제품의 제조원가를 산정할 수 있다. 동일한 제품을 연속적으로 대량생산하는 공정별 원가계산(process costing)과 고객주문에 의해 다양한 제품을 생산하는 작업지시별 원가계산(job-order costing)을 비교하여 〈표 6-1〉을 보면 더욱 이해가 쉽다.

표 6-1 종합원가계산과 개별원가계산

구분	개별원가계산	종합원가계산
제품원가 측정시점	• 생산이 불연속적 • 작업이 완성될 때마다	• 생산이 연속적 • 회계기간마다 측정
생산형태	• 이질적인 제품(다품종 소량생산) • 주문에 의한 불연속적 생산형태 • 건설, 가구제조, 조선, 항공기 제작/수선업	• 대량생산에 동질적 제품(소품종 대량생산) • 연속적인 생산형태 • 화학, 정유, 식품가공, 시멘트 생산업
원가계산방법	• 작업지시서(제조지시서)별로 작성된 작업원가표를 기초로 하여 원가계산이 이루어짐. • 주문서 중심, 제품 중심	• 각 공정별 제조원가 보고서를 기초로 원가계산이 이루어짐. • 공정 중심
원가분류	• 원가대상에 대한 추적가능성 중시 • 직접재료/직접노무원가 vs. 제조간접원가	• 원가의 변형과정 중시 • 직접재료원가 vs. 가공비 가공원가
기말재공품 평가	• 미완성된 제조명세서에 집계된 원가	• 기말재공품(WIP) 환산량×평균 단가

1.2 공정별 원가계산의 절차

종합원가계산을 수행하는 절차는 각 공정의 물량흐름 파악에서부터 시작하여 원가계산을 하게 된다.

(1) 각 공정의 물량흐름 파악

각 공정별 물량흐름은 생산에 투입되는 직접재료원가, 가공원가 등의 당기총투입량이 당기산출량과 동일하다.

당기총투입량 = 당기완성품수량 + 기말재공품수량(미완성품)

(2) 원가요소별 완성품환산량 계산

당기에 가공이 시작되어 당기에 완성된 완성품수량은 그 수량 자체가 그대로 완성품환산량에 포함되나 기말재공품은 아직 완성품이 아니므로 완성도를 고려하여 완성품환산량을 구해야 한다. 완성품환산량은 공정에서 모든 원가를 완성품만을 생산하는 데 사용하였을 경우 완성되었을 완성품의 수량을 의미한다. 공정에 투입된 원가를 완성품과 기말재공품에 배분할 때 기말재공품은 완성도에 따라서 완성품환산량을 계산해야 한다.

완성품환산량 = 물량 × 완성도

기말 직접재료원가와 가공원가는 투입 정도(완성도)에 따라서 완성품환산량을 계산한다. 예를 들어, 직접재료는 공정개시 초기에 전량 투입되고 가공원가는 공정에 비례하여 투입될 경우, 기말재고수량이 1,000개이고 완성도가 50%이면 직접재료원가 완성품환산량은 1,000개이고 가공원가 완성품환산량은 500개이다.

(3) 원가요소별 원가배분대상액 파악

당기의 완성품과 기말재공품에 배분될 요소별 원가를 파악하는 단계로, 투입된 전기 및 당기 원가의 총계를 구하는 것이다. 직접재료원가와 가공원가의 완성도가 다른 경우 직접재료원가와 가공원가를 분리해서 각각 산정한다.

(4) 원가요소별 완성품환산량 단위당 원가 계산

직접재료원가와 가공원가에 대한 생산요소별 완성품환산량을 각각 나누어 완성품환산량 단위당 직접재료원가와 완성품환산량 단위당 가공원가를 산출한다.

완성품환산량 단위당 직접재료원가 = 직접재료원가 / 직접재료 완성품환산량
완성품환산량 단위당 가공원가 = 총가공원가 / 가공원가 완성품환산량

(5) 완성품원가와 기말재공품원가 계산

전 단계에서 구한 완성품환산량 단위당 원가를 생산요소별 완성품 수량이나 생산요소별 기말재공품 환산량을 곱하여 완성품과 기말재공품에 투입원가를 배분한다.

완성품원가 = 당기완성품수량 × 생산요소별 완성품환산량 단위당 원가
기말재공품원가 = 기말재공품 완성품환산량 × 생산요소별 완성품환산량 단위당 원가

제품제조원가는 직접재료원가 완성품환산량 단위당 원가에서 당기 완성품 수량을 곱하여 산출한 값과 가공원가 완성품환산량 단위당 원가에서 완성품 수량을 곱한 값을 합산하여 산출한다. 기말재공품원가는 기말재공품 직접재료원가 완성품환산량에 직접재료원가 완성품환산량 단위당 원가를 곱한 값에 기말재공품 가

공원가 완성품환산량에 가공원가 완성품환산량 단위당 원가를 곱한 값을 합산하여 산출한다.

예제 6-1

더나은미래㈜는 단일공정에서 단일제품을 생산하고 있으며 재료는 공정착수시점에 전량 투입하고 가공원가는 공정 전반에 걸쳐 균일하게 발생한다. 공정에 대한 정보를 이용하여 제품제조원가를 산출해 본다.

기초재공품	0	직접재료원가	₩3,000,000
당기투입량	200,000	가공원가	₩2,380,000
당기완성품 수량	150,000	기말재공품 수량	50,000(완성도 40%)

풀이

- 1단계: 물량흐름 파악

당기투입물량 = 당기완성품 수량 + 기말재공품 수량

재공품

당기투입량	200,000	당기 완성량	150,000
		기말재공품 수량	50,000

- 2단계: 생산요소별 완성품환산량 산출

직접재료원가 완성품환산량은 공정착수시 전량 투입되므로 당기완성품 150,000개와 기말재공품 50,000개를 합산한 200,000개이며, 가공원가 완성품환산량은 당기완성량 150,000개와 기말재공품 가공원가 완성품환산량 20,000개(기말재고수량×완성도)를 합산한 170,000개이다.

재공품

당기투입량	200,000	당기 완성량	150,000
		직접재료원가	150,000
		가공원가	150,000
		기말재공품 수량	50,000
		직접재료원가(100%)	50,000
		가공원가(40%)	20,000

직접재료원가 완성품환산량 200,000개 = 당기 직접재료원가 완성량 150,000 + 직접재료원가 기말재공품량 50,000 × 100%

가공원가 완성품환산량 170,000개 = 당기 가공원가 완성량 150,000 + 가공원가 기말재공품량 50,000 × 40%

▪ 3단계: 원가배분 대상액 파악

재공품

기초재공품	0		
당기투입원가	5,380,000	당기 완성품	(　　　)
직접재료원가	3,000,000		
가공원가	2,380,000	기말재공품	(　　　)

▪ 4단계: 생산요소별 완성품환산량 단위당 원가

3단계의 직접재료원가 혹은 가공원가에 2단계의 생산요소별 완성품환산량을 나누어 완성품환산량 기준으로 직접재료원가 단위당 원가, 가공원가 단위당 원가를 산출한다.

직접재료원가 단위당 원가는 ₩3,000,000/200,000개로 나누면 ₩15이 산출되고 가공원가 단위당 원가는 ₩2,380,000/170,000개로 나누면 ₩14이 산출된다.

재공품

기초재공품	0	
당기투입원가	5,380,000	직접재료원가 15 = 3,000,000/200,000
직접재료원가	3,000,000	
가공원가	2,380,000	가공원가 14 = 2,380,000/170,000

▪ 5단계: 완성품원가와 기말재공품원가 산출

완성품원가는 완성품 수량×(직접재료원가 단위당 원가 + 가공원가 단위당 원가)로 산출할 수 있다. 완성품 수량이 150,000개, 직접재료원가 단위당 원가 ₩15, 가공원가 단위당 원가 ₩14이므로 ₩4,350,000이 완성품원가이다. 완성품원가가 산출되었으므로 총투입원가 ₩5,380,000에서 완성품원가 ₩4,350,000 차감하면 기말재공품은 ₩1,030,000이다. 직접재료원가 기말재고량 50,000개에 단위당 원가 ₩15를 곱한 값과 가공원가 기말재고량 20,000개에 단위당 원가 ₩14를 곱하여 합산한 값이 기말재공품재고액이 된다.

재공품

기초재공품	0		
당기투입원가	5,380,000	당기 완성품	4,350,000*
직접재료원가	3,000,000		
가공원가	2,380,000	기말재공품	1,030,000**

* 완성품 수량 150,000×(₩15+₩14)

** 기말재공품 50,000×₩15+20,000×₩14

2 공정별 원가계산 방법

2.1 평균법에 의한 공정별 원가계산

평균법은 기초재공품원가와 당기제조원가를 합하여 계산한 평균원가를 기말재공품원가와 완성품원가에 배분한다. 기초재공품의 제조는 당기 이전에 착수되었음에도 당기에 착수한 것으로 가정하여 당기에 발생한 당기총제조원가와 동일하게 합산해서 완성품과 기말재공품에 배분하는 방법이다.

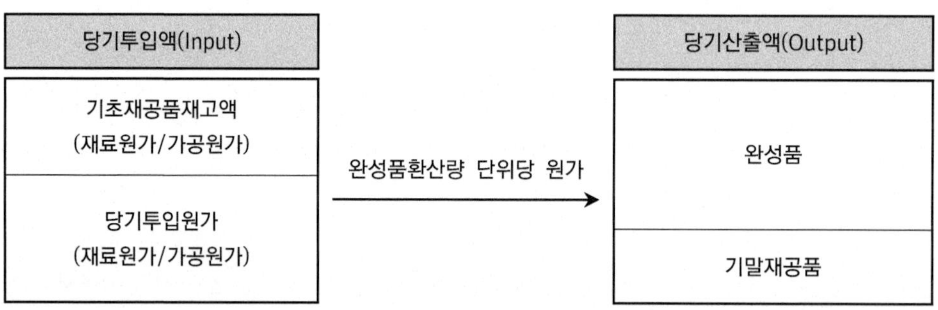

당기총원가는 기초재공품원가와 당기에 발생한 직접재료원가와 가공원가를 합한 금액을 완성품환산량으로 나누어 완성품환산량 단위당 원가를 산출하게 된다.

대체로 직접재료원가는 착수와 동시에 전량 투입이 되고 가공원가의 투입 정도에 따라서 완성품과 비완성품으로 나누어지므로 완성품환산량 단위당 원가를 산출할 때에는 원가요소별 완성품환산량 단위당 원가를 산출하여야 한다.

예제 6-2

더나은미래㈜는 단일공정에서 단일제품을 생산하고 있으며 재료는 공정착수시점에 전량 투입하고 가공원가는 공정 전반에 걸쳐 균일하게 발생한다. 공정에 대한 정보를 이용하여 제품제조원가를 산출해 본다. (단, 평균법을 가정한다.)

기초재공품	4,000개(완성도 60%)	〈기초재공품〉	
당기투입량	16,000개	직접재료원가	₩600,000
당기완성품 수량	15,000개	가공원가	₩360,000
기말재공품 수량	5,000개(완성도 60%)	〈당기투입원가〉	
		직접재료원가	₩3,000,000
		가공원가	₩2,380,000

풀이

(1) 완성품환산량

직접재료원가 완성품환산량 20,000개: 당기완성량 15,000 + 기말재고량 5,000

가공원가 완성품환산량 18,000개: 당기완성량 15,000 + 기말재고량 3,000

재공품

	수량	금액		수량
기초재고량	4,000		당기 완성량	15,000
직접재료원가	4,000	600,000	직접재료원가	15,000
가공원가	2,400	360,000	가공원가	15,000
당기투입량	16,000		기말재공품 수량	5,000
직접재료원가		3,000,000	직접재료원가	5,000
가공원가		2,380,000	가공원가(60%)	3,000

(2) 생산요소별 완성품환산량 단위당 원가

위 재공품 계정에서 차변에 기초재고량과 당기투입량의 원가정보를 활용하여 계산할 수 있다.

- (기초 직접재료원가 600,000 + 당기투입 직접재료원가 3,000,000)/20,000 = 직접재료원가 완성품환산량 단위당 원가 ₩180

- (기초 가공원가 360,000+당기투입 가공원가 2,380,000)/18,000개=가공원가 완성품환산량 단위당 원가 ₩152.22

(3) 완성품제조원가 산출
- 완성품 수량 15,000개×(직접재료원가 단위당 원가 ₩180+가공원가 단위당 원가 ₩152.22)=₩4,983,300

2.2 선입선출법에 의한 공정별 원가계산

선입선출법의 경우 기초재공품을 먼저 완성시킨 후에 당기착수량에 대한 가공이 이루어진다고 가정한다. 따라서 기초재공품이 당기에 추가로 가공되어 완성품이 되기 때문에 이는 전기원가와 당기원가로 구성되어 있다. 완성품환산량을 계산할 때에 수량×(1－전기완성도)를 감안해야 한다.

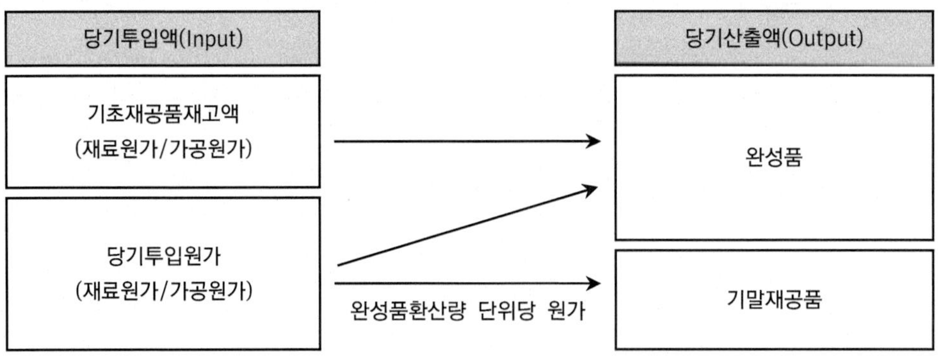

완성품 수량에서 기초재공품수량 완성품을 분리하고 당기 완성품 수량만을 산출한다. 직접재료원가 완성품환산량은 당기투입하여 당기 완성품 수량과 기말재공품 수량을 합산하여 산출한다. 가공원가 완성품환산량은 기초재공품의 미완성 물량의 완성 수량과 당기투입 당기 완성품 수량, 기말재공품 가공원가 완성품환산량을 합산하여 산출한다.

생산요소별 단위당 원가는 기초재공품원가를 제외하고 당기에 투입된 직접재료원가와 가공원가에 대하여 생산요소별 완성품환산량으로 나누어 산출한다. 제품제조원가는 생산요소별 단위당 원가와 생산요소별 완성품 수량을 곱하여 산출한 값에서 생산요소별 기초재공품원가를 합산하여 산출한다.

예제 6-3

더나은미래㈜는 단일공정에서 단일제품을 생산하고 있으며 재료는 공정착수시점에 전량 투입하고 가공원가는 공정 전반에 걸쳐 균일하게 발생한다. 공정에 대한 정보를 이용하여 제품제조원가를 산출해 본다. (단, 선입선출법을 가정한다.)

기초재공품	4,000개(완성도 60%)	〈기초재공품〉	
당기투입량	16,000개	직접재료원가	₩600,000
당기완성품수량	15,000개	가공원가	₩360,000
기말재공품 수량	5,000개(완성도 60%)	〈당기투입원가〉	
		직접재료원가	₩3,000,000
		가공원가	₩2,380,000

풀이

(1) 완성품환산량

직접재료원가 완성품환산량 16,000개 : 당기완성량 11,000 + 기말재고량 5,000

가공원가 완성품환산량 15,600개 : 당기완성량 11,000 + 기말재고량 3,000 + 기초재고량 1,600

재공품

	수량	금액		수량
기초재고량	4,000		당기 완성량	15,000
직접재료원가	4,000	600,000	(기초재고 4,000 / 당기생산 11,000)	
가공원가	2,400	360,000	직접재료원가	11,000
당기투입량	16,000		가공원가	1,600 + 11,000
직접재료원가		3,000,000	기말재공품 수량	5,000
가공원가		2,380,000	직접재료원가	5,000
			가공원가(60%)	3,000

(2) 생산요소별 완성품환산량 단위당 원가

위 재공품 계정에서 차변에 당기투입량의 원가 정보를 활용하여 계산할 수 있다.

- (당기투입 직접재료원가 3,000,000)/16,000 = 직접재료원가 완성품환산량 단위당 원가 ₩187.5

- (당기투입 가공원가 2,380,000)/15,600개＝가공원가 완성품환산량 단위당 원가 ₩152.56

(3) 완성품제조원가 산출

- (직접재료 완성품환산량 11,000개×직접재료원가 단위당 원가 ₩187.5)＋(가공원가 완성품환산량 12,600개×가공원가 단위당 원가 ₩152.56)＋기초재고액 960,000＝₩4,944,756

확·인·문·제

※ 각 문항의 설명 중 옳은 것에는 T, 틀린 것에는 F를 하시오.

01. 종합원가계산은 원가를 공정별로 집계하고 일정 기간에 발생한 총원가를 총생산수량으로 나누어 단위당 평균제조원가를 산출하여 완성품수량을 적용하여 제품제조원가를 산출하는 방법이다. (　　　)

02. 종합원가계산의 핵심은 완성된 제품과 미완성된 재공품의 원가를 계산할 때 재공품의 완성도를 반영하여 발생한 총제조원가를 완성품과 재공품에 배부하게 된다. (　　　)

03. 종합원가계산은 다품종 소량의 제품을 연속해서 생산하는 산업에 적합한 원가계산방법으로 주로 건설업, 섬유업, 제당제분업, 플라스틱 등 제조업에서 많이 활용된다. (　　　)

04. 각 공정별 물량흐름은 생산에 투입되는 직접재료원가, 가공원가의 당기총투입량과 당기산출량이 동일하지 않다. (　　　)

05. 당기에 완성된 완성품수량은 그 수량 자체가 그대로 완성품환산량에 포함되나 기말재공품은 아직 완성품이 아니므로 완성도를 고려하여 완성품환산량을 구해야 한다. (　　　)

06. 직접재료원가와 가공원가에 대한 생산요소별 완성품환산량을 각각 나누어 완성품환산량 단위당 직접재료원가와 완성품환산량 단위당 가공원가를 산출한다. (　　　)

07. 선입선출법의 경우 기초재공품원가와 당기총제조원가를 합한 금액에 완성품환산량을 나누어 계산한 평균원가를 기말재공품원가와 완성품원가에 배분한다. (　　　)

08. 평균법의 경우 생산요소별 단위당 원가는 기초재공품을 제외하고 당기 투입된 직접재료원가와 가공원가를 생산요소별 완성품환산량으로 나누어 산출한다. (　　　)

09. 선입선출법은 생산공정 중에 기초재공품이 있는 경우 기초재공품을 우선적으로 완성시키는 물량의 흐름을 가정하며, 원가계산방법으로 기말재공품원가는 최근 원가를 반영하게 된다. (   )

10. 완성품환산량은 재공품의 완성도를 반영하여 재공품 물량을 완성품 단위로 환산한 것이다. (   )

11. 종합원가계산에서 직접재료가 생산개시시점에 전량 투입된 경우 가중평균법에 의한 직접재료원가 완성품환산량 단위당 원가는 당기에 발생한 직접재료원가와 기초재공품의 직접재료원가의 합을 완성품환산량(완성제품수량과 기말재공품 수량)으로 나누어 산출된다. (   )

12. 종합원가계산에서 가중평균법에 의한 완성품환산량 단위당 원가는 발생한 모든 원가요소를 집계한 당기총제조원가에 기초재공품원가를 가산한 후 그 합계액을 완성품환산량(완성제품수량과 기말재공품의 완성품환산량)으로 나누어 산출한다. 제품제조원가는 완성품환산량 단위당 원가 (직접재료원가+가공원가)에 완성품환산량을 곱하여 계산한다. (   )

13. ㈜서울은 단일제품을 대량으로 생신하고 있으며 종합원가계산제도를 채택하고 있다. 원재료는 공정 초기에 모두 투입되고 가공원가는 공정 전반에 걸쳐 균등하게 발생하고 있다. 9월의 원가계산에 관한 자료는 다음과 같을 때 선입선출법에 의한 직접재료원가 완성품환산량 2,000개, 가공원가의 완성품환산량은 2,300개이다. (   )

〈9월 원가정보〉

1) 기초재공품 800개(완성도 25%) : 직접재료원가 240,000원, 가공원가 30,000원
2) 당월착수 2,000개, 직접재료원가 740,000원, 가공원가 470,000원
3) 월말재공품 400개(완성도 25%)

14. ㈜서울은 단일제품을 대량으로 생산하고 있으며 종합원가계산제도를 채택하고 있다. 원재료는 공정 초기에 모두 투입되고 가공원가는 공정 전반에 걸쳐 균등하게 발생하고 있다. 원가계산에 관한 자료는 13번 문제의 9월 원가정보일 경우 평균법에 의한 직접재료원가 완성품환산량은 2,500개, 가공원가의 완성품환산량은 2,800개이다. (   )

15. ㈜서울은 단일제품을 대량으로 생산하고 있으며 종합원가계산제도를 채택하고 있다. 원재료는 공정 초기에 모두 투입되고 가공원가는 공정 전반에 걸쳐 균등하게 발생하고 있다. 원가계산에 관한 자료는 13번 문제의 9월 원가정보일 경우 평균법에 의한 직접재료원가 완성품환산량 단위당 원가는 350원, 가공원가의 완성품환산량의 단위당 원가는 200원이다. (   )

▮해답: 1. T 2. T 3. T 4. T 5. T 6. T 7. F 8. F 9. T 10. T 11. T 12. T 13. T 14. F 15. T

실·습·문·제

1. 더나은미래㈜는 단일공정에서 단일제품을 생산하고 있으며 재료는 공정착수시점에 전량 투입하고 가공원가는 공정 전반에 걸쳐 균일하게 발생한다. 공정에 대한 정보를 이용하여 평균법, 선입선출법에 의한 제품제조원가를 각각 산출해 보세요.

기초재공품	400개(완성도 50%)	〈기초재공품〉	
당기투입량	2,000개	직접재료원가	₩204,000
당기완성품수량	1,800개	가공원가	₩65,200
기말재공품 수량	600개(완성도 40%)	〈당기투입원가〉	
		직접재료원가	₩300,000
		가공원가	₩200,000

1-1. 생산요소별 완성품환산량은 몇 개입니까?

1-2. 완성품의 제조원가와 기말재공품재고액을 산출하세요.

2. 더나은미래㈜는 단일공정으로 제품을 생산하고 재료는 공정 초기에 모두 투입, 가공비는 전 공정을 통해 균등하게 발생한다. 다음 자료를 이용하여 평균법과 선입선출법에 의해 제품제조원가와 기말재공품 등에 대한 물음에 답하세요.

기초재공품 (200개, 완성도 40%) : 직접재료원가 ₩50,000, 가공원가 ₩20,000
기말재공품 (100개, 완성도 60%)
당기총제조비용 : 직접재료원가 ₩70,000, 가공비 ₩24,800
당기완성품 수량 : 500개

2-1. 생산요소별 완성품환산량은 몇 개입니까?

2-2. 완성품의 제조원가와 기말재공품재고액을 산출하세요.

3. 더나은미래㈜는 공정 초기에 원재료를 전액 투입하며, 가공원가는 공정 전반에 걸쳐 균등하게 발생한다고 가정했을 때 물음에 답하기 바랍니다.

	수량	완성도	직접재료원가	가공원가
기초재공품	1,000개	50%	₩3,000,000	₩1,199,000
당기착수	12,000		10,000,000	6,000,000
당기완성	10,000			
기말재공품	3,000	50%		

3-1. 평균법과 선입선출법에서의 생산요소별 완성품환산량은 몇 개입니까?

3-2. 평균법과 선입선출법에서의 완성품의 제조원가를 산출하세요.

4. 재료는 공정 초기에 전액 투입되며, 가공비는 공정 전반에 걸쳐 균등하게 발생한다고 가정했을 때 물음에 답하기 바랍니다.

〈수량정보〉	
기초재공품(60%)	10,000
당기착수량	100,000
기말재공품(50%)	20,000
〈기초원가정보〉	
직접재료원가	₩1,000,000
가공원가	₩600,000
〈당기원가정보〉	
직접재료원가	₩12,000,000
가공원가	₩3,600,000

4-1. 평균법과 선입선출법에서의 생산요소별 완성품환산량은 몇 개입니까?

4-2. 평균법과 선입선출법에서의 완성품의 제조원가와 기말재공품재고액을 산출하세요.

5. 더나은미래㈜의 제조공정에 관한 자료이다. 원재료는 공정 초기에 전량 투입되고, 가공비는 전체 공정에 걸쳐 균등하게 발생한다. 당사는 선입선출법을 적용하여 제품원가를 계산하고 있다.

(1) 생산물량 (단위: 개)

	수량	완성도
기초재공품	50,000	60%
기말재공품	60,000	50%
당기투입	150,000	–

(2) 원가자료

	직접재료원가	가공비	합계
기초재공품	400,000	300,000	700,000
당기투입	3,600,000	3,220,000	6,820,000

5-1. 완성품환산량과 환산량 단위당 원가를 계산하세요.

5-2. 완성품원가와 기말재공품원가를 계산하세요.

▎실습문제 풀이

1. 1–1.

(1) **평균법**

재공품

	수량(환산량)	금액		수량(환산량)
기초재고	400(완성도 50%)		당기 완성	1,800
직접재료원가	400	₩204,000	직접재료원가	1,800
가공원가	200	₩65,200	가공원가	1,800
당기투입	2,000		기말재공품(완성도 40%)	600
직접재료원가		₩300,000	직접재료원가	600
가공원가		₩200,000	가공원가	240

- 직접재료 완성품환산량 2,400
  = 당기직접재료 완성품환산량 1,800 + 기말직접재료 완성품환산량 600
- 가공원가 완성품환산량 2,040
  = 당기가공원가 완성품환산량 1,800 + 기말가공원가 완성품환산량 240

(2) 선입선출법

재공품

	수량(환산량)	금액		수량(환산량)
기초재고	400(완성도 50%)		당기 완성	1,800
직접재료원가	400	₩204,000	(기초재고 400, 당기 1,400)	
가공원가	200	₩65,200	직접재료원가	1,400
당기투입	2,000		가공원가	1,600
직접재료원가		₩300,000	기말재공품(완성도 40%)	600
가공원가		₩200,000	직접재료원가	600
			가공원가	240

- 직접재료 완성품환산량 2,000
  =당기직접재료 완성품환산량 1,400+기말재료 완성품환산량 600
- 가공원가 완성품환산량 1,840
  =당기가공원가 완성품환산량 1,400+기초가공원가 완성품환산량 200
  +기말가공원가 완성품환산량 240

1–2.

(1) 평균법

- 직접재료 완성품환산량 단위당 원가: (204,000+300,000)/2,400=₩210
- 가공원가 완성품환산량 단위당 원가: (65,200+200,000)/2,040=₩130

- 완성품 제조원가: 1,800×(210+130)=₩612,000
- 기말재공품재고액: 600×210+240×130=₩157,200

(2) 선입선출법

- 직접재료 완성품환산량 단위당 원가: 300,000/2,000=₩150
- 가공원가 완성품환산량 단위당 원가: 200,000/1,840=₩108.69

- 완성품 제조원가: 1,400×150+1,600×108.69+269,200=₩653,104
- 기말재공품재고액: 600×150+240×108.69=₩116,086

2. 2-1.

(1) 평균법

재공품

	수량(환산량)	금액		수량(환산량)
기초재고	200(완성도 40%)		당기 완성	500
직접재료원가	200	₩50,000	(기초재고 200, 당기 300)	
가공원가	80	₩20,000	직접재료원가	500
당기투입	400		가공원가	500
직접재료원가		₩70,000	기말재공품(완성도 60%)	100
가공원가		₩24,800	직접재료원가	100
			가공원가	60

- 직접재료 완성품환산량 600
  = 당기직접재료 완성품환산량 500 + 기말직접재료 완성품환산량 100
- 가공원가 완성품환산량 560
  = 당기가공원가 완성품환산량 500 + 기말가공원가 완성품환산량 60

(2) 선입선출법

재공품

	수량(환산량)	금액		수량(환산량)
기초재고	200(완성도 40%)		당기 완성	500
직접재료원가	200	₩50,000	(기초재고 200, 당기 300)	
가공원가	80	₩20,000	직접재료원가	300
당기투입	400		가공원가	420
직접재료원가		₩70,000	기말재공품(완성도 60%)	100
가공원가		₩24,800	직접재료원가	100
			가공원가	60

- 직접재료 완성품환산량 400
  = 당기직접재료 완성품환산량 300 + 기말직접재료 완성품환산량 100
- 가공원가 완성품환산량 480
  = 당기가공원가 완성품환산량 300 + 기초가공원가 완성품환산량 120
  \+ 기말가공원가 완성품환산량 60

2-2.

(1) 평균법

- 직접재료 완성품환산량 단위당 원가: (50,000 + 70,000)/600 = ₩200
- 가공원가 완성품환산량 단위당 원가: (20,000 + 24,800)/560 = ₩80

- 완성품 제조원가: 500 × (200 + 80) = ₩140,000
- 기말재공품재고액: 100 × 200 + 60 × 80 = ₩24,800

(2) 선입선출법

- 직접재료 완성품환산량 단위당 원가: 70,000/400 = ₩175
- 가공원가 완성품환산량 단위당 원가: 24,800/480 = ₩51.67

- 완성품 제조원가: 300 × 175 + 420 × 51.67 + 50,000 + 20,000 = ₩144,201
- 기말재공품재고액: 100 × 175 + 60 × 51.67 = ₩20,600

3. 3-1.

(1) 평균법

- 완성품환산량 직접재료원가 ₩13,000 = 10,000 + 3,000
- 가공원가 ₩11,500 = 10,000 + 3,000 × 50%

(2) 선입선출법

- 완성품환산량 직접재료원가 ₩12,000 = 9,000 + 3,000
- 가공원가 ₩11,000 = 9,000 + 3,000 × 50% + 1,000 × 50%

3-2.

(1) 평균법

- 직접재료 완성품환산량 단위당 원가: ₩13,000,000/13,000 = ₩1,000
- 가공원가 완성품환산량 단위당 원가: ₩7,199,000/11,500 = ₩626

- 완성품 제조원가 ₩16,260,000 = (1,000 + 626) × 10,000
- 기말재고액 ₩3,939,000 = 3,000 × 1,000 + 1,500 × 626

(2) 선입선출법

- 직접재료 완성품환산량 단위당 원가: ₩10,000,000/12,000 = ₩833.33
- 가공원가 완성품환산량 단위당 원가: ₩6,000,000/11,000 = ₩545.45

- 완성품 제조원가 ₩16,880,745 = 833.33 × 9,000 + 3,000,000 + 545.45 × 9,500 + 1,199,000
- 기말재고액 ₩3,318,165 = 3,000 × 833.33 + 1,500 × 545.45

4. 4-1.

(1) 평균법

재공품

	수량(환산량)	금액		수량(환산량)
기초재고	10,000(완성도 60%)		당기 완성	90,000
직접재료원가	10,000	₩1,000,000	(기초재고 10,000, 당기 80,000)	
가공원가	6,000	₩600,000	직접재료원가	90,000
당기투입	100,000		가공원가	90,000
직접재료원가		₩12,000,000	기말재공품(완성도 50%)	20,000
가공원가		₩3,600,000	직접재료원가	20,000
			가공원가	10,000

- 직접재료 완성품환산량 110,000 = 90,000 + 20,000
- 가공원가 완성품환산량 100,000 = 90,000 + 10,000

(2) 선입선출법

재공품

	수량(환산량)	금액		수량(환산량)
기초재고	10,000(완성도 60%)		당기 완성	90,000
직접재료원가	10,000	₩1,000,000	(기초재고 10,000, 당기 80,000)	
가공원가	6,000	₩600,000	직접재료원가	80,000
당기투입	100,000		가공원가	84,000
직접재료원가		₩12,000,000	기말재공품(완성도 50%)	20,000
가공원가		₩3,600,000	직접재료원가	20,000
			가공원가	10,000

- 직접재료 완성품환산량 100,000 = 80,000 + 20,000
- 가공원가 완성품환산량 94,000 = 80,000 + 4,000 + 10,000

4-2.

(1) 평균법

- 직접재료 완성품환산량 단위당 원가: (1,000,000 + 12,000,000)/110,000 = ₩118.18
- 가공원가 완성품환산량 단위당 원가: (600,000 + 3,600,000)/100,000 = ₩42
- 완성품 제조원가: 90,000 × (118.18 + 42) = ₩14,416,200
- 기말재공품재고액: 20,000 × 118.18 + 10,000 × 42 = ₩2,783,600

(2) 선입선출법

- 직접재료 완성품환산량 단위당 원가: 12,000,000/100,000 = ₩120
- 가공원가 완성품환산량 단위당 원가: 3,600,000/94,000 = ₩38.29
- 완성품 제조원가: 80,000 × 120 + 84,000 × 38.29 + 1,600,000 = ₩14,416,360
- 기말재공품재고액: 20,000 × 120 + 10,000 × 38.29 = ₩2,782,900

5.

재공품

	수량(환산량)	금액		수량(환산량)
기초재고	50,000(완성도 60%)		당기 완성	140,000
직접재료원가	50,000	₩400,000	(기초재고 50,000, 당기 90,000)	
가공원가	30,000	₩300,000	직접재료원가	90,000
당기투입	150,000		가공원가	110,000
직접재료원가		₩3,600,000	기말재공품(완성도 50%)	60,000
가공원가		₩3,220,000	직접재료원가	60,000
			가공원가	30,000

5-1.

* 완성품환산량

- 직접재료의 완성품환산량 150,000 = 90,000 + 60,000
- 가공원가의 완성품환산량 140,000 = 90,000 + 20,000 + 30,000

* 완성품환산량 단위당 원가

- 직접재료의 완성품환산량 단위당 원가 ₩24 = 3,600,000/150,000
- 가공원가의 완성품환산량 단위당 원가 ₩23 = 3,220,000/140,000

5–2.

- 완성품원가 = 90,000 × ₩24 + 110,000 × ₩23 + 700,000 = ₩5,390,000
- 기말재공품원가 = 60,000 × ₩24 + 30,000 × ₩23 = ₩2,130,000

BUSINESS ACCOUNTING MANAGEMENT

07

활동기준원가계산

1 활동기준원가계산 개요

1.1 활동기준원가계산의 개요

오늘날 생산방식이 종전 소품종 대량생산에서 다품종 소량생산체제로 변화하고 공장의 생산라인이 자동화, 로봇화됨에 따라서 노무원가의 비중은 상대적으로 줄어들고 제조간접원가의 비중이 증가하고 있다. 다양한 제품생산에 공통으로 발생한 많은 금액의 제조간접원가는 단순히 기계가동시간 등에 의한 배부보다 좀 더 정교한 방법으로 배부할 필요성이 증대되어 활동기준원가 배부방법이 대두하게 되었다.

제품의 다양성과 품질에 대한 소비자들의 높은 요구는 다양한 제품 디자인과 설계, 엄격한 품질관리를 요구하여, 이와 관련된 많은 제조간접원가를 발생시킨다. 제품 종류 수의 증가와 제품의 다양화로 인하여 기존의 단순한 제조간접원가 배부방식에 의한 원가계산은 원가배분의 왜곡현상을 초래할 수 있고 제품별 정확한 손익계산의 부정확성으로 잘못된 의사결정을 하게 할 수 있다. 총제조원가 중 제조간접원가의 비중 증가는 제조간접원가 배부가 제품원가에 차지하는 비중이 크게 증가되어 개별 제품의 수익성 분석에 큰 영향을 줄 수 있다. 이에 따라 기업의 활동을 분석하여 각각의 원가동인을 통해 보다 정확하게 원가계산의 중요성이 더욱 증대되고 있다.

■ 활동기준원가계산 개념

활동기준원가계산(activity-based costing)은 기업의 경영활동을 기준으로 한 원가계산으로 전통적인 원가계산의 대상인 제품이나 서비스가 원가를 발생시키는 것이 아니라 활동이 원가를 발생시킨다는 전제하에 소비된 자원(원가)을 활동에 배부한다. 최종 원가대상인 제품이나 서비스가 해당 활동을 얼마나 소비했는가를 파악해서 원가를 계산하는 방식을 말한다. 이러한 방식은 소품종 다량생산방식의 기업에 상대적으로 정확한 원가정보를 제공하고, 정확한 원가를 바탕으로 제품별이나 서비스별 수익성 분석을 가능함으로써 제품별 성과평가를 공정하게 할 수 있다. 원가를 원가대상에 직접 추적하는 것이 아니라, 원가를 소비하는 활동과 활동을 소비하는 원가대상 간의 인과관계를 추적하여 원가계산을 하는 개념이다. 활동기준원가관리는 자원을 소비하고 고객에 가치를 전달해 주는 활동을 파악해서, 활동을 중심으로 원가를 집계하고 제품에 배부하게 된다. 이러한 활동단위, 활동별 시간, 횟수 등의 비재무적 정보는 전통적인 원가계산에서는 불가능한 정보로 원가의 발생과 소비에 대한 인식에 있어서 본질적인 차이가 있다.

■ 활동기준원가계산의 기본요소

활동기준원가계산의 기본요소는 자원, 활동, 원가대상, 자원동인, 활동동인이다. 자원(resources)은 활동을 수행하기 위하여 사용되거나 소비되는 경제요소로 기업에서 운영하고 있는 자원에 대하여 소비되거나 사용된 것을 화폐단위로 표시한 원가이다. 생산인력, 원재료, 공장기계 등 자원의 소비는 재료원가, 노무원가, 감가상각비 등의 원가로 나타나게 된다. 활동(activity)은 기업 내에서 수행되는 일 또는 일의 집합으로 특정의 목적을 달성하기 위하여 수행되는 일련의 활동의 집합을 의미한다. 공장사무실 직원들이 제품에 필요한 원자재를 주문하는 활동, 원자재 창고의 자재를 관리하는 활동, 공장기계설비의 수선유지하는 활동 등을 의미하고, 이러한 활동에 자원을 소비하게 되고 이로 인하여 원가가 발생하게 된다. 원가대상(cost object)은 최종적으로 원가를 부과하고자 하는 측정대상으로 제품 또는 서비스 등이다. 원가정보의 종류나 형태를 말할 때 원가대상이 무엇인지를 의미하게 된다. 원가대상은 제품/서비스나 원가정보의 필요성에 따라 유통경로, 판매지역, 수출 등 다양하게 설정할 수 있다. 자원동인(resource cost driver)은 활동에 의하여 소비되는 자원의 양을 측정하기 위한 기준으로 정의할 수 있다. 자원을 활동별로 할당하여 활동원가를 산출하기 위한 것으로서 소비된 자원, 즉 원가와 활동과의 인과관계에 의해 결정된다. 자원동인을 설정할 때에는 자원과 활동 간의 논리적 인과관계에 기초하여야 하며 계속적으로 수집이 가능한 계량적 형태의 것이어야 한다. 활동동인(activity cost driver)은 원가대상에 의해 소비되는 활동의 양을 측정하기 위한 기준으로서 활동원가를 원가대상으로 할당하기 위해 사용된다. 이는 자원동인이 자원을 활동으로 할당하는 기준으로 전통적 원가계산방법에서 원가배부기준(직접노무원가, 직접노무시간 등)이라고 하는 개념과 유사한 개념이라 할 수 있을 것이다. 활동기준원가계산의 요소 등 간 관계는

그림 7-1 ABC 요소 간 관계

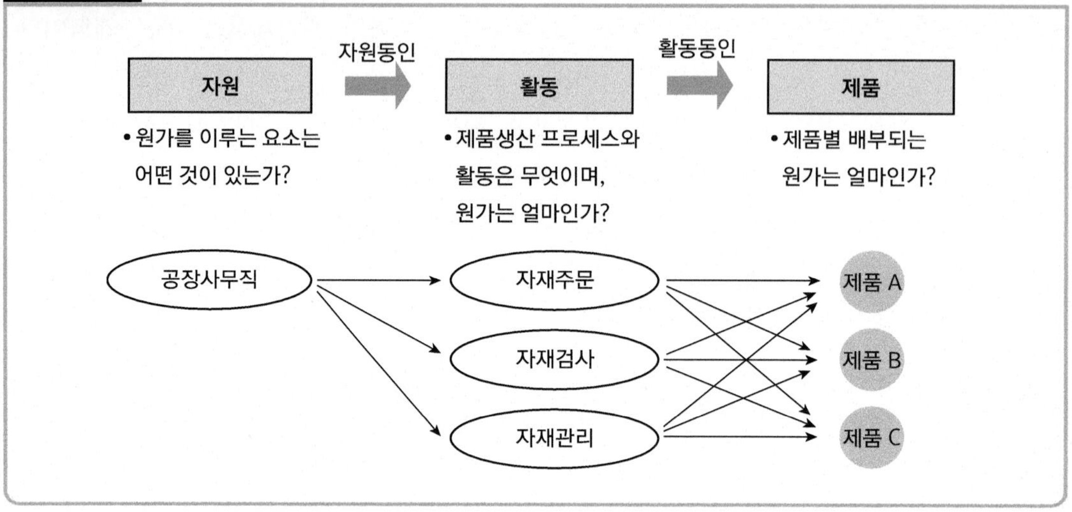

[그림 7-1]과 같다.

■ 활동과 원가발생 유형

조직에서의 활동은 조직의 각 부문 임무수행에 필요한 세부적인 업무프로세스에 따라서 활동주체인 조직구성원이나 각종 기계설비 등을 결합하여 행동하는 것을 의미한다. 이러한 활동은 조직 내에서 세부적인 활동과 그에 대한 원가동인을 면담, 관찰, 설문조사 등의 여러 가지 방법을 통하여 파악할 수 있다. 기업의 경영활동은 생산활동, 판매 및 마케팅활동, 관리활동, 연구개발활동, 자재관리활동, 인사관리활동 등 여러 가지 활동으로 세분화할 수 있다. 이러한 기업의 경영활동에는 인적, 물적 자원이 사용되고 이렇게 사용된 자원이 원가로 발생하고 이런 원가가 활동에 의한 원가동인량에 따라서 제품에 부과된다. 활동기준원가계산에서 원가발생을 초래하는 원가발생 요인인 원가동인(cost driver)이 활동원가의 배부기준이 되며 활동원가를 발생시킨 활동의 수준을 측정하는 지표이다. 활동과 원가동인을 예를 들어 살펴보면 제품연구개발활동은 연구개발하는 제품종류 수, 재료구매활동은 구매하는 재료종류 수, 품질관리활동은 품질검사 건수가 원가동인이 된다.

활동기준원가계산에서는 생산과 지원활동을 구분하여 각 수준의 활동을 단위수준활동, 묶음수준활동, 제품수준활동, 설비유지활동의 4가지 활동중심점으로 구분하여 세분화한다.

① 단위수준활동: 제품의 생산량에 따라 제품단위별로 원가가 발생하는 활동으로서 생산단위에 비례하는 원가이며 제품의 제조를 위한 기계운전시간, 직접작업시간, 전수 품질검사 등과 같이 제품단위량과 비례하는 활동이다.

② 묶음수준활동: 제품의 생산량단위보다는 일정한 양의 제품묶음단위로 이루어지는 활동으로서 제품묶음단위인 생산준비작업, 원재료 주문, 묶음별 품질검사 등이 있다.

③ 제품수준활동: 제품의 종류에 비례하여 나타나는 활동으로서 묶음 수와 관계없이 제품별로 일정하게 원가가 발생하며, 제품의 개발 · 유지 · 개선을 위해 발생하는 원가, 제품연구개발비 등이 있다.

④ 설비유지활동: 생산공장 전체의 제조공정을 유지, 관리하는 활동으로서 생산량, 묶음 수, 제품 수 어느 것과도 무관하게 거의 일정하게 발생하는 공장의 감가상각비, 화재보험료 등이 있다. 적절한 원가동인이 찾기가 어려우며 단일 활동중심점으로 집계하여 기계작업시간 등을 기준으로 임의 배부한다.

1.2 활동기준원가계산과 전통적 원가계산의 비교

전통적 원가계산제도에서는 구매주문, 작업준비, 품질검사 등의 활동이 원가에 미치는 영향을 무시하고 단순히 직접노동시간, 기계시간 등의 조업도를 기준으로 하여 제조간접비를 제품에 배부한다. 구매주문, 작업준비, 품질검사 등의 활동을 자주 해야 하는 낮은 조업도의 제품원가는 실제보다 과소평가되고 반대의 경우에는 오히려 과대평가되는 문제점이 있다. 조업도 기준으로 제조간접비를 배부하는 전통적 원가계산제도는 다양한 제품을 생산하는 데 소비되는 활동이 크게 다를 경우나 비단위수준활동(묶음수준, 제품수준, 설비수준활동)의 제조간접원가를 정확하게 배부할 수 없어서 원가배부의 왜곡현상이 발생할 수 있다.

활동기준원가계산제도에서는 이러한 원가왜곡을 줄이기 위해 각각의 활동별로

표 7-1 전통적 원가계산과 활동기준원가계산의 비교

구분	전통적 원가계산	활동기준원가계산
원가주체	제품	활동
생산제품	소품종 대량생산제품	다품종 소량생산제품
원가구조	직접노무원가의 비중이 큼	제조간접원가의 비중이 큼
원가계산	제품	활동
제조간접원가 배부	조업도 기준	원가동인
제조간접원가 집계	공장 전체 또는 부문별 집계	활동별 집계

원가를 집계하고 원가동인 배부기준으로 하여 소비된 활동에 따라 제조간접원가를 제품에 배부한다. 활동기준원가계산은 제조간접비의 추적가능성을 향상시켜 상대적으로 정확한 원가자료를 산출할 수 있으므로 다품종 소량생산을 주로 하고 원가요소 중 제조간접원가의 비중이 큰 기업에 매우 적합하다. 전통적 원가계산과 활동기준원가계산의 차이점은 〈표 7-1〉과 같다.

제조환경 측면에서 활동기준원가계산은 종전 노동집약적인 환경에서 자본과 기술집약적인 환경으로 생산공정이 자동화된 환경에서 다품종 소량생산이 이루어지는 기업에서 도입되어 운영되고 있다. 그 외에도 원가발생주체, 제품, 원가구조, 제조간접원가 배부 및 집계 등의 측면에서 차이가 있다.

이처럼 활동기준원가계산은 자원-활동-원가의 인과관계에 기초한 제조간접원가 배분을 통해 제품원가계산을 상대적으로 정확하게 할 수 있으며 수익성에 대한 올바른 의사결정을 할 수 있다. 활동별로 원가를 관리함에 따라 비부가가치활동을 제거하여 제품원가를 절감할 수 있게 한다. 제품생산활동에는 인적, 물적 자원을 사용하게 되고 활동기준에 자원의 양과 자원을 소비하는 시간, 활동동인이 많을수록, 각 동인이 길어질수록 제품가격이 높아진다.

2 활동기준원가계산 절차 및 방법

2.1 활동기준원가계산 방법 및 절차

활동기준원가계산은 기업의 경영활동을 분석하여 우선 활동별로 제조간접원가를 집계하여야 한다. 활동별 제조간접원가 발생을 일으키는 원가동인을 파악하고 활동별 원가동인량을 측정하여야 한다. 활동별 제조간접원가 배부율은 활동별 제조간접원가를 활동별 원가동인량으로 나누어 산출한다. 마지막으로 제품별 원가계산은 제품별 원가동인 수와 활동별 제조간접원가 배부율에 의하여 산출된다. 이상의 내용을 아래와 같이 정리해 볼 수 있다.

【ABC원가계산 절차】

1단계: 활동분석
2단계: 각 활동별 제조간접원가 집계
3단계: 활동별 원가동인의 결정
4단계: 활동별 제조간접원가 배부율 결정
5단계: 제품별 원계계산

활동기준원가계산은 제조간접부문에서 일하는 종업원들과의 면담을 통하여 주요 활동을 기술하고 분석하는 것이 첫 번째 단계이다. 유사한 활동들을 하나의 활동으로 묶을 때 서로 같은 활동들을 묶어야 한다. 이렇게 묶은 활동원가단위로 제품을 생산함에 따라 소비되는 자원의 원가를 집계하게 되고 활동원가단위에 대한 활동원가동인을 결정하게 된다. 예를 들어, 고객주문 활동단위는 고객의 주문을 받고 처리하는 과정에서 소비되는 모든 자원이 배부되므로 원가동인은 고객주문 횟수가 될 것이다. 활동원가단위별 제조간접원가가 집계되고 원가동인량이 측정이 되면 제조간접원가발생액에서 원가동인량을 나누어 활동별 제조간접원가 배부율을 산출할 수 있다. 마지막 단계로 제품별 원가동인량에 활동별 제조간접원가 배부율을 적용하여 제품별 제조간접원가를 배부하게 된다.

예제 7-1

우수상생㈜는 가정용 가구와 사무용 가구를 생산하며 직접재료원가와 직접노무원가 관련한 정보는 아래 표와 같다.

(1) 생산량 및 직접원가

	가정용 가구	사무용 가구
생산량	20,000	10,000
단위당 직접재료원가	₩70,000	₩100,000
단위당 직접노무원가	₩40,000	₩60,000

(2) 제조간접원가

활동	원가동인	활동별 원가	제품별 원가동인 수		
			가정용	사무용	합계
재료주문	주문횟수	100,000,000	6,000	4,000	10,000
작업지시	지시횟수	50,000,000	3,000	7,000	10,000
기계작업	기계가동시간	300,000,000	40,000	60,000	100,000
품질검사	검사횟수	150,000,000	30,000	70,000	10,000

전통적 원가계산의 제조간접원가 배부기준은 직접노무원가에 따라 배부한다.

1. 활동기준원가계산에 의한 제품제조원가를 계산하세요.
2. 전통적 원가계산에 의한 제품제조원가를 계산하세요.

풀이

1. 활동기준원가계산

(1)

활동	원가동인	제조간접원가	원가동인량	배부율
재료주문	주문횟수	100,000,000	10,000	10,000
작업지시	지시횟수	50,000,000	10,000	5,000
기계작업	기계가동시간	300,000,000	100,000	3,000
품질검사	검사횟수	150,000,000	10,000	15,000

(2) 제품별 제조간접원가 배분

활동	원가동인	활동별 원가	제품별 원가동인 수	
			가정용 가구	사무용 가구
재료주문	주문횟수	100,000,000	60,000,000	40,000,000
작업지시	지시횟수	50,000,000	15,000,000	35,000,000
기계작업	기계가동시간	300,000,000	120,000,000	180,000,000
품질검사	검사횟수	150,000,000	45,000,000	105,000,000
합계		600,000,000	240,000,000	360,000,000

(3) 제품제조원가

	가정용 가구	사무용 가구
직접재료원가	1,400,000,000	1,000,000,000
직접노무원가	800,000,000	600,000,000
제조간접원가	240,000,000	360,000,000
제품제조원가	2,440,000,000	1,960,000,000

2. 전통적 원가계산에 의한 제품제조원가 계산

(1) 제조간접원가 배부

제조간접원가 배부율 = 총제조간접원가 발생액/직접노무원가
= 600,000,000/1,400,000,000
= 0.42857

제조간접원가 배부: 가정용 가구 342,856,000 사무용 가구 257,142,000

(2) 제품제조원가

	가정용 가구	사무용 가구
직접재료원가	1,400,000,000	1,000,000,000
직접노무원가	800,000,000	600,000,000
제조간접원가	342,856,000	257,142,000
제품제조원가	2,542,856,000	1,857,142,000

2.2 활동기준관리

활동기준관리(ABM: Activity Based Management)는 활동기준원가계산을 통해 산출된 다양한 정보(원가정보, 활동정보, 원가동인 등)를 이용하여 경영과정(management process)을 개선해가는 과정을 의미한다. 활동기준관리의 내용을 살펴보면 원가동인의 분석을 통하여 활동원가 절감을 통한 고객가치를 높이고 수익성을 개선하는 것이며, 활동분석을 통해 부가가치활동과 비부가가치활동을 구분하고 비부가치활동을 제거하여 시간과 노력, 원가절감을 할 수 있게 한다.

부가가치활동은 고객이 가치 있게 여기는 활동이며, 비부가가치활동은 고객이 가치 없게 여기는 활동이다. 비부가가치활동은 고객에게 아무런 만족을 주지 못하면서 원가를 발생시키므로, 이러한 활동원가를 찾아내어 없애는 것이 가장 효율적인 원가절감이다. 대표적인 비부가가치활동은 재작업, 재고보관, 운송물류 등이다. 재작업은 제품을 생산한 후 품질문제가 발견되면 잘못된 부분을 찾아내어 고치는 활동을 말한다. 기업은 재작업으로 품질문제를 해결하기보다는 처음부터 불량품을 생산하지 않도록 노력하는 것이 더 바람직하다. 재고보관은 재료나 제품의 수요가 불규칙하거나, 생산공정흐름의 수급의 불균형으로 인해 추가적인 원가가 발생하지 않도록 적정재고를 유지하여야 한다. 운송물류는 원자재 공급지와 생산지, 또는 제품 생산지와 판매점 사이의 이동거리가 최소화될 수 있도록 물류거점을 확보하여 물류비용을 최소화하여야 한다. 더 나아가서는 부품공급 협력업체를 자사 공장 내 혹은 인근지역에 입지하는 방안을 강구한다면 운송거리와 시간을 줄이고 물류비용을 줄일 수 있다. 또한 활동의 효율성, 품질, 활동수행시간 등을 활동 성과를 측정하여 부가가치원가와 비부가가치원가에 의한 원가관리, 예산편성 등에 활용할 수 있다.

■ **활동기준원가계산 도입 대상**

활동기준원가계산은 시스템 구축 등의 투자비와 운영비용이 따른다. 활동기준원가계산 도입으로 인해 발생하는 원가보다 효익이 더 있어야 가치가 있다. 제품의 원가요소에서 간접원가의 점유 비중이 크고 다품종 소량생산하는 기업, 현재 계산된 원가와 이익수치가 비현실적이어서 원가계산 왜곡이 의심되는 기업의 경우에는 활동기준원가계산의 도입이 바람직할 것이다.

■ 활동기준원가계산의 한계

활동기준원가계산은 전통적인 원가계산에 비하여 복잡하고 정교한 시스템으로 원가계산의 기본이 되는 활동을 분석하고 운영하는 데 많은 비용이 소요된다. 각 활동구분의 기준이 명확하지 않고 원가동인을 모두 찾아내는 것은 어려우며 주관적 의견이 개입될 가능성이 있다. 적절한 원가동인을 찾기 어려운 항목은 자의적인 배부기준이 사용되는 가능성이 있으며 원가항목 간의 상호 영향으로 인해 독립적 분리가 어려운 한계점 등이 있으므로 간접원가의 규모, 생산방식 등의 특성을 고려하여 활동기준원가계산을 도입, 운영해야 할 것이다.

확·인·문·제

※ 각 문항의 설명 중 옳은 것에는 T, 틀린 것에는 F를 하시오.

01. 오늘날 생산공정이 자동화되고 로봇화됨에 따라 제조원가 중에서 직접노무원가는 축소되는 반면에 제조간접원가는 확대되고 있어서 직접노무시간이나 기계가동시간 등에 의한 제조간접원가 배분은 원가배분의 왜곡을 발생시킬 수 있다. (   )

02. 소품종 대량생산체제에서 다품종 소량생산체제로 변화됨에 따라서 제품별 수익성에 의한 의사결정이 중요하므로 활동기준원가계산을 채택하는 기업이 많다. (   )

03. 활동기준원가계산은 활동에 따라 자원이 소비되므로 유사한 활동을 묶어서 활동단위로 원가집계를 하고 원가동인을 측정하여 원가를 배분하는 방법이다. (   )

04. 단위수준활동은 제품의 생산량보다는 1회 구매량이나 1회 생산량에 비례하는 활동으로 작업준비활동이 이에 해당된다. (   )

05. 배치수준활동은 제조하는 제품 생산량이나 직접작업시간과 같이 제품 생산량과 비례하는 활동으로 제품 검수활동이 이에 해당된다. (   )

06. 제품수준활동은 제품의 생산량보다도 제품의 종류에 비례하는 활동으로 재료구매활동이나 제품설계 활동 등이 이에 해당된다. (   )

07. 자원원가동인은 자원의 소비를 결정하는 요인 또는 그 요인의 양을 측정하는 척도를 의미하며 자원의 소비에 의하여 발생하는 원가를 자원소비활동으로 추적하는 기준으로 활용된다. (   )

08. 활동기준원가계산의 각 활동의 원가동인을 모두 찾아내는 것은 어렵지 않으며, 적절한 원가동인을 찾아 객관적인 배부기준을 적용한다. (   )

09. 활동별 제조간접원가가 집계되고 원가동인량이 측정이 되면 활동별 원가동인량을 기준으로 활동별 제조간접원가를 배부하게 된다. (   )

10. 활동기준원가계산은 제품별 원가동인 수와 활동별 제조간접원가 배부율에 의하여 산출된다. (　　　)

11. 전통적 원가계산방식에 따라 A제품, B제품에 공통으로 발생한 제조간접원가 ₩5,000,000을 직접노무시간 기준으로 배부할 경우 A제품과 B제품의 직접노무시간이 각각 400시간, 600시간이면 제조간접원가 배부율은 시간당 ₩5,000이고 A제품에 부과되는 제조간접원가는 ₩3,000,000이다. (　　　)

12. ABC원가계산은 〈활동분석을 통한 활동중심점 설정 및 원가집계 → 원가동인 및 배부율 산정 → 제품별 원가배분〉 순으로 진행하면 된다. (　　　)

13. 활동기준원가계산은 전통적 원가계산에 비해 정확한 원가계산을 할 수 있으므로 활동기준원가계산 방법을 도입하는 것이 항상 좋다고 할 수 있다. (　　　)

14. 당기에 발생된 활동별 실제원가는 작업준비활동 ₩20,000, 조립활동 ₩40,000, 품질검사활동 ₩30,000이었다. 다음의 생산관련 활동에 대한 자료를 활용한 제품 B의 제조간접원가는 ₩50,000이다. (　　　)

활동별 원가동인:			
	작업준비활동(횟수)	제품 A 4회	제품 B 6회
	조립활동(기계작업시간)	제품 A 5시간	제품 B 5시간
	품질검사(검사시간)	제품 A 2시간	제품 B 3시간

▮ 해답: 1. T 2. T 3. T 4. F 5. F 6. T 7. T 8. F 9. T 10. T 11. F 12. T 13. F 14. T

실·습·문·제

1. 더나은미래㈜는 활동기준원가계산을 채택하고 있으며 제품 일반냉장고와 김치냉장고를 생산하고 있다. 일반냉장고와 김치냉장고의 활동구분, 원가동인, 활동별 원가, 활동동인량에 대한 정보는 다음과 같다.

(1) 생산요소별 원가 발생

	일반냉장고	김치냉장고
생산량	100,000	80,000
직접재료원가	200,000	150,000
직접노무원가	150,000	100,000

(2) 활동기준원가 정보

활동구분	원가동인	활동별 원가	활동동인량		
			일반냉장고	김치냉장고	합 계
작업준비활동	작업준비횟수	180,000	10	8	18
절삭작업활동	기계작업시간	840,000	3,000	1,200	4,200
품질검사활동	검사시간	120,000	140	100	240

1-1. 활동기준원가계산에 의한 일반냉장고와 김치냉장고의 제조간접원가 배부액은 얼마입니까?

1-2. 활동기준원가계산에 의한 일반냉장고와 김치냉장고의 제조원가는 얼마입니까?

1-3. 직접노무원가기준으로 제조간접원가를 배부한다면 일반냉장고와 김치냉장고의 제조간접원가와 제품제조원가는 얼마입니까?

2. 더나은미래㈜는 활동기준원가계산방법을 사용하며 보급형 자동차와 고급형 자동차 두 가지 제품을 생산하고 있다. 보급형 자동차의 연간 생산 및 판매량은 1,000,000단위이고 고급형 자동차는 100,000단위이다. 회사는 세 가지의 활동을 수행하고 있으며, 보급형 자동차와 고급형 자동차의 활동기준원가 정보는 다음과 같다.

활동집합	원가동인	제조간접비	원가동인의 수	
			보급형	고급형
작업준비	준비횟수	8,000,000	8	2
기계작업	기계운전시간	15,000,000	4,200	600
도색작업	도색횟수	11,000,000	1,000,000	100,000
품질검사	검사건수	4,200,000	500	100

2-1. 각 활동별 제조간접원가 배부율은 얼마입니까?

2-2. 보급형 자동차의 제조간접원가 배부액은 얼마입니까?

2-3. 고급형 자동차의 제조간접원가 배부액은 얼마입니까?

3. 더나은미래㈜는 제품 A와 B를 생산하고 활동기준원가계산을 채택하고 있다. 생산 관련 실제 발생한 제조간접원가는 ₩60,000,000이며 각 활동별 원가관련정보는 다음과 같다.

활동구분	원가동인	제조간접비	원가동인의 수	
			A제품	B제품
엔지니어링활동	작업시간	10,000,000	300시간	500시간
기계가동활동	기계운전시간	30,000,000	2,500시간	3,500시간
품질검사활동	검사횟수	20,000,000	40회	85회

3-1. 각 활동별 제조간접원가 배부율은 얼마입니까?

3-2. 각 제품의 제조간접원가 배부액은 얼마입니까?

4. 더나은미래㈜는 고급형과 보급형 두 가지 스마트폰을 생산하고 있으며 20×2년 5월 생산량은 보급형 스마트폰 100,000대, 고급형 스마트폰 40,000대 생산을 계획하고 있다. 제조간접원가 발생액은 ₩100,000,000이다.

(1) 원가정보

구분	고급형	보급형
직접노무시간	단위당 1시간	단위당 0.6시간
총 계	40,000시간	60,000시간

(2) 활동중심점별 원가동인 정보

활동중심점	원가동인	제조간접원가	원가동인량		
			계	고급형	보급형
자재주문	주문횟수	5,000,000	200회	140	60
작업지시	작업지시횟수	12,000,000	100회	70	30
기계가동	기계가동시간	80,000,000	8,000시간	6,250	1,750
품질검사	검사횟수	3,000,000	125회	100	25
제조간접원가 합계		100,000,000			

4-1. 직접노무시간기준으로 배부하였을 경우 고급형과 보급형 제조간접원가는 각각 얼마인가요?

4-2. 활동기준으로 배부하였을 경우에 고급형과 보급형의 제조간접원가는 각각 얼마인가요?

5. 더나은미래㈜는 고급형과 보급형 두 가지 스마트폰을 생산하고 있으며 20×2년에 ₩100,000,000의 제조간접원가와 고급형 500대, 보급형 250대의 생산을 예측하고 있다. 고급형은 단위당 2직접노동시간, 보급형은 단위당 1직접노동시간이 소요된다. 아래 제시된 자료를 활용하여 물음에 답하세요.

① 단위당 원가

	고급형	보급형
직접노무원가	10,000	6,000

② 제조간접원가를 활동중심점별로 추적한 예측자료는 다음과 같다.

활동중심점	원가동인	추적가능원가	활동수준		
			계	고급형	보급형
제품설계	설비변경횟수	50,000,000	10	6	4
자재주문	주문횟수	10,000,000	1,000	600	400
재작업지시	작업지시횟수	20,000,000	400	250	150
제품검사	검사횟수	15,000,000	1,000	400	600
기계수리	기계가동시간	5,000,000	20,000	12,000	8,000

5-1. 제조간접원가를 활동기준으로 배부할 경우 고급형과 보급형의 제조간접원가는 얼마입니까?

5-2. 제조간접원가를 직접노무시간을 기준으로 배부할 경우 고급형과 보급형의 제조간접원가는 얼마입니까?

❙ 실습문제 풀이

1. 1–1. 제조간접원가 배부율:

작업준비 10,000 = 180,000/18

조립작업 200 = 840,000/4,200

품질검사 500 = 120,000/240

일반냉장고 제조간접원가 ₩770,000 = 10 × 10,000 + 3,000 × 200 + 140 × 500

김치냉장고 제조간접원가 ₩370,000 = 8 × 10,000 + 1,200 × 200 + 100 × 500

1–2. 일반냉장고: 200,000 + 150,000 + 770,000 = ₩1,120,000

김치냉장고: 150,000 + 100,000 + 370,000 = ₩620,000

1–3. 제조간접원가 배부율: 4.56 = 1,140,000/250,000

일반냉장고: 350,000 + 150,000 × 4.56 = ₩1,034,000

김치냉장고: 250,000 + 100,000 × 4.56 = ₩706,000

2. 2–1. 작업준비활동 배부율: 800,000 = 8,000,000/10

기계작업활동 배부율: 3,125 = 15,000,000/4,800

도색작업활동 배부율: 10 = 11,000,000/1,100,000

품질검사활동 배부율: 7,000 = 4,200,000/600

2–2. 800,000 × 8 + 3,125 × 4,200 + 10 × 1,000,000 + 7,000 × 500 = ₩33,025,000

2–3. 800,000 × 2 + 3,125 × 600 + 10 × 100,000 + 7,000 × 100 = ₩5,175,000

3. 3-1. 엔지니어링활동: 12,500 = 10,000,000/800
기계가동활동: 5,000 = 30,000,000/6,000
품질검사활동: 160,000 = 20,000,000/125

3-2. A제품: 300 × 12,500 + 2,500 × 5,000 + 40 × 160,000 = ₩22,650,000
B제품: 500 × 12,500 + 3,500 × 5,000 + 85 × 160,000 = ₩37,350,000

4. 4-1. 제조간접원가 배부율 1,000 = 100,000,000/100,000
제조간접원가 배부액:
고급형 제조간접원가: 1,000 × 40,000 = ₩40,000,000
보급형 제조간접원가: 1,000 × 60,000 = ₩60,000,000

4-2. 〈활동별 제조간접원가 배부율〉
자재주문 25,000 = 5,000,000/200
작업지시 120,000 = 12,000,000/100
기계가동 10,000 = 80,000,000/8,000
품질검사 24,000 = 3,000,000/125

〈제조간접원가 배부액〉
고급형 제조간접원가:
25,000 × 140 + 120,000 × 70 + 10,000 × 6,250 + 24,000 × 100 = ₩76,800,000
보급형 제조간접원가:
25,000 × 60 + 120,000 × 30 + 10,000 × 1,750 + 24,000 × 25 = ₩23,200,000

5. 5-1. 〈제조간접원가 배부율〉
제품설계 5,000,000 = 50,000,000/10
자재주문 10,000 = 10,000,000/1,000
재작업지시 50,000 = 20,000,000/400
제품검사 15,000 = 15,000,000/1,000
기계수리 250 = 5,000,000/20,000

〈제조간접원가 배부〉
고급형: 5,000,000 × 6 + 10,000 × 600 + 50,000 × 250 + 15,000 × 400
+ 250 × 12,000 = ₩57,500,000

보급형: 5,000,000×4 + 10,000×400 + 50,000×150 + 15,000×600 + 250×8,000 = ₩42,500,000

5-2. 〈제조간접원가 배부율〉

80,000 = 100,000,000/1,250

〈제조간접원가 배부〉

고급형: 80,000×1,000 = ₩80,000,000

보급형: 80,000×250 = ₩20,000,000

08

목표원가와 표준원가의 관리

1 목표원가의 관리

시장경쟁의 심화와 생산기술의 혁신 등의 산업환경의 변화에 따라서 글로벌 선진기업들의 가격결정 방식도 변화되고 있다. 이들 기업들은 종전의 원가에 기초한 가격결정에서 가격에 기초한 원가결정 방식으로 패러다임의 전환을 통해 원가관리의 혁신을 추구하고 가격경쟁 우위력을 확보해 나가고 있다.

1.1 목표원가의 개요

고객 니즈의 다양화와 고급화에 따라서 다품종 소량생산으로 생산형태가 변화되고 제조기술혁신으로 로봇에 의한 생산과 자동화 방식으로 생산공장운영에 있어서 혁신이 일어남에 따라서 생산현장의 인력의 투입이 현격히 감소되면서 관리수단으로서 당초 종업원의 작업능률을 관리하기 위해 개발된 표준원가시스템의 유용성이 상대적으로 떨어지고 있다. 그 대신 소비자의 요구가 다양해지고, 제품수명주기가 단축되고 제품판매경쟁이 심화됨에 따라 다품종 소량생산에서의 가격쟁쟁력을 이루어내야 하는 상황에 대처하기 위해 가격에 의한 원가결정 방식으로 글로벌 선진기업들이 전환하고 있다.

제품기획/설계단계에서 원가 대부분이 결정되고 추가적인 원가발생이 미미하여 목표원가 관리가 유용한 수단으로 등장하고 있다. 목표원가는 전통적인 방식의 원가에 기초한 가격결정에서 가격을 기초로 원가를 결정하는 방식으로 전환됨에 따라서 제품에 대한 기업의 목표가격(target price)에서 목표이익(target income)의 획득을 가능하게 할 수 있는 원가를 말한다. 목표원가는 전통적인 가격결정 방식인 원가가산방식, 즉 제품의 제조원가를 기준으로 기업의 목표영업이익을 가산하여 제품의 판매가격을 결정하는 방식과 달리 제품 생산 이전에 사전 시장조사를 통해 고객의 니즈와 경쟁기업의 가격 등을 고려하여 목표가격을 먼저 산출한 후에 기업에서 요구하는 목표영업이익을 차감하여 제품의 목표원가를 설정하는 방식을 말한다.

그림 8-1 목표원가관리와 표준원가관리

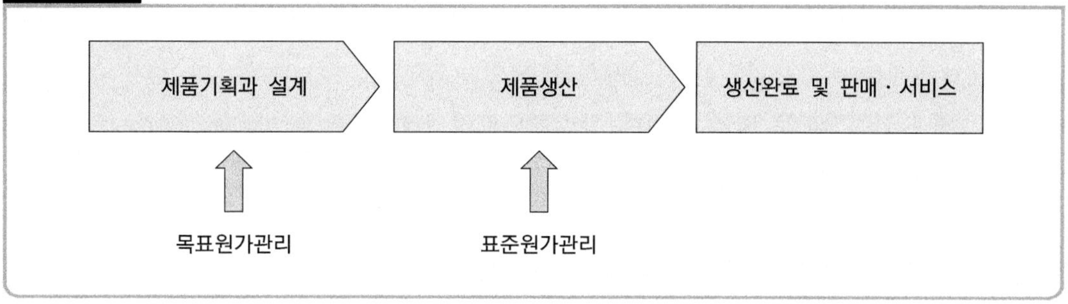

이렇게 설정된 목표원가가 달성가능하도록 사전 제품설계 및 공장설계 연구는 물론 제품의 생산단계 및 출하단계, 서비스 단계, 제품의 폐기에 이르기까지 지속적인 개선노력을 통한 원가절감을 이루어가는 전 과정을 목표원가라 한다. 목표원가의 관리과정은 고객의 니즈와 가치를 기반으로 제품기획과 이익계획을 설정하고 제품컨셉과 기획의 실현가능성을 검토하면서 제품설계와 개발을 진행하게 된다. 제품 기획과 특성에 맞도록 기능과 디자인이 구현되도록 제품을 설계, 개발하면서 목표원가를 추정하고 비교 분석하며 피드백하는 과정을 반복하면서 제품개발이 완료된다. 그 후 양산단계에서는 제품설계 및 개발단계에서의 목표원가가 실제 실현될 수 있도록 원가통제와 관리활동을 진행하게 된다.

목표원가관리는 제품의 생산단계 이전인 제품의 기획과 설계단계에서부터 원가를 관리하는 것으로 제품의 생산단계에서 원가를 관리하는 표준원가관리와는 차이가 있다. 표준원가는 전통적인 생산방식의 작업능률에 의한 원가차이 발생을 통제, 관리하는 목적으로 운영되어 왔으나, 현재의 생산과정에 인력의 참여가 자동화 설비나 로봇 시스템으로 대체됨에 따라 생산과정에 있어서 원가 절감요소가 상대적으로 적고 오히려 모든 원가의 결정이 제품의 기획과 설계, 공정설계 등에서 결정되어 목표원가관리 방식의 유용성이 높아지고 있다

1.2 목표원가의 계산

목표원가계산은 기술의 급속한 발전과 경쟁의 심화 등으로 제품수명주기가 짧고 불연속적 제조공정을 갖고 있는 제품에서 널리 사용되고 있는 관리회계기법이

다. 일본기업들은 적시생산(JIT: Just-in-Time)시스템을 성공적으로 적용함에 따라 생산단계에서는 더 이상의 원가절감이 곤란해지자 생산이전 단계에서 원가절감을 강조하는 목표원가계산을 사용하게 되었다. 제품원가의 대부분이 사전 설계단계에서 확정되므로 이를 사전에 관리함으로써 원가가 실제 발생하기 이전 단계에서부터 원가관리가 가능하다.

목표원가계산(target costing)은 기업이 제조판매하는 제품에 대한 시장상황 즉, 시장의 수요나 경쟁사 등을 고려하여 전략적으로 설정하는 판매가격에서 제품단위당 요구되는 목표이익을 차감하여 목표원가를 구하는 절차를 말한다. 목표원가계산에서는 전통적인 원가가산가격결정이 사용하는 [원가 + 이익 = 가격]이 아니라 [가격 − 이익 = 원가]라는 정반대의 등식이 적용된다. 경쟁이 심하고 시장의 수요가 급변하는 현대의 상황에서 기업은 경쟁자의 가격이나 고객들이 구매하려는 가격수준에 맞추어 가격(전략적 판매가격)을 먼저 결정한 후 목표이익을 차감하여 허용되는 목표원가를 계산하게 된다.

■ 예상판매가격의 추정

예상판매가격의 설정은 제품의 시장에 대해 조사하고 동일/유사제품을 생산하고 있는 경쟁자의 제품가격과 더불어 고객의 니즈와 제품의 가격탄력성을 조사하여 고객이 허용가능한 예상가격을 설정하게 된다. 회사 내부적으로 목표하는 수익성 등을 고려하여 제품별 목표이익을 설정하여 이를 판매가격에서 차감함으로써 목표원가를 설정한다. 이렇게 설정된 예상판매가격은 시장에서 수용가능한 가격으로 잠재고객이 기꺼이 지급하고자 하는 가격수준이어야 한다.

■ 목표이익의 추정

목표이익은 사전에 달성가능한 목표이익액을 산정하는 것으로 목표자본이익률을 적용하여 목표이익을 산정할 수 있다. 과거 유사상품의 목표이익, 경쟁기업 제품과의 비교를 통한 이익률 등을 고려하여 목표이익을 추정할 수 있다. 제품의 성능향상에 의한 판매가격과 목표원가가 상승되더라도 목표영업이익을 달성할 수 있다면 제품을 지속적으로 업그레이드시켜 나갈 수 있을 것이다.

$$투자수익률(ROI: Return\ on\ Investment) = 목표매출액이익률 \times 목표자본회전율$$

$$\frac{목표이익}{자본} = \frac{목표이익}{매출} \times \frac{매출}{자본}$$

■ 목표원가의 계산

목표원가는 유사한 경쟁제품의 시장가격, 제품의 기능, 디자인, 품질과 판매정책 등을 고려하여 고객의 입장에서 지불가능한 목표가격(target price)을 설정한 뒤 그 제품을 통해 얻고자 하는 목표이익을 차감하여 설정된다.

$$목표원가 = 예상판매가격 - 목표이익 = 예상판매가격 \times (1 - 목표매출액이익률)$$

목표원가 설정은 신제품이냐 혹은 기존제품이냐에 따라 차이가 있으며 신제품인 경우 유사제품의 가격, 제품의 품질과 기능을 감안하여 고객이 요구하는 판매가격을 설정하고 목표이익을 감안하여 목표원가를 산정하는 반면에 기존제품인 경우 원가구조가 뛰어난 회사의 제품을 벤치마킹하여 목표원가를 설정한다.

예제 8-1

더나은미래㈜의 신제품 개발에 대한 관련정보를 활용하여 단위당 목표원가를 산출하세요.

예상매출액	100,000단위
단위당 판매가격	5,000
투하자본수익률	12%(투자자본 ₩500,000,000)

풀이

매출액	(5,000×100,000)	₩500,000,000
목표이익	(500,000,000×0.12)	60,000,000
목표원가		440,000,000
단위당 목표원가	(440,000,000/100,000)	₩4,400

1.3 목표원가의 달성과정

목표원가가 설정되면 기업은 현행원가와 목표원가의 차이분석을 통해 가치공학 등의 기술적 기법을 이용한 제품설계, 목표원가 프로세스 적용, 추정가능한 환경에 대한 고려를 통해 제품수준의 목표원가를 달성하여야 한다.

목표원가의 달성을 위해서 첫째 단계는 목표원가 배분이다. 이것은 목표원가를 제품의 디자인, 기능, 관련 세부 부품 등 원가를 구성하는 요소들로 나누어 목표원가를 배분하는 것이다. 제품에 관련된 기능, 부품 등을 나열하여 고객의 입장에서 재평가한 후, 제품의 원가를 기능별, 부품별로 배부하는 것이다. 이를 위해서 기능 계통도를 활용하여 제품을 기능, 부품으로 세분화하여 그린 전개도가 제품을 구성하는 기능, 부품의 개선 및 통합을 위한 자료로 활용된다.

둘째 단계는 견적원가의 산정이다. 목표원가를 세부기능과 부품 등에 배부하여 산정한 견적원가는 별도의 원가절감 노력을 기울이지 않고 디자인, 기능, 세부 부품 등의 원가를 그대로 적용하여 산정한 원가를 의미한다. 제품을 구성하고 있는 부품을 나열하여 원가를 산정해 보고, 이를 합쳐서 제품의 원가를 산정하는 것이다.

셋째 단계는 목표원가 달성이다. 목표원가 배부가 견적원가를 통하여 목표원가 달성 여부를 점검하고 견적원가가 목표원가를 초과하는 경우에는 견적원가를 목표원가로 낮추려는 노력을 기울이는 과정이 원가기획의 핵심을 이룬다. 여러 가지 수단을 동원하여 생산이전 단계에서 견적원가를 목표원가와 동일하게 만들어 가는 과정이라 할 수 있다. 목표원가 달성방안으로 사용되는 기법으로는 가치공학(VE: Value Engineering), 동시설계(CE: Concurrent Engineering), 게스트 엔지니어

그림 8-2 목표원가 달성 프로세스

목표원가 설정	목표원가의 배분	견적원가 산정	목표원가 달성
▪ 목표원가 설정: 판매가격 − 목표이익 ▪ 중장기 이익목표 판매가격 연계	▪ 목표원가의 기능별 · 부문별 배분 ▪ 설계/개발단계 원가 배분	▪ 제품 견적원가 산정 ▪ 견적원가와 목표원가 차이 도출	▪ VE 등의 활동 ▪ 기능통합과 부품 공통화

링(Guest Engineering) 등이다.

가치공학은 수요자가 요구하는 품질, 성능, 신뢰성, 안전을 유지하면서 적용공법, 설비나 자재, 서비스, 절차 등으로부터 불필요한 원가를 찾아내고 제거하는 것으로 원가의 절감, 생산성 향상 및 품질의 개선을 도모하기 위한 체계적이고 과학적인 관리기법이다. 이 기법을 적용하여 제품의 가치를 증대시키기 위해 제품의 원가와 기능을 비교, 검토해 가면서 목표원가를 달성하는 것이다. 제품의 기능과 원가 간의 관계를 분석해 부품 수의 절감이나 신기술과 신재료를 적용해 개발할 분야를 찾아내는 과정이다.

동시설계는 제품의 디자인에서 생산에 이르기까지 전 과정의 설계작업을 동시에 수행함으로써 생산리드타임을 획기적으로 단축시키는 기법으로 신제품의 적기출하를 목표로 주로 사용된다. 기존의 제품개발 방식에서는 설계부문에서 제품의 설계도를 완성해 생산부문에 넘겨주면 이를 통해 생산활동이 전개되는 반면, 동시설계방식은 제품의 기획·설계단계에 구매, 생산, 판매 등 관련 부서를 모두 참여시키는 생산지연을 획기적으로 감축시키는 방법이다.

게스트 엔지니어링은 모기업이 협력업체를 동반자적인 관계를 유지하며 기술개발에 참여시켜 기술을 공유한다는 의미로 기획·설계단계에서부터 협력업체와 한 팀을 이루어 공동작업을 하는 것을 의미한다. 수만 개의 부품이 들어가는 자동차의 경우 게스트 엔지니어링 개념이 매우 폭넓게 사용되고 있다. 새로운 자동차 모델 1개가 탄생될 때까지는 컨셉 구상에서부터 디자인 설계, 부품설계, 조립, 생산에 이르기까지 여러 단계를 거치게 되는데 이 과정에 협력업체 기술자들을 참여시켜 모기업과 부품업체 간에 기술을 공유하는 것을 의미한다. 협력업체 기술진들이 직접 완성차 조립라인을 둘러보면서 부품이 사용되는 시스템을 이해하고 완성차 품질의 중요성을 피부로 느끼는 등 모기업과 협력업체 간 일체감을 조성하는 효과도 크다.

기업 간 가격경쟁이 치열해지고 있으나 아직도 많은 기업들이 관행적으로 생산공정의 합리화를 통한 원가관리에 초점을 맞추고 있는 경우가 많으며 원가의 근본적인 발생 원인에 대해서는 간과하고 있는 경향이 있다. 원가경쟁우위 확보를 위한 내부역량의 강화는 단기간 내에 쉽게 이룰 수 없을 뿐만 아니라 제품 라이프사이클에 걸쳐 원가가 어떤 패턴으로 발생하고 있는지를 면밀하게 파악함과 동시에 조직구성원들에게 원가마인드를 실천하는 과정이 수반되어야 한다. 특히 중소기업의 경우에는 제품의 기획과 디자인, 개발단계에서 원가의 근원적인 발생 요소부터 적정성을 검토하여 목표원가를 설정하는 원가기획(target costing)에 대한 활용도를 높여 원가경쟁우위를 확보해 나가는 노력이 필요하다.

2 표준원가의 관리

2.1 표준원가관리의 개요

기업경영의 본질은 이익의 창출에 있으며 이익은 기업이 생산한 제품이나 서비스를 판매한 수익에서 비용을 차감하고 남은 부분이다. 기업이 이익을 극대화하기 위한 방법은 제품이나 서비스의 매출수익을 최대화하고 비용을 최소화하는 것이다. 기업의 비용 중에서 가장 규모가 큰 비용은 판매된 제품의 제조원가이므로 제품제조를 얼마나 효율적으로 하여 원가를 절감하느냐가 기업의 시장경쟁력을 크게 좌우하게 된다. 표준원가(standard cost)는 기업의 제조원가를 통제하고 관리하는 유용한 수단으로 원가절감을 위해서는 표준원가를 이용하여 실제발생원가를 통제하고 관리함으로써 원가의 낭비나 비효율성을 제거할 수 있다. 특정 제품 1단위 제조에 발생할 것으로 예상되는 원가로 가격표준과 수량표준을 사용하여 사전에 결정한 표준원가는 사전 과학적인 방법에 의해 책정된 원가로서 정상적인 생산조건하에서 당연히 달성해야 하는 원가를 의미한다. 이것은 생산과정이 효율적으로 진행될 경우 달성되어야 하는 목표원가(target cost)의 성격을 가지고 있다.

표준원가의 가장 중요한 것은 원가표준을 합리적으로 설정하는 것이다. 표준원가 수준이 너무 높거나 낮으면 원가통제, 관리에 의미가 없어지고 비능률과는 상관없이 원가차이가 유리 혹은 불리한 차이로 나타날 수 있으므로 적정 표준원가 수준을 설정하여야 한다.

■ 표준원가의 유용성

표준원가계산은 제품의 생산수량이 파악되면 기말이전에도 표준원가에 의하여 제품원가를 간편하게 계산할 수 있고 기말에 실제원가와의 차이 조정을 통해 실제원가로 전환할 수도 있다. 기업에서 사업계획과 예산편성 시 표준원가를 적용하여 차년도의 예산을 편성할 수 있으며 표준원가 기준으로 편성된 예산을 기준으로 실제 발생원가와 비교분석하여 원가통제를 실시할 수 있을 뿐만 아니라 생산부분에 대한 부문별 성과평가 시에도 활용될 수 있다.

이처럼 표준원가는 실제원가와 비교해 보면 실제원가는 외부보고목적인 반면, 표준원가는 내부관리목적으로 실시간으로 정보제공이 가능하고 원가에 대한 사전통제를 실시할 수 있으며, 원가차이 분석을 통하여 원가차이에 대한 원인과 책임부서를 명확히 하여 원가의 관리통제를 가능하게 해준다. 표준원가와 실제원가를 비교하여 정리해 보면 〈표 8-1〉과 같다. 많은 기업에서 전사적 자원관리시스템이 지원하는 표준원가를 기반으로 하고 있고 실제원가의 계산을 지원하더라도 표준원가에 기반한 실제원가 계산방식을 제공하고 있다.

■ 표준원가

표준원가는 표준물량(SQ: Standard Quantity)과 표준가격(SP: Standard Price)을 곱하여 설정하는데, 표준물량은 제품 1단위를 생산하는 데 표준적으로 투입되는 원재료 수량이나 작업시간을 의미하고, 표준가격은 제품을 1단위 생산하는 데 투입되는 원재료의 표준가격이나 노무원가의 시간당 표준임률을 의미한다. 표준원가관리에 있어서 원가행태에 따라 변동제조원가와 고정제조원가로 구분하고 사전에 설정해 놓은 표준원가를 이용하여 제품의 원가를 계산하고 표준원가와 실제원가를 비교하여 원가차이를 계산하여 그 차이의 원인을 분석함으로써 원가통제와

표 8-1 표준원가와 실제원가의 비교

구분	표준원가	실제원가
목적	내부원가관리	외부보고
정보제공시기	실시간	결산 후
원가통제	사전통제	사후통제
차이분석	가능	불가능

관리를 효율적으로 해 나갈 수 있다. 표준원가를 설정하고 발생한 실제원가와 표준원가와의 차이를 계산하여 표준과 실제의 차이를 비교하여 무엇이 문제인가를 분석한다. 파악된 문제점을 개선하여 제품원가를 절감하고 다음 표준 설정 시 원가절감 활동의 결과를 반영할 수 있다. 또한 실제원가계산(actual costing)은 원가계산의 지연이나 원가통제의 곤란 등의 문제점을 갖고 있어서 이런 문제점을 표준원가계산이 해소할 수 있다.

예제 8-2

더나은미래㈜는 표준원가계산제도를 채택하여 운영하고 있고 A제품을 제조하는 데 소요되는 제품단위당 표준가격과 수량은 다음과 같다. 이 경우 제품단위당 표준원가를 산정해 보세요.

구분	표준가격	표준수량
직접재료원가	₩15,000/kg	3kg/제품1단위
직접노무원가	₩10,000/시간	1.5/제품1단위
제조간접원가	₩5,000/시간	2/제품1단위

풀이

구분	표준가격	표준수량	표준원가
직접재료원가	₩15,000/kg	3kg/제품1단위	45,000
직접노무원가	₩10,000/시간	1.5/제품1단위	15,000
제조간접원가	₩5,000/시간	2/제품1단위	10,000

이러한 표준원가는 최적의 이상적인 환경조건하에서 달성될 수 있는 원가인 이상적 표준원가(ideal standard cost)와 정상적인 조업수준이나 능률수준에서 달성될 수 있는 원가인 정상적 표준원가(normal standard cost)가 있다. 정상적 표준원가는 비교적 장기간의 조업도를 평균한 정상조업도에 근거하여 설정된다. 현실적 표준원가(currently attainable standard cost)는 정상적인 감손, 기계고장, 공손 등을 고려하여 평균적인 근로자가 합리적인 노력으로 달성가능한 표준원가이다.

2.2 원가요소별 표준원가의 설정

표준원가는 성과를 측정하는 기준점으로 제품 1단위를 제조하거나 서비스를 제공하는 데 사용되는 표준수량과 표준가격에 의해 산출한다. 표준수량은 제품 1단위 생산에 투입하는 표준투입량을 의미하고, 표준가격은 제품 1단위 생산에 투입되는 원가요소의 단위당 표준가격을 의미한다.

■ 표준직접재료원가의 설정

직접재료의 표준원가는 투입되는 재료의 단위당 표준가격과 단위당 표준수량을 기준으로 하여 설정한다. 재료의 표준가격은 과거 및 현재의 시장가격과 장래에 예측되는 가격동향이나 거래관습 등 제반 경제적 여건을 고려하여 결정하며 이에는 구입가격, 운임과 하역비 등 관련부대비용, 수량할인가액 등을 고려한다. 재료의 표준투입수량은 제품 생산에 필요한 각종 재료의 종류, 품질, 가공방법 등을 고려하여 제품 한 단위 생산에 투입되는 원재료의 수량, 정상적인 감손, 공손 등을 포함하여 결정하여야 한다.

단위당 표준직접재료원가 = 단위당 표준원재료수량 × 원재료 단위당 표준가격

■ 표준직접노무원가의 설정

직접노무의 표준원가는 제품단위당 투입되는 표준노동시간과 표준임률에 의해서 설정된다. 시간당 표준임률은 과거 및 현재의 임률과 장래 예측되는 변동 등 제반여건을 고려하여 결정하며, 기본임률, 세금, 복리후생비 및 기타 노무관련비 등을 포함한다. 시간 표준은 작업의 종류, 사용기계공구, 작업방식, 노동의 공급 등을 고려하여 결정하며 이에는 기본작업시간, 휴식시간, 개인용무시간, 청소 및 작업준비시간 등을 포함한다.

단위당 표준직접노무원가 = 단위당 표준직접노동시간 × 시간당 표준임률

■ **표준제조간접원가의 설정**

표준제조간접원가는 표준변동제조간접원가와 표준고정제조간접원가로 나누어 설정되고 이에 따라서 각각의 원가차이 분석을 해야 한다. 표준변동제조간접원가는 표준배부율과 단위당 표준조업도에 의하여 설정된다. 표준조업도는 노동집약적인 산업의 경우에는 노동시간으로 적용하고 자본집약적인 산업에서는 기계운전시간으로 적용한다.

$$\text{단위당 표준변동제조간접원가} = \text{단위당 변동제조간접원가 표준배부율} \times \text{단위당 표준조업도}$$

$$\text{변동제조간접원가 표준배부율} = \frac{\text{변동제조간접원가예산}}{\text{기준조업도(예: 표준직접노동시간)}}$$

표준고정제조간접원가는 제품단위당 기준(표준)조업도와 조업도 단위당 예정배부율을 곱하여 계산한다.

$$\text{단위당 표준고정제조간접원가} = \text{단위당 고정제조간접원가 표준배부율} \times \text{단위당 표준조업도}$$

2.3 원가차이 분석

표준원가차이 분석은 실제발생원가와 표준원가와의 원가차이로 세부적으로는 표준가격과 실제가격의 차이에서 발생하는 가격차이와 실제투입수량과 표준투입수량 차이에서 발생하는 수량차이로 나누어 분석할 수 있다. 원가차이가 발생하는 가격차이와 수량차이에 대하여 원가책임을 지는 관리자가 상이하다. 예를 들어, 원재료의 가격차이는 구매담당부서에서 책임이 있으며 수량차이는 원재료의 투입량의 차이로 생산부서에서 책임을 지게 된다.

원가차이 분석은 원가형태별로 변동제조원가와 고정제조원가로 나누어 할 수 있는데 변동제조원가는 직접재료원가, 직접노무원가, 변동제조간접원가로 구분되며, 고정제조원가는 고정제조간접원가가 이에 해당한다. 변동제조원가는 원가차이

그림 8-3 표준원가차이 분석

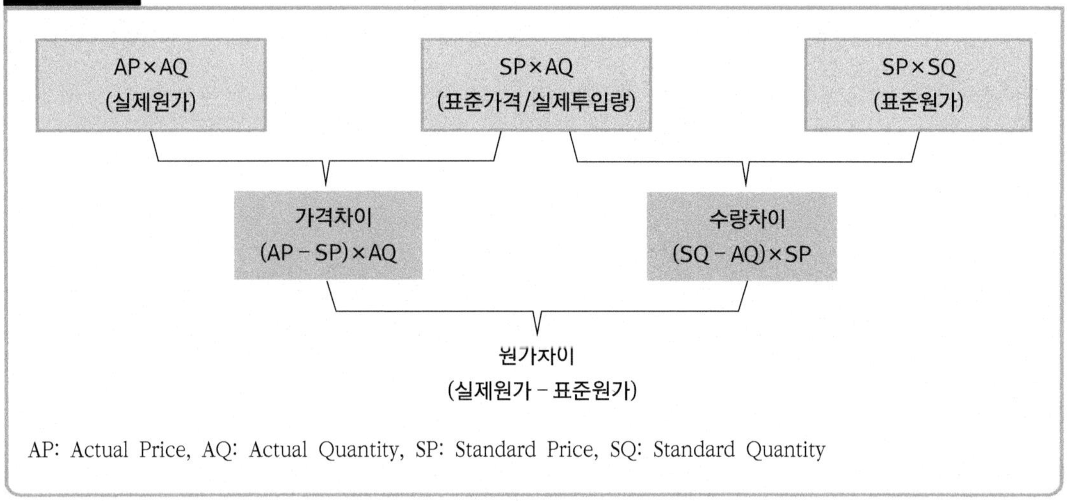

에 대한 세부적 가격차이와 수량차이로 나누어 세부분석을 하게 되며, 직접재료원가의 경우에는 가격차이와 수량차이로 표시되며, 직접노무원가는 임률차이와 능률차이로 분석, 표시하고, 변동제조간접원가는 소비차이와 능률차이로 표시한다. 표준원가와 실제원가의 차이를 비교하여 무엇이 문제인가를 분석하고 파악하여 문제점을 개선하고 제품원가의 절감, 다음 표준 설정 시 원가절감의 반영 등의 목적으로 표준원가차이 분석을 활용하게 된다.

표준원가차이 분석에서 실제원가가 표준원가보다 크면 불리한 차이라 하고, 반대로 실제원가가 표준원가보다 적다면 유리한 차이라고 한다. 불리한 차이의 경우 표준원가보다 실제원가가 더 발생했으므로 원가가 증대되어 이익이 감소하므로 경영성과를 약화시키고, 유리한 차이는 실제발생원가가 표준원가보다 적게 발생하였으므로 원가가 절감되고 이익이 증대되어 경영성과를 향상시키게 된다. 고정제조간접원가는 조업도에 관계없이 일정하게 발생하므로 고정제조간접원가 차이는 고정제조간접원가의 실제발생액과 실제산출량에 허용되는 표준조업도에 있어서 고정제조간접원가 배부액의 차이이다.

■ 직접재료원가차이

직접재료원가차이는 직접재료원가의 실제발생액과 실제생산량에 허용된 직접재료 표준원가의 차이에서 발생하게 된다. 이러한 직접재료원가차이는 원가담당 책임부서별로 책임을 명확하게 하기 위하여 가격차이와 수량차이로 세부적으로 분석할 수 있다.

직접재료원가 가격차이 = AQ(실제투입량) × (실제가격(AP) − 표준가격(SP))
직접재료원가 수량차이 = 표준가격(SP) × (실제투입량(AQ) − 표준허용수량(SQ))

직접재료가격차이는 원재료시장의 원자재 가격변동, 매입처 결정의 부적절, 매입할인의 불이행, 부적절한 표준가격 설정 등으로 인하여 발생할 수 있으며 일반적으로 구매부서에서 직접재료가격차이에 대하여 책임을 지게 된다. 반면 직접재료원가 수량차이는 제품 결함에 의한 재작업이나 미숙련공에 의한 원재료의 비효율적 투입, 공손품, 기계설비 중단 등에 따른 품질 불량, 불량재료의 사용 등으로 인하여 발생하며 생산부서의 책임이나, 미숙련공의 채용으로 인한 차이는 인사담당자에게도 있을 수 있다.

예제 8-3

더나은미래㈜는 표준개별원가계산제도를 채택하고 있으며, 가전제품을 생산하는 기업이다. 20×2년 10월 당사의 가전제품 1단위당 원가표준은 다음과 같다. 직접재료원가차이를 분석하세요.

① 표준원가(단위당 원가)

직접재료원가(8모듈/개, ₩30,000/모듈)	₩240,000
직접노무원가(0.2시간/개, ₩10,000/시간)	₩2,000
변동제조간접원가(1시간/개, ₩9,000/시간)	₩9,000
고정제조간접원가(기준조업도 100단위)	₩149,000
합계	₩400,000

② 실제 발생원가

직접재료원가(7.5개의 모듈×₩29,000)	₩23,925,000
직접노무원가(0.3시간/개, ₩9,000/시간)	₩297,000
변동제조간접원가(0.9시간/개, ₩9,500/시간)	₩940,500
고정제조간접원가	₩14,000,000
당월 생산량	110단위

풀이

가격차이 = (AP − SQ) × AQ

= (29,000 − 30,000) × 7.5 × 110 = 825,000(유리한 차이)

수량차이 = (AQ − SQ) × SP

= (7.5 − 8) × 110 × 30,000 = 1,650,000(유리한 차이)

원가차이 = 실제원가 − 표준원가

= 23,925,000 − 240,000 × 110 = 2,475,000(유리한 차이)

■ **직접노무비원가차이 분석**

직접노무원가차이는 직접노무원가 실제발생액과 실제생산량에 허용된 직접노무 표준원가의 차이이며 제품단위당 생산에 투입되는 표준노무시간과 시간당 표준임률에 따라서 임률차이와 능률차이로 구분하여 세부분석할 수 있다.

직접노무원가 임률차이 = 실제투입시간(AQ) × (실제임률(AP) − 표준임률(SP))
직접노무원가 능률차이 = 표준임률(SP) × (실제투입시간(AQ) − 표준허용시간(SQ))

직접노무원가 임률차이는 비숙련노동자를 숙련노동자의 작업에 참여, 임금지급방법의 변경, 품질불량에 따른 시간외 작업증가 등으로 인하여 발생하며 일반적 인사사항은 인사부서의 책임이지만, 생산 관련 인력투입 관련 사항은 생산부서도 책임지게 된다. 직접노무원가 능률차이는 직원 태만과 노력부족, 생산방법이나 사용기계의 변경, 미숙련자의 고용 등으로 발생하며 일반적으로 생산부서에서 책임을 지게 되며 생산직 인력의 채용의 문제로 인한 것일 경우 인사부서도 책임을 지게 된다.

예제 8-4

[예제 8-3]의 자료를 활용하여 직접노무원가의 원가차이를 산출하세요.

풀이

임률차이 = (9,000 − 10,000) × 0.3 × 110 = 33,000(유리한 차이)
능률차이 = (0.3 − 0.2) × 110 × 10,000 = 110,000(불리한 차이)
원가차이 = 297,000 − 220,000 = 77,000(불리한 차이)

■ 변동제조간접원가차이 분석

변동제조간접원가차이는 실제 변동제조간접원가 발생액과 실제생산량에 허용된 표준변동제조간접원가와의 차이로 변동제조간접원가 소비차이와 변동제조간접원가 능률차이로 세분하여 분석할 수 있다.

> 변동제조간접원가 소비차이 = 실제투입시간(AQ) × (실제배부율(AP) − 표준배부율(SP))
> 변동제조간접원가 능률차이 = 표준배부율(SP) × (실제투입시간(AQ) − 표준허용시간(SQ))

변동제조간접원가 소비차이는 변동제조간접원가를 구성하는 요소의 가격상승(예: 간접재료의 가격, 임시직원의 임률, 임시직원의 과다한 작업시간 등)으로 발생하며 능률차이는 임시직원의 미숙련도 등으로 인하여 발생할 수 있다.

예제 8-5

[예제 8-3]의 자료를 활용하여 변동제조간접원가의 원가차이를 산출하세요.

풀이

소비차이 = (9,500 − 9,000) × 0.9 × 110 = 49,500(불리한 차이)
능률차이 = (0.9 − 1) × 110 × 9,000 = 99,000(유리한 차이)
원가차이 = 940,500 − 990,000 = 49,500(유리한 차이)

■ 고정제조간접원가차이 분석

고정제조간접원가차이는 실제발생액 고정제조간접원가와 예산 고정제조간접원가 배부액 차이로 인하여 원가차이가 발생하며 예산차이와 조업도차이로 세분하여 분석할 수 있다. 기준조업도는 고정제조간접원가 예정(표준)배부율을 구하기 위해 미리 설정해 놓은 예산조업도로 고정제조간접원가 표준배부율 산정시 적용을 하게 되며 표준조업도는 실제생산량에 허용된 조업도 수준으로 표준허용시간을 의미한다. 예산차이는 실제고정제조간접원가와 고정제조간접원가예산의 차이로 고정제조간접원가예산은 기준조업도에서 예정(표준)배부율을 곱하여 산출된다.

고정제조간접원가 예산차이 = 실제고정제조간접원가 − 고정제조간접원가예산
고정제조간접원가 조업도차이 = 고정제조간접원가 예정배부율 × (기준조업도 − 표준허용시간)

고정제조간접원가 조업도차이는 이용가능한 공장설비에 대한 활용 정도의 측정치로서 불리한 조업도차이는 계획된 조업도수준보다도 낮게 조업활동을 하였음을 의미한다. 예산차이는 변동제조간접원가 소비차이와 마찬가지로 생산부서에서 통제하기 어려우며 조업도차이는 종업원의 대기, 회피가능한 기계의 고장, 종업원의 부족, 생산계획의 오류 등으로 발생하므로 생산부서에서 책임을 져야 할 사안이다. 다만, 노사분규 등 생산부서에서 책임 부여가 어려운 사안은 경영진이 책임을 지게 되며 조업도차이에 따른 생산부서 관리자들의 평가는 판매부진 등의 원인이 있을 수 있으므로 상관관계를 충분히 검토 후 책임소재를 명확히 해야 한다.

예제 8-6

[예제 8-3]의 자료를 활용하여 고정제조간접원가의 원가차이를 산출하세요.

풀이

예산차이 = 14,000,000 − 14,900,000 = 900,000(유리한 차이)
조업도차이 = 14,900,000 − 110 × 149,000 = 1,490,000(유리한 차이)
원가차이 = 14,000,000 − 16,390,000 = 2,390,000(유리한 차이)

2.4 원가차이의 회계처리

표준원가계산제도를 중심으로 원가관리를 하는 기업의 경우에는 회계연도 말에 외부보고용 재무제표를 작성하기 위해서는 표준원가와 실제원가의 차이에 대하여 실제원가에 맞추어 증감조정해야 한다. 원가차이는 일정한 기준에 따라 회계연도의 매출원가와 기말재고자산에 배부하고 원가차이의 배부를 보다 정확히 하기 위하여 원가요소별로 다른 배부기준을 적용할 수 있다. 또한 비정상적으로 발생한 원가차이는 영업외수익이나 영업외비용으로 처리할 수 있다. 회계연도 말에 표준원가 차이에 대한 처리방법은 매출원가조정법, 비례배분법, 영업외손익처리법이 있다. 외부보고목적의 재무제표에 원가차이를 실제원가로 수정하는 것으로 유리한 차이는 해당 계정에서 차감하고 불리한 차이는 해당 계정에서 가산해 처리한다.

■ 매출원가조정법

표준원가차이를 매출원가에서 가감하여 매출원가를 조정하는 방법으로 불리한 원가차이는 매출원가에 가산하고 유리한 원가차이는 차감하여 회계처리하면 된다. 표준원가차이가 크지 않을 경우에는 매출원가에서 가감하는 방식으로 주로 원가차이가 총제조원가에 비해 소액이거나 원가차이가 중요하지 않고 재료, 재공품, 제품의 기말재고자산 금액이 매출원가에 비해 매우 적은 경우 적용할 수 있다.

■ 비례배분법

표준원가차이를 매출원가와 재고자산의 금액에 비례하여 배부하는 것으로 실제원가를 실제발생한 원가이므로 차이금액만큼 각 해당 계정에서 가감처리하면 된다. 표준원가차이를 가감처리함으로써 실제원가와의 원가차이 없이 일치하게 된다. 일반적으로 직접재료, 재공품, 제품의 기말잔액과 매출원가를 기준으로 원가차이를 안분하여 처리하게 된다.

■ 영업외손익처리법

표준원가의 차이발생에 대하여 정상적이지 않는 경우로 보고 원가차이의 원가성을 인정하지 않는 방법으로 비정상적으로 발생한 유리한 원가차이는 영업외수익, 또는 불리한 원가차이는 영업외비용으로 처리한다. 한국 원가계산준칙에서는 표준원가차이가 정상적인 경우 비례배부법으로 회계처리하고 표준원가차이가 비정상적인 경우에는 영업외손익처리법으로 처리하도록 하고 있다.

확·인·문·제

※ 각 문항의 설명 중 옳은 것에는 T, 틀린 것에는 F를 하시오.

01. 표준원가는 단위당 표준가격과 단위당 표준수량을 곱한 값에서 실제생산량을 곱하여 산출되며, 원가차이는 실제원가와 표준원가의 차이를 의미하며 실제원가가 표준원가보다 크면 유리한 차이이다. (　　　)

02. 제품 2,000개를 제조하는 데 투입되는 재료원가 관련정보가 다음과 같은 경우 가격차이는 불리한 차이 100,000원이다. (　　　)

실제원가: 25kg/단위, 12원/kg, 표준원가: 20kg/단위, 10원/kg

03. B제품 1,000개를 제조하는 데 투입되는 노무원가 관련정보가 다음과 같은 경우 능률차이는 불리한 차이 10,000원이다. (　　　)

실제원가: 0.003시간/단위, 11,000원/시간, 표준원가: 0.002시간/단위, 10,000원/시간

04. 표준원가는 기업의 제조원가를 통제하고 관리하는 유용한 수단으로 원가절감을 위해서는 표준원가를 이용하여 실제발생원가를 통제하고 관리함으로써 원가의 낭비나 비효율성을 제거할 수 있다. (　　　)

05. 표준원가는 각 원가요소 단위별로 미리 표준를 설정하여 이를 기초로 해서 산정된 표준원가로 일반적인 모형은 제품단위당 표준가격과 표준수량을 곱하여 표준원가를 산정한다. (　　　)

06. 고정제조간접원가의 조업도차이는 일정 기간 동안 실제생산량을 제조하기 위한 표준시간에 기초를 둔 고정제조간접원가 예산액과 고정제조간접원가 실제발생액의 차이이다. (　　　)

07. 총재료원가차이가 유리한 경우에라도 가격차이와 수량차이를 구분하여 분석하는 것은 구매부문과 생산부문의 원가책임부서별로 원가관리의 효율성을 기하기 위한 것이다. (　　)

08. 원가담당자가 노무원가차이를 분석한 결과 불리한 임률차이와 유리한 시간차이가 생긴 것으로 파악하였다면 임금이 높은 숙련된 근로자가 특정 생산작업에 편중되어 있기 때문이다. (　　)

09. 표준원가계산은 효율적이고 효과적인 원가통제나 관리, 예산편성, 재료원가 등의 원가절감, 신속한 실제원가정보의 제공 등의 유용성이 있다. (　　)

10. 원가기획의 핵심은 목표원가 배부와 견적원가를 통하여 목표원가 달성 여부를 점검하고 견적원가가 목표원가를 초과하는 경우에는 견적원가를 목표원가로 낮추려는 노력을 기울이는 과정이다. (　　)

11. 목표원가는 고객의 입장에서 지불가능한 목표가격(target price)을 설정한 뒤 그 제품을 통해 얻고자 하는 목표이익을 차감하여 설정된다. (　　)

12. 원가기획은 제조원가의 대부분이 결정되는 제품의 기획, 설계단계보다는 제조단계에서 발생하므로 원가발생과정의 원가절감에 대한 근본적인 조치를 취하는 것이다. (　　)

13. 변동제조간접원가차이는 실제 변동제조간접원가 발생액과 실제생산량에 허용된 표준변동제조간접원가와의 차이로 소비차이와 조업도차이로 세부적으로 분석할 수 있다. (　　)

14. 표준회계제도를 채택하고 있는 기업은 회계연도 말에 외부보고용 재무제표를 작성하기 위해서는 표준원가와 실제원가의 차이에 대하여 실제원가에 맞추어 증감조정해야 한다. (　　)

15. 연구개발, 마케팅, 재무회계 등 여러 부서들의 실무전문가들이 참여하여 개발되는 제품의 추정원가와 목표이익, 목표원가가 결정된다. (　　)

▌해답: 1. F　2. T　3. T　4. F　5. T　6. F　7. T　8. T　9. F　10. T　11. T　12. F　13. F　14. T　15. T

실·습·문·제

1. 더나은미래㈜에서는 표준원가계산을 이용하여 제품을 생산하고 있다. 이 회사는 55,000단위 생산을 예정하고 있고, 이 조업수준에서의 고정제조간접원가예산은 ₩13,750,000이다. 제조간접원가는 직접작업시간을 기준으로 제품에 배부하고 있다. 당기의 제품단위당 표준원가와 실제 발생원가는 다음과 같다.

---

(1) 단위당 표준원가
- 직접재료원가: ₩30,000 (₩10,000/kg×3kg)
- 직접노무원가: ₩4,000 (₩10,000×0.4h)
- 변동제조간접원가: ₩3,000 (₩300×10h)
- 합계: ₩37,000

(2) 실제 발생원가(생산량 50,000)
- 당기재료사용량: ₩1,100,000,000 (₩11,000×2kg×50,000단위)
- 직접노무원가: ₩209,000,000 (₩11,000×19,000h)
- 변동제조간접원가: ₩100,000,000 (₩200×10h×50,000단위)
- 고정제조간접원가: ₩20,000,000

1-1. 직접재료원가의 가격차이와 수량차이를 구하세요.

1-2. 직접노무원가의 임률차이와 능률차이를 구하세요.

1-3. 변동제조간접원가의 소비차이와 능률차이를 구하세요.

1-4. 고정제조간접원가의 예산차이와 조업도차이를 구하세요.

2. 더나은미래㈜의 제품제조원가 정보이다. 변동제조간접원가는 직접노동시간을 기초로 배부하며 제품 관련 원가정보는 다음과 같다.

---

(1) 제품단위당 표준원가(예산편성)
- 직접재료원가: ₩5,000 (₩1,000/kg×5kg)
- 직접노무원가: ₩2,000 (₩10,000×0.2h)
- 변동제조간접원가: ₩1,200 (₩4,000×0.3h)
- 고정제조간접원가: ₩20,000,000 (기준조업도 10,000개)

(2) 20×2년 10월 발생원가
- 생산수량: 9,000개
- 원재료 매입: 60,000kg (₩900/kg)
- 제품제조에 사용된 원재료: ₩45,900,000 (51,000kg×₩900)
- 직접노무원가: ₩27,500,000 (₩11,000×2,500h)
- 변동제조간접원가: ₩18,000,000 (₩5,000×0.4h×9,000)
- 고정제조간접원가: ₩16,000,000

2-1. 직접재료원가의 가격차이와 수량차이를 산출하세요.

2-2. 직접노무원가의 임률차이와 능률차이를 산출하세요.

2-3. 변동제조간접원가의 소비차이와 능률차이를 산출하세요.

2-4. 고정제조간접원가의 예산차이와 조업도차이를 산출하세요.

3. 더나은미래㈜의 제품을 제조하기 위해 재료 관련 원가정보가 다음과 같은 경우 직접재료원가의 가격차이와 능률차이를 계산하세요.

표준직접재료원가 제품단위당 10kg, ₩20/kg
실제직접재료원가 제품단위당 8/kg, ₩18/kg
실제제품 생산단위 5,000

4. 더나은미래㈜의 신제품 개발에 대한 관련 정보를 활용하여 단위당 목표원가를 산출하세요.

예상판매량	100,000단위
단위당 판매가격	₩30,000
투하자본수익률	20%(투자자본 ₩1,500,000,000)

5. 더나은미래㈜는 제품 10,000단위 기준으로 제조간접원가 표준을 설정하고 있다. 제조간접원가 관련 정보는 다음과 같다.

(1) 제품단위당 표준원가
- 제품단위당 표준기계시간: 6시간
- 고정제조간접원가예산: ₩5,000,000
- 변동제조간접원가예산: ₩1,200 (₩200×6h)

(2) 제조간접원가 실제 발생액
- 실제 생산량: 12,000단위
- 변동제조간접원가: ₩15,120,000 (₩180×7h×12,000단위)
- 고정제조간접원가: ₩7,200,000
- 기계운전시간: 84,000시간

5-1. 변동제조간접원가의 소비차이와 능률차이를 산출하세요.

5-2. 고정제조간접원가의 예산차이와 조업도차이를 산출하세요.

▌실습문제 풀이

1. 1–1.

AP*AQ	SP*AQ	SP*SQ
₩11,000×2kg×50,000	₩10,000×2kg×50,000	₩10,000×3kg×50,000

가격차이: (11,000 − 10,000)×2×50,000 = ₩100,000,000 불리

능률차이: (2 − 3)×10,000×50,000 = ₩500,000,000 유리

1–2.

AP*AQ	SP*AQ	SP*SQ
₩11,000×0.38h×50,000	₩10,000×0.38h×50,000	₩10,000×0.4h×50,000

임률차이: (11,000 − 10,000)×0.38×50,000 = ₩19,000,000 불리

능률차이: (0.38 − 0.4)×10,000×50,000 = ₩10,000,000 유리

1–3.

AP*AQ	SP*AQ	SP*SQ
₩200×10h×50,000	₩300×10h×50,000	₩300×10h×50,000

소비차이: (200 − 300)×10×50,000 = ₩50,000,000 유리

능률차이: (10 − 10)×300×50,000 = 0

1-4.

실제원가	고정예산	표준배부예산
₩20,000,000	₩250×55,000	₩250×50,000

예산차이 = 실제원가 - 고정예산

: 20,000,000 - 250×55,000 = ₩6,250,000 불리

조업도차이 = 고정예산 - 표준배부예산

: 250×55,000 - 250×50,000 = ₩1,250,000 불리

2. 2-1.

AP*AQ	SP*AQ	SP*SQ
60,000×₩900	60,000×₩1,000	45,000×₩1,000

가격차이: (900 - 1,000)×60,000 = ₩6,000,000 유리

수량차이: (60,000 - 45,000)×1,000 = ₩15,000,000 불리

2-2.

AP*AQ	SP*AQ	SP*SQ
2,500시간×₩11,000	2,500시간×₩10,000	1,800시간×₩10,000

임률차이: (11,000 - 10,000)×2,500 = ₩2,500,000 불리

능률차이: (2,500 - 1,800)×10,000 = ₩7,000,000 불리

2-3.

AP*AQ	SP*AQ	SP*SQ
3,600시간×₩5,000	3,600시간×₩4,000	2,700시간×₩4,000

소비차이: (5,000 - 4,000)×3,600 = ₩3,600,000 불리

능률차이: (3,600 - 2,700)×4,000 = ₩3,600,000 불리

2-4.

실제원가	고정예산	표준배부예산
₩16,000,000	₩2,000×10,000	₩2,000×9,000

예산차이 = 실제원가 - 고정예산

: 16,000,000 - 2,000×10,000 = ₩4,000,000 유리

조업도차이 = 고정예산 - 표준배부예산

: (10,000 - 9,000)×2,000 = ₩2,000,000 불리

3.

AP*AQ	SP*AQ	SP*SQ
5,000×8kg×₩18	5,000×8kg×₩20	5,000×10kg×₩20

가격차이: (18 − 20)×5,000×8 = ₩80,000 유리

수량차이: (8 − 10)×5,000×20 = ₩200,000 유리

4. 매출액: (₩30,000×100,000) = ₩3,000,000,000

목표이익: (₩1,500,000,000×0.2) = ₩300,000,000

목표원가: ₩2,700,000,000

단위당 목표원가: (₩2,700,000,000/100,000) = ₩27,000

5. 5–1.

AP*AQ	SP*AQ	SP*SQ
84,000시간×₩180	84,000시간×₩200	72,000시간×₩200

소비차이: (180 − 200)×84,000 = ₩1,680,000 유리

능률차이: (84,000 − 72,000)×200 = ₩2,400,000 불리

5–2.

실제원가	고정예산	표준배부예산
₩7,200,000	₩500×10,000단위	₩500×12,000단위

예산차이 = 실제원가 − 고정예산

: 7,200,000 − 500×10,000 = ₩2,200,000 불리

조업도차이 = 고정예산 − 표준배부예산

: (10,000 − 12,000)×500 = ₩1,000,000 유리

PART 3

비즈니스 계획·예산 및 성과의 관리

제 9 장 가격설정과 수익 · 비용의 추정

제10장 변동원가계산과 공헌이익 산정

제11장 CVP 분석과 목표이익 설정

제12장 사업계획과 예산편성

제13장 예산관리와 차이분석

제14장 사업의 경제성 분석

제15장 사업책임단위 성과평가

BUSINESS ACCOUNTING MANAGEMENT

09

가격설정과 수익 · 비용의 추정

1. 원가기준 가격설정
2. 수익추정
3. 비용추정

1 원가기준 가격설정

1.1 가격설정과 원가

가격은 시장에서 제품이나 서비스의 가치를 나타내는 지표로서 고객 입장에서는 가격이 지각할 수 있는 가치보다 높으면 구매하지 않을 것이고 기업의 입장에서는 원가보다는 높은 가격을 설정해야 최소한 이윤을 확보할 수 있을 것이다. 가격설정의 이슈는 마케팅부문의 시장전략적 측면에서도 매우 중요하지만 기업의 사업전략에 있어서 어떤 관점에서 접근하느냐에 따라 상이할 것이다. 예를 들어, 시장점유율 확대를 위한 전략의 일환으로 접근할 경우 제품단위당 이윤을 낮게 설정하고 판매량을 늘리는 방향으로 설정하여 시장침투가 용이하도록 할 수 있는 반면에, 수익성 중심으로 접근할 경우 단위당 목표이익을 설정하여 원가를 통제하는 방식으로 가격을 설정하는 방향으로 나갈 수도 있다.

기업에서 제품이나 서비스의 가격전략은 기업의 수익성을 결정하고 장기적으로 기업 존속에 영향을 미지는 중요한 의사결정에 해당한다. 기업의 이익은 총수익에서 총비용을 차감하여 남은 부분으로, 총수익은 판매가격과 판매수량에 의하여 결정된다. 같은 판매수량이라도 가격이 높다면 높은 수익을 얻을 수 있으며 이에 비용을 절감할 수 있다면 기업의 이익은 극대화될 수 있다.

이익 = 수익 − 비용 = (판매가격 × 판매수량) − (매출원가 + 판매관리비)
판매가격 = {이익 + (매출원가 + 판매관리비)} / 판매(생산)수량

위의 식처럼 가격은 판매량과 비용의 함수로 표시될 수 있으며 가격과 판매량은 역의 관계에 있다. 가격이 상승하면 판매량이 감소하고 가격이 내려가면 판매량은 증가하게 되며 동시에 원가기준으로 보았을 때 가격은 비용과는 정의 관계에 있다고 할 수 있다. 따라서 기업의 생존과 지속적인 성장을 위해서는 통상적으로 가격은 원가보다는 높고 고객에게 제공하는 가치보다는 낮은 수준에서 설정되는 것이 바람직하다.

기업의 가격설정에 영향을 미치는 요소는 고객, 원가, 경쟁사, 정부정책 등이 있으며 그 중 가장 큰 영향을 미치는 요소는 그 제품이나 서비스를 생산하는 데 들어가는 원가일 것이다.

■ 원가

기업이 제품이나 서비스를 생산하는 데 투입되는 원가는 가격설정에 있어서 하한선을 결정함에 있어서 매우 중요한 요소이다. 기업이 생존하고 지속적으로 성장하기 위해서는 원가에 가산되는 적정한 이윤이 확보되어야만 한다. 하지만 경쟁사와의 가격경쟁이나 시장점유율의 확대 등을 위해 일시적으로 원가 이하로 판매가격을 설정할 수 있지만 장기적으로 원가 이하로 가격을 설정한다면 기업이 생존할 수 없다.

■ 경쟁상황

시장경쟁체제하에서 소비자 확보를 위한 기업 간의 경쟁이 불가피한 것으로 제품의 판매가격은 경쟁기업의 판매가격 등 경쟁상황에 많은 영향을 받게 된다. 동일한 제품과 품질 수준에서 경쟁회사보다 높은 가격을 책정하여 판매를 한다면 소비자들이 경쟁회사 제품을 구매하게 되고 해당 기업은 고객의 외면을 받아 시장에서 퇴출하게 되겠지만, 그 반대로 경쟁사보다 품질이 우수함에도 가격이 상대적으로 낮다면 고객들의 확보나 유지, 확장에 매우 유리하여 수익을 크게 향상시킬 수 있을 것이다. 제품이나 서비스의 품질 등에서 큰 차이가 없이 판매가격으로만 경쟁할 경우 경쟁적으로 가격을 인하하는 가격전쟁을 유발하여 출혈경쟁으로 전락되어 모든 기업이 적자로 전환되는 상황을 맞을 수 있다. 기업들의 가격경쟁은 소비자에게도 반드시 이익이 된다고 할 수 없으므로 신제품 개발 등의 경쟁을 통하여 소비자의 가치를 창출하고 더 큰 이익을 실현할 수 있도록 사업전략을 전개하는 것이 바람직할 것이다.

■ 고객

제품이나 서비스를 구매하는 고객의 구매가격에 대한 수용범위가 가격설정에 영향을 미치게 된다. 가격은 고객이 인지하고 수용가능한 최대가격수준과 최저가격수준 범위 내에서 설정하게 되는데, 고객이 수용할 수 있는 최대수준 범위를 넘었을 때에는 구매를 기피하게 될 것이며 최저수준 범위 이하일 경우에는 품질 등에 있어서 문제가 있는 것이 아닌지 의심을 하게 된다. 일반적으로 가격은 고객가치적 측면에서 기업의 원가수준보다는 높고 고객이 인지하는 가치수준보다는 낮은 수준에서 적정하게 설정되어야 한다.

■ **정부**

시장경제하에서 제품이나 서비스의 가격결정이 기업이 시장상황에 맞추어 독자적으로 결정하나, 생활필수품이나 공공서비스 가격의 결정은 물가안정, 서민의 생활 · 편익 등을 고려하여 정부에서 간접적으로 영향력을 미칠 수 있다. 정부에서 물가안정정책을 강력하게 실행하는 시기에 기업이 국민의 일상생활 필수품의 가격을 인상하여 사회적으로 부정적인 이미지 형성과 정부의 과장광고, 불공정거래 조사 등으로 제재를 받는 사례가 과거에 종종 있었다.

1.2 원가기준 가격설정(cost-based pricing)

원가기준 가격설정은 기준원가에 일정한 이익에 해당하는 가산치를 더하여 제품가격을 결정하는 방법으로 제품단위당 판매가격은 기준원가에 일정한 이윤을 더하여 결정한다. 제품에 대해 정상가격을 설정할 경우 기준원가를 어느 범위까지 포함하느냐에 따라 차이가 있을 수 있다. 모든 원가, 즉 제조원가뿐만 아니라 비제조원가인 판매관리비도 포함할 수 있다. 일반적으로 가격설정에 고정원가, 변동원가, 판매비 및 관리비를 포함하는 총원가 기준으로 하는 경우가 많다.

$$\text{제품단위당 판매가격} = \frac{(\text{기준원가} + \text{기준원가} \times \text{이익가산율})}{\text{제품수량}}$$

$$\text{이익가산율} = \frac{\text{기준원가에 포함되지 않는 항목}}{\text{기준원가}}$$

원가가산 항목은 목표이익이나 원가기준에 포함되지 않은 항목을 의미하고 원가의 일정비율인 이익가산율(markup percentage)로 나타낸다. 목표이익은 투자자금을 바탕으로 목표 투자수익률을 통해 목표 이익금액을 산정하는 경우가 일반적이다. 원가기준 가격설정에 있어서 원가기준에 포함되는 범위에 따라서 변동원가접근법, 전부원가접근법, 총원가접근법으로 구분할 수 있다.

■ 변동원가기준접근법

변동원가기준접근법은 원가를 행태에 따라 변동원가와 고정원가로 분류하여 원가기준으로 변동원가만을 기초로 가격을 설정하는데, 변동원가에는 변동제조원가 및 변동판매관리비도 포함된다.

$$\text{단위당 목표판매가격} = \text{단위당 변동원가} \times (1 + \text{이익가산율})$$

$$\text{이익가산율} = \frac{(\text{목표이익} + \text{고정제조원가} + \text{고정판매관리비})}{\text{변동원가}}$$

고정제조간접원가와 고정판매비와 관리비를 회수하고 적정이익을 얻을 수 있도록 가격을 설정해야 한다.

원가가산항목	**목표이익**
	고정원가 고정제조원가 고정판매관리비
제조원가 직접재료원가 직접노무원가 변동제조간접원가	**변동원가**
비제조원가 변동판매관리비	

■ 전부원가접근법

전부원가접근법은 고정제조간접원가를 포함하여 제품생산에 투입되는 모든 제조원가를 기준으로 제품가격을 결정하는 방법이다.

$$\text{단위당 목표판매가격} = \text{단위당 전부원가} \times (1 + \text{이익가산율})$$

$$\text{이익가산율} = \frac{\text{변동판매비와관리비} + \text{고정판매비와관리비} + \text{목표이익}}{\text{전부원가}}$$

비제조원가인 판매비와 관리비를 원가기준에 포함시키는 것이 아니라 원가가산항목으로 포함시키고 적정이익을 얻을 수 있도록 가격을 설정한다.

원가가산항목	**목표이익**
	변동판매관리비 고정판매관리비
제조원가 직접재료원가 직접노무원가 변동제조간접원가 고정제조간접원가	**전부원가**

■ 총원가접근법

총원가접근법은 판매비와 관리비를 포함하여 제품 생산 및 판매, 일반관리활동에 투입된 모든 원가를 기준으로 제품가격을 결정하는 방법이다.

$$\text{단위당 목표판매가격} = \text{단위당 총원가} \times (1 + \text{이익가산율})$$

$$\text{이익가산율} = \frac{\text{목표이익}}{\text{총원가}}$$

총원가접근법에서는 고정판매관리비와 변동판매관리비를 포함한 모든 원가를 기준원가에 포함시키고 원가가산항목은 목표이익만을 포함한다.

원가가산항목	**목표이익**
제조원가 직접재료원가 직접노무원가 변동제조간접원가 고정제조간접원가	**전부원가**
비제조원가 변동판매관리비 고정판매관리비	

예제 9-1

더나은미래㈜의 원가와 이익 관련 정보를 활용하여 아래 물음에 답하세요.

(1) 원가정보 (단위: 원)

변동원가		10,000,000
제조원가	6,000,000	
판매관리비	4,000,000	
고정원가		4,000,000
제조원가	3,000,000	
판매관리비	1,000,000	

(2) 투자자본이익률 10%, 투하자본 ₩70,000,000, 생산량 10,000단위

1. 변동제조원가와 전부제조원가, 총원가 기준으로 한 가산이윤율(mark-up)은 각각 얼마인가요?
2. 더나은미래㈜에서 총원가기준의 판매가격은 얼마인가요?

풀이

1. 변동원가기준 = (3,000,000 + 1,000,000 + 7,000,000)/10,000,000 = 1.1
   전부원가기준 = (4,000,000 + 1,000,000 + 7,000,000)/9,000,000 = 1.3

총원가기준 = 7,000,000/14,000,000 = 0.5

2. 판매가격 = (전부제조원가 + 전부제조원가 × 가산이익률)/10,000
= (14,000,000 + 14,000,000 × 0.5)/10,000
= 2,100

총원가접근법은 산업계에서 많이 채택하고 있는 방법으로 가격은 제품이나 용역의 생산 및 판매에 소요된 변동원가뿐만 아니라 고정원가를 모두 회수하고 이익가산율이 낮으므로 제품가격을 정당화시키는 데 유용하며 외부보고용 재무제표 작성에 유용한 원가정보를 제공할 수 있다.

고객이 제품이나 서비스 구매 여부를 결정할 때 가장 결정적 영향을 미치는 요소는 가격이므로 고객은 디자인, 서비스, 기능 등 다른 요소를 평가할 때도 가격 대비 어떠한지를 판단하기 때문에 가격 수준의 결정을 매우 합리적으로 신중하게 하여야 한다. 또한 다른 요소와는 달리 한번 결정된 가격은 자주 쉽게 인상이나 인하할 경우에 고객의 신뢰를 잃게 되어 고객을 떠나게 하고 기업에 큰 손실을 줄 수도 있다. 원가중심 가격결정(cost-based pricing)은 제조원가에 일정한 이윤(margin)을 더해 판매가격을 결정하는 것이므로 기업 측면에서는 자사 제품을 제조하는 과정에서 투여한 비용을 잘 알고 있고 지속적으로 운영하기 위해 필요한 이익 수준도 알고 있으므로 많이 활용되고 있다.

2 수익추정

수익이나 비용의 추정은 계획수립에 있어서 중요한 업무이다. 잘못된 판매예측 정보에 의한 수익과 비용의 추정은 경영목표 설정이나 계획에 많은 혼란을 초래할 수 있다. 기업경영에서는 이용가능한 모든 정보를 바탕으로 미래를 정확하게 예측하고 추정하려고 하고 이를 바탕으로 경영목표와 계획을 수립하려고 한다. 다각적인 수단과 방법을 통해 정확한 수요, 수익과 비용 등을 추정하려 하지만 미래에 대한 예측은 수많은 변수와 불확실성이 많아 한계성이 있다.

2.1 수익추정 개요

기업의 모든 비즈니스는 제품의 생산에서 시작하여 제품의 판매에서 완성이 된다. 기업은 제품이나 서비스의 판매활동에 맞추어 생산을 계획하고 투자계획과 재무계획을 할 수 있으므로 판매와 수익의 추정이 모든 경영계획의 출발점이 된다. 비즈니스에서 실현될 수익을 파악해야 이에 대응하여 사업비용을 추정하고 목표로 하는 이익을 예측할 수 있다.

기업의 수익은 크게 영업수익과 영업외수익으로 나눌 수 있으나 기업의 판매예측은 본연의 영업활동에서 발생하는 제품이나 서비스별 영업수익을 중심으로 예측한다. 기업이 생산한 제품이나 서비스별로 판매수익은 판매수량과 판매가격을 곱하여 산출한 판매수익, 즉 매출액을 의미한다. 이러한 제품이나 서비스의 판매는 기업 내부적으로는 제품가격, 품질, 디자인, 판매력 등의 여러 요인에 영향을 받고 외적으로는 경쟁상황, 소비자의 구매의향, 경제상황, 정부정책 등의 여러 요인에 영향을 받기 때문에 불확실한 미래의 매출액을 정확히 예측하는 것을 매우 어려운 일이다.

기업의 미래의 수익목표나 이익을 기업이 의지를 갖고 자원과 역량을 투입하여 만들어가는 것이라고는 하지만 기업의 경영자나 투자자 등의 이해관계자들이 경제적 의사결정을 하기 위해서는 합리적으로 추정한 수익정보가 필요하다. 일반

그림 9-1 매출액 추정

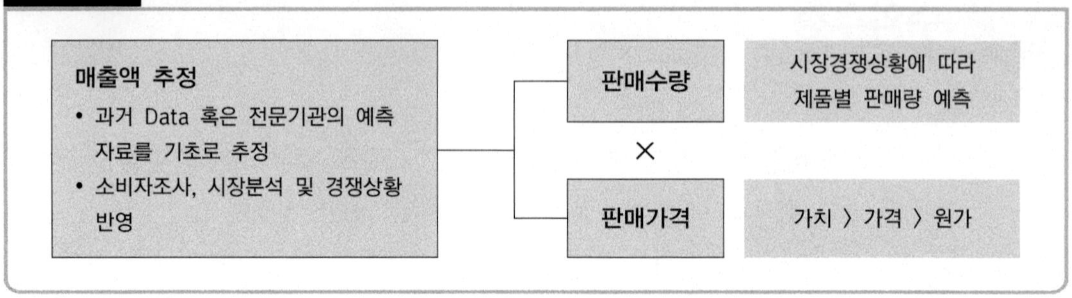

적으로 과거 매출 관련 정보나 전문기관 등에서 예측한 시장규모 등의 자료를 기초로 하여 추정하고 소비자조사, 시장 및 경쟁사 분석 등을 통하여 합리적으로 추정하는 과정을 거치게 된다. 제품이나 서비스의 생산원가와 판매관리비용, 경쟁상황이나 경쟁자의 판매가격, 제품과 서비스의 포지셔닝과 경쟁우위력 등 여러 가지 내적, 외적요소들이 판매수익 추정시 합리적으로 고려되고 반영되어야 한다.

기업의 경영의사결정에 있어서 예측한 매출액에 대한 정보는 매우 중요하다. 예측한 매출액을 기준으로 판매계획, 생산계획, 구매계획, 인력충원계획 등의 경영계획을 수립하게 되고 제품이나 서비스의 생산을 위하여 원재료에 대한 발주계획을 진행하게 된다. 그 반대로 터무니없이 잘못된 매출 예측은 판매, 생산, 원자재 구매, 인력 충원 등에 있어서 경영자에게 잘못된 의사결정을 하게 하여 기업에 많은 비용과 손실을 발생시킬 수 있다. 판매 예측은 영업부서에서도 하지만 중장기적인 예측과 제품의 생산이나 수입, 원자재 조달을 위한 판매 예측은 주로 마케팅부서에서 하는 경우가 많으며 종전에는 여유있게 예측하여 판매에 지장이 없도록 하는 경향이 있었으나 원자재의 과잉구매, 과잉생산, 과잉재고를 줄이기 위해 판매 예측의 정확도를 높여야 한다. 그러나 판매 예측은 기업에서 매우 중요하고 일상적인 활동이고, 가장 주의를 기울여 주기적으로 하는 업무임에도 많은 기업들이 과학적인 방법론에 의한 예측이 아니라 과거 판매실적자료와 시장/회사 성장률 등을 기준으로 예측하고 있는 실정이다.

판매 예측 시 고려해야 할 요인들을 세부적으로 파악해야 합리적인 예측을 가능하게 할 수 있다.

■ 신제품 및 가격정책

신제품의 경우 기존 제품라인의 확장이거나 개선된 제품으로 현재 제품을 전환시키는 경우라면 비교적 쉽게 예측이 가능하지만 다른 범주의 신제품일 경우 예측하기가 어렵고 복잡하다. 가격의 인하 또는 가격할인은 판매액과 수량의 증가를 가져오지만 중요한 것은 매출원가를 고려하여 가격인하율보다 더 높은 매출증가율을 달성해야 한다는 것이다.

■ 과거 판매실적

과거 판매실적 자료는 판매 예측에 있어서 많이 활용하고 유용한 자료로 대부분의 회사들이 도입한 전사적자원관리시스템의 과거 매출액과 매출량, 성장률, 점유율 등의 자료를 볼 수 있다. 또한 제품 판매를 위한 세일즈 프로모션이나 중장기적인 브랜드 인지도 향상을 위한 프로모션은 판매의 증가를 가져올 수 있다. 단기판촉의 경우 일시적인 매출증가를 유도하고, 브랜드 인지도와 선호도, 기업이미지 제고를 위한 프로모션은 단기판촉에 비해 장기적인 증가를 가져온다.

■ 판매력 및 신규 고객

판매력은 제품을 판매할 수 있는 판매채널과 그 판매능력으로 매출 증가에 크게 영향을 미치게 된다. 판매력을 향상시키기 위해 판매인력이나 판매부서에만 의존할 것이 아니라 판매방식의 혁신 등의 과학적인 판매기법 개발과 기존 고객의 유지정책이 중요하다. 이와 더불어 기존 제품으로 시장점유율을 확장하기 위해서는 새로운 시장 개발과 신규 고객의 확장은 판매에 크게 영향을 주므로 시장조사를 통해 신규 수요를 예측하여 반영해야 할 것이다.

■ 경쟁회사와 경쟁상품

경쟁회사와의 경쟁상황은 판매 예측에 직접적인 영향을 주기 때문에 경쟁사의 동향을 계속 모니터링하면서 이들의 가격정책, 신제품 출시계획, 판촉전략을 파악하여 판매 예측에 반영하여야 한다. 경쟁사의 매출액의 경우 오픈된 객관적인 통계자료, 경쟁사의 판매채널과 이들의 매출 동향, 평균 성장률 등의 정보를 통해 파악할 수 있다.

■ 시장 및 경제전망

경제성장률, 시장성장률 등의 거시지표는 전사적인 사업계획시 반영되어야 할 요인들이다. 인구통계변화, 인구지도와 각 연령대의 라이프스타일, 소비패턴 등의 정보를 활용하여 트렌드를 파악할 수 있다. 시장동향 및 성장률을 봤을 때, 제품이 속한 시장 자체의 규모가 커진다면 이에 따른 성장을 예측할 수 있다. 자사의 매출이 성장하더라도 시장성장률이 높지 않다면 전체적인 시장 성장을 따라가지 못하는 역성장으로 규정할 수도 있겠다.

2.2 매출추정 방법

영업수익은 제품이나 서비스의 판매에 따른 매출액으로, 매출액의 추정은 기업 예산편성, 기업가치평가, 사업 타당성 평가, 재무계획 및 평가결과에 중대한 영향을 미치며 비즈니스 계획의 시작점이라고 할 수 있다. 매출액은 판매수량과 판매가격에 의하여 산출되는데 판매가격은 일정 기간 동안 고정되어 있으므로 판매수량을 추정하여야 한다. 판매수량의 예측에 대한 추정접근법은 시장기준(market based) 접근방식 혹은 하향식(Top-down) 방식과 고객기준(customer based) 접근방식 혹은 상향식(Bottom-up) 방식으로 구분할 수 있다. 실무에서 실제로 사용되는 수요예측 방식은 상향식 방식과 하향식 방식을 결합한 절충형 방식을 많이 채택하고 있다.

■ 하향식(Top-down) 방식

하향식 접근방식은 시장규모를 추정하고 추정된 시장규모 안에서의 시장점유율을 적용하여 산출한 판매수량에 판매가격을 곱하여 매출액을 추정하는 접근법이다. 이것은 산업수요라고 불리는 동종 제품 또는 서비스 전체에 대한 수요 예측으로 전체 시장의 크기를 파악한 후 향후 사업전략 방향에 맞게 가격전략이나 판매전략을 전략적으로 실행하는 것이라고 볼 수 있기 때문이다. 전체 시장 크기에서 시작하여 자사의 마케팅 및 판매전략에 따라서 어느 정도 시장점유율을 가져갈 수 있는지 예측하는 방식이다.

하향식 방식은 목적지향형으로 목표 달성의 개념이 강하고, 하향식으로 시작해서 상향식 방법으로 추정한 것과 비교하여 타당성을 상호 보정하는 것이 더 바람직하다. 전체 시장규모의 추정은 국내외 각 산업별 전문기관에서 예측한 시장규모를 참고하여 해당 세부시장의 인구통계학적 자료 등을 통해 시장규모를 추정한다. 이렇게 추정한 결과는 통계자료의 신뢰도에 따라 편차가 크고 자사 사업의 시장점유율을 과대평가하여 높게 설정되는 경향도 있다. 따라서 제품 또는 서비스가 진입하고자 하는 전체 시장의 크기를 합리적으로 추정한 다음 인구통계적 자료를 활용하여 목표시장을 중심으로 시장의 범위를 설정, 조정한 후 자사의 전략과 역량을 고려하여 실제로 점유가능한 시장을 추정하는 방식으로 접근하는 것이 합리적이다. 결국 전체시장은 시장의 잠재적 규모를 보여주고 목표시장은 1~2년 내에 달성하려고 하는 시장이고 초기진입시장이 점유가능 시장이라 할 수 있다.

■ 상향식(Bottom-up) 방식

상향식 방식은 기존 고객의 수요에 대한 추정에서부터 시작하여 고객의 이탈률, 잠재고객층에 대한 추정의 순서로 진행되는 매출액 추정접근법이다. 고객과 시장에서 직접 활동을 하고 있는 영업사원들의 경험과 판단에 의거해 예측하는 방법, 잠재고객을 대상으로 시장조사를 통하여 판매 예측하는 방법, 과거 판매실적자료의 통계적 분석 기법을 통하여 판매 예측하는 방법, 매출과 매출에 영향을 미치는 독립변수들의 상관관계를 분석하여 판매 예측하는 방법 등이 있다. 영업조직으로부터 받은 각 지역별 판매가능한 수량 정보를 받아 영업사원의 판매예상 숫자, 각 영업지역 판매채널의 수, 온라인 마케팅/거래를 한다면 이러한 변수를 반영할 수 있다. 이러한 상향식 방법은 현장조직에서 자세한 자료로 올라오기 때문에 여러 변수들에 따른 예측의 변경이 용이한 장점이 있다. 하지만 때로는 현장조직에서 보고되는 숫자가 지나치게 과장되거나 축소되는 경우가 있을 수 있으며 이전의 실제 경험치 자료 등을 활용하여 정확도를 검토하여 반영해야 한다.

예제 9-2

전 세계 스마트폰 시장규모에 대한 정보를 이용하여 더나은미래㈜의 20×5년의 매출 추정과 관련하여 물음에 답하세요. (단, 반올림하여 백만 단위로 나타낸다.)

(1) 전체시장규모

구분	20X0	20X1	20X3	20X4
시장 전체(백만대)	1,479	1,331	1,392	1,492
증가율		− 10%	4.6%	7.2%

- 20×5년에는 최근 3년 평균 성장률보다 2% 높을 것으로 예상함.
- 스마트폰의 대당 가격은 ₩1,000,000이다.

(2) 더나은미래㈜의 시장점유율 20×5년 25% 예상

1. 20×5년도 전체시장규모는 얼마인가요?
2. 더나은미래㈜의 20×5년의 스마트폰의 예상판매대수와 매출액은 얼마인가요?

풀이

$$* \ 20 \times 5\text{년도 시장규모증가율} = \frac{-10 + 4.6 + 7.2}{3} + 2 = 2.6(\%)$$

20×5년도 스마트폰 전체시장규모 1,531백만대 = 1,492백만대 × 1.026
더나은미래㈜의 예상판매대수 383백만대 = 전체시장규모 1,531백만대 × 시장점유율 25%
스마트폰 매출액 383조원 = 383백만대 × ₩1,000,000

2.3 계량적 기법을 통한 판매 예측

판매 예측은 과거의 판매실적 정보와 판매에 영향을 미치는 여러 가지 변수를 활용하여 적합한 통계적 기법에 의하여 예측할 수 있다. 통계적 기법에 의한 판매 예측은 기존 제품과 신제품, 혁신기술제품 등에 따라 적용할 수 있는 예측모형이 다르다. 일반적으로 실무에서 많이 사용하는 시계열분석 모형, 회귀분석 모형, 바스 확산 모델에 대하여 간략하게 살펴보고자 한다.

■ **시계열분석 방법(methods of time series analysis)**

시계열분석 모형은 과거 시계열 매출자료의 특성(추세변동, 계절변동, 순환변동)에 따라 일정 패턴(pattern)이 미래에도 지속적으로 유지된다는 가정하에서 현재까지 수집된 매출자료들을 분석하여 미래에 대한 예측(forecast)을 하는 것이다. 시

계열 자료의 수집이 용이하고 변화하는 경향이 안정적일 때 이를 기초로 하여 미래의 예측치를 계산할 수 있지만 과거의 수요패턴을 장기적인 미래에 그대로 계속 유지될 수 없으므로 단기 내지 중기적 예측에 활용된다. 시계열 자료의 변동요소는 장기적인 변화의 전반적인 경향으로 점진적으로 증감하는 장기변동 추세, 경기변동과 같이 경제, 사회적 요인의 변화로서 순환적 변동, 1년 주기로 계절에 따라 되풀이 되는 계절변동, 돌발적인 요인에 의하여 일어나는 불규칙 변동 등이 있다.

시계열분석기법인 단순이동평균법(simple moving average method)은 비교적 간단한 시계열분석기법 중의 하나로 최근 몇 개 관측값의 단순평균값을 다음 기간의 예측값으로 추정하는 방법이다. 가중이동평균법은 단순이동평균법의 단순평균하는 것과는 달리 최근의 관측값에 가중치를 부여하여 그 다음 기간의 예측값을 추정하는 방법이다. 또한 지수평활법(exponential smoothing method)은 이동평균법의 약점인 가중치 선정기준의 불합리성 등을 보다 합리적으로 개선한 것으로 평활계수(smoothing constant) α를 이용하여 최근 시계열에 더 높은 가중치를 부여하여 미래를 예측하는 방법이다. 평활계수 α는 '0'과 '1' 사이의 값으로 일반적으로 α값은 0.1~0.3이며 제품 수요가 극히 불안한 경우에는 0.7~0.9의 값을 주는 경우가 많이 있다.

$$
\begin{aligned}
M_t &= \alpha Z_n + (1-\alpha) F_n \\
&= F_n + \alpha (Z_n - F_n)
\end{aligned}
$$

M_t: 다음 시점(t+1)의 예측값(F_{n+1})

Z_n: n시점의 관측값

F_n: n시점의 예측값

α: 지수평활계수

예제 9-3

더나은미래㈜의 20×2년 9월에서 12월까지 스마트폰 월별판매실적과 판매예측치는 다음과 같다.

(단위: 천대)

구분	9월	10월	11월	12월
판매실적	1,000	1,200	1,100	1,000
판매예측	1,200	1,100	1,050	1,075

1. 단순이동평균법과 가중이동평균법을 활용하여 20×3년 1월의 판매예측치를 산출하세요.
2. 지수평활계수는 0.5인 경우 20×3년 1월의 판매예측치를 산출하세요.

풀이

1. 단순이동평균법에 의한 판매예측: (1,000 + 1,200 + 1,100 + 1,000)/4 = 1,075
   가중이동평균법에 의한 판매예측: 1,000×0.1 + 1,200×0.2 + 1,100×0.3 + 1,000×0.4 = 1,070
2. 지수평활법에 의한 1월의 판매예측: 1,075 + 0.5×(1,000 − 1,075) = 1,037

■ 회귀분석 모형(regression analysis)

회귀분석이란 하나의 종속변수와 하나 또는 2개 이상의 독립변수들 간의 관련성을 규명할 수 있는 수학적 모형을 측정된 변수들의 자료로부터 회귀식을 추정하는 통계적 방법이다. 선형회귀분석은 독립변수와 종속변수 사이에 직선적인 형태의 관계가 있다고 가정을 하여 독립변수가 일정하게 증가하면, 종속변수도 그에 비례해서 증가하거나 또는 감소하는 형태를 말한다.

$$Y = \alpha + \beta X + \epsilon$$

X: 독립변수 Y: 종속변수 α, β: 회귀계수 ϵ: 오차항

■ 바스 확산 모형(Bass diffusion model)

신기술에 의한 혁신제품은 시간이 지나감에 따라서 미디어나 이용자의 구전 등에 의한 홍보로 인하여 인지도와 선호도가 확산되어 신제품 도입초기에는 확산속도가 빨라지다가 성장기의 일정 시점 이후부터 감속하여 안정기에 도달함으로써 S자 모양을 띠게 된다. 혁신적인 신제품을 구매하는 고객도 혁신구매자와 모방구매자로 구분할 수 있다.

바스 모델에 의한 신제품의 판매량 예측은 혁신요인과 모방요인에 의하여 추정할 수 있다. 혁신요인(innovation coefficient)은 신상품이 나왔을 때, 그 시점에서 얼마나 팔릴까에 대한 예상지수로 신상품의 출시 전에 광고 등을 통해 사람들이 기대지수를 고려하여 시장에 얼마나 파급력이 있을지에 대한 수치이다. 모방요인(imitation coefficient)은 사람들이 얼마나 모방을 하고 싶어 하는가에 대한 수치로 신제품의 입소문으로 모방하고 싶어하는 수치이다. 혁신구매자는 신제품이 출시될 경우에 가장 먼저 사용해 보고 다른 사람에게 추천하는 구매자를 의미한다. 반면에 모방구매자는 어느 정도 상품이 성숙기에 도달하였을 경우 다른 사람의 사용하는 사례를 보고 따라서 구매하는 구매자이다.

$$S_t = \left(p + q\frac{Y_{t-1}}{M}\right)(M - Y_{t-1})$$

또는

$$Y_t = M \times F_t = M \times \frac{1 - \exp(-(p+q)t)}{1 + \frac{q}{p}\exp(-(p+q)t)}$$

Y_t : t시점에서의 누적수요 S_t : t시점에서의 신규수요

F_t : t시점에서의 포화시장 대비 누적구매율 M: 포화시장규모

p : 혁신계수 q : 모방계수

비즈니스에서는 입소문이나 유행하는 것에 해당한다. 비즈니스의 맥락에서 집단의 개체수란 곧 수요자의 수다. 바스 확산 모델은 소비자가 신제품을 수용할 것인가에 대한 문제와 언제 수용할 것인지를 예측하는 것이다. 혁신으로 판도가 바뀌고 트렌드를 따르는 게 유리한 현상이라면 어디에도 적용될 수 있다.

3 비용추정

제품의 과거 원가정보를 토대로 미래의 원가를 추정하여 사업계획이나 의사결정에 필요한 원가정보를 제공해 준다. 원가의 추정은 미래의 불확실한 상황 속에서 과거 원가정보를 기초로 해서 추정하므로 정확성 등에 있어서 한계점이 있다.

3.1 비용추정 개요

원가행태에 따라 원가분류는 크게 변동원가와 고정원가로 분류되고 변동원가와 고정원가를 합한 것이 총원가이다. 원가추정은 원가행태에 따라서 과거의 원가자료를 분석하여 고정원가와 변동원가를 추정하여 총원가를 산정해 내는 것이다. 기업 원가분석을 통한 원가추정의 기본적인 가정은 원가행태가 관련범위 내에서 선형함수로 적절히 나타낼 수 있고 원가에 영향을 주는 요인은 조업도 수준 하나뿐이며 과거의 역사적 원가행태 유형이 미래에도 계속 유효하다는 것이다.

원가가 활동이나 조업도에 따라서 어떠한 행태를 보일 것인가에 관한 것이 원가행태이다. 변동원가는 생산량 등 조업도에 따라서 원가가 비례적으로 증감하는 반면에 고정원가는 조업도에 관계없이 일정한 원가행태를 보이며, 변동원가와 고정원가의 속성을 함께 갖는 혼합원가도 있다. 변동원가는 원가동인 수준에 따라

그림 9-2 원가의 분류

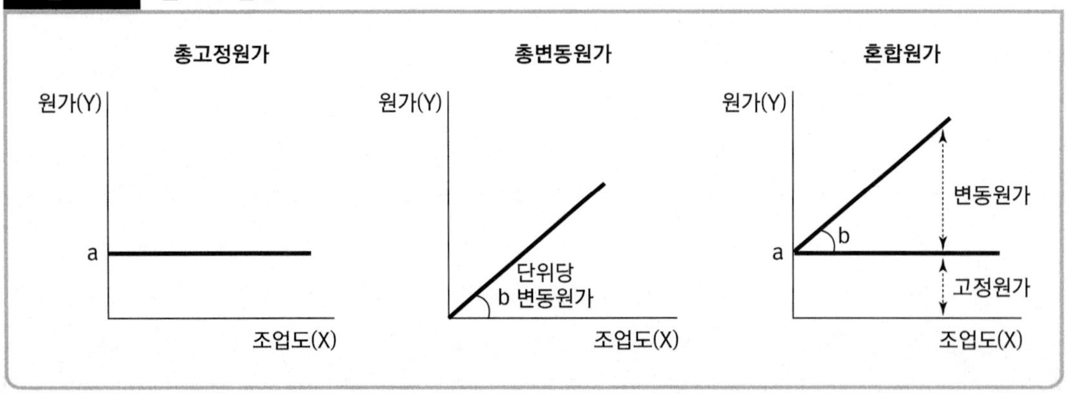

변하는 원가로 원가동인은 생산량, 판매량 등이 있다. 고정원가는 원가동인수준과 무관하게 일정하게 발생하는 원가로 임원의 급여나 설비 감가상각비 등은 생산량과 무관하게 발생하는 일정한 고정원가이다. 변동원가와 고정원가가 합해진 행태를 혼합원가 또는 준변동원가라고 한다.

따라서 원가함수를 추정하는 것은 원가와 원가의 발생에 영향을 미치는 특정 변수 간의 관계를 알아내는 것이다. 원가행태를 함수의 형태로 표현한 것을 원가함수라고 하며 원가와 원가동인 간의 관계를 의미한다.

Y(총원가) = A(고정원가) + b(단위당 변동원가) × (생산량)

■ **매출원가 추정**

매출원가는 판매된 제품이나 서비스의 제조원가로서 판매수익에 대응한 판매비용으로서 매출액에서 매출원가를 차감하여 매출총이익을 산출한다. 매출원가는 제조원가이므로 제품제조원가요소인 변동제조원가와 고정제조원가로 구분하여 추정하는 것이 효율적이다. 변동제조원가는 직접재료원가, 직접노무원가, 수도광열비 등의 변동제조간접원가가 포함되고, 고정제조원가는 감가상각비, 보험료 등의 고정제조간접원가를 의미한다. 매출원가는 매출액에서 제조원가율을 곱하여 산출할 수 있으며 신상품의 기획단계에서 판매가격에서 목표원가율을 설정하여 목표매출총이익을 계산할 수 있다.

매출원가 추정(단위당 판매가격 × 목표원가율) = 판매가격 − 단위당 목표매출총이익

■ **판매관리비 추정**

판매관리비도 판매량에 비례하여 증감하는 변동판매관리비와 고정판매관리비로 구분하여 추정하는 것이 효율적이다. 변동판매관리비는 매출이나 영업활동에 비례하여 발생하는 비용이고 고정판매관리비는 매출이나 영업활동과 관계없이 발생하는 비용이다.

변동판매관리비는 매출액 혹은 인원에 비례하여 추정하는데 수도광열비, 교육훈련비, 통신비, 차량유지비, 소모품비, 여비교통비, 지급수수료 등이며, 고정판매

관리비는 지급임차료, 건물관리비, 지급수수료, 감가상각비, 보험료 등이다.

3.2 원가추정 방법

원가추정 방법은 기본적으로 산업공학적 방법과 역사적 자료에 기초한 추정방법으로 나누어진다. 역사적 자료를 분석하는 방법은 과거의 조업도와 원가 간의 관계를 이용하여 미래에도 그와 같은 관계로 원가가 발생할 것이라는 전제하에 원가함수를 추정하는 것인데, 이에는 계정분석법, 고저점법, 회귀분석법 등이 있다.

■ 계정분석법

주관적 판단으로 각 계정에 기록된 원가를 분석하여 과거의 원가 계정들을 변동원가와 고정원가로 구분하여 총고정원가와 단위당 변동원가를 추정하는 방법이다. 회계자료가 1개만 있어도 가능하며 기업의 기존 정보를 이용하여 적은 비용으로 할 수 있다는 점에서 이점이 있지만, 각 계정을 변동원가와 고정원가로 구분하는 것이 자의적이고 정확도도 떨어지며 일부 계정은 변동원가와 고정원가의 성격을 같이 가지고 있어 두 부분으로 나눌 수 없다는 문제점이 있다.

■ 고저점법

계정분석법의 자의적인 원가분류의 오류를 피할 수 있도록 고안된 것이 고저점법이다. 고저점법은 과거의 자료 중 원가동인 수준의 최고점과 최저점의 원가수치를 직선으로 연결하여 혼합원가 추정식을 구하는 방법이다. 추정식에 두 점의 원가와 원가동인 수준을 대입하면 단위당 변동원가와 총고정원가를 구할 수 있다.

단위당 변동원가 = (최고조업도 원가 − 최저조업도 원가)/(최고조업도 − 최저조업도)
고정원가 = 최고조업도의 총원가 − (단위당 변동원가 × 최고조업도) 혹은
고정원가 = 최저조업도의 총원가 − (단위당 변동원가 × 최저조업도)

계정분석법보다 객관적이고 최소 2기간의 원가정보만으로 원가추정이 가능하나 최고조업도나 최저조업도가 비정상적인 수치라면 원가방정식은 의미가 없어진다.

예제 9-4

더나은미래㈜의 조업도 수준별 원가자료이다. 물음에 답하세요.

(단위: 백만원)

	최저활동수준	최고활동수준
직접재료원가	500	600
직접노무원가	100	110
제조간접원가	-	-
수도광열비	50	60
수선비	20	30
화재보험료	20	20
감가상각비	10	10
합계	700	830
생산량(단위)	5,000,000	6,000,000

1. 단위당 변동원가, 고정원가 및 총원가를 나타내는 함수를 산출하세요.
2. 20×2년도 700만 개를 생산한다면 총원가는 얼마인가요?

풀이

1. 단위당 변동원가 = (830,000,000 − 700,000,000)/(6,000,000 − 5,000,000)
   = ₩130

   고정원가 = 830,000,000 − ₩130 × 6,000,000 = ₩50,000,000

   총원가 = 50,000,000 + ₩130X (단, X는 생산량)

2. 총원가 = 50,000,000 + ₩130 × 7,000,000 = 960,000,000

■ 최소자승 회귀분석법

충분한 자료를 이용하여 설명변수인 X와 이에 따라 변하는 피설명변수 Y의 선형관계를 가장 적절히 나타내는 추정식을 찾아내는 통계기법이다. 원가를 종속변수로 놓고 조업도를 독립변수로 하여 원가와 조업도의 상관성을 분석, 회귀식을 도출하여 원가방정식을 구한 후 예상조업도에 대한 원가를 추정한다. 최소자승법은 회귀식으로부터 계산된 종속변수의 예측치와 실제수치의 차이인 추정오차들의 제곱의 합이 최소화되도록 하는 회귀식을 구하는 방법이다. 실제 측정치로부터 회귀식을 도출하고 2기간만의 자료를 사용하는 고저점법과 달리 2기간 이상의 자료가 존재하면 이 자료를 모두 사용하는 회귀분석을 할 수 있다.

■ 산업공학적 방법

생산방법, 생산공정, 원재료, 노동력, 기계설비 등에 대한 공학적 분석을 기초로 원가를 추정하는 방법이다. 생산공정에 대한 투입과 산출의 관측치에 대한 정밀한 측정을 기초로 원가를 추정하는 것으로 제품의 설계도나 생산계획으로부터 재료의 예상사용량을 구하고 예상재료가격을 구하여 직접재료원가를 추정한다. 직접노무원가는 시간연구, 동작연구 등을 통하여 필요작업시간을 구하고 시간당 임률을 곱하여 추정한다. 제조간접원가는 과거의 경험을 토대로 직접원가의 일정비율을 추정한다. 이 방법은 과거 원가자료가 없는 신제품이나 새로운 생산방법 등이 도입된 경우 적용할 수 있으며 투입과 산출 간의 물량적 관계를 쉽게 계량화할 수 있는 직접원가의 경우 비교적 정확하게 원가추정이 가능하나 원가추정에 많은 노력과 시간 등이 소요되는 단점이 있다.

확·인·문·제

※ 각 문항의 설명 중 옳은 것에는 T, 틀린 것에는 F를 하세요.

01. 변동원가는 원가동인수준에 따라 변하는 원가로 원가동인은 생산량, 판매량, 감가상각비 등이 있다. (　　　)

02. 고저점법을 이용하여 단위당 변동원가를 계산하기 위해서는 가장 높은 조업도 수준에서의 원가와 가장 낮은 조업도 수준에서의 원가의 차이를 이용한다. (　　　)

03. 인공지능과 로봇 등의 기술혁신에 의한 공정의 자동화에 따라서 직접재료원가 이외의 원가들이 기간비용으로 처리될 때, 가장 적합한 원가계산법은 변동원가계산이다. (　　　)

04. 과거의 원가자료가 없는 신제품이나 새로운 생산방법이 도입된 경우에는 산업공학적 방법에 의한 원가추정이 이루어지며, 비교적 적은 비용으로 정확한 원가추정이 가능하다. (　　　)

05. 고정원가와 변동원가의 행태를 모두 가지고 있는 원가의 행태를 혼합원가라고 한다. (　　　)

06. 회귀분석이란 하나의 종속변수와 하나 또는 2개 이상의 독립변수들 간의 관련성을 규명할 수 있는 수학적 모형을 측정된 변수들의 자료로부터 회귀식을 추정하는 통계적 방법이다. (　　　)

07. 신기술 제품의 도입초기에는 확산속도가 빨라지다가 성장기의 일정 시점 이후부터 감속하여 안정기에 도달함으로써 S자 모양을 띠게 되는 특성을 활용한 예측모형이 시계열분석 모델이다. (　　　)

08. 상향식 접근(Bottom-up)은 고객과 시장에서 직접 활동을 하고 있는 영업사원들의 경험과 판단에 의거해 예측하는 방법이나 잠재고객을 대상으로 시장조사를 통하여 판매예측하는 방법 등을 의미한다. (　　　)

09. 먼저 시장규모를 먼저 측정하고, 시장점유율을 산정해서 판매수량을 역산으로 추정하는 방법을 상향식 접근방식(Bottom-up)이라고 한다. (　　　)

10. 제품이나 서비스의 생산원가와 판매관리비용, 판매가격, 제품과 서비스의 포지셔닝과 경쟁우위력 등 요소들을 판매수익 추정시에는 합리적으로 반영하여야 한다. (　　　)

11. 총원가접근법은 고정판매비와 관리비를 포함한 제품 생산에 투입된 모든 원가를 기준으로 제품가격을 결정하는 방법이다. (　　　)

12. 전부원가접근법은 고정제조간접원가를 포함한 제품 생산에 투입되는 모든 제조원가를 기준으로 제품가격을 결정하는 방법이다. (　　　)

13. 변동원가기준접근법은 변동원가만을 기초로 가격을 설정하는데, 변동원가에는 변동제조원가 및 변동판매비와 관리비도 포함된다. (　　　)

14. 원가기준 가격설정은 기준원가에 일정한 이익에 해당하는 가산치를 더하여 제품가격을 결정하는 방법으로 제품단위당 판매가격은 변동원가 기준으로 일정한 이윤을 더하여 결정하는 방식을 일반적으로 많이 활용한다. (　　　)

15. 계정분석법은 과거의 원가 계정들을 변동원가와 고정원가로 구분하여 총고정원가와 단위당 변동원가를 추정하는 방법이다. (　　　)

▮해답: 1. T 2. F 3. T 4. F 5. T 6. T 7. F 8. T 9. F 10. T 11. F 12. T 13. T 14. F 15. T

실 · 습 · 문 · 제

1. 더나은미래㈜의 원가와 이익 관련 정보를 활용하여 아래 물음에 답하세요.

(1) 원가정보 (단위: 원)

변동원가		₩6,000,000
제조원가	₩4,000,000	
판매관리비	2,000,000	
고정원가		3,000,000
제조원가	2,000,000	
판매관리비	1,000,000	

(2) 투자자본이익률 10%, 투하자본 ₩30,000,000, 생산량 1,000단위

1-1. 변동원가와 전부원가, 총원가를 기준으로 한 가산이윤율(mark-up)은 얼마인가요?

1-2. 더나은미래㈜에서 전부원가기준의 판매가격은 얼마인가요?

2. 더나은미래㈜의 원가 관련 정보를 활용하여 아래 물음에 답하세요.

(1) 단위당 원가정보

직접재료원가	₩3,000
직집노무원가	2,000
변동제조간접원가	1,000
고정제조간접원가(1,000단위)	2,000
변동판매관리비	1,500
고정판매관리비(1,000단위)	500

(2) 투자자본이익률 10%, 투하자본 ₩30,000,000, 생산량 1,000단위

2-1. 총원가를 기준으로 한 가산이윤율(mark-up)은 얼마인가요?

2-2. 더나은미래㈜에서 총원가기준의 판매가격은 얼마인가요?

3. 한국의 정보통신서비스 시장규모에 대한 정보를 이용하여 더나은미래㈜의 20×4년의 매출 추정 관련하여 물음에 답하세요.

(1) 전체시장규모

구분	20×1	20×2	20×3
가입자 규모(천명)	70,000	71,000	72,000
매출액(억원)	300,000	330,000	340,000

- 20×4년에는 최근 3년 평균 성장률보다 2% 높을 것으로 예상함.

(2) 더나은미래㈜의 20×3년 이후의 시장점유율은 35%로 예상된다.

3-1. 20×4년도 전체시장규모는 얼마인가요?

3-2. 더나은미래㈜의 20×4년의 예상매출액과 가입자당 평균 통신비는 얼마인가요? (20×1년 가입자는 그대로 유지되고 신규가입자는 연평균 균등하게 가입함)

4. 더나은미래㈜의 조업도 수준에 따른 생산원가 관련 정보를 고저점법을 이용하여 계산할 경우 고정제조간접원가를 계산하세요.

생산수량 및 제조원가	단위당 변동원가
50,000개 / ₩40,000,000 70,000개 / ₩50,000,000	직접재료원가 ₩200 직접노무원가 ₩100

5. 더나은미래㈜의 20×1년과 20×2년의 생산원가 관련 정보를 활용하여 물음에 답하세요.

구분	20×1년	20×2년
생산량	10,000개	15,000개
총제조원가	₩25,000,000	₩28,500,000

단, 20×1년과 20×2년의 고정원가 및 단위당 변동원가는 동일하다.

5-1. 20×3년도 제조예산편성에 있어서 20×2년도 대비 고정원가는 10% 증가하고, 단위당 변동원가는 30% 감소한다고 가정한다. 20×3년도 예정 생산량이 5,000단위일 경우 단위당 변동원가와 고정원가는 얼마인지 계산하세요.

5-2. 문제 5-1에 의하면 20×3년에 예상되는 총제조원가는 얼마인지 계산하세요.

6. 더나은미래㈜의 20×2년 10개월간의 제품생산 관련 원가자료이다. 아래 물음에 답하세요.

구분	직접작업시간	제조간접원가발생액
1월	10,000시간	₩10,500,000
2	11,000	11,000,000
3	9,000	12,000,000
4	12,000	12,300,000
5	14,000	14,200,000
6	13,000	14,000,000
7	15,000	18,000,000
8	12,500	12,700,000
9	13,500	14,300,000
10	14,500	14,700,000

6-1. 고저점법을 이용하여 단위당 변동원가를 계산하세요.

6-2. 고저점법을 이용하여 제조간접원가에 관한 고정원가를 추정하세요.

6-3. 20×2년 11월에 직접작업이 17,000시간이 이루어질 것으로 예상한 경우 제조간접원가 추정액은 얼마인지 계산하세요.

7. 더나은미래㈜의 20×2년 4/4분기 스마트폰 월별판매실적과 판매예측치는 다음과 같다. 20×3년 1월의 판매예측에 대하여 물음에 답하세요.

(단위: 천대)

구분	10월	11월	12월
판매실적	1,200	1,440	1,500
판매예측	1,100	1,200	1,300

7-1. 단순이동평균법과 가중이동평균법을 활용하여 20×3년 1월의 판매예측치를 산출하세요.

7-2. 지수평활계수는 0.3인 경우 20×3년 1월의 판매예측치를 산출하세요.

▌실습문제 풀이

1. 1-1. 변동원가기준 = (2,000,000 + 1,000,000 + 3,000,000)/6,000,000 = 1
   전부원가기준 = (2,000,000 + 1,000,000 + 3,000,000)/6,000,000 = 1
   총원가기준 = 3,000,000/9,000,000 = 0.33

   1-2. 전부제조원가 기준의 판매가격
   = (전부제조원가 + 전부제조원가 × 가산이익률)/생산량
   = (6,000,000 + 6,000,000 × 1)/1,000 = ₩12,000

2. 2-1. 총원가 = (3,000 + 2,000 + 1,000 + 2,000 + 1,500 + 500) × 1,000
   = ₩10,000,000
   총원가기준 가산이윤율: 3,000,000/10,000,000 = 0.3

   2-2. 판매가격 = (총원가 + 총원가 × 가산이윤율)/생산량
   = (10,000,000 + 10,000,000 × 0.3)/1,000단위 = ₩13,000

3. 3-1. 20×1년~20×3년 두 기간 동안의 연평균 시장성장률 = $\sqrt{72,000/70,000} - 1$
   = 1.4185%
   20×4년 예상가입자규모 = 72,000 × (1 + 1.4185%) = 73,021.32(천명)
   20×4년 예상시장매출액 = 340,000 × (1 + 1.4185%) = 344,822.9(억원)

   3-2. 20×4년 더나은미래㈜의 예상매출액 = 344,822.9 × 0.35
   = 120,688.015(억원)
   20×4년 가입자당 평균 통신비 = 344,822.9(억원)/73,021.32(천명)
   = 472,222원/명

4. 단위당 변동원가: (50,000,000 − 40,000,000)/(70,000 − 50,000) = ₩500
   단위당 변동제조간접원가 ₩200 = 500 − 200 − 100
   40,000,000 = ₩500 × 50,000개 + 고정제조간접원가
   → 고정제조간접원가 ₩15,000,000 = 40,000,000 − 25,000,000

5. 고저점법에 의한 단위당 변동원가
   =(28,500,000 − 25,000,000)/(15,000 − 10,000) = ₩700
   고정원가 = 28,500,000 − ₩700 × 15,000 = ₩18,000,000

   5–1. 20×3년도 고정원가 = 18,000,000 × 1.1 = ₩19,800,000
   20×3년도 변동원가 = 700 × (1 − 0.3) = ₩490

   5–2. 20×3년 예상총제조원가 = 19,800,000 + 490 × 5,000 = ₩22,250,000

6. 6–1. 고저점법에 의한 단위당 변동원가
   =(18,000,000 − 12,000,000)/(15,000 − 9,000) = ₩1,000

   6–2. 18,000,000 = ₩1,000 × 15,000단위 + 고정제조간접원가
   고정제조간접원가 = ₩3,000,000

   6–3. 20×2년 11월 제조간접원가 추정액
   = ₩1,000 × 17,000시간 + 3,000,000 = ₩20,000,000

7. 7–1. 단순이동평균법에 의한 판매예측: (1,200 + 1,440 + 1,500)/3 = 1,380
   가중이동평균법에 의한 판매예측: 1,200 × 1/6 + 1,440 × 2/6 + 1,500 × 3/6
   = 1,430

   7–2. 지수평활법에 의한 1월의 판매예측: 1,300 + 0.3 × (1,500 − 1,300) = 1,360

BUSINESS ACCOUNTING MANAGEMENT

10

변동원가계산과 공헌이익 산정

1. 변동원가계산 개요
2. 공헌이익과 공헌이익손익계산서

1 변동원가계산 개요

1.1 변동원가계산 의의 및 목적

제품을 제조하는 데 발생하는 제조원가 중에서 어느 범위까지 제품원가로 집계하느냐에 따라 변동원가계산(variable costing)과 전부원가계산(absorption costing)으로 구분할 수 있다. 변동원가계산은 제조원가를 변동원가와 고정원가로 구분하여 직접재료원가, 직접노무원가, 변동제조간접원가와 같은 변동제조원가만을 제품제조원가로 계산하는 것으로 직접원가계산이라고도 한다. 고정제조간접원가는 기간비용으로 처리하여 단기간의 영업활동에 대한 의사결정을 하는데 유용한 정보를 제공한다. 변동원가계산은 원가관리, 이익계획, 성과평가 및 수익성 파악 등을 목적으로 한다.

■ 변동원가의 목적

변동원가계산은 표준원가와 변동예산과 결합하여 원가계획 및 통제로 원가관리를 용이하게 한다. 생산라인의 분석, 가격결정, 자가제조 여부 등과 같은 수많은 의사결정에 유용한 정보를 제공한다. 이익측정 시 재고자산의 변동으로 인한 영향을 제거하고 오직 매출량에 의해 이익이 결정되고, 경영자의 생산량 증가로 인한 재고누적을 통한 의도적인 이익조작을 방지할 수 있다. 변동원가계산에 의한 손익계산서를 통하여 제품별, 고객별, 지역별, 사업부별 성과에 대한 평가를 용이하게 한다. 사업책임 단위로 판매수익과 이에 대응하는 변동매출원가 등의 비용을 적용하고 고정제조간접원가를 단위당 원가가 아닌 총액으로 파악하고 고정원가의 배분이 없기 때문이다.

■ 변동원가계산과 전부원가계산

원가계산에 있어서 원가요소를 어느 범위까지 포함시킬 것인가에 따라서 변동원가계산과 전부원가계산으로 구분할 수 있다. 변동원가계산은 변동원가, 즉 직접재료원가, 직접노무원가, 변동제조간접원가를 원가계산에 포함시키는 반면에, 전부원가계산은 변동원가계산에서 기간비용으로 일괄처리하는 고정제조간접원가를 포함하여 원가계산한다. 전부원가계산은 직접재료원가, 직접노무원가, 변동제조간접원가, 고정제조간접원가 등 변동원가와 고정원가 모두를 원가계산에 포함한다. 재무제표에 표시되는 판매된 제품의 제조원가인 매출원가는 전부원가계산에 의해서 산출된 제조원가 정보를 적용하게 된다.

변동원가계산은 외부보고목적용으로 이용할 수 없으며 재고자산의 가치를 과소평가한다. 고정제조간접원가가 제품원가 산정에 포함되지 않으므로 장기적 가격정책, 이익계획 등 의사결정에는 부적합하고 수익비용대응원칙에도 맞지 않아 기업회계기준이나 세법에서는 인정되지 않는다. 모든 원가를 변동원가와 고정원가로 구분하기가 어렵고 원가계산시스템 구축에도 비용이 많이 든다.

1.2 변동원가계산과 전부원가계산

변동제조원가는 변동원가인 직접재료원가, 직접노무원가, 변동제조간접원가만으로 제조원가를 계산하고 고정제조간접원가는 기간비용으로 처리한다. 이 경우 재료가 제품제조과정을 재공품에서 완성품 제품으로 이어지고 판매될 경우 매출원가가 되는데 이 과정에서 고정제조간접원가는 당기에 발생한 비용으로 처리한다. 원가행태에 따라 변동원가와 고정원가로 원가를 구분하여 손익을 계산하면 원가관리와 의사결정에 유용하다. 예를 들어, 조업도의 변화에 따른 원가의 변화와 손익의 변화를 파악하기가 쉽다. 변동원가계산에서는 원가를 변동원가와 고정원가로 나누어 표시하며 고정원가는 기간비용으로 처리하므로 생산량에 따라 이익이 변하지 않는 장점이 있다. 직접재료원가, 직접노무원가는 생산량에 따라 각각 재료사용량, 노무시간이 증가하는 대표적인 변동원가이다. 이 외에도 변동제조간접원가는 변동원가에 속하며 변동원가계산에서는 고정제조원가를 기간비용으로 처리한다.

재무제표 작성의 외부보고목적으로 허용되는 전부원가계산에서는 제품원가를 구할 때 모든 제조간접원가를 포함하여 계산한다. 변동원가와 고정원가에 관계없이 제품원가에 모두 포함되는 모든 원가는 제품이 판매가 되었을 때 비용으로 처리되고 제품이 판매가 되지 않으면 원가로 그대로 있으면서 자산으로 남아 비용이 상대적으로 적게 계산되어 영업이익으로 가산되는 효과가 있는데, 이것은 실

표 10-1 변동원가계산과 전부원가계산의 비교

구분	변동원가계산	전부원가계산
목적	내부관리보고 (원가관리, 이익계획, 성과평가 등)	외부재무보고
제조원가	직접재료원가 직접노무원가 변동제조간접원가	직접재료원가 직접노무원가 변동제조간접원가 고정제조간접원가
기간비용	고정제조간접원가 판매관리비	판매관리비
손익계산서	매출액 변동원가 공헌이익 고정제조간접원가 고정판매비와 관리비 영업이익	매출액 매출원가 매출총이익 판매비와 관리비 영업이익
재고와 이익	재고증가와 이익이 관계없음	재고의 증가가 이익증가

제적인 이익이라 볼 수 없다. 변동원가계산과 전부원가계산을 비교하여 살펴보면 〈표 10-1〉과 같다. 변동원가계산에서는 고정제조간접원가를 제외한 직접재료원가, 직접노무원가, 변동제조간접원가만으로 제품원가를 계산하고 고정제조간접원가는 고정판매관리원가와 함께 전액 기간원가로 처리하므로 매출액에 비례하여 영업이익이 나타나게 된다. 전부원가계산에서 매출이 증가하거나 원가의 절감이 없는 데에도 불구하고 이익이 발생하는 현상이 변동원가에서는 발생하지 않게 되고 조업도의 변동에 직접 비례하여 증가하는 원가를 말한다. 일정한 생산설비로 조업도의 변동에 따라 크기가 변동하는 원가로서 가변비라고도 한다. 생산비 수준과는 무관한 고정비의 반대 개념으로 원재료, 임금, 연료비, 전기료 등을 들 수 있다. 변동원가계산은 제조원가를 변동제조원가로만 계상하고, 손익계산에 있어 매출액에서 변동매출원가와 변동판매비 및 관리비를 차감하여 공헌이익을 계산한 뒤, 이에 고정제조원가와 고정판매비와 관리비를 다시 차감하여 영업이익을 계산하는 방법이다.

2 공헌이익과 공헌이익손익계산서

2.1 공헌이익 산정

기업의 원가행태를 분석하여 원가를 추정하는 것은 이익의 관리를 위해 필요하다고 할 것이다. 이익의 추정은 판매수익에서 변동비용을 차감하여 공헌이익을 산출하고 고정비용을 차감하여 산출되는데, 이 경우 생산량이나 판매량 증감에 따라서 이익도 증감된다. 경영자는 이익을 얻기 위해 원가보다 높은 가격을 설정해야 하나 경쟁기업들이 같은 제품을 판매하는 시장에서는 다른 기업이 받는 가격보다 크게 높은 가격을 받기는 어렵다. 원가를 알아야 어느 가격에서 얼마나 이익이 남는지 계산할 수 있다. 이처럼 경영자에게 변동원가와 고정원가를 구분해 적용한 이익 관련된 정보를 제공함으로써 경영계획, 통제 등 다양한 의사결정에 유용하게 활용하게 할 수 있다.

예제 10-1

더나은미래㈜의 최근 3년간 공헌이익손익계산서 정보를 활용하여 물음에 답하세요.

(1) 손익계산서

공헌이익손익계산서 (단위: 천원)

	20×0년	20×1년	20×2년
매출액(₩1,000/단위)	10,000	12,000	14,000
변동원가			
변동제조원가	5,000	6,000	7,000
변동판매관리비	1,000	1,200	1,400
공헌이익	4,000	4,800	5,600
고정원가			
고정제조원가	1,500	1,500	1,500
고정판매관리비	1,000	1,000	1,000
영업이익	1,500	2,300	3,100

(2) 판매수량

20×0년 10,000개, 20×1년 12,000개, 20×2년 14,000개이다.

1. 단위당 변동원가와 단위당 공헌이익은 얼마인가요?
2. 판매수량의 변동에 따른 원가 및 영업이익의 변동에 대해서 설명해 보세요.

풀이

1. 단위당 변동원가 ₩600 = 6,000,000/10,000
2. 판매수량이 변동하면 공헌이익(매출액 − 변동원가)은 변하지만 고정원가는 판매수량에 관계없이 일정하므로 매출액 증가에 따라 공헌이익이 증가되고 영업이익률이 증가된다.

	20×0년	20×1년	20×2년
매출액(₩1,000/단위)	10,000	12,000	14,000
공헌이익	4,000	4,800	5,600
고정원가	2,500	2,500	2,500
영업이익	1,500	2,300	3,100
영업이익률	15%	19%	22%

2.2 공헌이익손익계산서

경영자는 경영성과에 대하여 책임을 지고 있기에 재임기간 동안의 경영성과 개선에 많은 노력을 하게 되고 경영성과관리를 위하여 내부적으로 변동원가계산에 의한 손익계산서, 즉 공헌이익손익계산서를 많이 활용을 하게 된다. 기존의 전통적인 손익계산서와는 달리 공헌이익손익계산서는 매출액에서 변동원가를 차감하여 공헌이익을 계산하고 이를 고정원가를 공제하여 영업이익을 계산하게 된다. 변동원가계산을 사용하여 이익을 계산한 손익계산서를 공헌손익계산서라고도 부른다.

공헌이익 = 매출액 − 변동제조원가 − 변동판매관리비

영업이익 = 공헌이익 − 고정비

공헌이익손익계산서는 기존 손익계산서와는 달리 매출액에서 변동매출원가와 변동판매관리비를 차감하여 공헌이익을 산정하고 이에 고정제조원가와 고정판매관리비를 차감하여 영업이익을 산출한다. 기존의 손익계산서는 매출원가의 산정에 있어서 생산된 제품의 모든 고정제조원가 중에서 판매된 제품수량만큼만 매출원가에 포함시키고 나머지 금액은 재고자산으로 이월시키는 반면에, 공헌이익손익계산서는 고정제조원가 전액을 기간비용으로 처리함으로써 제품생산량에 따른 이익이 왜곡하는 현상을 방지하는 효과가 있다.

표 10-2 변동/전부원가계산의 손익계산서 비교

변동원가계산		전부원가계산	
매출액	×××,×××,×××	매출액	×××,×××,×××
변동매출원가	××,×××,×××	매출원가	××,×××,×××
직접재료원가		변동매출원가	
직접노무원가		고정매출원가	
변동제조간접원가		**매출총이익**	×,×××,×××
변동판매관리비	×××,×××	판매관리비	×××,×××
공헌이익	×,×××,×××	변동판매관리비	
고정제조간접원가	×××,×××	고정판매관리비	
고정판매관리비	×××,×××		
영업이익	×××,×××	영업이익	×××,×××

변동원가계산은 생산량이 이익에 영향을 주어 과잉생산을 유도하는 전부원가계산의 한계를 해소해 줄 수 있으나 직접노무원가나 제조간접원가가 고정원가적인 성격을 지니고 있어서 변동제조간접원가에서도 재고누적을 초래할 가능성이 있다. 이를 완전히 제거하기 위하여 단기적으로 직접재료원가만을 변동원가로 보고 제품원가에 포함시키고 나머지 원가는 모두 기간원가로 처리하는 초변동원가계산이 개발되었다. 초변동원가계산에서는 비용을 직접재료원가와 운영비용으로 구분하고 운영비용은 직접재료원가 이외에 모든 원가에 대해 기간원가로 처리한다. 전부원가계산, 변동원가계산, 초변동원가계산 각각의 경우에 제품원가에 포함되는 원가요소가 다르므로 기말재고액은 차이가 나게 된다.

표 10-3 초변동원가계산의 손익계산서

매출액		×××,×××,×××
직접재료원가		××,×××,×××
재료처리량 공헌이익		××,×××,×××
운영비용		×,×××,×××
직접노무원가	×××,×××	
변동제조간접원가	×××,×××	
고정제조간접원가	×××,×××	
변동판매관리비	×××,×××	
고정판매관리비	×××,×××	
영업이익		×,×××,×××

전부원가계산, 변동원가계산, 초변동원가계산에 의한 손익계산서를 작성해 보고 이들 상호 간 비교해 보고자 한다.

예제 10-2

더나은미래㈜의 제품생산 관련 원가정보는 다음과 같다. 물음에 답하세요.

① 제품단위당 원가표준

직접재료원가	₩100
직접노무원가	₩80
변동제조간접원가	₩30
고정제조간접원가	₩100

② 제품판매관리비용

제품단위당 변동판매비와 관리비	₩10
제품단위당 판매가격	₩400
고정판매비와 관리비	₩50,000,000

③ 당기 생산량과 판매량은 각각 100만개이다. 기초재공품과 기말재공품은 없다.

1. 전부원가계산에 의한 손익계산서를 작성하세요.
2. 변동원가계산에 의한 손익계산서를 작성하세요.
3. 초변동원가계산에 의한 손익계산서를 작성하세요.
4. 실제 생산량이 150만개이고 판매량이 100만개인 경우 전부원가계산과 변동원가계산에 의한 손익계산서를 작성하세요.

풀이

1. 전부원가계산에 의한 손익계산서

전부원가계산에 의한 손익계산서 (단위: 원)

매출액		400,000,000
매출원가		310,000,000
기초제품재고액	0	
당기제품제조원가	310,000,000	
기말제품재고액	0	
매출총이익		90,000,000
판매비와 관리비		60,000,000
변동원가	10,000,000	
고정원가	50,000,000	
영업이익		30,000,000

2. 변동원가계산에 의한 손익계산서

변동원가계산에 의한 손익계산서 (단위: 원)

매출액		400,000,000
변동원가		220,000,000
매출원가	210,000,000	
기초제품재고액	0	
당기제품제조원가	210,000,000	
기말제품재고액	0	
판매비와 관리비	10,000,000	
공헌이익		180,000,000
고정원가		
제조간접원가	100,000,000	
판매비와 관리비	50,000,000	150,000,000
영업이익		30,000,000

3. 초변동원가계산에 의한 손익계산서

초변동원가계산에 의한 손익계산서 (단위: 원)

매출액	400,000,000
직접재료원가	100,000,000
재료처리량공헌이익	300,000,000
운영비용	270,000,000
영업이익	30,000,000

4. 전부원가계산과 변동원가계산에 의한 손익계산서

전부원가계산에 의한 손익계산서 (단위: 원)

매출액		400,000,000
매출원가		310,000,000
기초제품재고액	0	
당기제품제조원가	465,000,000	
기말제품재고액	155,000,000	
매출총이익		90,000,000
판매비와 관리비		60,000,000
변동원가	10,000,000	
고정원가	50,000,000	
영업이익		30,000,000

변동원가계산에 의한 손익계산서 (단위: 원)

매출액		400,000,000
변동원가		220,000,000
기초제품재고액	0	
당기제품제조원가	315,000,000	
기말제품재고액	105,000,000	
판매비와 관리비	10,000,000	
공헌이익		180,000,000
고정원가		200,000,000
제조원가	150,000,000	
판매비와 관리비	50,000,000	
영업이익		(20,000,000)

확·인·문·제

※ 각 문항의 설명 중 옳은 것에는 T, 틀린 것에는 F를 하세요.

01. 변동원가계산에서는 고정제조간접원가를 기간비용으로 처리하며, 변동원가계산은 이익계획, 성과평가 및 수익성 파악에 유용하다. (   )

02. 전부원가계산과 변동원가계산 중에서 이익이 재고량의 함수인 계산법은 변동원가계산이다. (   )

03. 변동원가계산은 내부관리보고를 위해 작성되지만, 이를 외부보고목적용으로 이용하기도 한다. (   )

04. 인공지능과 로봇 등의 기술혁신에 의한 공정의 자동화에 따라서 직접재료원가 이외의 원가들이 기간비용으로 처리될 때, 가장 적합한 원가계산법은 변동원가계산이다. (   )

05. 당기에 처음 사업을 시작한 기업이 기말재고를 보유하고 있다면, 전부원가계산에서의 영업이익이 변동원가계산에서의 영업이익보다 크게 나타난다. (   )

06. 전부원가계산에서 고정제조간접원가는 판매된 제품에 배부되지만 기말재고에는 배부되지 않는다. (   )

07. 변동원가계산은 이익과 성과평가에 유용하여 기업회계기준이나 세법에서도 이를 인정하고 있다. (   )

08. 과거의 원가자료가 없는 신제품이나 새로운 생산방법이 도입된 경우에는 산업공학적 방법에 의한 원가추정이 이루어지며, 비교적 적은 비용으로 정확한 원가추정이 가능하다. (   )

09. 초변동원가계산법을 채택한 기업은 경영자의 의도적인 재고누적을 통해 이익조작 위험에 노출된다. (   )

10. 전부원가계산은 제품원가를 과소평가하므로 외부보고목적으로는 허용되지 않으나 의사결정이나 성과평가의 내부목적으로 사용할 때 장점이 있다. (   )

11. 변동원가계산은 제조원가를 직접재료비, 직접노무비 및 변동제조간접원가와 같은 변동원가만을 제품원가로 처리하며 고정제조간접원가는 기간의 비용으로 처리하는 것이다. (   )

12. 공헌이익은 판매수량의 변화에 따라 변하는 총수익과 총변동비의 차이로 매출액 중에서 고정비를 회수하고 이익을 획득하는 데 공헌하는 금액이다. (   )

13. 변동비와 고정비는 매출액의 크기에 비례하여 발생하는 특성이 있기 때문에 매출이 늘어나면 매출액과 변동비 모두 상승하게 된다. (   )

14. 공헌이익을 사용하면 손익분기점을 간단히 구할 수 있는데 총공헌이익과 고정비용이 같아지는 점이 바로 손익분기점이다. (   )

15. 생산수량이 판매수량보다 많은 경우 전부원가계산에 의한 영업이익이 변동원가계산에 의한 영업이익보다 작다. (   )

▮해답: 1. T 2. F 3. F 4. F 5. T 6. F 7. F 8. F 9. F 10. F 11. T 12. T 13. F 14. T 15. F

실·습·문·제

1. 다음의 회계정보를 활용하여 변동원가계산에 의한 손익계산서를 작성하세요.

1) 단위당 판매가격	₩40,000
2) 제조원가	
변동제조원가	
직접재료원가	10,000
직접노무원가	5,000
변동제조간접원가	2,000
고정제조간접원가	30,000,000
3) 판매관리비	
변동판매관리비	1,000
고정판매관리비	10,000,000
4) 생산 및 판매	
생산량	30,000
판매량	24,000

2. 다음의 회계정보를 활용하여 물음에 답하세요.

1) 단위당 변동원가	
직접재료원가	₩20,000
직접노무원가	10,000
변동제조간접원가	4,000
변동판매관리비	2,000
2) 연간 고정원가	
고정제조간접원가	60,000,000
고정판매관리비	20,000,000
3) 생산 및 판매	
생산량	20,000
판매량	16,000
판매가격	80,000

2-1. 초변동원가계산에 의한 단위당 제조원가와 손익계산서를 작성하세요.

2-2. 변동원가계산에 의한 단위당 제조원가와 손익계산서를 작성하세요.

2-3. 전부원가계산에 의한 단위당 제조원가와 손익계산서를 작성하세요.

3. 더나은미래㈜의 20×2년도 제품생산에 관한 정보를 활용하여 물음에 답하세요. (단, 기초재고는 없다.)

생산 및 판매		단위당 변동원가		고정원가	
생산량	10,000개	직접재료원가	₩150	제조간접원가	₩200,000
판매량	8,000개	직접노무원가	₩100	판매관리비	₩120,000
단위당 판매가격	₩500	제조간접원가	₩40		
		판매관리비	₩10		

3-1. 변동원가계산에 의한 손익계산서를 작성하세요.

3-2. 전부원가계산에 의한 손익계산서를 작성하세요.

3-3. 초변동원가계산에 의한 손익계산서를 작성하세요.

3-4. 변동원가계산과 전부원가계산의 당기순이익 차이는 얼마인지 계산하고 사유를 설명하세요.

4. 더나은미래㈜의 20×2년도 생산판매에 관한 정보이다. 이를 활용하여 물음에 답하세요.

판매량	500,000개
단위당 판매가격	₩1,000
생산량	550,000개
총변동제조원가	₩220,000,000
총고정제조원가	₩55,000,000
고정판매비와 관리비	₩25,000,000
변동판매비와 관리비	₩50,000,000

4-1. 변동원가계산에 의한 손익계산서를 작성하세요.

4-2. 전부원가계산에 의한 손익계산서를 작성하세요.

4-3. 변동원가계산과 전부원가계산에 의한 순이익의 차이는 얼마인지 계산하세요.

5. 더나은미래㈜의 20×2년 전부원가계산에 의한 손익계산서 관련 정보를 활용하여 아래 물음에 답하세요.

전부원가계산에 의한 손익계산서

(단위: 천원)

매출액		180,000
매출원가		108,000
직접재료원가	50,000	
직접노무원가	40,000	
제조간접원가	30,000	
계	120,000	
기말제품재고액	12,000	
매출총이익		72,000
판매비와 관리비		27,200
영업이익		44,800

〈추가정보〉

① 생산 및 판매량: 200,000개 생산, 180,000개 판매, 기말제품재고액은 ₩12,000,000이며 기초재고는 ₩0

② 단위당 판매가액: ₩1,000

③ 단위당 고정제조간접원가: ₩50, 단위당 변동제조간접원가: ₩100

④ 고정판매관리비: ₩20,000,000, 단위당 변동판매관리비: ₩40

5-1. 연간 제조간접원가 및 변동원가를 계산하세요.

5-2. 변동원가계산에 의한 손익계산서를 작성하세요.

5-3. 초변동원가계산에 의한 손익계산서를 작성하세요.

5-4. 전부원가계산, 변동원가계산, 초변동원가계산에 의한 영업이익의 차이를 계산해보세요.

▌실습문제 풀이

1. 변동원가계산에 의한 손익계산서

매출액		960
변동원가		432
직접재료원가	240	
직접노무원가	120	
변동제조간접원가	48	
변동판매관리비	24	
공헌이익		528
고정원가		40
고정제조간접원가	30	
고정판매관리비	10	
영업이익		488

2. 2-1.

(1) 초변동원가계산에 의한 단위당 제조원가 ₩20,000

(2) 초변동원가계산에 의한 손익계산서

매출액		1,280
직접재료원가		320
재료처리량공헌이익		960
운영비용		392
직접노무원가	200	
변동제조간접원가	80	
고정제조간접원가	60	
변동판매관리비	32	
고정판매관리비	20	
영업이익		568

2-2.

(1) 변동원가계산에 의한 단위당 제조원가 ₩34,000

(2) 변동원가계산에 의한 손익계산서

매출액		1,280
변동원가		576
직접재료원가	320	
직접노무원가	160	
변동제조간접원가	64	
변동판매관리비	32	
공헌이익		704
고정원가		80
고정제조간접원가	60	
고정판매관리비	20	
영업이익		624

2-3.

(1) 전부원가계산에 의한 단위당 제조원가 ₩37,000

(2) 전부원가계산에 의한 손익계산서

매출액		1,280
매출원가		592
직접재료원가	320	
직접노무원가	160	
변동제조간접원가	64	
고정제조간접원가	48	
매출총이익		688
판매관리비		52
변동판매관리비	32	
고정판매관리비	20	
영업이익		636

3. 3-1.

변동원가계산 손익계산서

매출액		4,000,000
변동원가		2,400,000
매출원가	2,320,000	
판매비와 관리비	80,000	
공헌이익		1,600,000
고정원가		320,000
제조간접원가	200,000	
판매비와 관리비	120,000	
영업이익		1,280,000

3-2.

전부원가계산 손익계산서

매출액		4,000,000
매출원가		2,480,000
기초제품재고액	0	
당기제품제조원가	3,100,000	
기말제품재고액	620,000	
매출총이익		1,520,000
판매비와 관리비		200,000
변동판관비	80,000	
고정판관비	120,000	
영업이익		1,320,000

3-3.

초변동원가계산 손익계산서

매출액		4,000,000
직접재료원가(판매량×단위당 직접재료원가)		1,200,000
재료처리량공헌이익		2,800,000
운영비용		1,800,000
직접노무원가(생산량×단위당 직접노무원가)	1,000,000	
변동제조간접원가(생산량×단위당 변동제조간접원가)	400,000	
고정제조간접원가	200,000	
변동판매관리비(판매량×단위당 변동판매관리비)	80,000	
고정판매관리비	120,000	
영업이익		1,000,000

3-4. 당기순이익의 차이 ₩40,000 = 전부원가계산 당기순이익 1,320,000 − 변동원가계산 당기순이익 1,280,000

당기순이익의 차이가 발생하는 이유: 전부원가계산의 경우 고정제조간접원가가 기말제품재고 2,000개에 배부되는 반면, 변동원가계산의 경우 고정제조간접원가가 기말제품재고에 배부되지 않고 당기의 기간비용으로 처리된다. 따라서, (200,000/10,000)×2,000개 = ₩40,000만큼의 차이가 난다.

4. 4-1.

변동원가계산 손익계산서

매출액		500,000,000
변동원가		250,000,000
매출원가	200,000,000	
판매비와 관리비	50,000,000	
공헌이익		250,000,000
고정원가		80,000,000
제조간접원가	55,000,000	
판매비와 관리비	25,000,000	
영업이익		170,000,000

*매출원가 = 총변동제조원가 220,000,000×(판매량 500,000/생산량 550,000)

4-2.

전부원가계산 손익계산서

매출액		500,000,000
매출원가		250,000,000
기초제품재고액	0	
당기제품제조원가	275,000,000	
기말제품재고액	25,000,000	
매출총이익		250,000,000
판매비와 관리비		75,000,000
변동판관비	50,000,000	
고정판관비	25,000,000	
영업이익		175,000,000

*기말제품재고액 = 당기총제조원가 275,000,000×(기말재고수량 50,000/당기 생산량 550,000)

4-3. 전부원가계산에 의한 순이익이 변동원가계산에 의한 순이익보다 ₩5,000,000 크게 계산된다. 이는 전부원가계산하에서 고정제조간접원가의 일부가 기말제품재고에 배부되어, 그만큼 변동원가계산에 비해 비용이 적게 계산되었기 때문이다.

(고정제조간접원가 55,000,000/생산량 550,000)×기말재고수량 50,000 = ₩5,000,000

5. 5-1. 제조간접원가: (₩50 + ₩100) × 200,000개 = ₩30,000,000
변동원가: ₩50,000,000 + ₩40,000,000 + ₩20,000,000 + ₩40 × 180,000 = ₩117,200,000

5-2.

변동원가계산 손익계산서

매출액		180,000,000
변동원가		106,200,000
매출원가	99,000,000	
판매비와 관리비	7,200,000	
공헌이익		73,800,000
고정원가		30,000,000
제조간접원가	10,000,000	
판매비와 관리비	20,000,000	
영업이익		43,800,000

5-3.

초변동원가계산 손익계산서

매출액		180,000,000
직접재료원가(판매량×단위당 직접재료원가)		45,000,000
재료처리량공헌이익		135,000,000
운영비용		97,200,000
직접노무원가(생산량×단위당 직접노무원가)	40,000,000	
변동제조간접원가(생산량×단위당 변동제조간접원가)	20,000,000	
고정제조간접원가	10,000,000	
변동판매관리비(판매량×단위당 변동판매관리비)	7,200,000	
고정판매관리비	20,000,000	
영업이익		37,800,000

5-4. 전부원가계산에 의한 영업이익 = 44,800,000
변동원가계산에 의한 영업이익 = 43,800,000
초변동원가계산에 의한 영업이익 = 37,800,000

전부원가계산에 의한 영업이익이 변동원가계산에 의한 영업이익보다 1,000,000 더 크다.
변동원가계산에 의한 영업이익이 초변동원가계산에 의한 영업이익보다 6,000,000 더 크다.

11

CVP 분석과 목표이익 설정

1. CVP 분석 개요
2. 목표이익과 매출액의 설정
3. 안전한계와 영업레버리지

1 CVP 분석 개요

1.1 CVP 분석

기업은 경영활동의 사전계획을 수립하고 그 계획에 의하여 각 부문별 조직에서 경영활동을 수행하게 된다. 경영계획을 수립하는 데 있어서 가장 중요한 부분이 목표이익을 설정하는 것이다. 목표이익 달성을 위하여 생산이나 판매활동 등의 계획을 수립하여 판매량과 매출액을 추정하고 이에 따른 비용과 이익이 결정된다.

기업에서는 매년 익년도의 경영목표와 계획을 수립하면서 영업이익 등과 같은 목표이익을 설정하고 수익과 비용에 영향을 미치는 요인들을 분석하여 추정하게 된다. 이 과정에서 실무적으로 많이 활용되는 수단이 원가(Cost) − 판매량(Volume) − 이익(Profit)과의 관계를 분석하는 것이다. CVP 분석은 판매량 등 조업도의 변화가 기업의 원가, 수익, 이익에 미치는 영향을 분석하는 기법을 말하며, 판매량의 증가에 따라 비용의 변화와 더불어 이익 변화에 관한 관계를 분석하여 목표이익을 설정하는 데 유용하게 활용된다. 매출량에 따라서 비례적으로 증감하는 변동원가와 판매량의 증감과 관계없이 일정한 고정원가로 인하여 단위당 원가의 변화가 변동원가의 경우에는 일정한 반면, 고정원가는 판매량의 증가에 따라 단위당 고정원가는 감소하는 현상으로 인하여 판매량의 변화에 따라 원가구조의 변화를 가져오고 이로 인하여 이익의 증감 변화가 발생한다. 기업에서는 CVP 분석은 매출액의 증감 변화에 따라 비용의 증감 변화와 이에 따른 이익의 증감 변화를 파악할 수 있어서 손익구조의 분석을 통한 경영의사결정에 도움이 되는 정보를 제공한다.

■ 원가(Cost)

CVP 분석에서는 원가를 원가행태별로 구분하면 변동원가와 고정원가로 분류할 수 있다. 변동원가는 생산량이나 판매량의 증감 변화에 따라서 원가나 비용도 비례하여 증감 변화한다. 제조원가 중에는 직접재료원가, 직접노무원가, 변동제조간접원가가 있고 판매관리비 중에는 변동판매관리비가 변동원가에 해당한다. 고정원가는 생산량이나 판매량의 증감에 따라서 원가나 비용이 변동없이 일정하다. 고정원가는 고정제조간접원가, 고정판매관리비에 해당한다. 고정원가는 조업도의 증가에 따라서 단위당 고정원가는 낮아진다.

■ 조업도(Volume)와 이익(Profit)

조업도는 제품의 생산량이나 제품의 판매량을 의미하는 것으로 CVP 분석 시 단위당 가격이나 단위당 변동원가, 고정원가 등이 일정하고 생산량 혹은 판매량만이 변화하고 있다는 것을 전제로 하여 분석하고 있다. 이익은 총매출액에서 변동비용과 고정비용을 합한 총비용을 차감하고 남은 이윤(margin)을 의미한다.

이러한 CVP 분석의 기본가정은 원가를 변동원가와 고정원가로 구분할 수 있고 수익과 원가의 행태는 관련 범위 내에서 선형이다. 이것은 판매량만 변동하고 단위당 판매가격, 단위당 변동원가, 총고정원가는 일정하며, 학습효과는 없음을 전제로 한다.

【기본가정】

① 수익과 원가행태는 관련 범위 내에서 선형이다.
② 모든 원가는 변동원가와 고정원가로 할 수 있다.
③ 단일제품을 생산하여 판매한다.
④ 생산량과 판매량이 동일하고 재고는 없다.

■ CVP 산식 및 도표

총수익은 단위당 판매가격에서 판매수량을 곱하여 산출되며 총비용은 변동비용과 고정비용을 합한 것이다. 변동비용은 단위당 변동비용에서 판매수량을 곱하여 산출되며, 영업이익은 총수익에서 총비용을 차감하여 남은 금액이다.

총수익에서 변동비용을 차감하여 공헌이익을 구한 후 공헌이익에서 고정비용을 차감해도 결과는 동일하다.

【판매량/비용/영업이익】

총수익 = 단위당 판매가격 × 판매수량
총비용 = 변동비용 + 고정비용 = 단위당 변동원가 × 판매수량 + 고정원가
영업이익 = 총수익 − 총비용 = 총수익 − 변동비용 − 고정비용
= 공헌이익 − 고정원가

공헌이익은 매출액에서 변동비를 차감한 금액을 말하며, 매출액 중에서 고정비를 회수하고 이익을 획득하는 데 공헌하는 금액을 의미한다. 단위당 공헌이익은 단위당 판매가격에서 단위당 변동비를 차감한 금액으로, 판매한 제품 1단위가 고정비를 회수하고 이익을 획득하는 데 얼마나 공헌하였는가를 나타낸다. 공헌이익률은 매출액에 대한 공헌이익의 비율을 말하며, 매출액 중에서 몇 %가 고정비를 회수하고 이익을 획득하는 데 공헌하는가를 나타낸다.

CVP 도표는 생산량, 판매량 등 조업도의 변화가 총매출, 총비용, 순손익에 미치는 영향을 그래프로 나타낸 것이다. 생산량이나 판매량이 증감 변화에 따라서 매출액, 비용, 이익이 어떻게 증감 변화하는지 보여준다. 손익분기점은 CVP 도표상 총매출과 총비용이 만나는 지점으로 공헌이익과 고정비용이 동일하다.

그림 11-1 CVP 도표

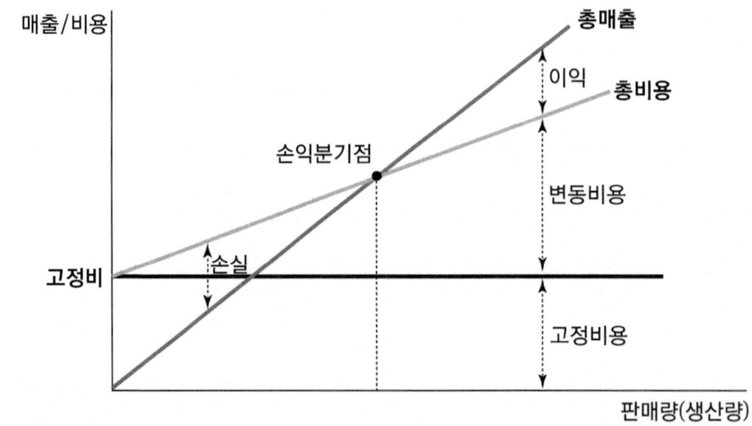

1.2 손익분기점의 분석

손익분기점 분석은 수익과 비용이 일치하여 이익이 0이 되는 판매량 또는 매출액을 의미하며, 손익분기점을 초과하는 부분에서는 이익이 발생하고 미달하는 부분에서는 손실이 발생한다. 기업 생산설비의 자동화와 로봇화 등으로 투자규모가 커져서 고정비의 규모가 상대적으로 증가되고 있으나 생산과잉으로 제품이나 판매가 부진하여 경영자들은 목표이익의 책정, 비용의 통제, 제품의 가격결정 등에 관한 계획, 분석, 통제가 필요한 경영상황에서 손익분기점(BEP: Break Even Point) 분석기법은 경영계획과 통제에 있어서 유용한 수단으로 산업계에서 많이 활용이 되고 있다. 손익분기점 이상 판매량에서 이익 발생은 공헌이익이 고정비용보다 크며, 손익분기점 이하 판매량에서 손실은 공헌이익이 고정비용보다 작다.

손익분기점을 구하는 방법으로는 등식법과 공헌이익법이 있으며 손익분기점을 구하기 위해서는 먼저 비용을 고정비와 변동비로 구분하는 작업이 선행되어야 한다. 비례율법은 매출액 증가에 대응한 비용의 증가로 단위당 변동비율을 구한 후 매출액에 곱하여 변동비를 구하고 총비용에서 변동비를 차감하여 고정비를 산출하는 방식이다.

■ **손익분기점의 판매량**

기본등식을 이용하여 손익분기점을 구하는 방법으로 순이익은 매출액에서 변동비와 고정비를 차감하여 산출되므로 손익분기점에서는 순이익이 "0"이므로 다음과 같은 산식으로 손익분기점 판매수량을 산출할 수 있다.

손익분기점 판매수량 = 고정비 / (단위당 판매가격 − 단위당 변동원가)
↓
단위당 공헌이익

위 산식이 나오는 과정을 살펴보면 판매량 Q, 단위당 판매가격 P, 단위당 변동비 V, 고정비 FC라고 하면 이익은 총매출액에서 총비용을 차감하여 다음과 같이 산출할 수 있다.

$$\text{이익} = \text{총매출액}(P \times Q) - [\text{변동비}(V \times Q) + \text{고정비}(FC)]$$
$$= Q(P - V) - FC$$

손익분기점에서는 이익이 "0"이므로 $Q(P-V)-FC=0$이다. 따라서 손익분기점에서의 판매량(Q) = FC/(P − V)로 산출할 수 있다. 여기서 단위당 판매가격(P) − 단위당 변동원가(V)와의 차이는 단위당 공헌이익(CM: contribution margin)이므로 손익분기점 판매량(Q) = 고정비/단위당 공헌이익으로 산출할 수 있다.

예제 11-1

더나은미래㈜는 커피전문점을 운영하고 있는데 1개월 고정비용이 ₩10,000,000이고 커피 1단위 판매가격이 ₩2,500, 1단위 변동비용이 ₩1,500이라면 손익분기점 판매량은 몇 단위인가?

풀이

손익분기점 판매량 10,000단위 = 고정비 10,000,000/(2,500 − 1,500)

총수익		10,000단위×₩2,500	₩25,000,000
총비용	변동비	10,000단위×₩1,500	15,000,000
	고정비		10,000,000
순이익			0

■ **손익분기점의 매출액**

일반적으로 손익분기점을 구할 때에는 판매량으로 구하는 것보다 매출액으로 구하는 것이 효과적이다. 기업에서 발표하는 손익계산서상에는 매출수량이 표시되어 있지 않고 비용과 매출액만 표시되어 있다. 손익분기점의 매출액을 구하기 위하여 매출액을 S라 하면 "매출액 S(P×Q) = 변동비(V×Q) + 고정비(FC)"와 같은 산식을 만들 수 있다.

> 손익분기점 매출액 = 고정비 / 공헌이익률
> 고정비 = 매출액 − 매출액 × 변동비율

= 매출액 × (1 − 변동비율)

↓

공헌이익률

손익분기점에서는 총매출액과 총비용의 금액이 동일하여 S = VC + FC와 같은 식으로 표시할 수 있다. 여기서 변동비는 매출액에서 변동비율을 곱하여 산출되는데 S = (VC/S) × S + FC 관계식으로 변환되어 S(1 − VC/S) = FC로 정리되고 S = FC/(1 − VC/S)로 정할 수 있다. S = FC/(1 − VC/S)에서 변동비 VC = 단위당 변동비 V × Q, 매출액은 판매가격 P × Q의 관계이므로 S = FC/(1 − V/P) 산식이 나오며, 여기에서 1 − (V/P)는 공헌이익률이므로 손익분기점의 매출액은 고정비/공헌이익률로 산출된다.

예제 11-2

더나은미래㈜는 커피전문점을 운영하고 있는데 1개월 동안의 영업수익과 비용 관련 정보를 활용하여 손익분기점의 매출액을 구해 보자.

매출액	판매가격 ₩2,500		50,000,000
매출원가	변동비	고정비	
재료원가	20,000,000		
노무원가		12,500,000	
제조경비		2,500,000	
판매관리비	5,000,000		
영업이익			10,000,000

풀이

공헌이익률 0.5 = 25,000,000/50,000,000

손익분기점의 매출액 30,000,000 = 15,000,000/0.5

2 목표이익과 매출액의 설정

기업의 목표이익은 투하자본에 대한 목표이익액을 먼저 산출하고 손익분기점 분석을 통하여 목표이익을 달성하기 위한 수익과의 관계가 어떻게 되는지를 검토하여 산출하게 된다.

2.1 목표이익 설정

이익계획에서 설정되는 목표이익은 절대적인 금액을 전제로 하는 것이 아니라 투하자본과의 관계, 즉 자본이익률에 의하여 결정되어야 한다. 투하자본과 그 자본에 대한 자본이익률이 먼저 결정되어야 그 다음 목표이익이 얼마인가를 산정할 수 있다. 투하자본은 매출액이익률과 자본회전율에 의하여 결정되며 그 식은 다음과 같이 표시할 수 있다.

$$
\begin{aligned}
\text{이익/투하자본} &= \text{순이익/매출액} \times \text{매출액/투하자본} \\
&= \text{매출액이익률} \times \text{투하자본회전율}
\end{aligned}
$$

기업의 목표이익은 우선 투하자본이익률을 충족하는 목표이익액을 산출하고 목표이익을 달성하는 매출액을 손익분기점 분석에서 산출할 수 있다.

2.2 목표이익 달성을 위한 매출액 설정

투하자본의 목표이익액이 산출된 후 손익분기점 분석을 통하여 목표이익을 달성하는 데 필요한 판매량이나 매출액을 구할 수 있다. 손익분기점 판매량 또는 손익분기점 매출액을 산출하는 산식을 활용하여 손쉽게 목표이익 달성을 위한 매출액을 산출할 수 있다. 고정비에 목표이익을 더하여 공헌이익률 또는 단위당 공헌이익을 나누어 목표이익 달성을 위한 판매량이나 매출액을 공헌이익법을 사용하여 계산할 수 있다.

> 목표이익 달성을 위한 판매량 = (고정비 + 목표이익) / 단위당 공헌이익
> 목표이익 달성을 위한 매출액 = (고정비 + 목표이익) / 공헌이익률

BEP 이후에 제품 한 단위를 판매할 때마다 단위당 공헌이익만큼의 추가이윤이 창출된다.

이상의 손익관계와 자본관계, 투하자본이익률과 손익분기점 분석 등 상호관계를 예제를 통하여 좀 더 구체적으로 알아보고자 한다.

예제 11-3

더나은미래㈜의 생산과 판매 관련 정보를 활용하여 다음 물음에 답하세요.

(1) 제품의 생산 및 판매

제품 생산		제품 판매	
생산수량	10,000개	판매수량	9,000개(판매가격 ₩5,000)
단위당 변동제조원가	₩2,000	단위당 변동판매관리비	₩500
고정제조원가	₩2,000,000	고정판매관리비	₩10,000,000

(2) 투하자본 ₩150,000,000

1. 더나은미래㈜의 투하자본이익률을 산출하세요. (단, 변동원가계산을 적용)
2. 더나은미래㈜의 다음 연도 이익계획에서 투하자본이익률이 15%를 설정하고 있다. 이 경우 목표이익은 얼마인가요?
3. 더나은미래㈜는 2번의 목표이익을 달성하기 위하여 매출액 목표를 얼마로 책정해야 하는지 산출하세요.

풀이

1. 투하자본이익률 7% = 10,500,000/150,000,000
2. 목표이익 = 22,500,000 = 150,000,000 × 0.15
3. 목표이익 22,500,000 달성을 위한 매출액
   69,000,000 = (12,000,000 + 22,500,000)/0.5

3 안전한계와 영업레버리지

3.1 안전한계

안전한계(MS: margin of safety)는 매출액과 손익분기점에서의 매출액과의 차이이고, 안전한계율은 그 차이를 매출액으로 나누어서 산출할 수 있으며 실제 또는 예산매출액이 손익분기점 매출액을 얼마만큼 초과하는지를 나타내는 것이다. 현재 매출액이 손익분기점 매출액과 얼마나 차이가 있느냐에 따라서 영업손익의 규모를 좌우하므로 경영자는 매출액의 목표 책정 시에는 안전한계를 고려하여 결정해야 한다. 이러한 안전한계는 과거의 영업활동을 평가하는 데 유용하며 영업목표와 영업활동을 계획하는 지침의 역할을 한다. 적자를 내지 않기 위해 최소한 몇 단위를 판매해야 하는지에 관한 정보는 경영의사결정에 미치는 영향이 크고 중요하다.

안전한계 = 매출액 − 손익분기점 매출액

안진한계율 = 안전한계/매출액 = (매출액 − 손익분기점 매출액)/매출액

그림 11-2 안전한계 도표

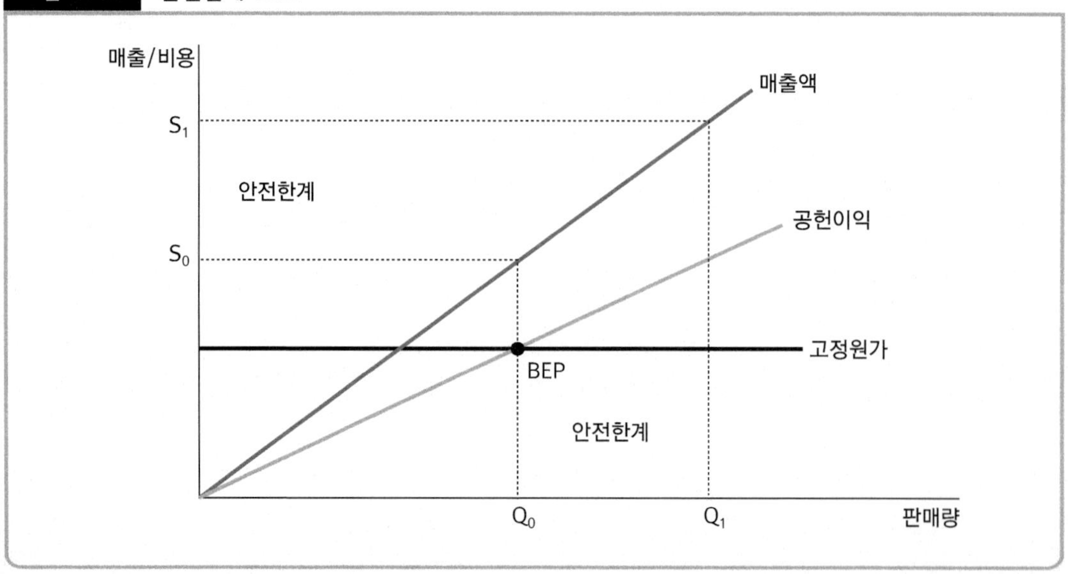

특히 경기불황 시 손실을 발생시키지 않으면서 허용할 수 있는 매출액의 최대 감소액을 산정하는 것은 생존전략과 기업의 안전성을 측정하는 지표로 많이 사용된다. 안전한계가 낮은 기업은 불황으로 매출액이 조금만 감소하여도 곧 손실이 발생하는 반면에 안전한계가 높은 기업은 불황에도 상대적으로 잘 대처할 수 있다.

[그림 11-2] 도표에서 안전한계는 실제 매출액 S_1과 손익분기점 매출액 S_0의 차이이고 그 차이인 $S_1 - S_0$를 실제매출액 S_1으로 나눈 값이 안전한계율이다. 또한 안전한계율은 영업이익을 공헌이익으로 나누어도 산출할 수 있는데 공헌이익 = 고정원가 + 영업이익이므로 안전한계율은 = 1 − (고정원가/공헌이익)으로 표시할 수 있다.

3.2 영업레버리지(operating leverage)

경영에 있어서 레버리지(leverage)는 고정비용 혹은 부채를 활용하여 매출액의 증감 변동과 이익의 증감 변동을 하는 지렛대 작용을 한다는 의미이다. 기업의 매출액이 증가하면 매출액의 증가하는 비율 이상으로 이익이 증가되는데 이것은 고정비용이 있기 때문이다. 고정비는 생산량이나 판매량의 증감에 관계없이 일정한 비용이고 매출은 판매량에 비례하여 증감하므로 매출증가에 따라 이익이 비례적으로 증감하지 않는 것이다. 영업레버리지는 고정비가 지렛대의 작용을 함으로써 매출액의 변화율보다 영업이익의 변화율이 확대되는 효과를 말한다. 고정비가 지렛대 작용을 함으로써 효익이 나타나기 때문에 고정비의 상대적인 비중을 나타내는 척도로서 사용되기도 한다. 고정비의 비중이 큰 기업은 영업레버리지가 크며, 고정비의 비중이 작은 기업은 영업레버리지가 작다.

영업레버리지 = 영업이익의 변화율/매출액의 변화율
= 공헌이익/영업이익
영업이익의 증가율 = 매출액증가율 × 영업레버리지도

영업레버리지가 높다고 해서 그 기업의 이익이 많다는 의미가 아니고 경영을 잘하고 있다는 의미도 아니다. 영업레버리지가 높으면 매출액이 증가할 때 이익이 급격히 증가할 수 있다는 것을 의미하는데 불과하다. 산업특성에 따라서 자본집약적 산업의 경우에는 영업레버리지도가 높으며 노동집약적인 산업은 고정자산에 대한 투자가 상대적으로 적으므로 영업레버리지도가 낮은 것이 일반적이다.

예제 11-4

더나은미래㈜의 제품매출액 ₩100,000,000, 공헌이익률 40%, 고정원가 ₩30,000,000일 경우 다음 물음에 답하세요.

1. 손익분기점에서의 매출액을 계산하세요.
2. 안전한계율(margin of safety rate)을 계산하세요.
3. 영업레버리지도(degree of operating leverage)를 계산하세요.

풀이

1. 손익분기점 매출액 = 30,000,000/0.4 = ₩75,000,000
2. 안전한계율 25% = (100,000,000 − 75,000,000)/100,000,000
3. 영업레버리지도 = 공헌이익/영업이익 = 1/안전한계율 = 4

확·인·문·제

※ 각 문항의 설명 중 옳은 것에는 T, 틀린 것에는 F를 하세요.

01. CVP 분석은 원가, 판매량, 이익 간의 관계를 분석하는 것으로 목표이익을 설정함에 있어서 유용하게 이용된다. (　　)

02. 고정원가는 조업도 수준에 따라 변하지 않으므로 단위당 고정원가 역시 조업도 수준에 상관없이 일정하다. (　　)

03. CVP 분석은 모든 원가를 변동원가와 고정원가로 구분할 수 있으며, 관련 범위 내에서 수익과 원가의 행태는 이차함수 형태임을 가정한다. (　　)

04. 공헌이익은 매출액에서 변동원가를 차감한 금액을 말하며, 단위당 공헌이익은 제품 1단위가 이익을 획득하는 데 얼마나 공헌하였는가를 나타낸다. (　　)

05. 수익과 비용이 일치하여 이익이 '0'이 되는 판매량 또는 매출액을 손익분기점이라고 하며, 손익분기점 판매량(매출액)은 많을수록(클수록) 좋다. (　　)

06. 손익분기점 판매량은 공헌이익을 공헌이익률로 나누어서 계산한다. (　　)

07. 손익분기점 매출액은 공헌이익을 단위당 공헌이익으로 나누어서 계산한다. (　　)

08. 손익분기점 이후에는 제품 한 단위를 판매할 때마다 단위당 공헌이익만큼의 이윤을 얻는다. (　　)

09. 안전한계율은 매출액에서 손익분기점 매출액을 차감한 값을 전체 매출액으로 나눈 값과 같으며, 안전한계율이 높은 기업은 상대적으로 불황에 잘 대처하기 어렵다. (　　)

10. 영업레버리지도(DOL)가 높은 기업은 매출액증가율에 비해 높은 이익증가율을 보이며, 상대적으로 고정비의 비중이 낮은 편이다. (　　)

11. 영업레버리지도(DOL)가 높은 기업은 매출액증가율에 비해 이익증가율이 높으며, 실제로도 매출액증가액보다 이익증가액이 더 크다. (　　　)

12. 안전한계율과 영업레버리지도(DOL)의 곱은 항상 1이다. (　　　)

13. 영업레버리지도(DOL)와 대응되는 개념으로 재무레버리지도(DFL)가 있으며, 기업 전체의 결합레버리지도(DCL)는 영업레버리지도(DOL)와 재무레버리지도(DFL)의 곱으로 나타낼 수 있다. (　　　)

14. 영업이익이 10억이고 공헌이익이 50억인 경우 영업레버리지도가 0.2이며 매출액이 10% 증가하면 영업이익은 20% 증가된다는 것을 의미한다. (　　　)

15. 커피전문점의 1개월간의 인건비, 임대료 등의 고정비가 ₩5,000,000이고 커피 1잔 판매가격이 ₩4,000이다. 1잔당 원두 등 변동비가 ₩2,000이라면 영업이익 ₩5,000,000을 얻기 위한 매출액은 ₩25,000,000이다. (　　　)

▮해답: 1. T　2. F　3. F　4. T　5. F　6. F　7. F　8. T　9. F　10. F　11. F　12. T　13. T　14. F　15. F

실·습·문·제

1. 더나은미래㈜는 커피전문점을 오픈해서 운영하고 있다. 이에 따른 투자비와 운영비는 아래와 같다.

시설투자비		매장 운영	
매장 월 임대료	₩2,000,000	종업원 3명 급여(정규직 2명, 비정규직 1명)	
		정규직	₩10,000/시간
		비정규직	₩9,000/시간
커피 생산설비 월 임차료	₩500,000	커피 한 잔당 직접재료원가	₩800
기타 설비 연 감가상각비	₩1,200,000	커피 한 잔당 판매가격	₩2,500

* 단, 종업원 3명은 하루 8시간, 월 20일 근무한다고 가정한다.

1-1. 손익분기점에서의 월 판매량을 계산하세요.

1-2. 손익분기점에서의 월 매출액을 계산하세요.

1-3. 목표이익 ₩10,000,000을 달성하기 위해서는 커피를 몇 잔 팔아야 하는지 계산하세요.

2. 회사는 단일제품을 생산·판매하고 있다. 제품단위당 판매가격은 ₩1,000이며, 2022년 5월의 요약 공헌이익계산서는 다음과 같다. (판매수량은 1,000개)

공헌이익계산서	
매 출 액	₩1,000,000
변동원가	500,000
공헌이익	₩500,000
고정비용	300,000
순 이 익	₩200,000

2-1. 손익분기점에서의 매출액을 계산하세요.

2-2. 매출액이 30% 감소했을 때의 영업이익은 얼마인지 계산하세요.

2-3. 안전한계율을 계산하세요.

2-4. 영업레버리지도를 계산하세요.

3. 더나은미래㈜의 생산 및 판매 관련 정보와 공헌이익계산서를 활용하여 다음 물음에 답하세요.

공헌이익계산서

(단위: 천원)

매출액	200,000
변동원가	
변동제조원가	
변동판매관리비	
공헌이익	100,000
고정원가	
고정제조원가	
고정판매관리비	15,000
영업이익	75,000

〈추가정보〉

① 판매수량: 1,000,000단위

② 생산수량: 1,200,000단위

③ 단위당 변동원가: 변동제조원가 ₩80, 변동판매관리비 ₩20

3-1. 공헌이익계산서의 빈칸을 채우세요.

3-2. 손익분기점에서의 판매수량과 매출액을 계산하세요.

3-3. 목표이익 ₩50,000,000을 달성하기 위한 판매수량을 계산하세요.

4. 다음은 생산 및 영업에 관련된 자료이다. 손익분기점 수량과 손익분기점 매출액은 각각 얼마인지 구하세요.

매출액	₩3,200,000	고정제조원가	₩500,000
고정판매관리비	₩100,000	변동원가	₩1,600,000
단위당 판매가격	₩100	단위당 변동제조원가	₩40
단위당 변동판매관리비	₩10		

4-1. 손익분기점 판매량을 구하세요.

4-2. 손익분기점 매출액을 구하세요.

4-3. 매출액이 ₩3,200,000일 때의 공헌이익을 구하세요.

4-4. 매출액이 ₩3,200,000일 때의 영업이익을 구하세요.

5. 더나은미래㈜의 제품 생산 및 판매 관련 정보이다. 제품단위당 판매가격은 ₩10,000 이며, 20×2년 1월의 요약 공헌이익계산서는 다음과 같다. (판매수량은 2,000개)

공헌이익계산서

(단위: 천원)

매출액	20,000
변동원가	8,000
공헌이익	12,000
고정원가	6,000
순이익	6,000

5-1. 손익분기점 판매량과 매출액은 얼마인지 계산하세요.

5-2. 더나은미래㈜의 매출액 대비 변동원가의 비율이 10% 증가하고 고정원가가 5% 증가했을 때, 매출액은 5% 증가했다고 한다. 이때의 순이익은 얼마인지 계산하세요.

5-3. 목표이익 ₩15,000,000 달성을 위해 판매해야 하는 제품은 몇 단위인지 구하세요.

5-4. 문제 5-2번의 상황에서 안전한계율, 영업레버리지도는 얼마인지 계산하고, 그 의미를 설명하세요.

6. 더나은미래㈜는 생산설비의 로봇화로 초변동원가계산방법을 채택하고 있다. 생산, 판매 관련 정보를 활용하여 물음에 답하세요.

① 매출액 ₩120,000,000

② 당기총제조원가: 직접재료원가 ₩30,000,000, 직접노무원가 ₩2,000,000, 변동제조간접원가 ₩3,000,000, 고정제조간접원가 ₩35,000,000

③ 판매관리비: 변동판매관리비 ₩2,000,000, 고정판매관리비 ₩3,000,000

④ 기초재고는 없으며, 당기에 생산한 제품은 모두 판매되었다.

6-1. 재료처리량공헌이익을 계산하세요.

6-2. 영업이익을 계산하세요.

6-3. 매출액이 10% 증가할 때, 영업이익의 증가율을 계산하세요.

▌실습문제 풀이

1. 1–1. 단위당 공헌이익은 2,500 − 800 = ₩1,700이다.
   손익분기점에서의 판매량은 고정원가를 단위당 공헌이익으로 나눈 값이므로
   (2,000,000 + 500,000 + 100,000* + 4,640,000)/1,700 = 4,259잔
   * 100,000 = 1,200,000/12 → 월 금액으로 환산한 감가상각비

   1–2. 공헌이익률이 1,700/2,500 = 68%이다.
   손익분기점에서의 매출액은 고정원가를 공헌이익률로 나눈 값이므로
   (2,000,000 + 500,000 + 100,000 + 4,640,000)/0.68 = ₩10,647,059

   1–3. (고정원가 + 목표이익)/단위당 공헌이익
   (2,000,000 + 500,000 + 100,000 + 4,640,000 + 10,000,000)/₩1,700
   = 10,141잔

2. 2–1. 손익분기점에서의 매출액 = 고정비용/공헌이익률
   300,000/0.5 = ₩600,000

   2–2. 매출액이 1,000,000 × (1 − 0.3)일 때의 영업이익
   = 700,000 × (1 − 0.5) − 300,000 = ₩50,000

   2–3. 안전한계율 = 손익분기점을 상회하는 매출액(공헌이익)/총매출액(공헌이익)
   안전한계율 = (1,000,000 − 600,000)/1,000,000 = 0.4

   2–4. 영업레버리지도 = 공헌이익/영업이익
   DOL = 500,000/200,000 = 2.5
   * 또 다른 풀이: DOL = 1/안전한계율 = 1/0.4 = 2.5

3. 매출액 200,000,000/판매수량 1,000,000 = 단위당 판매가격 ₩200
   단위당 공헌이익 = 단위당 판매가격 200 − 변동원가 100 = ₩50
   3–1. 변동원가: ₩100 × 1,000,000단위 = ₩100,000,000
   변동제조원가: ₩80 × 1,000,000단위 = ₩80,000,000
   변동판매관리비: ₩20 × 1,000,000단위 = ₩20,000,000
   고정원가: 공헌이익 100,000,000 − 영업이익 75,000,000 = ₩25,000,000

고정제조원가: 총고정원가 25,000,000 − 고정판매관리비 15,000,000
= ₩10,000,000

3−2. 손익분기점 판매수량 = 고정원가 25,000,000/단위당 공헌이익 50
= 500,000단위
손익분기점 매출액 = 고정원가 25,000,000/공헌이익률 0.5
= ₩50,000,000

3−3. (목표이익 50,000,000 + 고정원가 25,000,000)/단위당 공헌이익 50
= 1,500,000단위

4. 4−1. (고정제조원가 500,000 + 고정판매관리비 100,000)/단위당 공헌이익 50
= 12,000단위

4−2. (고정제조원가 500,000 + 고정판매관리비 100,000)/공헌이익률 0.5
= ₩1,200,000

4−3. 3,200,000 × 공헌이익률 0.5 = ₩1,600,000

4−4. 3,200,000 × (1 − 0.5) − 500,000 − 100,000 = ₩1,000,000

5. 5−1. 손익분기 판매수량: 6,000,000/₩6,000 = 1,000단위
손익분기 매출액: 6,000,000/0.6 = ₩10,000,000

5−2. 변동원가가 10% 증가했으므로 공헌이익률은 50%가 된다.
고정원가는 5% 증가했으므로 ₩6,300,000이 된다.
매출액은 5% 증가했으므로 ₩21,000,000이 된다.
따라서, 순이익은 21,000,000 × (1 − 50%) − 6,300,000 = ₩4,200,000

5−3. (6,000,000 + 15,000,000)/₩6,000 = 3,500단위

5−4. 안전한계율: 순이익/공헌이익 = 4,200,000/10,500,000 = 0.4
영업레버리지도: 공헌이익/(공헌이익 − 고정원가) = 10,500,000/4,200,000
= 2.5

* 영업레버리도는 매출액 증감비율과 영업이익의 증감비율의 관계를 설명해 준다. 영업레버리지도가 높을수록 매출액증가율보다 영업이익증가율이 크며, 매출액감소율보다 영업이익감소율이 크다.

6. 6–1. 재료처리량공헌이익 = 매출액 120,000,000 − 직접재료원가(매출원가) 30,000,000
= ₩90,000,000

6–2. 영업이익 = 재료처리량공헌이익 90,000,000 − (2,000,000 + 3,000,000
+ 35,000,000 + 5,000,000)
= ₩45,000,000

6–3. 영업레버리지도 = (재료처리량)공헌이익/영업이익
= 영업이익증가율/매출액증가율
= 90,000,000/45,000,000 = 2
→ 영업이익증가율 = 매출액증가율 10% × DOL = 20%

12

사업계획과 예산편성

1. 경영계획과 예산
2. 영업예산편성
3. 자본예산편성

1 경영계획과 예산

1.1 경영계획과 예산편성

기업의 경영전략계획이나 사업계획은 예산편성의 선행과제이다. 기업의 재원을 목표와 전략과 긴밀하게 연계하여 배분함으로써 성과를 효율적으로 이루어 낼 수 있다. 목표, 과제 등 정성적인 경영전략계획을 정량적인 숫자로 표시한 것이 예산이다. 사업예산은 사업계획을 숫자로 표시한 계획숫자를 의미하고 조직의 각 부문에서 경영활동을 통해 예산을 집행하게 되고 경영성과의 평가기준이 된다.

기업의 경영은 조직의 목표를 달성하기 위해 조직 내의 다양한 자원의 사용을 계획하고 조직화하여 통제하는 과정으로, 경영을 잘하기 위한 메커니즘은 계획－실행－통제(PDS : Plan-Do-See) 사이클을 효율적이고 효과적으로 관리해야 한다. 대내외 환경분석을 통해 계획(plan)을 수립하고 수립된 계획을 실행(do)하며, 계획과 실적 사이의 차이에 대해 평가(see)하는 활동을 지속적으로 수행하게 된다.

사업계획은 조직의 목표를 달성하는 데 필요한 방법이나 과업을 상세히 기술하고 자원의 배분에 관한 것으로, 사업환경의 불확실성에 대응하여 수단이나 방향을 제시하고 목표달성을 위한 자원의 효율적 이용과 최대 효과를 유도하고 조직구성원들에게 동기부여를 하며 조직성과를 평가하는 기준으로 활용되고 있다. 사업계획은 조직의 계층에 따라서 전략적 계획(strategic plans), 운영적 계획(operational plans), 행동계획(action plans)으로 나눌 수 있으며, 계획기간에 따라서 5년 이상의 장기 계획, 1년~5년인 중기 계획, 1년 이내인 단기 계획으로 나눌 수 있다.

또한 기업의 기능별로 수립하여야 할 계획은 구매계획, 생산계획, 판매 및 마케팅계획, 인사조직계획, 경영정보시스템 운영계획, 연구개발계획, 재무계획 등으로 분류할 수 있다. 구매계획은 경영계획의 실행에 수반되는 원자재, 기계 또는 설비의 조달에 관한 계획이고, 판매 및 마케팅계획은 생산할 제품과 가격계획, 유통과 프로모션계획, 판매 및 서비스에 관한 계획이다. 생산계획은 일정 기간에 제조할 제품의 제조활동이나 품질관리활동과 관련한 계획이며 제품의 개량개선이나

표 12-1 계획의 유형

구분	내용	조직계층
전략적 계획	조직의 목표에 중점을 둔 최고경영층 수준에서 수립되는 계획(전사 경영전략계획)	최고경영진
운영적 계획	전략적 계획을 실행하기 위한 부문단위의 구체적인 계획 (각 부문별 계획 : 판매 및 마케팅계획 등)	중간경영자
행동계획	현장조직에서 주어진 목표달성을 위한 일상적인 활동내용에 관한 계획	현장(하위)경영자

신제품 개발 등에 관한 연구개발계획이 있다. 인사계획은 경영활동에 참여하는 인적자원 충원, 훈련, 배치 등에 관한 계획이고, 기능별 계획 수립과 실행에 소요되거나 창출되는 자금에 대하여 조달하고 운용하는 재무계획은 경영활동에 따르는 운영자금 및 투자자금의 조달과 운영 및 그 상환에 관한 계획이다.

모든 조직은 불확실한 환경 속에서 생존과 지속가능한 발전을 해 나가야 하는 상황에 처해 있으므로 다양한 환경 시나리오별로 그것에 적합한 상황적합 계획(contingency plan)이 필요하다. 이런 계획은 환경변화의 주요한 요인에 대하여 낙관 - 기본 - 비관적 측면에서 발생가능성을 예측하고 상황별에서는 재무적 결과를 추정한 비상상황계획이라 할 수 있다.

경영계획을 화폐적 단위로 표시한 예산은 미래 불확실한 상황을 예측하고 이에 대비하는 계획기능을 하고 각 조직부문 간 또는 기업전체의 목표와 계획을 균형있게 조정하면서 사업목표와 전략에 맞추어 자원을 배분하는 기능을 수행한다. 또한 자원을 효율적으로 배분하고 낭비를 줄이고 자원의 활용을 통하여 큰 이익을 생산하는 수단이 되어 조직활동을 계획에 의거 통제함으로써 체계적 조정 및 통합을 용이하게 한다. 예산의 통제기능에는 사전통제와 사후통제가 있다. 사전통제는 원인행위를 통제하는 것으로 기안에 의하여 승인을 득하는 것과 예산승인한도 내에서 비용을 지출하는 경우 초과하지 못하게 통제하는 지출한도액 통제가 있다. 사후통제는 승인된 예산 범위 내에서는 자율적으로 사용하게 한 후 사용액 중 잘못된 것은 없는지 사후적으로 내부감사 및 예산차이분석이 사후통제에 해당한다. 또한 예산은 경영활동 결과에 대한 실적과 성과를 평가하는 기능도 수행한다. 예산 대비 실적을 분석하는 과정을 통하여 목표를 어느 정도 달성하였는지 점검하는 기능을 갖고 있을 뿐만 아니라 조직구성원들에게 원가 마인드와 구체적인 목표를 달성해야 하겠다는 동기부여를 하는 역할도 한다.

1.2 예산의 편성절차

기업에 따라 다르지만 매년 3분기부터 익년도 경영환경을 예측하고 경영전략을 검토하여 연말까지 경영목표 및 계획을 수립하며, 이에 맞추어 예산을 편성하게 된다. 국가의 경우도 매년 국정철학과 비전, 과제 등을 고려하여 예산편성지침을 만들어 각 부처에 통보하고 이러한 지침에 따라서 각 부처에서는 사업계획을 수립하고 예산편성 작업을 진행하게 되고 국회의 승인을 걸쳐서 예산이 확정된다. 사업계획과 예산편성은 이에 대한 수익성, 시장성 등에 대한 사업 타당성 검토를 통하여 예상되는 성과에 대한 평가를 통하여 예산편성 여부를 결정하여야 자원의 낭비와 비효율을 줄일 수 있다.

기업의 예산은 일정 기간 전사 또는 부문의 이익계획, 판매 및 생산계획, 수익과 비용 추정 등 자원을 종합적으로 계획하고 통제하는 과정으로 경영계획을 숫자로 표시한 것이다. 미래의 예측가능한 활동에 대한 자원을 미리 배정함으로써 향후 업무를 추진하는 데 있어서 신속하고 효율적인 가치를 창출하는 데 의미가 있

그림 12-1 연도경영계획 및 예산편성 과정

1 경영환경분석 및 전략방향 검토 (기획부서)	2 경영목표 및 전략방향 설정 (임원회의)	3 예산편성지침 통보 (기획부서)	4 사업계획 및 예산편성 (각 사업부서)	5 사업계획 및 예산 확정 (기획부서)
• 경영실적 분석 • 익년도 시장, 경제, 산업경쟁 등의 분석 예측 • 전략방향 및 과제 검토	• 연도 경영목표 설정 • 익년도 경영전략 방향	• 예산편성지침 작성 • 각 부서에 예산편성지침 통보 • 전략방향 및 과제 검토	• 각 부서별 사업계획 수립 • 사업계획 기반 예산편성	• 각 부서의 편성예산의 종합, 검토 조정 • 사업계획과 예산(안) 확정 • 각 부서의 예산 배분

다. 예산편성대상은 각 조직 부문별로 부문예산을 편성하고 기업 전체를 대상으로 통합, 조정하여 종합예산을 편성하고, 예산편성기간은 통상 1년 단위로 이루어지고 사업여건 변화 등에 따라 경영전략계획의 변경에 따라 편성된 예산의 증감 조정을 할 수 있다. 경영전략을 수행하는 기업조직은 각 책임단위(responsibility)별로 성과를 측정할 수 있도록 예산제도와 연계한 성과관리제도를 운영하여야 한다. 예산은 어느 특정 부서나 특정인이 단독으로 편성하고 관리를 할 수 없으며 회사 전체 조직과 구성원들이 회사의 경영목표와 방침에 부합하도록 편성, 운용, 관리하는 체계를 갖추어야 한다.

최고경영자의 경영목표 및 방침에 맞추어 일반적으로 예산편성지침이 마련되어 각 조직부문에 제공되고 각 부문에서 이를 바탕으로 사업계획과 예산편성업무를 진행하여 사업기획조정부문에 사업계획과 예산편성안을 제출하면 사업기획부문에서는 각 조직부문의 예산을 종합하여 각 사업부문과 소통하면서 예산조정 과정을 진행하여 상호 합의된 사업계획과 예산안을 마련하여 최고경영진에게 보고하고 승인을 받게 된다.

예산편성방식은 권위적 예산(top-down), 참여적 예산(bottom-up), 절충식 예산,

그림 12-2 영업예산과 자본예산편성 흐름도

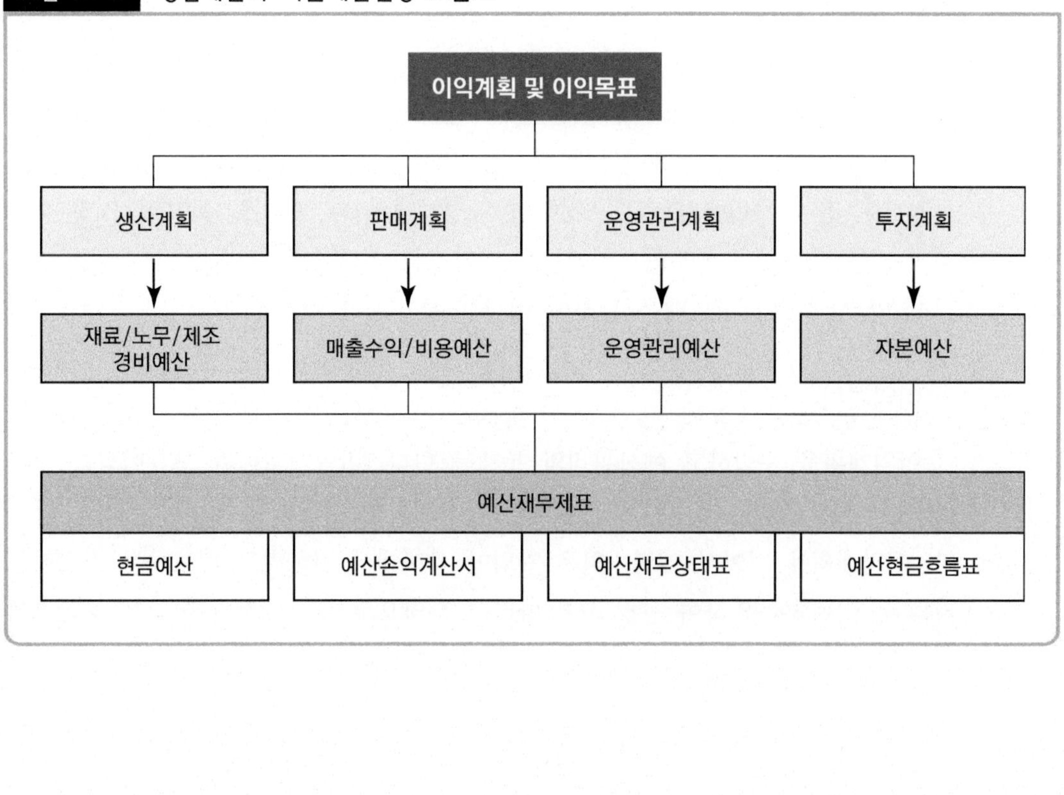

증분예산, 영기준예산, 계속예산 등이 있다.

전사 경영전략 및 익년도 경영방향에 맞추어 이익목표를 설정하고 이를 토대로 연간 경영계획 수립 단계에서 판매/생산계획, 매출/재료비/노무비 등 손익계획을 수립하고, 물량과 인원계획 등이 확정된 후에 예산을 수립한다. 일반적으로 연간 경영계획은 손익계획을 수립하며, 추정재무상태표나 추정손익계산서, 추정현금흐름표가 작성되게 된다.

1.3 이익계획과 목표이익 설정

이익계획은 일정한 조건하에서 이익목표를 확보하기 위한 경영계획으로 장기 이익계획은 목표이익률을 확보할 수 있도록 장래의 경영활동을 통제하는 데 목적이 있다. 이 목표이익률은 최대이익률을 목표로 한 것이 아니라 장기적으로 안정된 적정 이익률을 확보하는 것으로 단기 이익계획은 장기 이익계획을 바탕으로 현재의 제품 및 시장 조건하에서 최대 이익을 올리려는 예산과 동일한 의미를 갖는다. 이익계획에 있어서 이익은 경영자가 획득하고자 하는 목표이익으로서, 이익계획에서는 이 목표이익을 달성하기 위해 영업이나 제조 등 모든 경영활동을 종합적으로 고려한다.

목표이익 수준은 중장기 경영전략과 CVP 분석을 통하여 설정하며 목표는 전년도 실적과 익년도 경영환경 전망 등을 통하여 전략적 목표와 지향점을 명확히 하여야 한다. 전사의 목표이익에 따라서 조직의 사업책임단위별로 하부 목표를 설정하여 전사 차원에서 검토조정하여 확정하게 된다. 이러한 목표설정 및 통합 조정 기능은 기업의 컨트롤타워기능을 담당하는 전략기획부문에서 수행하며 예산편성 및 성과평가 피드백을 통하여 예산을 통제관리하게 된다.

■ 이익계획

이익계획을 수립하고 예산관리와 통제를 한다. 이익계획이란 목표이익을 설정하고 그것을 달성하기 위하여 통합적인 경영계획을 수립하여 실행하는 것을 말한다. 이익계획에 있어서 예정이익은 기업이 장래에 실현하려고 의도하는 최고경영자의 경영방침에 의하여 산정된다. 따라서 수익으로부터 예정된 이익을 차감하여 비용을 통제하려는 경우도 있다.

이익계획의 수립에는 일반적으로 손익분기도표・이익도표가 이용되고, 이 도표는 수익＝이익＋비용의 상호관계를 표시한다. 이익통제는 매출액이나 비용의 목표 또는 표준의 달성여부와 목표나 표준과의 차이가 발생하면 차이의 원인을 밝혀 제거시키고자 하는 여러 가지 노력을 뜻한다. 이익계획은 자금계획의 뒷받침 없이 목적을 달성할 수 없으므로 사용자본을 절약하여 자본회전율이 극대화되도록 마련되어야 한다.

이익계획과 자금계획은 표리의 관계가 있으므로, 이익계획을 광의로 해석하여 자금계획까지도 이익계획에 포함시키려는 학자도 있다. 일정한 예정이익을 실현하기 위한 경영계획을 이익계획이라 한다. 이익계획은 경영방침의 설정에 의하여 마련되고, 이익통제의 기초가 된다. 기업이익은 기업 전체로서의 수익과 이에 대응하는 비용과의 관계에서 실현된다. 그러므로 이익계획은 수익계획과 비용계획을 포함한다. 경영전략계획에 따라 이익계획을 도입하여 먼저 이익목표를 설정하고 환경변화를 예측하여 이익예측을 한 결과와 이익목표를 비교 검토하며 투자자본의 기대수익률 등을 종합적으로 고려해서 목표이익을 설정해야 한다. 목표이익이 설정되면 이를 달성하기 위한 판매계획, 제조계획 등이 수립되고 관련 예산이 편성된다.

■ 목표이익 설정

목표이익은 매출액에서 비용을 뺀 회계적 이익과는 다르게 목표이익을 결정하는 방법으로 접근해야 한다. 총자본이익률, 자기자본이익률 등에서 계산한 희망이익액, 경상이익, 영업이나 제조 부문의 계획과 제품경쟁력 그리고 시장예측을 종합해 산출된 이익액, 동종기업의 이익 등의 방법으로 구해진 이익액을 종합적으로 조정하여 목표이익이 결정되는 것이 합리적일 것이다. 한편 목표이익과 예산을 결부시킨 것이 바로 예산편성방침이다. 그 내용은 목표이익 각 부문의 활동기준으로 예산편성방침에 따라 예산이 결정되는 것이기 때문에 예산과 이익목표는 동일한 의미를 지니는 것이다.

이익계획의 목적과 효과는 첫째, 이익은 경영활동의 성과라는 수동적 경영태도에서 목표이익을 얻겠다는 적극적 경영태도로 전환돼야 한다. 둘째, 목표이익이 사전에 결정돼야 한다. 셋째, 목표이익을 확보하기 위해 각 부문의 목표를 조정・

통합하거나 예산차이를 분석해 대책을 세운다. 또한 경영개선을 추진하고 경영효율을 끌어올린다.

회사가 획득하고자 하는 이익계획으로 회사 혹은 사업부서는 이 목표이익을 달성하기 위해 영업, 생산, 마케팅 등 모든 경영활동에 대한 종합적 전략계획을 수립하여야 한다. 매출액에서 비용을 차감한 회계적 이익 관점으로 접근하는 것이 아니라 목표이익에 비용을 합산하여 목표수익이라는 방법으로 접근해야 한다. 목표이익은 목표 투하자본이익률을 기준으로 목표이익액을 산출하고 손익분기점 분석을 통한 목표이익액 달성을 위한 매출액을 산출하는 것이 합리적인 접근방법이라 할 수 있다. 기업의 목표이익은 절대액을 견적하는 것만으로는 불충분하고, 이익실현에 소요되는 자본과의 관계를 고려하여 설정하여야 할 것이다. 투자자본이익률은 매출액순이익률과 투자자본의 회전율에 의해 산출된다.

① 투하자본이익률 = 매출이익률 × 투하자본회전율
= 순이익 / 투하자본
② 목표이익액 = 투하자본 × 목표 투하자본이익률
③ 손익분기점 분석을 통한 목표매출액 산출 = (고정비 + 목표이익) / 공헌이익률

투하자본이익률 등에 의한 목표이익 설정에 자사의 최근의 경영성과, 시장점유율, 제품수명주기, 동종 업계의 동향, 경기의 동향 등 여러 가지 요인을 고려하는 것이 필요하다. 목표이익이 많을수록 좋지만 달성 불가능한 목표이익을 설정하면 조직구성원들이 의욕을 잃고 포기할 수 있는 반면에 목표이익이 너무 적으면 최선의 노력을 하지 않고 쉽게 달성하는 문제점이 있다. 따라서 목표이익은 노력하면 달성 가능한 수준으로 조직구성원들이 공감하고 동기부여를 할 수 있는 수준으로 하는 것이 바람직하다.

예제 12-1

더나은미래㈜의 20×2년도 재무정보를 활용하여 20×3년도의 목표이익액과 목표매출액을 설정해 보세요.

(1) 수익과 비용: 매출액 ₩140,000,000
매출원가 ₩73,000,000(변동원가 ₩63,000,000)
판매관리비 ₩41,000,000(변동판매관리비 ₩21,000,000)

(2) 투하자본 ₩200,000,000, 20×3년도에는 목표 투하자본이익률은 15%이다.

풀이

20×3년의 목표 투하자본이익률이 15%이므로
목표이익액 ₩30,000,000 = 200,000,000×0.15
목표매출액 ₩150,000,000 = (30,000,000 + 30,000,000)/0.4

2 영업예산편성

영업예산이란 기업에서 제품생산과 판매 등 주요 영업활동에 관한 예산을 의미한다. 영업예산은 목표이익의 설정에서부터 판매예측을 하고 이를 토대로 수익예산과 비용예산으로 편성하여 예산손익계산서, 현금수지예산, 자본예산, 예산재무상태표, 현금흐름표로 마무리된다.

2.1 영업수익예산

판매계획의 판매예산 수립이 다른 부문의 예산을 결정하므로 가장 먼저 결정하여야 한다. 제품의 생산량도 판매량을 기준으로 수립되므로 판매예산이 예산편성의 시작점이라 할 수 있다. 판매수량에 의한 매출예산이 기업 수익의 원천이므로 제조예산, 인력예산, 재무예산 등의 모든 부문의 예산편성에 기초정보를 제공해 주는 역할을 한다. 마케팅 및 판매부문으로부터 제품이나 상품별 판매수량 예측에 의해 판매수량을 확정하고 제품별 판매가격을 적용하여 영업수익을 먼저 편성하고 과거연도의 영업외 수익과 익년도 예상되는 영업외 수익 관련 요인들을 분석하여 영업외 수익을 추정하여 반영한다.

예제 12-2

더나은미래㈜의 20×3년도 예산을 편성함에 있어서 다음의 생산, 판매 관련 정보를 활용하고 있다.

① 제품판매 관련 정보(최근 3년간 자료)

	20×0	20×1	20×2
판매수량	9,000	10,000	14,000
생산수량	10,000	11,000	12,000

② 제품단위당 생산원가 및 판매관리비(단, 단위당 판매가격은 ₩10,000)

	20×0	20×1	20×2
단위당 변동제조원가	3,800	4,100	4,500
직접재료원가	2,000	2,200	2,500
직접노무원가	1,300	1,400	1,500
변동제조간접원가	500	500	500
고정제조간접원가	10,000,000	10,000,000	10,000,000
고정판매관리비	20,000,000	20,000,000	20,000,000
단위당 변동판매관리비	1,300	1,400	1,500

1. 더나은미래㈜의 20×3년도의 목표이익인 ₩30,000,000을 달성하기 위한 판매수량을 계산하세요. (20×3년 예산편성에 있어서 20×2년 원가자료를 기준으로 한다.)

풀이

1. 단위당 공헌이익: 10,000 − (4,500 + 1,500) = ₩4,000
   목표이익 달성 판매수량 (30,000,000 + 30,000,000)/4,000 = 15,000

매출액의 추정은 전년도 매출액, 시장경쟁상황 및 전망 등을 토대로 목표이익을 실현하기 위해 필요한 제품판매규모를 추정한다. 제품 매출액은 제품별, 지역별, 시기별 판매수량을 추정하고 제품별 판매가격전략을 적용하여 매출액을 추정하고 이와 더불어 매출액의 현금회수액에 대한 추정도 포함한다.

예제 12-3

[예제 12-2]의 정보를 활용하여 더나은미래㈜의 20×3년도 분기별 매출예산과 현금예산을 편성해 보자.

(1) 분기별 매출액 및 현금회수계획

구분	1분기	2분기	3분기	4분기	계
판매비중	30%	30%	20%	20%	100%

(2) 현금 회수는 당분기 판매액의 70%, 잔액은 다음 분기 30% 회수된다.

풀이

구분	1분기	2분기	3분기	4분기	계
판매수량	4,500	4,500	3,000	3,000	15,000
매출액	45,000,000	45,000,000	30,000,000	30,000,000	150,000,000
현금회수	31,500,000	45,000,000	34,500,000	30,000,000	141,000,000

2.2 영업비용예산

제품을 생산하는 기업에서는 익년도 생산수량을 추정한다. 마케팅 및 판매부문에서의 익년도 판매수량을 토대로 전년도 이월제품과 기말재고액 등을 고려해서 당해 연도에 생산할 제품수량을 결정한다. 결정된 제품수량을 기준으로 제조원가예산을 편성하게 되는데 재료원가예산, 노무원가예산, 제조경비예산을 편성한다.

제품제조수량 = 예산판매수량 + 기말재고수량 − 기초재고수량

예제 12-4

[예제 12-2]의 정보를 활용하여 20×3년도 목표판매수량을 기초로 하여 20×3년도 생산수량을 산출하세요. (기초재고수량은 전년도 판매수량의 20%, 기말재고수량은 당해 연도 판매수량의 20%)

풀이

생산수량 15,200 = 판매수량 15,000 + 기말재고수량 3,000 − 기초재고수량 2,800

■ **직접재료원가예산**

제품제조수량에서 단위당 원재료 단가를 곱하여 직접재료원가를 산출하고 제조에 소요되는 원재료 구매수량은 당기투입재료량에 기말원재료 재고를 가산하고 기초원재료 재고를 차감하여 산출하게 된다.

직접재료예산 = 구매할 원재료수량 × 단위당 원재료 가격

* 구매할 원재료 수량 = 당기제조용 원재료수량 + 기말원재료 재고 − 기초원재료 재고

■ **직접노무원가예산**

제품제조수량에서 제품단위당 노무시간을 곱하여 총직접노무시간을 산출하고, 여기에 시간당 직접노무원가를 곱하여 총직접노무원가를 산출한다.

직접노무예산 = 제품제조에 필요한 총직접노무시간 × 시간당 직접노무원가

■ **제조간접원가예산**

직접재료원가와 직접노무원가를 제외한 모든 제조원가항목에 대한 예산이다. 제조간접원가예산은 고정제조간접원가와 변동제조간접원가로 구분하여 산출한다.

■ **매출원가 및 판매관리비 예산**

매출원가예산은 단위당 제품제조원가에서 판매수량을 곱하여 산출하고, 완성된

제품을 판매하고 조직 및 사업을 관리하는 데 소요되는 판매관리비예산은 전년도 판매실적과 관련 비용 등에 대하여 분석하여 편성한다.

예제 12-5

위 [예제 12-2, 12-4]에서 산출된 20×3년도 목표 판매 및 생산 수량을 기초로 생산요소별 단위당 원가정보를 활용해 물음에 답하세요.

① 생산요소별 단위당 원가정보

	직접재료원가	직접노무원가	변동제조간접원가
단위당 사용량	20(g/개)	0.15(시간/개)	0.05(시간/개)
단위당 가격	₩125/g	₩10,000/시간	₩10,000/시간

단, 기말재료재고량은 당기투입량의 20%이며, 기초재료재고량은 48,000g이다.

② 제조간접원가

고정제조간접원가 예상액은 ₩10,640,000이고 변동제조간접원가는 직접노무시간기준으로 배부한다.

③ 판매관리비는 직전연도와 동일한 원가수준을 적용한다.

1. 20×3년도 직접재료원가 구매예산과 직접재료원가 예산을 계산하세요.
2. 20×3년도 직접노무원가 예산을 계산하세요.
3. 20×3년도 제조간접원가 예산을 계산하세요.
4. 20×3년도 제품제조원가 예산을 계산하세요.
5. 매출원가 및 판매관리비 예산을 편성하세요.

풀이

1. 재료구매량 316,800g = 재료투입량 20g × 15,200 × 1.2 − 48,000g
   재료구매 예산 39,600,000 = 316,800g × 125/g
   직접재료원가 예산 38,000,000 = 20g × 15,200 × 125
2. 직접노무원가 예산
   직접노무원가 예산 22,800,000 = 0.15시간 × ₩10,000 × 15,200
3. 제조간접원가
   변동제조간접원가 예산 7,600,000 = 0.05시간 × ₩10,000 × 15,200
   고정제조간접원가 예산 10,640,000

4. 제품제조원가 예산
직접재료원가 예산 38,000,000 + 직접노무원가 예산 22,800,000 + 변동제조간접원가 예산 7,600,000 + 고정제조간접원가 예산 10,640,000 = 79,040,000

5. 매출원가 및 판매관리비 예산
매출원가제품단위당 원가 ₩5,200 × 15,000 = 78,000,000
변동판매관리비 예산 ₩1,500 × 15,000 = 22,500,000
고정판매관리비 예산 20,000,000

2.3 예산재무제표 작성

■ 예산손익계산서

수익예산, 비용예산, 현금예산 등을 토대로 예산손익계산서를 작성하고 목표이익과 예산손익계산서의 이익을 비교분석하고 조정하여야 한다.

■ 현금(수지)예산

수익예산과 제조원가예산, 판매관리비 등의 비용예산편성이 완료되면 현금의 수입과 현금의 지출에 관한 예산을 편성하고 현금의 과부족이 발생할 경우에는 예산기간 동안의 현금조달과 이에 대한 이자비용을 추정하여 손익계산서에 반영해야 한다.

예제 12-6

[예제 12-2, 12-3, 12-5]를 활용하여 전부원가계산과 변동원가계산에 의한 20×3년도의 추정손익계산서를 작성하세요.

풀이

전부원가계산 손익계산서 (단위: 천원)

매출액		150,000
매출원가		78,000
매출총이익		72,000

판매비와 관리비		42,500
변동판관비	22,500	
고정판관비	20,000	
영업이익		29,500

변동원가계산 손익계산서 (단위: 천원)

매출액		150,000
변동원가		90,000
변동매출원가	67,500	
판매비와 관리비	22,500	
공헌이익		60,000
고정원가		30,640
제조간접원가	10,640	
판매비와 관리비	20,000	
영업이익		29,360

→ 전부원가계산과 변동원가계산에서의 영업이익의 차이 사유:

생산수량이 15,200 − 판매수량이 15,000 = 기말재고수량 200이다.

전부원가계산에서는 고정제조간접원가가 15,000개×₩700만큼 매출원가에 배분되고 200개×₩700만큼 기말재고액 자산으로 이월되기 때문이다.

반면 변동원가계산에서는 고정제조간접원가 전액이 기간비용으로 처리되므로 전부원가계산에 의한 영업이익보다 ₩140,000(200개×₩700) 적게 표시된다.

■ 예산재무상태표

전기의 재무상태표를 토대로 영업활동, 투자활동, 재무활동 등으로 인한 수익과 비용의 발생에 따라 자산, 부채, 자본의 증감변화사항을 반영한다.

■ 예산현금흐름표

재무상태표의 기초현금을 토대로 예산회계기간 동안에 영업활동, 투자활동, 재무활동 등으로 인하여 발생하는 예상현금유입액과 예상현금유출액을 표시한다.

편성된 예산의 시뮬레이션을 통하여 판매량, 판매가격, 재료단가 등 가정된 주요 수치의 변화에 대한 예산매출액, 예산비용, 이익이나 현금흐름의 변화를 파악할 수 있는 민감도 분석을 하여 예산의 실효성을 높여야 한다.

예제 12-7

더나은미래㈜의 영업활동에 따른 현금의 유입과 유출에 관한 정보이다. (예제 12-2, 12-4, 12-5 정보를 활용하세요.)

① 제품 판매대금 회수에 대한 가정
  - 각 연도별 매출액의 70%가 현금으로 회수된다.

② 각 연도의 외상매출금은 다음 연도에 20% 회수되고, 그 다음 연도에 나머지 10%가 회수될 것으로 예상한다.

③ 각종 생산요소별 원가 및 판매관리비의 지출에 대한 가정
  - 직접재료 구입에 따른 현금 지출은 연도별 재료구입액의 50%는 현금으로 지급하고 나머지 금액은 다음 연도에 전액 지급한다.
  - 직접노무원가는 각 연도에 100% 현금으로 지급한다.
  - 변동제조간접원가는 해당 연도에 40%, 다음 연도에 60% 지출한다.
  - 변동판매관리비는 각 연도에 60%, 다음 연도에 40% 지출한다.
  - 고정원가는 당기에 현금으로 전액 지출한다.

1. 매출에 따른 연도별 현금회수액을 계산하세요.
2. 영업활동에 따른 현금흐름예산을 작성하세요.

풀이

1. 매출에 따른 연도별 현금회수액

	20×0	20×1	20×2	20×3
매출액	90,000,000	100,000,000	140,000,000	150,000,000
현금회수액	63,000,000	70,000,000 +18,000,000	98,000,000 +20,000,000 +9,000,000	105,000,000 +28,000,000 +10,000,000
합계	63,000,000	88,000,000	127,000,000	143,000,000

2. 영업활동에 따른 현금흐름예산

현금흐름	20×0	20×1	20×2	20×3
매출(+)	63,000,000	88,000,000	127,000,000	143,000,000
직접재료원가(−)	10,000,000	12,100,000 +10,000,000	15,000,000 +12,100,000	19,800,000 +15,000,000
직접노무원가(−)	13,000,000	15,400,000	18,000,000	22,800,000

변동제조간접원가(-)	2,000,000	2,200,000 +3,000,000	2,400,000 +3,300,000	3,040,000 +3,600,000
변동판매관리비(-)	7,020,000	8,400,000 +4,680,000	12,600,000 +5,600,000	13,500,000 +8,400,000
고정원가(-)	30,000,000	30,000,000	30,000,000	30,640,000
합계	980,000	2,220,000	28,000,000	26,220,000

3 자본예산편성

자본예산(capital budget)은 기업의 영업활동에 필요한 토지, 건물 및 설비 등의 고정자산에 대한 지출인 자본지출(capital expenditure)에 대한 계획을 나타낸 것으로 매 기간 운영을 위한 매출, 재료원가, 노무원가, 경비 등의 영업예산과 병행하여 편성된다. 이러한 자본예산편성(capital budgeting)은 장기투자를 위한 지출과 투자성과에 의한 현금유입의 효과를 예측한 후 그 타당성을 분석하고 판단하여 자본예산에 포함시킬 것인가를 결정하는 과정이다. 자본예산은 투자지출의 규모가 크고 그 효과가 장기에 걸쳐 발생하며 기업의 발전에 중요한 영향을 미치므로 투자할 가치가 있는지에 대해 분석평가한 후 투자를 실행하여야 한다.

3.1 자본예산 개요

자본예산은 유형자산에 대한 투자를 효율적으로 수행하기 위해 미래에 보다 바람직한 투자안을 식별/평가하고 특정 기준에 적합한 투자안을 선택하는 과정을 의미한다. 즉, 자본예산은 유형자산에 대한 투자안의 경제적 타당성을 평가하는 체계적인 접근방법이라고 할 수 있다.

■ **투자결정 과정**

(1) **투자대상의 모색 및 개발** : 기업의 가치를 극대화할 수 있는 투자기회를 발굴하여 투자안의 규모, 신규사업 여부, 전략적 중요성 등에 따라 대체투자, 확장투자, 신규투자, 안전 및 환경기준을 충족시키기 위한 투자 등으로 구분된다.

(2) **투자안 시행시의 기대되는 현금흐름 측정** : 투자안을 채택함에 따라 수반되는 투자금(현재시점)과 기대되는 현금흐름(미래시점)을 추정하여 투자안의 현금흐름은 그 자산의 취득에 필요한 투자지출(cash outflows)과 그 자산의 운영으로부터 생기는 현금유입(net cash inflows)으로 측정한다.

미래가치 = 현재 현금 × (1 + 이자율) → $FV_n = PV(1+r)^n$

현재가치 = 미래 현금 / (1 + 이자율) → $PV_0 = FV_n / (1+r)^n$

(3) **투자안의 위험 평가 및 자본비용 측정** : 추정현금흐름의 위험도에 따른 미래현금흐름 할인율을 결정(투자안의 자본비용을 결정하는 단계)한다. 기업의 미래현금흐름은 영업자산의 수익창출능력에 의존하게 되는데 시장분석과 자사의 최근 현금흐름 등을 고려하여 미래손익 추정과 미래의 현금유입액을 추정하게 되며 이를 가중평균자본비용으로 나누어 미래현금유입액의 현재가치를 산출하게 된다. 이렇게 산출된 미래현금유입액의 현재가치와 현금유출을 비교해 보면 경제성을 분석해 볼 수 있다. 이와 관련된 내용은 [그림 12-3]과 같이 나타낼 수 있다.

(4) **투자안의 경제성 평가 및 최적 투자안의 선택** : 추정현금흐름과 투자안의 자본비용을 토대로 적절한 자본예산기법을 이용하여 투자안의 경제성을 분석하고 최종적으로 투자안에 대한 채택 여부를 결정한다.

현금흐름은 기업으로 들어오는 현금유입과 기업으로부터 현금이 나가는 현금유출로 구성되며 순현금흐름은 현금유입에서 현금유출을 차감한 것이다. 영업현금흐름(operating cash flow)은 회계상의 이익 변화가 아니라 실제 영업상의 현금

그림 12-3 현금흐름과 자본비용

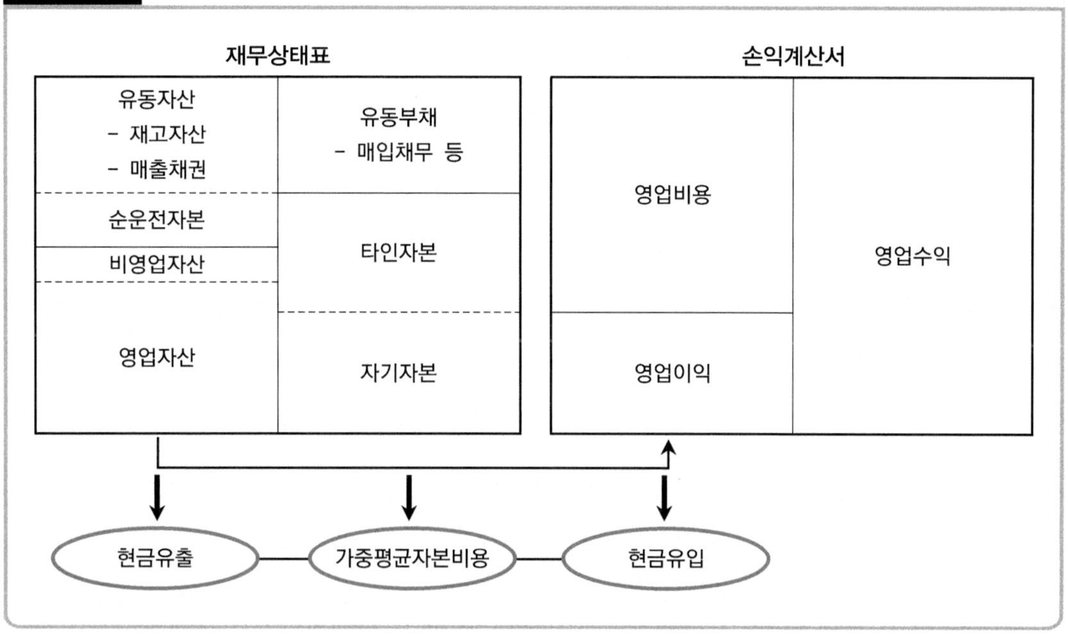

흐름으로 영업이익(EBIT: Earning Before Interest & Tax)에서 감가상각비를 가산하고 법인세를 차감하여 계산한다.

3.2 투자안의 경제성 평가

투자안에 대해 추정된 현금흐름을 바탕으로 그 투자안을 평가하는 방법을 자본예산기법이라 한다. 투자안의 경제성 평가방법에는 순현재가치법(NPV method), 내부수익률법(IRR method), 현재가치지수법(PVI method), 회수기간법(payback period method), 회계적 이익률법(ARR: Accounting Rate of Return method) 등이 있다. 자본예산기법에서 가장 많이 사용되는 방법은 NPV와 IRR이며, 나머지 기법은 보완수단으로 이용된다.

■ **순현재가치법(NPV: Net Present Value method)**

투자로부터 예상되는 총현금유입액의 현재가치에서 투자에 소요될 총현금유출액의 현재가치를 차감한 순현재가치를 기준으로 투자안을 평가하는 방법이다. 투자안의 NPV > 0이면 채택하고, NPV < 0이면 기각한다. 단, 투자안들이 상호배타적이라면 NPV가 가장 큰 투자안을 채택해야 한다.

순현재가치는 투자안을 채택함으로 인해 발생하는 현재 및 미래의 모든 현금흐름을 적절한 할인율을 이용하여 현재가치로 할인하여 현금유입액에서 현금유출액을 차감한 것이다.

순현재가치 = 현금유입액 현재가치 − 현금유출액 현재가치

순현재가치가 양수(+)이면 이 투자안을 채택함으로써 기업가치가 증가하는 반면 음수(−)이면 투자안이 기각된다.

$$NPV = \frac{C}{(1+r)} + \frac{C_1}{(1+r)^2} + \cdots + \frac{C_n}{(1+r)^n} - I_0$$

C_n: n년에 있어서 현금유입액, I_0: 현금유출액(초기 투자액), r: 할인율(자본비용)

■ **내부수익률법**(IRR: Internal Rate of Return method)

내부수익률법이란 투자안의 내부수익률을 계산하고 이를 자본비용과 비교함으로써 의사결정을 하는 방법이다. 여기서 내부수익률이란 투자에 소요되는 현금유출액의 현재가치와 투자로부터 예상되는 현금유입액의 현재가치를 동일하게 해주는 할인율을 의미한다. 즉, IRR은 NPV를 0으로 만들어주는 할인율이다. IRR이 자본비용보다 크면 채택하고, IRR이 자본비용보다 작으면 기각해야 한다.

■ **현재가치지수법**(PVI: Present Value Index method)

현재가치지수는 현금유입 현재가치를 현금유출 현재가치로 나눈 비율로 구하며 수익성지수(PI: Profitability Index)라고도 한다.

PVI = 현금유입 현재가치/현금유출 현재가치
PI = 투자안의 순현재가치/투자금액

투자안의 순현재가치(NPV)가 현금유입의 현재가치에서 현금유출의 현재가치를 뺀 값이므로 NPV가 양수(+)이면 PI는 1보다 크며, 반대의 경우면 PI는 1보다 작다.

예제 12-8

더나은미래㈜는 신사업 개발에 따른 설비투자를 검토하고 있다. 설비투자에 따른 현금흐름은 다음과 같다.

(1) 각 투자안의 현금흐름 (단위: 천원)

구분	0	1년차	2년차	3년차	4년차	5년차
투자안 A	(500,000)	50,000	100,000	200,000	25,000	30,000
투자안 B	(700,000)	100,000	150,000	200,000	300,000	200,000
투자안 C	(900,000)	100,000	200,000	300,000	300,000	200,000

(2) 추가정보

- 더나은미래㈜의 자본비용(할인율)은 12%이다.
- 할인율이 12%일 때 ₩1의 각 시점별(t=1,2,3,4,5) 현재가치는 각각 0.893, 0.787, 0.712, 0.636, 0.574이다.

1. 각 투자안의 순현재가치(NPV)를 계산하세요.
2. 각 투자안에 대해 수익성지수(PI), 현재가치지수(PVI)를 산출하세요.

풀이

1. 투자안 A: $-500,000+50,000\times0.893+100,000\times0.787+200,000\times0.712+25,000\times0.636+30,000\times0.574=(201,130)$

   투자안 B: $-700,000+100,000\times0.893+150,000\times0.787+200,000\times0.712+300,000\times0.636+200,000\times0.574=(44,650)$

   투자안 C: $-900,000+100,000\times0.893+200,000\times0.787+300,000\times0.712+300,000\times0.636+200,000\times0.574=(134,100)$

2. 투자안 A: $298,870/500,000=0.59774$

   투자안 B: $655,350/700,000=0.93621$

   투자안 C: $765,900/900,000=0.851$

■ **회계적 이익률법**(accounting rate of return method)

회계적 이익률을 기준으로 투자안을 평가하는 방법으로 평균이익률법이라고도 한다. 즉, 특정 투자안의 회계적 이익률이 사전에 설정해 놓은 목표이익률보다 높으면 그 투자안을 채택한다. 이 방법은 현금흐름을 고려하지 않고 회계적 순이익에 중점을 두고 있으며 수식은 다음과 같다.

회계적 이익률 = 연평균 순이익/평균 투자액

회계적 이익률법은 직관적이고 이해하기 쉬우며 계산에 필요한 자료를 재무제표로부터 쉽게 구할 수 있다는 장점이 있지만, 화폐의 시간가치를 고려하지 않으며 목표이익률 설정에 있어서 경영자의 주관이 개입할 여지가 있으므로 합리적인 방법이라 할 수 없다.

■ **회수기간법**(payback period method)

투자원금을 얼마나 빨리 회수할 수 있는지에 대한 기간을 사전에 정해진 목표회수기간보다 빠를 경우 채택하게 되는 평가방법이다. 자본회수기간은 매년 순현금흐름을 누적한 금액이 최초 투자금액과 같을 때까지의 기간이다.

상호 배타적이고 독립적인 두 투자안이 있다면 회수기간이 빠른 투자안을 선택하여야 한다.

회수기간 = 투자금액 / 연간 순현금유입액
목표회수기간 > 자본회수기간 ➔ 채택

확·인·문·제

※ 각 문항의 설명 중 옳은 것에는 T, 틀린 것에는 F를 하시오.

01. 기업의 예산편성은 경영전략을 수행함에 있어서 각 책임단위별로 성과를 측정할 수 있어야 한다. (　　　)

02. 환경변화를 예측하여 예상되는 이익추정액과 이익목표를 비교 검토하고 투자자본의 기대수익률 등을 종합적으로 고려해서 목표이익을 설정해야 한다. (　　　)

03. 예산편성방식은 권위적 예산(top-down), 참여적 예산(bottom-up), 절충식 예산 방식이 있으나 실무적으로는 절충식 예산편성 방식을 많이 활용되고 있다. (　　　)

04. 예산편성의 효율성과 관리를 위해서 예산은 특정 부서나 특정인에 의해 단독으로 편성되어야 한다. (　　　)

05. 제조원가예산에 있어서 당기 제품제조수량을 산출하기 위해서는 예상판매수량과 기말재고수량의 합에서 기초재고수량을 차감한다. (　　　)

06. 자본예산편성은 장기투자를 위한 지출과 투자성과에 의한 현금유입 효과를 예측한 후 타당성을 분석하고 판단하여 의사결정을 하는 과정이다. (　　　)

07. 자본예산보다는 영업예산이 보다 장기적인 관점에서의 예산이라고 할 수 있다. (　　　)

08. 영업현금흐름은 회계상의 이익과는 차이가 있으며, 영업이익(EBIT)에서 감가상각비를 가산하고 법인세를 차감하여 계산한다. (　　　)

09. 순현재가치법(NPV)은 투자안에서 예상되는 현금유입액의 현재가치에서 현금유출액의 현재가치를 차감한 값을 기준으로 투자안을 평가하는 방법이다. (　　　)

10. 영업예산편성은 판매량 예측을 토대로 수익예산을 편성하고 이에 대응하는 비용예산을 편성하며 자본예산과 연계해 현금수지 예산을 편성한 후 자금조달과 이자 등을 반영한 후 예산손익계산서를 작성한다. (　　　)

11. 회수기간법은 투자원금이 회수되는 데에 소요되는 기간을 기준으로 의사결정을 하는 방법이며, 현금흐름의 시간가치를 고려하지 않는다는 점에서 논리적 한계를 갖는다. (　　　)

12. 수익성지수법(PI)을 이용한 투자안 평가 결과가 1이 나왔다면, 순현재가치법(NPV)에 의한 투자안 평가 결과는 0이 나올 것이다. (　　　)

13. 내부이익률법(IRR)에 의한 투자안 평가는 투자금액의 규모에 따라서 기업의 이익과 상반되는 결정을 하게 될 위험이 있다. (　　　)

14. 순현재가치법(NPV)은 절대적인 평가방법으로 투자금액의 규모에 따라 기업의 이익과 상반되는 결정을 하게 될 위험이 있다. (　　　)

15. 회계적 이익률법은 명목적인 수익과 비용만을 고려하며 현금흐름의 시간가치를 고려하지 않으므로, 장기투자안 평가에는 적합하지 않다. (　　　)

▮해답: 1. T　2. T　3. T　4. F　5. T　6. T　7. F　8. T　9. T　10. T　11. T　12. T　13. T　14. F　15. T

실·습·문·제

1. 더나은미래㈜의 최근 3년간의 실적자료를 보고 아래 물음에 답하세요.

(1) 매출수량과 생산수량에 대한 자료

(단위: 천개)

	20×0	20×1	20×2
판매수량	100,000	110,000	120,000
생산수량	90,000	100,000	110,000

(2) 20×0년도 기말제품재고량은 30,000,000단위

1-1. 20×3년도 제품판매수량을 최근 3년간 판매수량의 평균 증가율을 적용하여 산출하세요. (평균 증가율 산출 시 % 단위로 소수점 셋째자리에서 반올림한다.)

1-2. 20×3년도 제품생산수량을 산출하세요. (단, 기말재고수량은 판매수량의 20%로 가정한다.)

2. 위 문제의 생산량, 판매량 정보와 생산요소별 원가정보를 활용하여 20×3년도 매출수익예산, 제조원가예산, 판매관리비 예산을 편성하세요.

(1) 단위당 제조원가

	20×0	20×1	20×2
직접재료원가	₩300	₩330	₩360
직접노무원가	₩100	₩110	₩120
변동제조간접원가	₩50	₩55	₩60
고정제조간접원가	₩10,000,000,000	₩10,000,000,000	₩10,000,000,000

(2) 판매관리비

	20×0	20×1	20×2
변동판매관리비	₩100	₩110	₩120
고정판매관리비	₩15,000,000,000	₩15,000,000,000	₩15,000,000,000

(3) 기타 추가정보

- 판매가격은 ₩1,000이다.
- 20×3년도 제조원가 및 판매관리비 예산은 최근 3년간 평균 증가액을 고려하여 산정한다.

2-1. 20×3년도 직접재료원가예산, 직접노무원가예산, 제조간접원가예산을 산출하세요.

2-2. 20×3년도 매출수익예산과 현금예산을 산출하세요.

2-3. 다음의 정보를 활용하여 현금예산을 편성하세요.

① 매출액은 매 분기 균등하게 배분하고 당 분기에 60% 수금되고 잔액은 다음 분기에 40% 회수된다.

② 재료구입, 각종 생산요소 원가, 판매관리비의 현금지출은 당 분기에 70% 지출하고 다음 분기에 나머지를 지출한다.

2-4. 추정손익계산서를 작성하세요. (변동원가 계산)

3. 더나은미래㈜의 20×3년도 예산편성을 하고 있으며 최근 3년간의 생산, 판매 관련 정보는 다음과 같다.

(1) 생산, 판매 관련 정보 (단위: 천 단위)

	20×0	20×1	20×2
생산	1,009	1,200	1,300
판매	909	1,000	1,100

(2) 단위당 생산요소 원가

직접재료원가 ₩420

직접노무원가 ₩50

제조간접원가는 직접노무원가의 20%

(3) 추가정보

① 20×3년도 판매수량은 최근 3년간 평균 증가율을 적용하여 예측한다. (단, 평균 증가율은 % 단위로 소수점 셋째자리에서 반올림한다.)

② 20×3년도 기말제품재고량은 판매수량의 20%일 것으로 추정한다.

③ 제품단위당 판매가격은 ₩1,000이다.

④ 20×0년 기초재고는 없다.

3-1. 20×3년도 판매수량과 생산수량을 산출하세요.

3-2. 매출수익예산과 생산요소별 예산을 산출하세요.

3-3. 20×3년도 제조원가명세서를 작성하세요.

3-4. 변동원가계산법에 의한 추정손익계산서를 작성하세요.

4. 더나은미래㈜의 20×2년도 분기별 목표판매수량, 재고자산 정보 등을 활용하여 물음에 답하세요.

(1) 분기별 목표판매수량

	1/4	2/4	3/4	4/4	계
A제품	500	400	600	500	2,000
B제품	600	800	800	800	3,000

(2) 분기별 목표생산수량

	1/4	2/4	3/4	4/4	계
A제품	650	650	650	650	2,600
B제품	975	975	975	975	3,900

단, 기초제품재고는 없으며 기말제품재고량은 판매수량의 30%를 적용한다.
네 분기의 생산량은 매 분기 균등하다.

(3) 추가정보

① 판매가격은 A제품과 B제품 모두 ₩10,000이고 매출액의 60%는 당기에 현금으로 회수되고 나머지 40%는 다음 기에 회수된다.

② 제품생산을 위한 A제품, B제품의 1개당 원재료 투입은 각각 4kg, 5kg이다.

③ A제품과 B제품의 원재료 구입비는 당기에 70%를, 다음 기에 나머지 30%를 지급하였다.

④ A제품, B제품의 원재료 kg당 가격은 각각 ₩1,000, ₩1,100이다.

4-1. 매출수익예산과 현금회수예산을 작성하세요.

4-2. 제조구입예산과 현금지급예산을 작성하세요.

5. 더나은미래㈜의 컴퓨터 판매업과 관련된 예산편성과 실적에 관한 정보이다.

(1) 컴퓨터 구매계획

구분	1분기	2분기	3분기	4분기	계
구매 수량(개)	10,000	11,000	13,000	15,000	49,000
구매 단가(원)	1,000,000	900,000	900,000	850,000	

(2) 컴퓨터 판매계획

구분	1분기	2분기	3분기	4분기	계
판매 수량	9,000	10,000	14,000	15,000	48,000

- 판매단가는 구매단가에 30%의 이윤을 가산한 금액으로 한다.
- 판매 관련 비용으로서 판매촉진비와 판매수수료는 각각 매출액의 5%와 10%로 추정한다.

(3) 컴퓨터 판매실적 및 비용집행

- 판매 결과 구매금액에 25%의 이윤을 가산한 금액으로 판매되었다.
- 판매 관련 비용으로서 판매촉진비와 판매수수료는 각각 매출액의 4%, 8% 발생하였다.

5-1. 컴퓨터 구매예산 및 판매예산을 편성하세요.

5-2. 판매예산 차이분석을 하세요.

5-3. 비용예산 차이분석을 하세요.

6. 더나은미래㈜의 커피전문점 20×2년 10월 월간 수익과 비용 관련 자료는 다음과 같다.

(1) 수익, 비용 자료

단위당 판매가격	₩2,000
단위당 원두(직접재료)가격	₩700
임금	₩10,000/시간 (커피 한 단위당 0.1시간)
단위당 소모품비	₩20
임차료	월 ₩1,000,000
감가상각비	월 ₩500,000

(2) 실제 성과

단위당 판매가격	₩2,500
단위당 원두가격	₩800
임금	11,000/시간 (커피 한 단위당 0.1시간)
단위당 소모품비	₩20
임차료	월 ₩1,200,000
감가상각비	월 ₩500,000

6-1. 20×2년 10월 커피 5,000단위와 6,000단위를 판매할 경우의 예산을 편성하세요.

6-2. 20×2년 10월의 실제 실적 정보를 활용하여 변동예산 성과보고서를 작성하세요. (6,000단위 판매량 기준으로 작성하세요.)

7. 더나은미래㈜의 신규설비 투자안에 대한 투자액, 순이익, 현금흐름 관련 정보 등을 활용하여 아래 물음에 답하세요.

(1) 투자안 A와 B의 투자액과 현금흐름

기간	0	1	2	3	4	5
투자안 A						
현금흐름	(40,000)	5,000	15,000	15,000	20,000	0
누적액		5,000	20,000	35,000	55,000	55,000
투자안 B						
현금흐름	(50,000)	10,000	10,000	15,000	20,000	25,000
누적액		10,000	20,000	35,000	55,000	80,000

7-1. 평균이익률법(회계적 이익률법)에 의한 이익률 및 자본회수기간법에 의한 회수기간을 계산하세요.

7-2. 순현재가치법에 의한 각 투자안의 순현가(NPV)를 산출하세요. (할인율 10%)

▌실습문제 풀이

1. 20×0~20×2 두 기간 동안의 판매수량 평균 증가율 $= \sqrt{120,000/100,000} - 1$
$= 9.54\%$

1-1. 20×3년도 예상 판매수량 = 120,000,000 × 1.0954 = 131,448,000단위

1-2. 20×3 기초제품재고량
= 30,000 + (90,000 + 100,000 + 110,000) − (100,000 + 110,000 + 120,000)
= 0
20×3 예상 판매수량 = 131,448,000
20×3 기말제품재고량 = 131,448,000 × 20% = 26,289,600
*20×3 예상 생산수량 = 131,448,000 + 26,289,600 − 0 = 157,737,600단위

2. 20×3년도 예상 원가 및 비용:
단위당 직접재료원가 = ₩390
단위당 직접노무원가 = ₩130
단위당 변동제조간접원가 = ₩65
고정제조간접원가 = ₩10,000,000,000
단위당 변동판매관리비 = ₩130
고정판매관리비 = ₩15,000,000,000

2-1.

	금액	비고
직접재료원가	61,517,664,000	157,737,600×390
직접노무원가	20,505,888,000	157,737,600×130
변동제조간접원가	10,252,944,000	157,737,600×65
고정제조간접원가	10,000,000,000	10,000,000,000
변동판매관리비	17,088,240,000	131,448,000×130
고정판매관리비	15,000,000,000	15,000,000,000

2-2. 20×3 매출수익 예산 = 예상 판매수량×단위당 판매가격
= 131,448,000 × ₩1,000 = ₩131,448,000(천원)

2–3. 〈현금흐름예산〉

(단위: 천원)

	20×1	20×2	20×3
매출액	110,000,000	120,000,000	131,448,000
당기 회수분	66,000,000	72,000,000	78,868,800
차기 회수분		44,000,000	48,000,000
a. 현금유입(+)	66,000,000	116,000,000	126,868,800
직접재료원가(−)	₩330×100,000	₩360×110,000	₩390×157,737.6
직접노무원가(−)	₩110×100,000	₩120×110,000	₩130×157,737.6
변동제조간접원가(−)	₩55×100,000	₩60×110,000	₩65×157,737.6
변동판매관리비(−)	₩110×110,000	₩120×120,000	₩130×131,448
고정제조간접원가(−)	10,000,000	10,000,000	10,000,000
고정판매관리비(−)	15,000,000	15,000,000	15,000,000
	86,600,000	98,800,000	134,364,736
당기 지출	60,620,000	69,160,000	94,055,315.2
전기 지출		25,980,000	29,640,000
b. 현금유출(−)	60,620,000	95,140,000	123,695,315.2
순현금흐름(a−b)	5,380,000	20,860,000	3,173,484.8

2–4. 20×3년도 추정손익계산서

변동원가계산 손익계산서 (단위: 천원)

매출액		131,448,000
변동원가		93,985,320
매출원가	(390+130+65)×131,448	
판매비와 관리비	130×131,448	
공헌이익		37,462,680
고정원가		25,000,000
제조간접원가	10,000,000	
판매비와 관리비	15,000,000	
영업이익		12,462,680

3. 20×0~20×2년 두 기간 판매량의 평균 증가율$=\sqrt{1,100/909}=10\%$

3–1. 20×3년 예상 판매량=1,100×(1+10%)=1,210(천 단위)

20×3년 예상 생산량=판매량 1,210+기말재고수량 242

−기초재고수량 500=952(천 단위)

3-2.

매출수익예산	1,210,000,000	1,210,000×₩1,000
직접재료매입예산	399,840,000	952,000×₩420
직접노무원가계산	47,600,000	952,000×₩50
제조간접원가예산	9,520,000	952,000×₩50×0.2

3-3.

제조원가명세서 (단위: 천원)

과목	금액
재료원가	399,840
기초재료원가	0
당기재료매입액	399,840
기말재료재고액	0
노무원가	47,600
제조경비	9,520
당기총제조원가	456,960
기초재공품재고액	0
기말재공품재고액	0
당기제품제조원가	456,960

3-4.

변동원가계산에 의한 손익계산서 (단위: 천원)

매출액		1,210,000
변동원가		580,800
매출원가	580,800	
판매비와 관리비	–	
공헌이익		629,200
고정원가		0
제조간접원가	–	
판매비와 관리비	–	
영업이익		629,200

4. 20×2년 기말제품재고량: A제품 600개, B제품 900개

4-1.

	1분기	2분기	3분기	4분기
A매출액	5,000,000	4,000,000	6,000,000	5,000,000
B매출액	6,000,000	8,000,000	8,000,000	8,000,000
합계	11,000,000	12,000,000	14,000,000	13,000,000
당기분 회수	6,600,000	7,200,000	8,400,000	7,800,000
전기분 회수		4,400,000	4,800,000	5,600,000
현금유입	6,600,000	11,600,000	13,200,000	13,400,000

4-2.

	1분기	2분기	3분기	4분기
A재료구입량(kg)	2,600	2,600	2,600	2,600
A재료구입액	2,600,000	2,600,000	2,600,000	2,600,000
B재료구입량(kg)	4,875	4,875	4,875	4,875
B재료구입액	5,362,500	5,362,500	5,362,500	5,362,500
구입액 합계	7,962,500	7,962,500	7,962,500	7,962,500
당기 구입분 지출	5,573,750	5,573,750	5,573,750	5,573,750
전기 구입분 지출		2,388,750	2,388,750	2,388,750
현금유출	5,573,750	7,962,500	7,962,500	7,962,500

5. 5-1. 구매예산 및 판매예산

구매예산

(단위 천원)

1분기	2분기	3분기	4분기	계
10,000,000	9,900,000	11,700,000	12,750,000	44,350,000

판매예산

(단위 천원)

1분기	2분기	3분기	4분기	계
11,700,000	11,700,000	16,380,000	16,575,000	56,355,000

5-2. 판매예산 차이분석

	1분기	2분기	3분기	4분기	계
판매예산	11,700,000	11,700,000	16,380,000	16,575,000	56,355,000
판매실적	11,250,000	11,250,000	15,750,000,	15,937,500	54,187,500
차이분석	(-)450,000	(-)450,000	(-)630,000	(-)637,500	(-)2,167,500

*(+)는 유리한 차이, (-)는 불리한 차이

5-3. 비용예산 차이분석

	1분기	2분기	3분기	4분기	계
비용예산	1,755,000	1,755,000	2,457,000	2,486,250	8,453,250
비용집행	1,350,000	1,350,000	1,890,000	1,912,500	6,502,500
차이분석	(+)405,000	(+)405,000	(+)567,000	(+)573,750	(+)1,950,750

6. 6-1.

5,000단위 기준 예산

매출예산	10,000,000	5,000×₩2,000
(−)재료원가예산	3,500,000	5,000×₩700
(−)노무원가예산	5,000,000	5,000×₩10,000×0.1
(−)소모품비예산	100,000	5,000×₩20
공헌이익	1,400,000	
(−)고정원가	1,500,000	₩1,000,000+₩500,000
영업이익	-100,000	

6,000단위 기준 예산

매출예산	12,000,000	6,000×₩2,000
(−)재료원가예산	4,200,000	6,000×₩700
(−)노무원가예산	6,000,000	6,000×₩10,000×0.1
(−)소모품비예산	120,000	6,000×₩20
공헌이익	1,680,000	
(−)고정원가	1,500,000	₩1,000,000+₩500,000
영업이익	180,000	

6-2.

	실제성과(6,000단위)	변동예산(6,000단위)	차이분석	
매출액	15,000,000	12,000,000	3,000,000	유리
(−)재료원가	4,800,000	4,200,000	600,000	불리
(−)노무원가	6,600,000	6,000,000	600,000	불리
(−)소모품비	120,000	120,000	0	
공헌이익	3,480,000	1,680,000	1,800,000	유리
(−)임차료	1,200,000	1,000,000	200,000	불리
(−)감가상각비	500,000	500,000	0	
영업이익	1,780,000	180,000	1,600,000	유리

7. 7–1. (1) 회계적 이익률법

A: $\left(\frac{55,000}{40,000} - 1\right) \times 100 = 37.5\%$

B: $\left(\frac{80,000}{50,000} - 1\right) \times 100 = 60\%$

(2) 자본회수기간법

A: 3 + 5,000/20,000 = 3.25년

B: 3 + 15,000/20,000 = 3.75년

7–2. A: $-40,000 + \frac{5,000}{1.1^1} + \frac{15,000}{1.1^2} + \frac{15,000}{1.1^3} + \frac{20,000}{1.1^4}$

$= 1,872$

B: $-50,000 + \frac{10,000}{1.1^1} + \frac{10,000}{1.1^2} + \frac{15,000}{1.1^3} + \frac{20,000}{1.1^4} + \frac{25,000}{1.1^5}$

$= 1,872$

13

예산관리와 차이분석

1. 예산관리와 차이분석
2. 변동예산과 차이분석

1 예산관리와 차이분석

1.1 예산관리

기업이나 일반조직에 있어서 연간 사업계획에 따라서 예산을 편성하게 되고 편성된 예산이 조직 내 의사결정기구에서 확정되면 각 사업부서에 예산이 배정되어 집행하게 된다. 기업의 최고의사결정기관에 의하여 예산이 확정되고 조직의 각 부서별 예산배정이 되어 사업활동에 따라서 예산이 집행되게 된다. 예산은 사업활동 수행에 병행하여 집행이 되고 월단위, 분기단위, 연단위 등으로 정기적으로 편성된 예산과 실제 집행실적과 비교하여 차이가 생기면 원인을 분석하여 계획 수정에 반영한다.

■ 예산편성과 집행

예산관리제도는 미래 일정 기간에 대한 예산을 편성하고, 예산과 집행성과의 차이를 분석함으로써 효율적 경영을 수행하고자 하는 제도이다. 예산은 통제의

그림 13-1 예산관리

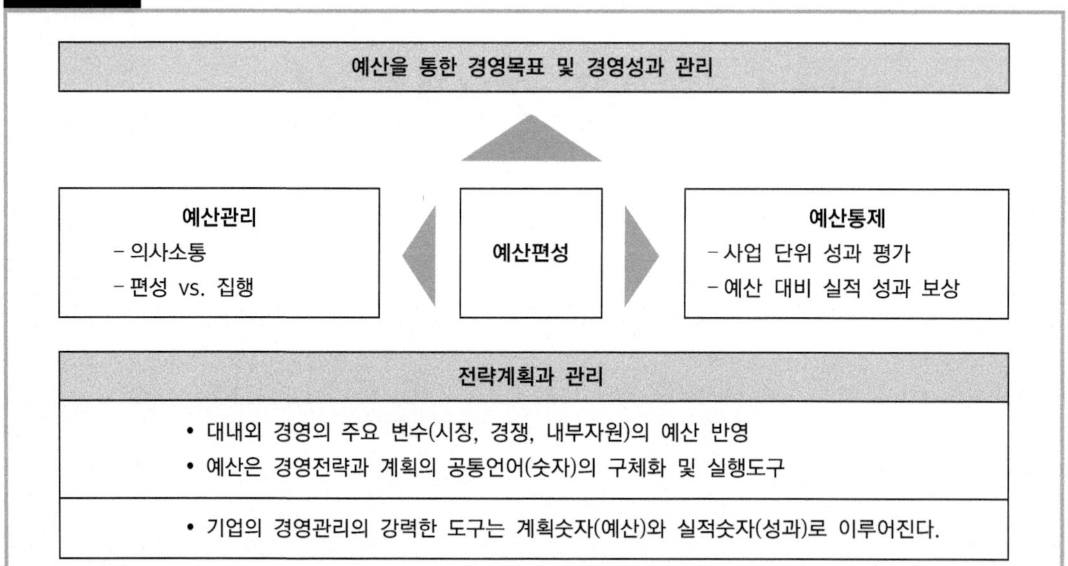

기준이 되고 예산의 집행은 집행상황을 회계적 방법으로 명확히 기록하고 정기적으로 보고되어야 하며, 실적과 예산의 차이분석을 통하여 예산집행결과를 비교·검토하여 차이가 있으면 그 원인과 인과관계를 규명하여 대책을 수립하여 시행하여야 한다.

조직 각 부문은 경영활동의 통제를 위하여 필요한 예산 집행정보를 적시에 제공해 주어야 한다. 각 부문의 책임자는 예산 집행실적에 따른 분석을 하고 목표 대비 실적의 차이분석, 그 원인을 규명하여 사업목표나 계획에 반영하여야 한다. 아무리 과학적이고 합리적으로 예산목표가 수립되었다고 하더라도 예산과 실적 사이에는 차이가 발생할 수밖에 없다. 예산목표는 미래의 결과치에 대하여 예측을 통하여 정하기 때문이다. 반면, 예산이 실제로 집행된 결과치인 실적은 경영활동과정에서 다양한 환경 변화에 의해 발생 상황과 결과가 달라지기 때문이다. 예산-실적 차이분석을 통한 예산통제가 예산의 편성에서 집행하는 과정만의 반복으로 이루어진다면 예산목표에 대한 타당성 검증이나 적정성 여부를 판단할 수 없을 것이다. 다시 말해 예산목표와 실적에 대한 차이분석이 없다면 예산에 거품이 있었는지 목표 대비 달성률이나 업무수행실적에 비해 과다한 비용 지출이 있었는지에 대한 검증이 제대로 이루어지지 않을 것이다. 따라서 예산을 집행하고 난 후 계획 대 실적에 대한 차이분석은 필수적으로 이루어져야 한다.

■ 예산통제

예산통제는 최고경영자를 비롯한 조직구성원 전체가 예산통제의 의의와 내용을 충분히 이해하고 적극적으로 협력하여야 한다. 예산 및 실적예산의 차이분석을 통하여 개선조치 등을 위해서는 전사의 컨트롤타워 기능을 담당하는 기획예산조정 전문부서가 필요하다. 이 부서를 통하여 계획 및 예산의 수립과정에서 기업 내외의 경영환경 파악, 합리적인 예산편성, 신축성 있는 통제기준이 수립되고 문제점이 도출되었을 때는 신속한 대응능력과 체제를 갖추어야 할 것이다. 예산통제는 크게 사전통제와 사후통제로 구분할 수 있다. 사전통제는 예산집행에 대한 원인행위를 통제하는 것으로 예산승인 한도 내에서 비용을 지출할 경우 초과지출을 하지 못하도록 지출한도액 통제를 하는 것이다. 사후통제는 예산승인된 범위 내에서 자율적으로 집행하되 예산집행의 적정성 등에 대해서는 사후적으로 내부감사나 예산차이 분석 등을 통하여 점검한다.

조직의 각 부문의 예산집행실적 보고서는 예산과 실적의 차이에 대하여 사업계획과 연계하여 원인별로 이유에 대하여 설명하고 예산연도 말에 나타날 결과에 대한 전망을 포함하게 된다. 예산에 비해 집행비용이 많거나 판매액 실적이 예산보다 적을 때 이에 대한 원인과 개선계획에 대한 조치와 그에 대한 기대효과가 언제 나타날 것인지가 포함되어야 한다.

1.2 예산차이분석

기업의 각 부문에서는 계획예산 대비한 차이분석을 월단위, 분기단위, 반기단위, 연단위 성과분석보고서를 만들고 성과분석회의를 통하여 공유하고 개선조치에 대한 사항에 대하여 각각 역할분담과 협력을 해 나갈 수 있도록 조치한다. 예산차이분석의 예산 대비 집행실적 차이분석, 전년도 실적 대비 차이분석 등을 통하여 유리한 차이인지 불리한 차이인지를 구분하여 불리한 차이, 즉 계획목표 미달의 경우에는 그 원인이 무엇인지 규명하고 원인이 되는 요인의 문제점을 해소하는 개선조치를 하게 된다. 또한 예산차이에 대한 책임소재를 명확하게 하고 관련 부문에 책임을 묻기 위해서는 해당 부문에서 권한을 갖고 관리가 가능해야 한다. 해당 부문에서 통제불가능한 관련성이 모호한 사항에 대하여 책임을 물어서는 안 된다.

■ 예산 대비 실적 차이분석

계획 대비 실적의 차이분석은 전사 차원에서 이루어지고 조직의 각 부문 차원에서도 이루어지게 된다. 전사 차원에서는 컨트롤타워기능을 담당하는 예산조정부서에서 목표이익 대비한 실제 달성한 이익을 비교분석하여 목표초과 혹은 목표미달인지 먼저 파악하고 각각의 경우에 대하여 구체적인 수익과 비용 등에 대하여 세부적으로 차이분석을 하게 된다. 예산 대비 실적 차이분석은 수익과 비용에 관계없이 기본적으로 단위당 가격과 수량에 의하여 산출되므로 매출예산과 비용예산의 차이분석도 가격차이와 수량차이로 구분하여 분석되고 총차이는 가격차이와 수량차이를 합한 것이다.

■ 전년도 실적 대비 차이분석

당해연도 예산 대비 실적뿐만 아니라 전년도 실적과도 비교분석하여 실적이 개선되었는지 여부에 대하여 차이분석을 한다. 영업예산의 경우 차이분석은 비용과 수익 측면에서 차이분석을 해야 하고 기본적인 체계는 수익과 비용 모두 가격과 수량에서의 차이로 인해 발생하게 된다.

■ 차이원인에 대한 대책수립

예산 대비 실적 차이분석, 전년 대비 실적 차이분석 등 다각적인 측면에서 차이분석을 해서 차이의 원인이 무엇인지 파악하여 그 원인을 해결할 수 있는 대책을 수립하게 된다.

예제 13-1

더나은미래㈜의 20×2년도 예산편성과 집행내역을 활용하여 매출액과 판매관리비의 차이분석을 하세요.

(1) 예산편성

(단위: 백만원)

구분	금액	산출내역
매출액	100	단위당 ₩10,000×판매수량 10,000
매출원가	60	단위당 ₩6,000×판매수량 10,000
판매관리비	10	단위당 ₩1,000×판매수량 10,000

(2) 예산집행

(단위: 백만원)

구분	금액	산출내역
매출액	108	단위당 ₩9,000×판매수량 12,000
매출원가	78	단위당 ₩6,500×판매수량 12,000
판매관리비	15	단위당 ₩1,500×판매수량 12,000

풀이

매출 차이분석

AP*AQ(실제성과)	SP*AQ(변동예산)	SP*SQ(고정예산)
₩9,000×12,000	₩10,000×12,000	₩10,000×10,000

- 매출 총차이 = AP*AQ − SP*SQ
  = ₩9,000 × 12,000 − ₩10,000 × 10,000 = ₩8,000,000 유리한 차이
- 가격차이 = AP*AQ − SP*AQ
  = (₩9,000 − ₩10,000) × 12,000 = (−)₩12,000,000 불리한 차이
- 수량차이 = SP*AQ − SP*SQ
  = ₩10,000 × (12,000 − 10,000) = ₩20,000,000 유리한 차이

판매관리비 차이분석

AP*AQ(집행예산)	SP*AQ(변동예산)	SP*SQ(고정예산)
₩1,500 × 12,000	₩1,000 × 12,000	₩1,000 × 10,000

- 비용 총차이 = AP*AQ − SP*SQ
  = ₩1,500 × 12,000 − ₩1,000 × 10,000 = ₩8,000,000 불리한 차이
- 가격차이 = AP*AQ − SP*AQ
  = ₩1,500 × 12,000 − ₩1,000 × 12,000 = ₩6,000,000 불리한 차이
- 수량차이 = SP*AQ − SP*SQ
  = ₩1,000 × 12,000 − ₩1,000 × 10,000 = ₩2,000,000 불리한 차이

2 변동예산과 차이분석

2.1 변동예산의 의의

예산편성 운영방식은 고정예산과 변동예산으로 구분된다. 고정예산은 계획된 목표기준으로 고정화된 예산인 반면 변동예산은 예산집행기간 중에 실제로 달성된 목표기준과 연동하여 변동된 예산을 의미한다. 고정예산차이는 계획목표기준으로 고정예산과 실적에 대한 차이분석으로 고정예산 대비 실적이 미달한 경우 불리한 차이라 하고 고정예산 대비 실적이 초과한 경우에는 유리한 차이라 한다. 예산은 미래 불확실한 상황에서 추정한 목표 수량과 금액 등을 기준으로 편성된 것이므로 실제 실행에 따른 실적과는 당연히 차이가 발생하게 된다. 이러한 활동

수준과 달성수량의 차이가 발생함에도 불구하고 고정예산과 실적과의 차이분석은 차이원인 등에 대하여 현실적인 상황을 반영한 것으로 볼 수 없다. 이러한 문제점을 해결하기 위하여 실제 활동수준과 달성수량에 연동하여 예산을 조정하고 조정된 변동예산과 실적과의 차이분석을 통하여 실제 의미있는 분석결과를 도출하여 활용할 수 있다. 예산과 실적 차이분석의 종류는 유리한 차이와 불리한 차이가 있으며, 유리한 차이와 불리한 차이는 예산과 실제의 이익 차이가 영업이익에 미치는 영향을 말한다. 유리한 차이(favorable variance)는 영업이익을 증가시키는 차이로, 보통 약어 F로 표기한다. 불리한 차이(unfavorable variance)는 영업이익을 감소시키는 차이로, 보통 약어 U로 표기한다.

2.2 변동예산차이 분석

계획예산은 예상되는 활동수준에 따른 예상목표를 설정하고 이에 맞추어 예산을 편성한 것이다. 이러한 예산은 실제 실행과정에서 동일한 수준의 활동과 이에 따른 실제성과와는 차이가 당연히 발생한다. 변동예산은 실제 활동수준과 실제성과를 기준으로 기존의 고정예산을 증감조정한 예산이다. 이것은 고정예산의 활동수준과 예상목표를 실제활동수준과 실제성과로 조정한 것이다. 이러한 활동수준의 차이에 따른 고정예산과 변동예산의 차이는 활동수준에 따른 차이라 한다. 활동수준의 차이에 따라서 수익, 원가, 비용의 증감 변화가 어떻게 되었는가를 볼 수 있고 그것의 차이를 파악할 수 있다.

■ 활동수준 차이

활동수준의 차이에 의하여 고정예산과 집행예산은 차이가 발생하고 예산상의 수익과 비용은 실제 발생한 수익과 비용과 차이가 나는 것은 당연한 결과이다. 집행예산은 경영활동에 따라서 실제적으로 집행한 예산을 의미한다. 실제활동수준에 따른 당초 고정예산을 증감 조정하여 편성되는 변동예산은 실제 활동수준에 따라 발생하는 수익과 비용과 동일하지 않은 것이 일반적이라 할 것이다. 예를 들어, 수익과 비용예산을 판매수량 10,000개를 기준으로 책정하였으나 실제 판매수량이 12,000개로 증가하였다면 당초 제품단위당 단가기준으로 12,000개를 적용하여 예산을 증감조정하여야 당초 고정예산과 변동예산, 실제성과와의 비교, 분석을 할 수 있을 것이다. 사례를 통하여 변동예산과 실제 수익비용의 차이를 살펴보자.

예제 13-2

더나은미래㈜의 스마트폰 유통사업과 관련된 예산편성과 실적정보를 활용하여 물음에 답하세요.

(1) 스마트폰 구매예산

구분	1분기	2분기	3분기	4분기	계
구매 수량	1,000	1,200	1,500	2,000	5,700

* 1단위 구매금액은 ₩700,000이며, 전기에서 이월된 재고가 500단위 존재한다.

(2) 스마트폰 판매예산

구분	1분기	2분기	3분기	4분기	계
판매 수량	1,100	1,000	1,300	1,800	5,200

* 1단위 예상판매금액은 구매금액에 30% 마진을 남기는 금액으로 한다.
* 판매 관련 비용으로서 판매촉진비와 판매수수료는 각각 매출액의 2%, 10%로 추정하였다.

(3) 스마트폰 실제 판매실적

구분	1분기	2분기	3분기	4분기	계
판매 수량	1,000	1,200	1,500	1,600	5,300
판매 단가	1,000,000	1,000,000	900,000	850,000	

*판매 관련 비용으로서 판매촉진비와 판매수수료는 각각 매출액의 3%, 9% 발생하였다.

1. 수익예산 차이분석을 하세요.
2. 비용예산 차이분석을 하세요.
3. 수익예산과 비용예산에 따른 예상영업이익에 대해 설명하고, 실제영업이익과의 차이를 구하세요.

풀이

1. 수익예산 차이분석(매출액)

분기	AP*AQ(실제성과)	SP*AQ(변동예산)	SP*SQ(고정예산)
1분기	₩1,000,000×1,000	₩700,000×1.3×1,000	₩700,000×1.3×1,100
2분기	₩1,000,000×1,200	₩700,000×1.3×1,200	₩700,000×1.3×1,000
3분기	₩900,000×1,500	₩700,000×1.3×1,500	₩700,000×1.3×1,300
4분기	₩850,000×1,600	₩700,000×1.3×1,600	₩700,000×1.3×1,800

분기	가격차이	수량차이(매출조업도 차이)
1분기	(₩1,000,000 − ₩910,000)×1,000 =90,000,000 유리한 차이	₩910,000×(1,000 − 1,100) = −91,000,000 불리한 차이
2분기	(₩1,000,000 − ₩910,000)×1,200 =108,000,000 유리한 차이	₩910,000×(1,200 − 1,000) =182,000,000 유리한 차이
3분기	(₩900,000 − ₩910,000)×1,500 = −15,000,000 불리한 차이	₩910,000×(1,500 − 1,300) =182,000,000 유리한 차이
4분기	(₩850,000 − ₩910,000)×1,600 = −96,000,000 불리한 차이	₩910,000×(1,600 − 1,800) = −182,000,000 불리한 차이

2. 비용예산 차이분석(판매촉진비)

분기	AP*AQ(집행예산)	SP*AQ(변동예산)	SP*SQ(고정예산)
1분기	₩1,000,000,000×0.02	₩910,000,000×0.02	₩1,001,000,000×0.02
2분기	₩1,200,000,000×0.02	₩1,092,000,000×0.02	₩910,000,000×0.02
3분기	₩1,350,000,000×0.02	₩1,365,000,000×0.02	₩1,183,000,000×0.02
4분기	₩1,360,000,000×0.02	₩1,456,000,000×0.02	₩1,638,000,000×0.02

분기	가격차이	수량차이
1분기	1,800,000 불리한 차이	−1,820,000 유리한 차이
2분기	2,160,000 불리한 차이	3,640,000 불리한 차이
3분기	−300,000 유리한 차이	3,640,000 불리한 차이
4분기	−1,920,000 유리한 차이	−3,640,000 유리한 차이

2. 비용예산 차이분석(판매수수료)

분기	AP*AQ(집행예산)	SP*AQ(변동예산)	SP*SQ(고정예산)
1분기	₩1,000,000,000×0.1	₩910,000,000×0.1	₩1,001,000,000×0.1
2분기	₩1,200,000,000×0.1	₩1,092,000,000×0.1	₩910,000,000×0.1
3분기	₩1,350,000,000×0.1	₩1,365,000,000×0.1	₩1,183,000,000×0.1
4분기	₩1,360,000,000×0.1	₩1,456,000,000×0.1	₩1,638,000,000×0.1

분기	가격차이	수량차이
1분기	9,000,000 불리한 차이	−9,100,000 유리한 차이
2분기	10,800,000 불리한 차이	18,200,000 불리한 차이
3분기	−1,500,000 유리한 차이	18,200,000 불리한 차이
4분기	−9,600,000 유리한 차이	−18,200,000 유리한 차이

3. 수익과 비용의 차이분석

- 1분기: 집행예산 − 고정예산 = 69,120,000 (유리한 차이)

	집행예산	고정예산
매출액	₩1,000,000×1,000	₩700,000×1.3×1,100
매출원가	₩700,000×1,000	₩700,000×1,100
판매촉진비	₩1,000,000,000×0.02	₩1,001,000,000×0.02
판매수수료	₩1,000,000,000×0.1	₩1,001,000,000×0.1
영업이익	₩180,000,000	₩110,880,000

- 2분기: 집행예산 − 고정예산 = 115,200,000 (유리한 차이)

	집행예산	고정예산
매출액	₩1,000,000×1,200	₩700,000×1.3×1,000
매출원가	₩700,000×1,200	₩700,000×1,000
판매촉진비	₩1,200,000,000×0.02	₩910,000,000×0.02
판매수수료	₩1,200,000,000×0.1	₩910,000,000×0.1
영업이익	₩216,000,000	₩100,800,000

• 3분기: 집행예산 - 고정예산 = 6,960,000 (유리한 차이)

	집행예산	고정예산
매출액	₩900,000×1,500	₩700,000×1.3×1,300
매출원가	₩700,000×1,500	₩700,000×1,300
판매촉진비	₩1,350,000,000×0.02	₩1,183,000,000×0.02
판매수수료	₩1,350,000,000×0.1	₩1,183,000,000×0.1
영업이익	₩138,000,000	₩131,040,000

• 4분기: 집행예산 - 고정예산 = - 104,640,000 (불리한 차이)

	집행예산	고정예산
매출액	₩850,000×1,600	₩700,000×1.3×1,800
매출원가	₩700,000×1,600	₩700,000×1,800
판매촉진비	₩1,360,000,000×0.02	₩1,638,000,000×0.02
판매수수료	₩1,360,000,000×0.1	₩1,638,000,000×0.1
영업이익	₩76,800,000	₩181,440,000

■ **변동예산 성과보고서**

고정예산, 변동예산, 실제성과를 하나의 보고서로 나타낸 것이다. 이 보고서를 보면 활동수준의 변화에 따라서 원가, 비용, 수익이 어떻게 증감 변화되었는지 알 수 있다. 변동예산 성과보고서를 살펴보자.

예제 13-3

더나은미래㈜는 커피전문점을 운영하고 있다. 월간 수익과 비용에 관한 정보를 활용하여 물음에 답하세요.

(1) 수익과 원가 및 비용 정보

커피 판매가격	₩2,500
원두 원가	₩500
종업원 임금	₩10,000(1시간당)
소모품	₩2
임차료	₩3,000,000/월
기타경비	₩5

* 커피 한 잔을 제조하는 데에 0.1시간이 소요된다.

(2) 10월의 실제 매출액과 원가/비용 집행 실적

10월 실제성과(12,000단위)	
매출액	₩30,000,000
직접재료원가	₩7,200,000
직접노무원가	₩11,400,000
변동제조간접원가	₩84,000
고정제조간접원가	₩2,500,000

1. 월 10,000잔 커피를 판매한다고 예상할 때 10월 예산을 편성하세요.
2. 20×2년 10월 실제 커피 판매량이 12,000잔이었다면 변동예산을 편성하세요.
3. 10월 실제 매출액과 원가, 비용에 대한 변동예산 성과보고서를 작성하세요.

풀이

1. 월초예산(10,000단위)

	금액	산출근거
매출액	₩25,000,000	₩2,500×10,000
직접재료원가	5,000,000	₩500×10,000
직접노무원가	10,000,000	₩1,000×10,000
변동제조간접원가	70,000	(₩2+₩5)×10,000
고정제조간접원가	3,000,000	₩3,000,000
매출총이익	₩6,930,000	

2. 변동예산(12,000단위)

	금액	산출근거
매출액	₩30,000,000	₩2,500×12,000
직접재료원가	6,000,000	₩500×12,000
직접노무원가	12,000,000	₩1,000×12,000
변동제조간접원가	84,000	(₩2+₩5)×12,000
고정제조간접원가	3,000,000	₩3,000,000
매출총이익	₩8,916,000	

3. 매출액 및 변동원가 성과보고서 (단위: 천원)

	실제성과	차이분석	변동예산	차이분석	월초예산
매출액	₩30,000	–	₩30,000	₩5,000 유리	₩25,000
직접재료원가	7,200	₩1,200 불리	6,000	1,000 불리	5,000
직접노무원가	11,400	600 유리	12,000	2,000 불리	10,000
변동제조간접원가	84	-	84	14 불리	70
고정제조간접원가	2,500	1,100 유리	3,600	600 불리	3,000

확·인·문·제

※ 각 문항의 설명 중 옳은 것에는 T, 틀린 것에는 F를 하시오.

01. 과학적이고 합리적으로 예산목표가 수립된다면, 예산과 실적 사이의 차이는 발생하지 않는다. (　　　)

02. 예산통제는 사전통제와 사후통제로 나뉘는데, 예산승인 한도 내에서 비용을 지출하도록 지출한도액 통제를 하는 것은 사전통제에 해당한다. (　　　)

03. 예산집행의 적정성 등에 대해서 내부감사나 예산차이 분석 등을 통하여 점검하는 것은 사후통제에 해당한다. (　　　)

04. 변동예산은 실제 활동수준과 실제성과를 기준으로 기존의 고정예산을 증감조정한 예산이다. (　　　)

05. 고정예산은 계획에는 적절하지만 원가를 얼마나 잘 통제되었는지를 평가하는 데는 부적절하다. (　　　)

06. 예산차이에서 영업이익을 증가시키는 차이를 유리한 차이(favorable variance)라고 한다. (　　　)

07. 계획 대비 실적의 차이분석은 전사적 차원에서 이루어지며, 기업의 각 부문의 차원에서 이루어지는 것은 아니다. (　　　)

08. 예산차이 중에서 매출액의 차이는 다시 매출수량차이와 매출배합차이로 나눌 수 있다. (　　　)

09. 매출원가의 차이는 원가와 수량의 차이에서 발생하는 것으로 예산상의 제조원가, 실제 제조원가의 차이에서 발생한다. (　　　)

10. 예산편성 운영방식은 고정예산과 변동예산으로 구분되며 고정예산은 계획된 목표를 기준으로 고정화된 예산이다. (　　　)

11. 목표한 생산량 수준보다 실제 생산량 수준이 더 많았다면, 조업도차이는 불리하게 나타날 것이다. (　　　)

12. 예산의 실적차이 분석에 있어서 수익예산과 비용예산의 차이분석은 가격차이와 수량차이로 구분하여 분석되고 총차이는 가격차이와 수량차이를 합한 것이다. (　　　)

13. 매출예산과 실적의 차이는 판매가격과 판매수량에서 발생하는 차이로 인한 것으로 가격차이는 예산편성 가격 대비 할인판매한 경우 주로 발생한다. (　　　)

14. 예산관리는 예산의 편성과 집행실적을 비교 분석하고 관련부서와의 의사소통을 통하여 사업성과를 평가하고 피드백하는 것을 의미한다. (　　　)

15. 예산은 대내외 환경변화에 대응하여 기업의 경영전략과 계획을 반영하여 각 부서별로 편성하고 전사 경영목표와 검토, 조정하여 확정된다. (　　　)

■ 해답: 1. F　2. T　3. T　4. T　5. T　6. T　7. F　8. F　9. T　10. T　11. F　12. T　13. T　14. T　15. T

실·습·문·제

1. 더나은미래㈜는 스마트폰 판매점이다. 회사의 운영과 관련된 정보를 활용하여 다음 물음에 답하세요.

구분	단위당 금액	고정원가	실제성과	비고
판매금액	₩1,000,000		₩3,200,000,000	
구매단가	600,000		2,200,000,000	
임금(4명)	25,000,000/1명	₩100,000,000	120,000,000	
임차료		3,000,000	3,000,000	
보험료		7,000,000	7,000,000	
기타비용		300,000,000	500,000,000	

1-1. 판매수량을 3,000대로 예측했을 경우의 고정예산을 편성하세요.

1-2. 판매수량이 4,000대일 경우의 변동예산을 편성하세요.

2. [문제 1]을 활용하여 실제예산, 변동예산, 고정예산의 차이를 분석하세요.

2-1. 각 항목별 예산차이에 대해 유리한 차이와 불리한 차이로 구분표시하세요.

2-2. 영업이익 차이를 분석하고 설명하세요.

3. 더나은미래㈜의 원가통제보고서를 보고 아래 물음에 답하세요.

(단위 : 천원)

구분	실제집행	변동예산	예산차이
작업시간	20,000	20,000	-
직접노무원가	180,000	200,000	20,000 유리
수도광열비	25,000	20,000	5,000 불리
소모품비	108,000	100,000	8,000 불리
수선비	1,000	5,000	4,000 유리
보험료	5,000	10,000	5,000 유리
공장장 급여	9,000	10,000	1,000 유리
공장 임차료	5,000	5,000	-

3-1. 변동예산과 실제발생액과의 불리한 예산차이에 대하여 설명하세요.

3-2. 제품생산에 있어서 불리한 원가차이를 어떻게 개선할 것인지 설명하세요.

4. 더나은미래㈜의 생산과 판매 관련 정보는 다음과 같다.

구분	실제성과	변동예산	계획예산
생산수량	9,000	9,000	10,000
판매수량	8,000	9,000	10,000
판매단가	₩70	₩60	₩60
직접재료원가	180,000	135,000	150,000
직접노무원가	90,000	135,000	150,000
변동제조간접원가	180,000	90,000	100,000
판매수익	560,000	540,000	600,000
판매비용	60,000	120,000	120,000
영업이익	50,000	60,000	80,000

4-1. 변동예산 성과보고서를 작성하세요.

4-2. 수익과 영업이익의 예산차이를 분석하세요.

4-3. 수익과 비용의 예산차이를 개선할 수 있는 방법에 대해 설명하세요.

5. 더나은미래㈜의 202×년도 예산편성과 집행내역을 활용하여 차이분석을 하세요.

(1) 예산편성

(단위: 백만원)

구분	금액	산출내역
매출액	200	단위당 ₩20,000×판매수량 10,000
매출원가	140	단위당 ₩14,000×판매수량 10,000
판매관리비	15	단위당 ₩1,500×판매수량 10,000
영업이익	45	

(2) 예산집행

(단위: 백만원)

구분	금액	산출내역
매출액	234	단위당 ₩18,000×판매수량 13,000
매출원가	169	단위당 ₩13,000×판매수량 13,000
판매관리비	39	단위당 ₩3,000×판매수량 13,000
영업이익	26	

5-1. 매출액의 가격차이와 수량차이를 산출하세요.

5-2. 각 비용의 가격차이와 수량차이를 산출하세요.

❙ 실습문제 풀이

1. 1–1.

(단위: 백만원)

구분	고정예산	비고
매출액	3,000	₩1,000,000×3,000
구매	1,800	₩600,000×3,000
임금	100	₩25,000,000×4
임차료	3	고정원가
보험료	7	고정원가
기타비용(고정)	300	고정원가
이익예산	790	

1–2.

(단위: 백만원)

구분	실제성과	변동예산	고정예산
매출액	3,200	4,000	3,000
구매	2,200	2,400	1,800
임금	120	100	100
임차료	3	3	3
보험료	7	7	7
기타비용(고정)	500	300	300
이익예산	370	1,190	790

2. 2-1.

(단위: 백만원)

구분	실제성과	차이분석	변동예산	차이분석	고정예산
매출액	3,200	800 불리	4,000	1,000 유리	3,000
구매	2,200	200 유리	2,400	600 불리	1,800
임금	120	20 불리	100	-	100
임차료	3	-	3	-	3
보험료	7	-	7	-	7
기타비용	500	200 불리	300	-	300
이익예산	370	820 불리	1,190	400 유리	790

2-2. 실제성과와 변동예산을 비교했을 때, 매출에 있어서의 불리한 차이로 보아 판매실적이나 시장 상황이 좋지 않았음을 추정할 수 있다. 또, 상품 구매와 임금, 기타비용에 있어서의 불리한 차이로 보아 시장 전반적인 물가 상승이 있었음을 추정할 수 있다.

3. 3-1. 수도광열비와 소모품비가 예산을 초과하여 발생했다. 수도광열비의 경우 수도료, 전기료, 가스비, 연료비 등의 인상이 추정되며, 소모품비의 경우 작업공정의 비효율, 재작업으로 인한 추가적인 작업 발생 등이 추정된다.

3-2. 수도료, 전기료, 가스비, 연료비 등의 인상에서 기인한 불리한 차이를 개선하는 데에는 한계가 있지만 작업공정의 비효율과 재작업에서 기인한 불리한 차이는 공정프로세스에 변화를 줌으로써 개선할 수 있다.

4. 4-1.

구분	실제성과	예산차이	변동예산
판매수익	560,000	20,000 유리	540,000
직접재료원가	180,000	45,000 불리	135,000
직접노무원가	90,000	45,000 유리	135,000
변동제조간접원가	180,000	90,000 불리	90,000
판매비용	60,000	60,000 유리	120,000
영업이익	50,000	10,000 불리	60,000

4-2. 판매수익에 있어서의 유리한 차이 20,000

: 매출가격에서의 유리한 차이 80,000 + 매출수량에 있어서의 불리한 차이 60,000

* 매출가격차이 = (₩70 − 60) × 8,000 = 80,000
* 매출수량차이 = (8,000 − 9,000) × ₩60 = − 60,000

이익에 있어서의 불리한 차이 10,000
: 판매수익에 있어서의 유리한 차이 20,000 + 제조원가에 있어서의 불리한 차이 90,000 + 판매비용에 있어서의 유리한 차이 60,000
* 제조원가에 있어서의 불리한 차이 90,000
  = 직접재료원가 45,000 불리 + 직접노무원가 45,000 유리 + 변동제조간접원가 90,000 불리

4-3. 매출수량차이에 있어서 불리한 차이는 기업의 프로모션 활동을 통한 판매량 증대로 개선할 수 있을 것이다. 제조원가에 있어서의 불리한 차이는 직접재료원가 또는 임금의 상승과 작업공정의 비효율에서 기인하는데, 재료가격과 임금인상에서 기인하는 불리한 차이를 개선하는 데에는 한계가 있다. 하지만 작업공정의 비효율은 인력의 재배치, 공정흐름의 변경 등의 프로세스 개선을 통해 다룰 수 있을 것이다.

5.

(단위: 백만원)

구분	실제성과	차이분석	변동예산	차이분석	계획예산
판매수량	13,000단위	−	13,000단위	−	10,000단위
매출액	₩234	₩26 불리	₩260	₩60 유리	₩200
매출원가	₩169	₩13 유리	₩182	₩42 불리	₩140
판매관리비	₩39	₩19.5 불리	₩19.5	₩4.5 불리	₩15
영업이익	₩26	₩32.5 불리	₩58.5	₩13.5 유리	₩45

5-1. 매출액의 가격차이 = (₩18,000 − ₩20,000) × 13,000
= − 26,000,000 (불리한 차이)
매출액의 수량차이 = (13,000 − 10,000) × ₩20,000
= 60,000,000 (유리한 차이)

5-2. ① 매출원가
가격차이 = (₩13,000 − ₩14,000) × 13,000
= − 13,000,000 (유리한 차이)
수량차이 = (13,000 − 10,000) × ₩14,000

= 42,000,000 (불리한 차이)*

* 매출원가 수량차이에 있어서의 불리한 차이는 비용을 증가시킨다는 측면에서 불리한 차이로 분류하였다. 하지만 이러한 차이가 예산보다 더 많은 제품(상품)을 판매함으로 인한 것이므로 기업 전체의 입장에서는 유리한 차이로 볼 수 있다.

② 판매관리비

가격차이 = (₩3,000 − ₩1,500) × 13,000 = 19,500,000 (불리한 차이)

수량차이 = (13,000 − 10,000) × ₩1,500 = 4,500,000 (불리한 차이)

14

사업의 경제성 분석

1. 사업 타당성 분석
2. 비용 · 편익분석

1 사업 타당성 분석

1.1 사업 타당성 분석 개요

사업 타당성 분석(feasibility analysis)이란 사업의 시장성, 기술성, 수익성 등에 대해 객관적으로 분석하여 사업화 여부를 판단하는 것이다. 새로운 사업이나 창업에 있어서의 문제점과 위험요소 등을 사전에 파악하고, 이에 대한 적절한 해결 방안을 마련하는 것이 그 목적이다. 사업 타당성 분석 결과 사업 지속성 및 수익성이 없다고 판단되면 신규사업이나 창업 여부를 신중히 고려하거나 포기해야 한다. 사업을 시행하기 전에 특정 사업의 성공가능성에 대한 정보를 파악하기 위해 사업추진능력, 기술성, 시장성, 경제성, 위험정도 등을 분석하고 평가하여 사업의 성공가능성이 어느 정도인가를 분석하고 평가하는 것이다.

신규사업이나 창업의 경우 성공가능성보다 실패할 가능성이 더 높고 실패 시 발생하는 손실과 타격이 너무 크므로 사업 타당성 분석을 통하여 성공가능성이 낮은 투자를 회피함으로써 성공할 수 있는 확률을 더 높일 수 있다. 또한, 시장이나 경쟁 등의 사업 전반에 걸쳐 세부적인 사항을 파악하고 사업 타당성 분석과정에서 알게 되거나 확보한 정보를 통하여 미래 위험상황에 대비할 수 있게 된다. 이렇게 본격 사업화와 투자가 이루어지기 전에 사업 타당성 분석을 면밀하게 진행함으로써 신규사업이나 창업의 실패로 발생할 더 큰 손해를 미연에 방지하는 역할을 수행한다.

이러한 사업 타당성 분석은 민간기업 외에 국가기관이나 공공기업에서도 많이 활용하고 있다. 타당성조사는 국가재정법에서도 대규모 신규사업에 대한 예산편성 및 기금운용 계획을 수립하기 위하여 사전적인 타당성 검증 · 평가를 말한다. 그 유형에는 예비타당성조사와 타당성조사가 있으며 대규모 재정사업의 타당성에 대한 객관적이고 중립적인 조사를 통해 재정사업의 신규투자를 우선순위에 입각하여 투명하고 공정하게 결정하도록 함으로써 예산낭비를 방지하고 재정운영의 효율성 제고에 기여할 수 있다.

사업 타당성 분석 시 유의해야 할 사항은 사업계획서와 타당성 분석은 창업자나 기업에서 직접 수행하는 것이 바람직하며 내부수행이 어려운 경우에도 외부 전문기관의 도움을 받아 진행하지만 창업자와 내부직원들의 직접적인 참여가 필요하다. 창업자나 기업에서 직접 사업계획서를 작성하고 이를 토대로 사업 타당성을 검토한 후에 사용목적에 맞추어 본 사업계획서가 작성되어야 한다. 사업의 복잡성, 위험도 등의 특성에 따라 신축적으로 검토하고 결정하여 사업의 성공가능성을 높이는 데 도움이 되도록 하여야 한다. 사업 타당성의 분석은 시장성, 기술성, 수익성 등 3가지 요소가 핵심이고 이에 더하여 창업자나 해당 기업의 경영능력이나 경쟁력이 해당 사업의 성공 여부를 좌우하게 된다. 이러한 요소의 특성을 이해하고 사업과 경쟁우위력을 확보할 수 있도록 함으로써 차별적인 부가가치를 창출할 수 있다.

1.2 사업 타당성 분석 절차

사업 타당성 분석은 시장성, 기술성, 수익성을 점검할 수 있도록 해당 사업에 대한 예비조사-본조사-결과보고와 같은 절차로 진행되며, 예비사업 타당성 조사는 후보 사업아이템을 비교, 분석하여 우선순위를 결정하고 최적 후보 아이템을 선정하는 과정이다. 여러 후보 아이템에 대하여 모두 세부적인 사업 타당성 분

그림 14-1 사업 타당성 분석 절차

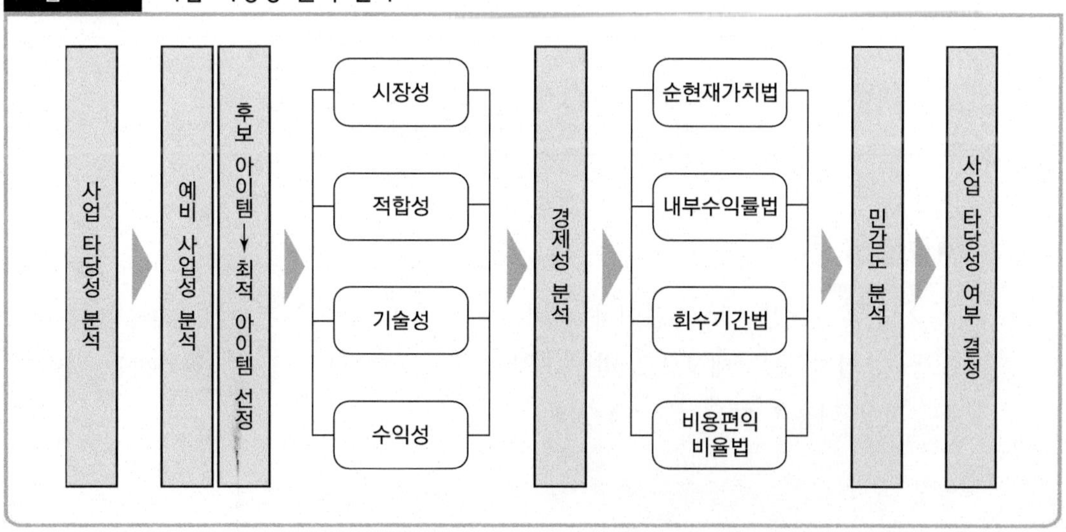

석을 하기에는 시간과 비용이 많이 소요되므로 예비타당성 분석과정을 통하여 사전에 적합하지 않은 아이템을 걸러내는 역할을 수행한다. 특히 사업 경험이 없는 예비 창업자들이 사업성을 따지는 것은 쉽지 않은데 사업 타당성 분석을 창업 전에 경험하는 것이 경영에 많은 도움이 될 것이다.

■ 시장성 분석

시장성 분석은 생산할 제품이 시장에서 얼마나 팔릴 수 있는가를 분석하고 예측하는 것이다. 신제품이나 창업아이템의 특성과 유사제품의 현황을 조사하고 전체적인 시장규모를 추정해야 한다. 시장성 분석에는 고객 등에 대한 1차자료나 각종 전문기관에서 발표한 자료를 참고하여 진행할 수 있다. 각종 시장과 고객, 경쟁관련정보를 종합적으로 분석하여 판매예측과 판매계획을 수립하여야 한다.

시장성 분석에 대한 세부적인 사항은 다음 〈표 14-1〉과 같다.

표 14-1 시장성 분석

구분	세부내용
시장조사	• 신규제품이나 창업아이템에 대한 시장과 고객의 평가 및 반응 등을 조사 • 각종 전문기관의 통계자료 등을 활용하여 시장규모 및 향후 전망 예측 • 경쟁상황과 경쟁력 등을 고려하여 예상시장점유율 등을 조사
고객수요예측	• 전체 시장규모와 시장점유율 등을 예측 • 시장세분화 – 목표시장 선정 – 포지셔닝 전략을 통해 자사의 점유가능한 시장 정의 • 목표시장의 고객 성향, 구매력 등을 조사
판매전략과 계획	• 제품과 고객의 특성, 경쟁상황 등을 고려하여 판매가격 결정 • 판매채널과 판매방식, 고객 커뮤니케이션 방안 등 결정 • 매출목표를 달성하기 위한 프로모션 등 판매 및 관리비 추정

■ 기술성 분석

기술성 분석은 대상제품이나 서비스의 생산과 판매와 관련된 기술, 기계설비, 노동력, 입지 등을 대상으로 하여 제반 기술적 측면에서 검토 · 평가하는 것이다. 세부적인 내용은 다음 〈표 14-2〉와 같다.

표 14-2 기술성 분석

구분	세부내용
보유기술 분석	• 제품의 용도, 물리적 · 화학적 특성과 원자재의 물리적 · 화학적 특성, 가격, 공급처 등 조사 • 제조공정, 보유기술과 대상아이템과의 상관관계를 분석 • 생산설비, 기계 등 투자금액을 산출
생산원가 분석	• 원부자재 조달, 적정 자재 보유량, 1회전 소요 원자재 등을 조사 • 제조방법, 제조설비 레이아웃, 소요인력, 관련비용 등을 조사 • 목표 생산량, 제품원가 분석 등
투자금액 산출	• 사업장 입지계획 및 분석 • 생산시설 및 설비 등 계획 수립 • 사업장, 생산설비 및 비품 구입 등 총투자금액 산출

■ 수익성 분석

시장성 분석 등을 통하여 추정된 수요예측을 기초로 회전율, 예상고객 수 등을 고려하여 매출계획을 작성하여 매출액을 산출하고 이에 대응하여 매출원가와 판매관리비 등의 비용을 추정한다. 매출원가는 판매된 제품의 제조원가이므로 기술성 분석 등에서 추정된 제조원가를 반영하여 추정한다. 생산량이나 판매량에 따라서 변하는 변동제조원가와 변동판매관리비를 추정하고 생산량이나 판매량에 관계없이 일정한 고정제조원가와 고정판매관리비를 추정하면 더 합리적인 접근이라 할 수 있다. 그리고 비용은 미래의 불확실한 것일지라도 가능한 포함시키는 것이 좋으며 재료원가, 노무원가 등은 동종 타기업에 비하여 경쟁력을 갖도록 설정하여야 한다. 수익과 비용의 추정이 마무리되면 자금수지 계획을 작성하여 자기자본으로 조달할 부분과 타인자본으로 조달할 부분, 이에 대한 이자와 상환계획 등을 포함하여야 한다. 그 다음 단계는 손익계산서를 작성하여 매출액 대비 순이익률을 산정하여 동종 타기업 대비 어떤 수준인지 조사하고 경쟁기업과 대비하여 차이분석을 통해 수익 또는 비용에 대한 조정을 실시한다. 아울러 손익분기점을 달성할 최소 매출액이 어느 정도의 수준인지 확인하여 매출액과 이익관리를 해나가야 한다. 이러한 영업손익이 달성될 수 있도록 관련 자금의 조달계획을 수립하고 신규사업에 대한 투자계획(자본예산)을 수립하며 이를 종합해서 재무상태표를 작성하게 된다. 마지막으로 수익과 비용, 자금의 조달과 운영 등을 종합해서 현금흐름표를 작성해야 한다.

■ 경제성 분석

경제성 분석은 사업기간 전체의 현금흐름을 현재가치의 관점에서 분석한 것으로, 수익성 분석이 특정 사업기간을 대상으로 회계적 이익을 달성할 수 있느냐에 초점을 맞춘 것과는 다르다. 사업 타당성의 경제성 분석은 수익성 분석이 끝난 후에 순현재가치법(NPV), 내부수익률법(IRR), 비용편익비율법(BCR) 등을 사용하며, 경제성이 있으려면 최소한의 수익성이 달성되어야 가능할 것이다.

예제 14-1

더나은미래㈜의 신사업 투자에 따른 현금흐름은 다음과 같다.

(단위: 억원)

연도	현금유입	현금유출	누적순현금흐름
0		20	−20
1	25	10	−5
2	20	10	5
3	30	15	20
4	40	20	40

* 기업의 가중평균자본비용은 10%

(1) 순현재가치(NPV)를 계산하세요.
(2) 투자에 대한 채택 여부에 대해 설명하세요.

풀이

(1) 순현재가치 $20/1.1^4 + 15/1.1^3 + 10/1.1^2 + 15/1.1^1 - 20 = 26.83$
(2) $NPV = 26.83 > 0$이므로 채택한다.

■ 민감도 분석(sensitivity analysis)

사업의 불확실성과 위험에 미리 대비하기 위하여 사업의 주요 조건이 변화할 때마다 사업의 경제성이 어떻게 변화하는지를 분석하는 것이다. 추정재무제표의 제 변수에 대해 발생가능성이 높고 타당한 수치를 전제조건으로 미래에 나타날

상황변화의 불확실성을 고려해야 한다. 민감도 분석은 수익률의 변동률/대상변수의 변동률로 산출되며 민감도 지수가 높은 변수를 집중적으로 관리하여야 한다. 수익성은 여러 가지 전제조건의 수치에 따라 큰 차이를 나타내기 때문에 전제조건의 타당성과 실현가능성에 대하여 면밀하게 검토되어야 하며 계량적으로 파악되지 않는 제반 요소(기업문화, 임직원의 경영능력, 기술숙련도 등)도 장기간에 걸쳐 사업과정에 중대한 영향을 미치므로 신중하게 고려할 필요가 있다. 또한 재무제표에 표시된 각종 재무정보는 분석시점에 접근가능한 정보 등을 통해서 추정된 것이므로 환경변화와 불확실성이 높아진다면 사업수행시 결과와 차이가 발생할 수밖에 없는 실정이다.

예제 14-2

더나은미래㈜의 투자안 A 대비 매년 현금유입액이 20% 증가할 경우를 가정하여 민감도 분석을 통해 회사 투자결정의 적절성에 대한 의견을 제시하세요.

(1) 투자안 A

(단위: 억원)

구분	현금유입	현금유출
0		−75.5
1	10	
2	20	
3	30	
4	40	

- 보간법: 기존 투자안의 IRR을 계산하면 9.99%이나 근사치 정수로 나타내면 10%

할인율	현금유입 현재가치	현금유출 현재가치	순현재가치
9%	77.51	75.5	2.01
10%	75.48	75.5	0.02

IRR = 9% + (2.01/2.03)% = 9.99%

- 엑셀을 이용하여 IRR 산정: IRR함수를 활용하여 현금유출액과 현금유입액을 합산하면 IRR 9.99%가 계산 결과가 나타남.
- 내부수익률 10% 적용한 $40/1.1^4 + 30/1.1^3 + 20/1.1^2 + 10/1.1^1 - 75.5 = 0$ (−0.02018의 근사치 정수)

(2) 투자안 A에 대하여 현금유입액의 20% 증가를 반영한 현금흐름

구분	현금유입	현금유출
0		−75.5
1	12	
2	24	
3	36	
4	48	

풀이

현금흐름으로 IRR은 보간법 혹은 엑셀의 IRR함수로 계산하면 17.2%이고 근사치 정수로 표시하여 17% 적용함.

$48/1.172^4 + 36/1.172^3 + 24/1.172^2 + 12/1.172^1 - 75.5 = 0$ (0.014713의 근사치 정수)

민감도 = IRR의 변동률*/기준변수의 변동률*
= 1.7/1.2 = 1.42

* IRR의 변동률 = 17%/10% = 1.7
기준변수의 변동률 = 1.2 = 1 + 20%

→ 계산을 통해 도출된 민감도 1.42가 다른 투자안들의 민감도에 비해 높다면, 본 투자인을 집중적으로 관리하어야 한다.

2 비용 · 편익분석

2.1 비용 – 편익분석 개요

비용 – 편익분석(cost-benefit analysis)은 주로 국가나 공공기관에서 국민편익을 위한 공공투자사업이나 민간부문의 비영리기관 공적사업에 대한 효과분석을 목적으로 많이 활용되고 있는 것으로 공공투자기회의 긍정적인 효과와 부정적인 효과를 평가하고 가능한 계량화하여 대안을 비교 · 평가하는 방법론을 의미한다. 그것

은 국가정책사업 대안의 효율성과 효과성을 계량화하여 체계적으로 평가하기 위한 것이다. 국가의 정책사업이 채택되었을 때 그 사회의 모든 구성원들에게 발생되는 유형·무형의 모든 편익과 비용을 계량화하여 그 사업의 타당성을 분석, 평가하는 것이다.

정책사업의 선택에 의해 사람들이 보는 편익의 합이 손실의 합보다 더 큰지에 대해 판단하는 것으로 편익과 손실은 모두 화폐가치로 측정된다. 만약 편익이 손실보다 크다면, 비용－편익분석의 논리에 따라 그 정책사업은 채택될 것이며 그 반대로 손실이 편익보다 더 크다면 그 사업은 철회가 될 것이다. 이처럼 비용－편익분석을 적용함으로써 정부예산의 효율적 집행을 위한 정책결정자에게 중요한 의사결정의 수단을 제공해 주고 사업이 경제적으로 얼마나 타당한지(economic feasibility of a project)를 판단하고 자원의 효율적 배분을 위해 가능성 있는 대안들에 비추어 특정 의사결정이 사회에게 제공하는 편익과 비용을 추정하여 의사결정권자에게 사업의 경제적 타당성에 관한 유용한 정보를 제공해 준다.

비용－편익분석은 공공부문과 민간부문 모두에 적용될 수 있지만, 공공부문의 비용－편익분석은 민간부문의 비용－편익분석과 다른 특성을 가지고 있다. 정부부문의 정책사업의 편익과 비용은 정부수입의 증감이 아니라 국민 전체의 후생의 증감의 개념으로 정의되기 때문에 이윤가능성에 초점을 두는 민간사업보다 더 많은 파급영향요인과 결과에 관심을 가지고 금전적, 비금전전 요인들을 계량화하여 반영하여야 한다. 또한 공공사업이나 프로젝트의 투입요소나 산출물은 시장에서 거래되는 시장가격이 존재하지 않으므로 공공영역에서 비용－편익분석을 하기 위해서는 투입물과 산출물들의 실질가치를 반영하는 잠재가격(shadow price)으로 사회적 편익과 비용의 산출에 적용하여야 한다.

정부의 정책사업은 여러 가지 다른 정책목표와 수단들을 갖기 때문에, 서로 다른 목표들에 대해서 어떤 입장을 취할 것인가는 사업의 편익과 비용의 계산과 관련된 서로 다른 결과가 나타날 수 있다. 예를 들어, 원자력발전이 친환경에너지인지 여부, 탈원전정책 여부, 원전사고 발생가능성 정도 등에 따라서 원자력발전의 비용－편익분석의 관점에 상당한 차이가 발생할 수 있다. 또한 사고가능성에 대한 관점과 입장 등이 얼마만큼 어떻게 반영되느냐에 따라 비용－편익분석의 결과에 상당한 차이가 있을 수 있다. 따라서 비용－편익분석은 공공정책투자가 사회에 가져오는 모든 편익과 비용, 즉 화폐적 숫자로 환산하기 쉽지 않은 유무형의 편익과 비용, 위험, 불확실성 등을 포함한다. 경제적 합리성 관점에서 정책사업의 순편익이 있다는 결과가 나오면 그 정책사업은 특별히 다른 사유가 없다면 채택되고 그렇지 못하면 기각된다.

2.2 비용 - 편익분석 절차와 방법

비용 - 편익분석의 절차는 사업이나 프로젝트의 목적에 맞추어 대안의 탐색과 개발에서 시작하여 실현가능한 비교대안들에 대한 편익과 비용의 추정, 적용할 할인율을 산정하고 각 대안의 현재가치를 산출하여 경제성 분석의 기법을 적용하여 효과성에 대한 각 대안을 비교, 평가하게 된다. 각 대안의 민감도 분석을 통하여 최적대안을 선택하는 과정으로 진행된다.

■ **대안의 탐색 및 개발**

사업이나 프로젝트의 목적을 달성하기 위해 이용가능한 모든 대안들을 탐색하고 개발하는 단계이다. 대안의 탐색 및 개발단계는 대안의 분석과 대안의 선택과정에서 중요한 영향을 미치게 되고, 대안이 투자와 관련될 때에는 한 대안의 선택은 다른 대안과 정책결정에 영향을 미칠 수 있기 때문에 신중을 기하여야 한다.

그림 14-2 비용 - 편익분석 절차

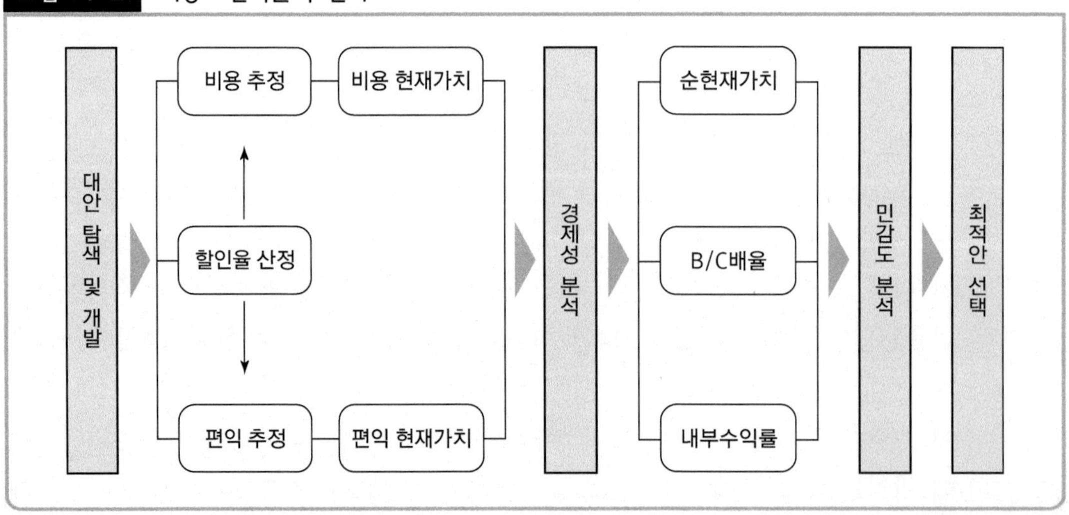

대안의 개발과 아울러 대안의 효과성이 미치는 사업 수명기간을 검토하여 결정해야 한다. 사업을 수행함으로써 편익이 나오게 될 것으로 기대할 수 있는 편익제공기간은 각 사업대안들이 서비스를 제공할 수 있는 기간이고, 이 기간 동안에 발생하게 되는 모든 편익과 비용이 비교에 포함되어야 한다. 여러 개의 사업대안들을 비교하는 경우 모든 사업대안들의 수명이 일치하지 않는 경우도 있을 수 있지만, 대안의 비교에 있어서 평가의 객관성을 높이기 위해서는 각 대안에 적용되는 서비스 제공의 수명이 동일하지 않으면 안 된다.

■ **비용과 편익의 추정**

국가의 정책 사업대안들에 대하여 사업기간 동안에 발생할 수 있는 편익과 비용들은 가능하다면 화폐적 가치로 추정하여야 한다. 편익 또는 투자의 효과성은 사업목적에 맞추어 공공사업의 경우에는 국민들에 대한 바람직한 성과를 의미하고 비용은 사업목적을 달성하기 위하여 투자되는 경제적 자원이나 국민들에 대한 바람직하지 못한 효과 등을 포함한다.

먼저 비용의 추정은, 정책사업에서의 비용은 미래에 발생할 비용을 추정하는 것으로 비용을 발생가능한 원가 개념이 아니라, 기회비용(opportunity cost)적 입장에서 평가한다. 다른 정책사업에 목적달성을 위해 포기한 기존의 편익을 기회비용으로 간주하고 있다. 비용은 실제가치를 기준으로 추정한다. 실제 사용되고 있는 투입을 비용으로 보고 실제의 지출만을 비용으로 식별하는 방식을 사용하고 있다. 예를 들어, 최초의 비용으로서 연구개발비, 토지구입비, 건물과 설비비 등과 정기적으로 투입되는 비용으로서 인건비, 자재비, 임대료, 간접적 행정비 등의 비용 항목을 식별해 이들을 각각 측정하는 것이다.

편익의 추정은 미래에 발생할 편익을 추정하는 것이다. 비용-편익분석에서는 직접적인 편익뿐만 아니라 간접적인 편익도 고려하고, 특히 비용을 부담하지 않으면서 누리게 되는 간접편익도 고려해야 한다. 기존의 문헌조사 및 전문가와의 면담 등을 통하여 단일 또는 대안별 투자사업의 비용항목과 편익항목을 산정한다. 이때 계량화가 가능한(tangible) 항목과 계량화가 불가능한(intangible) 항목을 구분하며, 기존의 투자비용인 매몰비용(sunk cost)을 제외하여 비용항목과 편익항목의 산정 시 이중계산(double counting)을 지양해야 하며 객관성의 유지가 무엇보다도 필요하다.

■ 할인율과 현재가치의 산정

각 대안의 편익과 비용의 추정은 모두 미래가치를 나타내고 있으므로 현시점에서의 가치가 아니므로 비교, 판단에 제약이 있다. 따라서 미래가치는 할인율을 적용하여 현재가치로 산정하여야 한다. 미래에 발생할 편익과 비용을 현재가치로 환산하는 데 적용되는 할인율(discount rate)은 자본의 기회비용(opportunity cost of capital)으로 비슷한 위험을 갖는 차선 대안투자로부터 얻을 수 있는 기대수익률로서 이자율을 의미한다.

대부분의 투자사업에 있어서 사업의 초기 단계에는 주로 비용이 발생하고 편익은 시간을 두고 발생하는 동태적 성격을 띠게 된다. 따라서 투자가치를 올바르게 파악하기 위해서는 시간의 투자가치인 적정할인율의 결정이 중요하다. 높은 할인율은 장기적으로 발생하는 편익의 현재가치를 작게 반영하기 때문에 이를 전환할 때 실제가치를 과소평가하게 된다. 시장에서 관찰되는 가격이 아닌 재화의 진정한 사회적 가치인 잠재가격(shadow price)을 기준으로 하는 사회적 할인율(social discount rate)을 산정하여 투자분석에 적용한다.

일반적으로 높은 할인율은 현재의 가치를 높게 평가하는 반면, 낮은 할인율은 미래의 가치를 높게 평가하는 경향이 있기 때문에 단기 사업의 경우 할인율을 높게 설정하는 것이 바람직한 반면 장기 사업의 경우 할인율을 낮게 설정하는 것이 바람직하다. 할인율은 이자율, 물가상승률, 위험, 자본의 기회비용 등을 종합적으로 판단하여 결정하지만, 할인율을 어떻게 정할 것인가에 대해서는 명확한 기준이 없다. 따라서 할인율의 결정은 정책결정자의 개인적 선호가 반영된 결과일 가능성이 높다. 현재의 가치를 높이 평가하는 정책결정자는 높은 할인율을 선호할 것인 반면 미래의 가치를 높이 평가하는 정책결정자는 낮은 할인율을 선호할 것이기 때문이다. 편익과 비용이 타당하고 정확하게 추정되었다고 할지라도 할인율의 선택이 잘못되면 사업대안에 대한 올바른 평가가 이루어지기 어렵기 때문에 할인율의 선택은 제안된 정책사업의 평가에 있어서 매우 중요한 과정이다. 공공사업을 평가하는 데 적용되는 할인율을 사회적 할인율이라고 하는데, 이는 시장의 할인율뿐만 아니라 사회의 여러 다른 요인들도 함께 고려하여 결정되는 할인율을 말한다.

■ 경제성 분석방법의 선택

편익과 비용이 추정되고 대안의 평가에 적용될 할인율이 결정되고 나면 그 다음에는 각 대안들의 효과성을 측정할 적정한 방법을 선택하여야 한다. 공공사업의 효과성을 측정하는 데 널리 쓰이고 있는 일반적인 방법으로서는 순현재가치(NPV: net present value), 편익비용비율(BCR: benefit-cost ratio), 내부수익률(IRR: internal rate of return), 원금회수기간(pay back period) 등을 들 수 있다. 이 방법들에 대하여 세부적인 사항을 살펴보고자 한다.

편익비용비율(Benefit/Cost ratio)은 편익(benefit)과 비용(cost)의 현재가치를 계산한 후 편익의 현재가치(B)를 비용의 현재가치(C)로 나누어 산출된다.

$$B/C = \sum_{t=0}^{n} \frac{B_t}{(1+r)^t} \Big/ \sum_{t=0}^{n} \frac{C_t}{(1+r)^t}$$

B_t : 편익의 현재가치 C_t : 비용의 현재가치
r : 할인율(이자율) n : 사업의 내구년도(분석기간)

편익비용비율 분석 결과 1보다 크면 투자안은 경제적 타당성이 있는 것으로 볼 수 있다.

순현재가치(NPV) 비용－편익분석에서 순현재가치는 편익의 현재가치에서 비용의 현재가치를 뺀 것을 의미한다. 현재가치기준(present value criterion)을 사용하여 비용과 편익을 비교할 경우에는 먼저 각 연도에 발생하는 편익에서 비용을 빼준 순편익을 구한 뒤, 이러한 순편익의 현재가치의 합을 극대화하는 공공사업이나 정책을 선택하도록 한다. 사업시작 후 t년에 발생하는 편익과 비용을 각각 B_t와 C_t라 하고, 사업의 효과가 완전히 종료되는 시점이 사업시작 후 T년이라 하면, 이 사업의 순편익의 현재가치의 합은 다음과 같다.

$$\text{현재가치(NPV)} = \sum \frac{(B_t - C_t)}{(1+r)^t}$$

B_t : 편익의 현재가치 C_t : 비용의 현재가치 r : 할인율

단일 공공사업인 경우에는 NPV가 0보다 큰 경우 공공정책사업은 비용보다 더 많은 편익을 생산하는 것을 의미하므로 타당한 것으로 인정된다.

예제 14-3

도로건설에 소요되는 비용과 편익이 다음과 같을 것으로 예측될 경우 A지역과 B지역의 고속도로의 경제성을 평가하세요. (단, 이자율은 12%)

(단위 : 억원)

구분		20×1	20×2	20×3	20×4	20×5
A지역 고속도로	비용	5,000	5,000	50	100	100
	편익	2,000	3,000	3,000	3,000	3,000
B지역 고속도로	비용	4,000	4,000	60	120	120
	편익	1,500	2,000	2,000	2,000	2,000

1. 비용-편익분석(CBA)에 의한 경제성 분석을 하세요.
2. 순현재가치(NPV)에 의한 경제성 분석을 하세요.

풀이

1. A지역 비용-편익분석: 1.15 = 9,921/8,606
   A지역의 고속도로 선설은 CBA > 1이기 때문에 경제성이 있음.
   B지역 비용-편익분석: 0.97 = 6,763/6,947
   B지역의 고속도로 건설은 CBA < 1이기 때문에 경제성이 없음.

2. A지역의 NPV: 1,315 = 9,921 - 8,606
   A지역의 고속도로 건설은 NPV > 0이기 때문에 경제성이 있음.
   B지역의 NPV: -184 = 6,763 - 6,947
   B지역의 고속도로 건설은 NPV < 0이기 때문에 경제성이 없음.

구분	항목	20×1	20×2	20×3	20×4	20×5	계
A지역	비용	5,000	5,000	50	100	100	10,250
	현재가치	4,464	3,986	36	64	57	8,606
	편익	2,000	3,000	3,000	3,000	3,000	16,000
	현재가치	1,786	2,392	2,135	1,907	1,702	9,921

구분	항목	20×1	20×2	20×3	20×4	20×5	계
B지역	비용	4,000	4,000	60	120	120	8,300
	현재가치	3,571	3,189	43	76	68	6,947
	편익	1,500	2,000	2,000	2,000	2,000	9,500
	현재가치	1,339	1,594	1,424	1,271	1,135	6,763

내부수익률(IRR)은 사업의 시행으로 발생하는 편익과 비용의 현재가치로 환산한 값이 같아지는 할인율을 구하는 방법이다. 즉, 내부수익률이란 순현재가치가 0이 되도록 하는 할인율을 의미한다(NPV=0일 때의 수익률이 내부수익률임). 일반적으로 내부수익률이 사회적 할인율보다 크면 경제성이 높은 것으로 판단하고, 내부수익률이 사회적 할인율보다 작으면 경제성이 낮은 것으로 판단한다.

$$0 = \sum_{t=1}^{T} \frac{C_t}{(1+IRR)^t} - C_0$$

C_t: t기간 동안의 순현금흐름 C_0: 초기 투자 총비용 T: 총투자기간

예제 14-4

스마트시티 관련 투자안에 대한 비용과 편익 관련 정보가 다음과 같다. 자본비용(할인율) 11%인 경우 IRR에 의한 경제성 분석을 하세요.

년차	투자안 A	투자안 B
0	-2,000	-2,000
1	700	500
2	800	600
3	500	700
4	600	700

풀이

엑셀을 이용하여 투자안 A와 투자안 B에 대하여 IRR을 산출한 결과 투자안 A는 12%, 투자안 B는 9%로 자본비용 11%를 고려할 경우 투자안 B는 경제성이 없음.

년차	0	1	2	3	4	IRR
투자안 A	−2,000	700	800	500	600	12.00%
투자안 B	−2,000	500	600	700	700	9.00%

■ 민감도 분석(sensitivity analysis)

비용－편익분석은 미래 불확실한 상황하에서 모든 가능한 비용과 편익을 추정하고 사회적 할인율을 적용하여 현재가치를 산출하여 경제성 여부를 판단하므로 비용과 편익과 관련된 주요 요소들의 변화나 사회적 할인율 결정과 관련된 요소들이 변동할 경우 예측한 결과값에 많은 영향을 주게 되고 이로 인하여 경제성 여부에도 변화를 주게 된다.

비용과 편익, 할인율 등에 영향을 미치는 요인들의 값을 다른 값으로 대치하여 분석한 후 이것이 대안의 비교·평가에 미치는 영향을 분석하는 것을 민감도 분석이라고 한다. 즉, 민감도 분석은 최초의 예측과 실제 상황이 달라지거나 가정의 변화에 따른 결과의 변화를 분석하는 기법이다. 비용－편익분석에 내재되어 있는 단점을 극복하는 데 민감도 분석이 도움을 준다. 비용－편익분석의 결과가 선택된 할인율에 따라 다르게 나타난다면, 정책결정자가 가장 바람직한 결과를 선택할 수 있도록 민감도 분석에 따른 다양한 결과들을 제시할 필요가 있다.

확·인·문·제

※ 각 문항의 설명 중 옳은 것에는 T, 틀린 것에는 F를 하시오.

01. 사업 타당성 분석(feasibility analysis)은 사업의 시장성, 기술성, 수익성 등에 대하여 객관적으로 분석하여 사업화 여부를 판단하는 것이다. (　　　)

02. 비용과 편익, 할인율 등에 영향을 미치는 요인들의 값을 다른 값으로 대치하여 분석한 후 이것이 대안의 비교 · 평가에 미치는 영향을 분석하는 것을 민감도 분석이라고 한다. (　　　)

03. 순현가법(Net Present Value)은 사업의 시행으로 발생하는 편익과 비용을 현재가치로 환산한 값이 같아지는 할인율을 구하는 방법이다. (　　　)

04. 편익비용비율 분석 결과 순현재가치가 1보다 크면 투자안은 경제적 타당성이 있는 것으로 볼 수 있다. (　　　)

05. 미래에 발생할 편익과 비용을 현재가치로 환산하는 데 적용되는 할인율(discount rate)은 대안투자로부터 얻을 수 있는 최저필수수익률을 의미한다. (　　　)

06. 정책사업에서의 비용추정은 미래에 발생할 비용을 추정하는 것으로 비용을 발생가능한 원가 개념이 아니라, 기회비용(opportunity cost)적 입장에서 평가한다. (　　　)

07. 비용과 편익항목을 추정시 이전소득(transfer payment)이나 기존의 투자비용인 매몰비용(sunk cost)을 포함하고 이중계산(double counting)을 지양해야 한다. (　　　)

08. 사업을 수행함으로써 편익이 나오게 될 것으로 기대할 수 있는 기간은 각 대안들이 서비스를 제공할 수 있는 기간이고, 이 기간 동안에 발생하게 되는 모든 편익과 비용이 비교에 포함되어야 한다. (　　　)

09. 비용 – 편익분석은 각 대안의 현재가치를 산출하고 경제성 분석의 기법을 적용하여 효과성에 대한 각 대안을 비교, 평가하게 하며 각 대안의 민감도 분석을 통하여 최적대안을 선택하는 과정으로 진행된다. (　　　)

10. 비용-편익분석은 공공부문과 민간부문 모두에 적용될 수 있지만, 공공부문의 비용-편익분석은 민간부문의 비용-편익분석과 차이가 거의 없다. (　　)

11. 시장성 분석은 추정된 수요예측을 기초로 하여 매출계획을 작성하고 매출액을 산출하며 이에 대응하는 매출원가와 판매관리비 등의 비용을 추정한다. (　　)

12. 수익과 비용의 추정이 마무리되면 투자계획과 연계하여 자금수지 계획을 작성하고 자기자본으로 조달할 부분과 타인자본으로 조달할 부분, 이에 대한 이자와 상환계획 등을 포함하여 손익계산서를 작성하게 된다. (　　)

13. 예비 사업 타당성 조사는 후보 사업 아이템을 개략적으로 시장성, 수익성 등을 비교, 분석하여 우선순위를 결정하는 과정이다. (　　)

14. 사업의 성공은 시장성, 경제성, 수익성 등 요소와 더불어 경영능력이나 경쟁력에 달려 있다. (　　)

15. 비용-편익분석을 적용함으로써 정부예산의 효율적 집행을 위한 정책결정자에게 중요한 의사결정의 수단을 제공해 준다. (　　)

■ 해답: 1. T 2. T 3. F 4. T 5. F 6. T 7. T 8. F 9. T 10. F 11. T 12. T 13. F 14. F 15. T

실·습·문·제

1. 더나은미래㈜는 지엔스타에 10억원을 투자하였고 5년간 현금유입액이 다음과 같은 경우 할인율이 5%, 10%, 15%, 20%일 때 각각의 NPV를 산출하고 경제성이 있는 할인율 구간을 찾으세요.

(단위: 백만원)

년차	1년차	2년차	3년차	4년차	5년차
현금유입액	100	200	300	400	500

2. 고속도로와 KTX철도 건설에 소요되는 비용과 편익은 다음과 같을 것으로 예측될 경우 A도시와 B도시 간 교통망대안을 평가하세요. (단, 이자율은 12%)

(단위: 억원)

구분		20×1	20×2	20×3	20×4	20×5
고속도로	비용	500	400	400	300	300
	편익	200	300	500	500	500
KTX철도	비용	400	500	500	400	400
	편익	200	300	400	400	400

2-1. 비용－편익분석(CBA)에 의한 경제성 분석을 하세요.

2-2. 순현재가치(NPV)에 의한 경제성 분석을 하세요.

3. 지방산업단지의 과거 5년간의 비용과 편익 정보를 활용하여 물음에 답하세요. (단, 이자율은 12%임)

(단위: 억원)

구분		1년차	2년차	3년차	4년차	5년차
A공단	비용	110	120	130	135	140
	편익	100	110	120	130	130
B공단	비용	150	160	165	170	170
	편익	140	170	170	180	190

3-1. A공단의 경제성 분석을 하고 설명하세요.

3-2. B공단의 경제성 분석을 하고 설명하세요.

4. 더나은미래㈜의 신사업 투자에 따른 현금흐름은 다음과 같다.

(단위: 억원)

연도	투자안 A	투자안 B
0	−1,000	−1,000
1	500	100
2	400	200
3	300	200
4	200	200

* 최저필수수익률 15%임.

4-1. 내부수익률을 계산하세요.

4-2. 투자에 대한 채택 여부에 대해 설명하세요.

5. 더나은미래㈜는 5개 투자안에 대하여 투자 우선순위를 정하려고 한다. 투자수명은 5년이고 자본비용(할인율)은 12%이다.

(단위: 백만원)

투자안	투자액	매년 현금유입액
A	5,000	1,300
B	3,500	950
C	2,500	650
D	1,500	500
E	1,000	400

5-1. 투자안이 채택되는 것은 어떤 것인가요?

5-2. 기각되는 투자안은 어떤 것인가요?

실습문제 풀이

1. 할인율 5~10% 구간에서는 NPV가 0보다 크며, 15~20% 구간에서는 NPV가 0보다 작다.

할인율	0년차	1년차	2년차	3년차	4년차	5년차	NPV
5%	−1,000	95	181	259	329	392	257
10%	−1,000	91	165	225	273	310	65
15%	−1,000	87	151	197	229	249	−87
20%	−1,000	83	139	174	193	201	−210

2. 고속도로와 KTX 모두 B/C 비율 < 1이므로 경제성이 없음.

(단위: 억원)

구분		20×1	20×2	20×3	20×4	20×5	계	B/C
고속도로	비용 현재가치	446	319	285	191	170	1,411	0.97
	편익 현재가치	179	239	356	318	284	1,375	
KTX	비용 현재가치	357	399	356	254	227	1,593	0.74
	편익 현재가치	179	239	285	254	227	1,184	

3. A공단 B/C < 1이므로 경제성이 없으며, B공단 B/C > 1이므로 경제성이 있음.

구분		20×1	20×2	20×3	20×4	20×5	계	B/C
A공단	비용 현재가치	98	96	93	86	79	452	0.93
	편익 현재가치	89	88	85	83	74	419	
B공단	비용 현재가치	134	128	117	108	96	583	1.03
	편익 현재가치	125	136	121	114	108	604	

4. 투자안 A는 17.80% 수익률로 최저필수수익률 15%보다 높으므로 경제성이 있으나, 투자안 B는 수익률이 10.14%로 최저필수수익률보다 작으므로 경제성이 없음.

연도	투자안 A	투자안 B
0	−1,000	−1,000
1	500	200
2	400	300
3	300	400
4	200	400
IRR	17.80%	10.14%

5. 5-1. 투자안 채택: 투자안 D, 투자안 E
   5-2. 투자안 기각: 투자안 A, B, C

투자안	투자액	매년 현금유입액	연금현가	NPV
A	5,000	1,300	4,686	−314
B	3,500	950	3,425	−75
C	2,500	650	2,343	−157
D	1,500	500	1,802	302
E	1,000	400	1,442	442

15

사업책임단위 성과평가

1. 책임회계와 성과평가
2. 투자책임단위 성과평가
3. 균형성과평가

1 책임회계와 성과평가

1.1 책임회계 개요

기업의 각 조직부문의 성격에 맞추어 재무적 성과를 평가하는 것이 책임회계이다. 각 부문은 해당 부문의 권한에 따라서 이루어 낼 수 있는 성과에 대하여 책임을 지게 되며 부문의 통제가능한 범위와 권한 내에서 이루어 낸 성과로 평가를 받고 이에 상응하는 보상과 책임을 부담하게 된다. 사업책임단위별 성과평가는 각 조직의 사업단위별 기능과 역할, 권한에 따라 책임중심점도 상이하다.

기업은 공동의 목적과 목표 달성을 위해 역할이 나누어져 있고 상호 연동되어 있어서 명확하게 각 부문의 통제가능한 범위를 설정하기에는 한계성이 있다. 예를 들어, 영업부서에서 매출액에 대한 책임을 지고 있는데 매출액 증가는 영업부서가 100% 통제가능한 범위 내에 있는 것이 아니라 생산부서의 품질이나 생산원가와도 긴밀한 상관관계가 있으며 경쟁사의 판매가격, 전략이나 경제상황의 변화 등에도 영향을 받고 있기에 완전한 통제가능성을 갖는 것이 아니다.

조직부문별로 상이한 기능과 역할을 하고 있으므로 경영목표와 성과에 대한 결과도 상이하여 경영의 책임단위가 다르다. 조직의 각 부문에서 역할 수행에 따른 권한과 그에 상응한 성과에 대한 책임이 부여된다. 생산이나 지원부서는 원가책임단위로 생산활동이나 경영지원활동에서 소비되는 자원의 원가에 대한 책임을 지게 된다. 생산이나 지원부문의 표준원가 대비한 실제원가의 차이를 비교 분석하여 성과를 평가받게 된다. 판매부서는 수익책임단위로 매출액 달성을 위한 역할과 권한을 갖고 있으므로 매출액 달성여부, 매출목표 대비 매출실적으로 평가를 받게 된다. 독립적인 사업부문조직은 이익책임단위로 수익, 원가, 비용에 모든 책임을 지게 되며 공헌이익 등으로 평가받게 된다. 완전분권화된 독립사업부서는 투자책임단위로서 수익, 원가, 비용 외에도 투자자본에 대한 책임을 지고 투자수익률이나 잔여이익으로 평가받게 된다.

각 부문이 책임지고 있는 재무적 결과로 부문을 평가하는 회계분야를 책임회계라고 한다. 생산부문은 계획된 생산량을 달성하면서 원가를 통제할 책임이 있

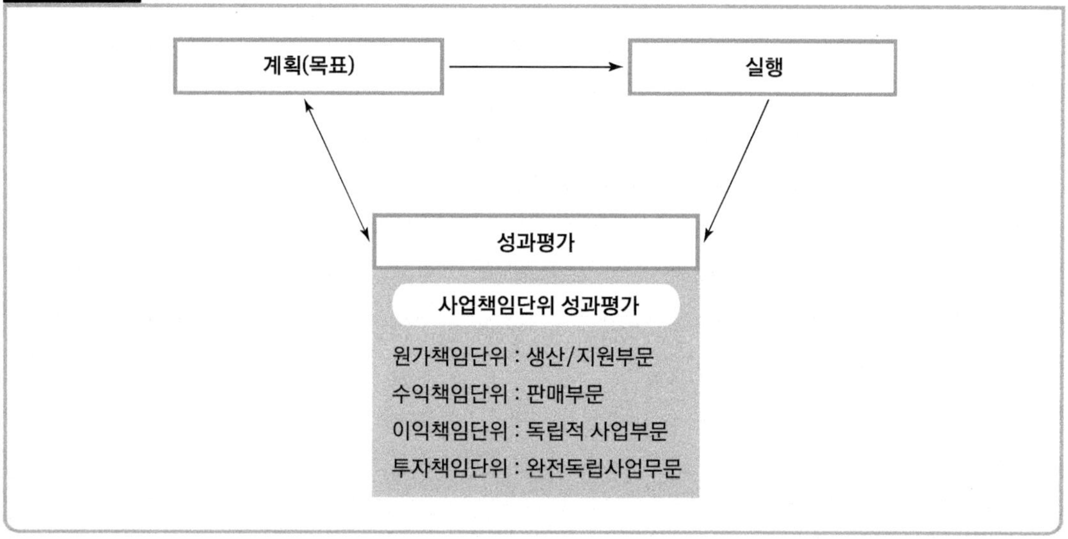

그림 15-1 성과평가

고, 판매부문은 주어진 자원으로 판매를 촉진시킬 책임이 있으며, 독립적인 사업부는 목표이익을 달성할 책임이 있다. 수익성 있는 투자를 할 책임이 있는 조직단위도 있다. 각 조직단위가 담당한 역할이 다르므로 책임져야 하는 재무적 결과도 다르다. 책임회계에 있어 주요 개념들을 정리해 보면 아래와 같다.

통제가능성의 원칙(controllability principle)을 적용하는 책임회계 평가지표는 각 책임단위가 통제할 수 있는 재무적 결과를 이용한다. 통제할 수 없는 범위에 대한 책임을 묻게 된다면 역효과가 날 것이다. 즉, 통제가능성의 원칙이 지켜질 때 평가의 공정성, 동기부여, 성과측정의 정확성이 달라진다. 원가책임단위(cost center)는 원가발생을 통제할 수 있는 부서는 원가수치로 평가한다. 주로 표준원가 대비 실제원가 차이로 평가하며, 생산부서와 지원부서 등이 이에 속한다. 수익책임단위(revenue center)에서 판매부서는 매출을 담당하므로 수익책임단위로 매출실적을 평가한다. 이 외에도 원가발생과 수익창출을 모두 관리하는 사업조직은 부문이익으로 평가하는 이익책임단위가 있으며, 해당 사업단위가 판매, 지출뿐 아니라 투자결정까지 관여한다면 투자책임단위를 적용할 수도 있다.

1.2 사업책임단위 성과평가

통제가능성의 원칙이 성과평가지표를 고르는 기본원칙이나 현실적으로 이를 완벽하게 적용하는 데에는 어려움이 있다. 즉, 불완전한 통제가능성하에 해당 부서가 평가를 받게 된다는 것이다. 이러한 문제를 해결하고 담당부서에 동기부여를 하기 위해 부분적으로 통제가능한 항목으로 성과를 평가할 수 있다.

부서의 성과는 종종 다른 부서의 노력과 결정에 의존하게 되는 상호의존성 문제도 대두된다. 예를 들어, 매출은 제품의 품질에 영향을 받는데 품질은 판매부서가 아닌 생산부서가 통제한다. 이처럼 각 부서의 성과가 완전히 독립적으로 발생하지 않고 서로 영향을 주고받으며 결정된다. 기업은 이러한 문제를 해결하기 위해 상부 조직단위 성과지표로 집단평가하기도 한다. 예를 들면, 기업의 주가를 기업 전체의 성과지표로 설정하여 직원들에게 보상하는 방법이 있다. 하지만 이러한 집단평가에도 문제점은 존재한다. 여러 부문이 협력해야만 좋은 성과가 나온다면, 우리 부서만 열심히 해도 소용이 없다는 의식이나, 나쁜 성과에 대해 다른 부서의 탓으로 돌리는 등이 대표적인 문제점이다. 그래서 각 부서의 개별평가지표에 의한 개별평가는 반드시 필요하다.

성과에 대한 책임관계를 명확하게 하고 조직의 목표를 효율적으로 달성하기 위하여 조직 안에 다양한 책임중심점을 설정한다. 책임중심점이란 일련의 특정 활동들에 대하여 책임을 지는 조직단위로 책임단위라고도 한다. 책임중심점은 책임범위에 따라 원가중심점, 수익중심점, 이익중심점, 투자중심점으로 구분된다.

■ **원가책임단위: 생산/지원부문**

생산이나 경영지원부문에서 발생하는 원가의 발생에 대해서만 관리책임을 지는 책임중심점이다. 원가중심점의 경영자는 원가의 발생에 대해서만 관리활동을 수행하고 원가절감을 주된 목표로 삼는다. 생산원가요소에 대한 표준원가를 설정하고 실제발생원가를 표준원가와 비교, 분석하여 원가차이를 구하고 원가차이 발생원인이 가격에 의한 원가차이인지 수량에 의한 원가차이인지 구분하고 각각의 원가차이에 대한 원인을 찾아서 개선하고 실제발생원가를 표준원가 범위 내에서 통제하는 것이다.

표 15-1 책임단위 성과평가 내용

구분	원가책임단위	수익책임단위	이익책임단위	투자책임단위
내용	원가만을 책임지는 활동단위	수익만을 책임지는 활동단위	수익과 원가 모두 책임지는 단위	수익, 원가 외의 투자자본도 책임지는 단위
해당 부서	생산부서와 지원부서	판매부서	독립된 사업조직	완전분권화된 별도 사업부
성과평가	표준원가 차이분석	매출목표 대비 실적	공헌이익 등	투자수익률

■ 수익책임단위: 영업부문

영업부문의 경우 원가와의 대응관계를 고려함이 없이 수익의 실현에 대해서만 관리책임을 지는 책임중심점이나 그렇게 될 경우 영업비용을 과다하게 지출하여 수익을 실현하는 것은 회사 전체 차원에서는 오히려 손실이 되므로 매출액에 대응하는 판매관리비용에 대해서도 함께 책임을 부담하는 것이 합리적이므로 영업이익을 동시에 책임지게 한다. 대부분의 경우 영업부문은 수익중심점이 아니라 이익중심점으로 보고 관리하는 형태로 변화되고 있으며 경영자는 수익의 실현과 더불어 영업이익에 대해서 관리활동을 수행하고 수익과 영업이익의 극대화를 주된 목표로 삼는다.

■ 이익책임단위: 사업부문

독립사업부문은 원가와 수익에 대해서 관리책임을 지는 책임중심점이다. 이익중심점의 경영자는 원가중심점이나 수익중심점의 경우와는 달리 원가와 수익 모두에 대해서 책임을 지고 영업활동을 총체적으로 관리하기 때문에 이익중심점에 대한 성과보고서는 능률과 효과에 대한 이익중심점의 공헌도를 나타낸다. 독립사업부문이라도 통제할 수 없는 회사 전체 차원에서 발생하는 비용이 있기 때문에 이에 대해서는 비용을 제외하고 책임범위 내의 수익과 비용에 대하여 공헌이익손익계산서는 공헌이익 기준으로 성과에 대한 책임을 지게 된다.

■ 투자책임단위: 완전분권화된 독립사업부문

원가, 수익 및 투자액 모두에 대해서 관리책임을 지는 책임중심점이다. 일반적으로 투자중심점의 경영자는 투자된 금액에 대하여 목표이익을 달성하여야 한다.

즉, 투자중심점의 경영자는 이익을 얻기 위하여 그들이 관리할 수 있는 자원이 얼마나 효율적으로 이용되는가에 따라서 평가된다. 투자중심점을 가장 포괄적이고 광범위한 책임중심점이라고 할 수 있으며, 따라서 전체 조직이 하나의 투자중심점이 될 수 있다.

2 투자책임단위 성과평가

2.1 투자수익률과 잔여이익

독립적 사업부서는 투자액과 이익에 대한 권한을 갖고 그 결과에 책임을 부담해야 한다. 기업 전체 입장에서는 독립적 사업부서의 투자에 대한 평가는 투자액에 대한 이익의 비율로 자본비용을 고려하기 전의 영업이익을 총자산액이나 투하자본을 나눈 것을 활용할 수 있다. 투자수익률(ROI: Return On Investment)은 투하자본과 순이익을 비교하여 투자성과를 측정할 수 있다.

투자수익률 = 순이익 / 투하자본
자산이익률 = 매출이익률(순이익/매출) × 자산회전율(매출/자산)

총자산수익률(ROA: Return On Assets)은 이익을 총자산으로 나눈 것으로 매출수익률과 총자산회전율의 곱으로 표시할 수 있다. 매출수익률은 이익을 매출액으로 나눈 것으로 매출액 기준으로 한 수익률이고, 총자산회전율은 총자산이 매출을 얼마나 창출하였는지를 보여주는 것이다. 투자수익률과 자산이익률은 투자자본이 모두 영업자산의 취득에 투자되었다면 투하자본과 총자산은 동일하여 투자수익률과 자산이익률이 동일하게 되나, 투자자본이 영업자산의 취득 이외에 따른 채권이나 지분 등의 비영업자산에 투자되었다면 투하자본과 총자산은 상이하고 이에 따라 투자수익률과 자산이익률도 서로 차이가 나게 된다.

예제 15-1

더나은미래㈜의 신규사업에 대한 투자 관련 정보는 다음과 같다.

매출액	₩100,000,000
투하자본	50,000,000
총자산	60,000,000
순이익	15,000,000
자본비용	12%

(1) 신규사업의 투자수익률(ROI)을 계산하세요.

(2) 신규사업의 투자액을 ₩10,000,000 감소시킬 경우의 투자수익률을 계산하세요.

풀이

(1) 투자수익률(순이익/투자액): 15,000,000/50,000,000 = 30%

(2) 총자산이익률(순이익/총자산): 15,000,000/60,000,000 = 25%

잔여이익(residual income)은 영업이익에서 투자액의 자본비용을 차감한 이익이다. 투자액의 자본비용은 투자액에 최저요구수익률을 곱하여 산정되며 요구수익률은 사업의 위험성이나 더 나은 투자기회에 대한 기대 등을 반영하여 실제 자금조달비용 수준보다 높게 설정된다. 자본비용은 차입자금의 명시적 이자비용뿐만 아니라 자체 조달된 자기자본의 자본비용도 함께 고려해야 한다. 잔여이익은 자본비용을 차감한 후의 초과이익의 절대적 규모를 나타내며 두 사업부 간에 투자규모가 동일하면 투자수익률이 클수록 잔여이익이 더 크고 투자규모가 상이하면 투자수익률 크기 순위와 잔여이익 크기 순위가 다르다.

$$
\begin{aligned}
\text{잔여이익} &= \text{영업이익} - \text{투자액의 자본비용} \\
&= \text{영업이익} - \text{투자액} \times \text{요구수익률}
\end{aligned}
$$

잔여이익은 영업이익에서 투자액의 자본비용을 차감한 이익으로 계산할 수 있으며 자본비용을 고려한 이익이다.

예제 15-2

더나은미래㈜의 신사업 A부서, 신사업 B부서의 투자 관련 정보는 다음과 같다.

	신사업 A부서	신사업 B부서
투자액	₩100,000,000	₩60,000,000
순이익	15,000,000	12,000,000

(1) 자본비용이 12%일 때, 잔여이익을 각각 계산하세요.
(2) 신사업 A, B부서의 잔여이익을 비교해 보고, 잔여이익법의 한계점을 설명하세요.

풀이

(1) A: 15,000,000 − 100,000,000 × 12% = 3,000,000
B: 12,000,000 − 60,000,000 × 12% = 4,800,000

(2) 잔여이익법으로 비교하면 B부서가 A부서보다 매력적인 투자기회로 평가된다. 하지만 기업에 유입되는 현금의 크기는 A부서가 더 크다. 따라서 잔여이익법은 투자금액의 규모에 따라 평가가 상반될 수 있으므로 순현재가치법(NPV)과 함께 고려되어야 한다.

요구수익률은 기업의 자금조달비용을 고려하여 설정하며, 사업의 위험성과 좋은 투자기회에 대한 기대 등이 반영된다.

2.2 경제적 부가가치

경제적 부가차기(EVA: Economic Value Added)는 기업 전체 혹은 독립된 사업부서 단위로 투하된 자본에 대하여 자본비용을 초과하여 달성한 세후이익으로 부가가치를 평가하는 것이다.

경제적 부가가치 = 세후 영업이익 − 가중평균자본비용 × 투하자본

투하자본은 이자비용이 발생하는 타인자본과 자기자본의 합을 의미하며 자본비용은 타인자본에 대한 자본비용과 자기자본에 대한 자본비용을 자본구성비중에

따라 가중평균한 자본비용을 의미한다. 투하자본(invested capital)은 이자비용이 발생하는 타인자본과 자기자본의 합으로 구한다. 타인자본 중에서 장기충당부채 등은 이자를 발생시키지 않으므로 제외하고 이자를 발생시키는 비유동부채 등은 포함되며 투하자본은 주로 비유동부채와 자본총액의 합이다.

가중평균자본비용(WACC: Weighted Average Cost Capital)은 타인자본에 대한 자본비용과 자기자본에 대한 자본비용을 금액 비율에 따라 가중평균한 자본비용을 의미한다.

예제 15-3

더나은미래㈜의 총자본은 ₩500,000,000이고 부채/자본비율은 1.5이다. 세후순영업이익이 ₩100,000,000, 자기자본비용이 10%, 타인자본비용이 6%일 경우 경제적 부가가치를 계산하세요. (단, 세율은 20%이다.)

풀이

먼저 가중평균자본비용(WACC)을 계산해야 한다.

$$0.6 \times 6\%(1 - 20\%) + 0.4 \times 10\% = 6.88\%$$

경제적 부가가치(EVA) = 100,000,000 − 500,000,000 × 6.88% = 65,600,000

최근 기업 전체나 기업의 사업부문을 경제적 부가가치로 흔히 평가한다. 한국신용평가정보나 한국거래소에서 매년 발표되며, 사업단위가 자본비용을 초과하여 달성한 세후이익을 기업가치 관점에서 조정한 가치평가지표이다.

3 균형성과평가

3.1 균형성과평가 개요

대량생산체제의 산업화 시대에서는 투하한 자본으로 설비자산을 구축하여 얼마나 효율적으로 활용하여 이익을 창출했느냐가 기업성과 측정에 있어서 중요하였다. 기업의 자본을 효율적으로 조달하여 배분하고 자본의 효율적인 투자를 통하여 얼마의 이익을 창출하는가 여부에 대하여 평가를 하였다. 원가, 비용, 수익, 이익과 같은 재무적 지표는 과거 결과성과지표이고 단기적인 성과를 측정한 지표이다. 기업의 투자자나 경영자의 입장에서 재무적 성과 중심의 평가는 경영자나 조직부문의 책임자에게 단기적인 관점에서 재무적 성과중심으로 경영활동을 하게 했다. 산업화에서 정보화 사회로 진입하면서 기업의 이익창출에 있어서 유형의 자산보다 무형의 자산과 역량이 중요한 요소로 등장하여 중장기적이고 비재무적 관점의 성과관리의 필요성이 대두되었다.

카프랜(Robert S. Kaplan)과 노튼(David D. Norton)이 개발한 균형성과표(BSC: Balance Score Card)는 비전과 전략과 연계하여 기존의 재무적 성과와 단기적이고 결과지향적인 성과평가의 한계성을 보완하는 차원에서 비재무적 지표와 중장기적이고 과정지향적인 평가지표를 결합하여 상호 균형적 관점에서 기업 전체나 사업부문을 평가할 수 있는 평가체계이다. 조직의 목표와 비전을 실현시키기 위해 4가지 성과지표인 재무, 고객, 내부 프로세스, 학습과 성장 등 4가지 관점에서 기업성과를 종합적으로 평가하는 측정방법이다.

균형성과평가표는 기업의 단기적 목표와 장기적 목표가 조화를 이루도록 장단기, 재무적 · 비재무적 지표로 목표설정 및 성과측정을 한다. 재무적 관점의 성과지표는 전통적 성과평가지표로 활용되는 원가, 매출, 이익, 수익률, 경제적 부가가치 등의 지표를 활용할 수 있다. 주주나 경영자는 성과 창출의 과정보다는 결과인 재무적 성과에 더 많은 관심을 갖고 모든 경영상태를 이해하는 데 편리하므로 재무성과지표는 장점이 있으나, 결과를 달성하기 위해 무엇이 중요하고 어떻게 실행해야 하는지 과정에 대한 부분이나 방향제시가 없어 조직구성원들에게 의미전달에 한계가 있다. 그 반면에 비재무적 성과지표는 과정이나 현장의 지표를 그대로 사용하므로 그 달성 여부와 의미를 쉽게 이해할 수 있으며 조직구성원들이 중요성을 인식하고 공감하여 성과지표 달성에 함께 노력하게 하는 동기부여의 효과가 있으나 비재무적 지표의 발굴과 측정 등에 있어서 시간과 노력이 더 소요되는 어려움이 있을 수 있다.

3.2 균형성과평가체계

BSC는 회사의 비전과 전략을 실행하는 수단으로서 재무, 고객, 내부 프로세스, 학습과 성장 등의 4가지 관점에서 재무적·비재무적 성과지표의 설정을 통해서 목표값을 정하고 측정하는 방법과 실현하는 세부적인 프로그램을 기술하고 있다.

재무적 관점(financial perspective)은 주주의 부를 최대화하고자 하는 관점으로 영업이익, 수익률, 원가, 수익, 비용 등 전통적인 재무지표를 그대로 활용가능하고 영리기업에서는 가장 최종적인 성과목표이다. 고객 관점(customer perspective)은 고객만족에 대한 성과를 측정하는 관점으로 재무적인 성과를 위해서는 고객만족이 필수적이라는 인식으로 고객만족도, 고객확보율, 고객유지율, 고객반복구매율 등의 지표를 활용한다. 내부 프로세스 관점(internal process perspective)은 기업 내부의 업무 프로세스의 효율성을 측정하는 관점으로 기업의 모든 프로세스를 효율적으로 운영하는 것이 필요하며 불량률, 재작업률, 신상품생산처리시간, 재고회전율, 재작업률 등이 측정지표로 사용된다. 학습과 성장 관점(learning and growth perspective)은 기술 및 제품의 혁신적인 발전을 추구하는 관점으로 기존의 제품이나 프로세스 등을 혁신하고 새로운 발전을 추구하는 지표이며 조직구성원에 대한 투자와 조직만족도 등을 지표로 측정한다.

균형성과표의 관점들 간의 관계는 회사의 비전과 전략에 정렬성을 맞추어 서로 보완적이면서 인과관계를 가지고 있으며 학습과 성장 지표로 직원들의 역량이나 만족도가 높아질 경우 내부 프로세스 지표인 불량률 감소 등의 효율성이 향상되어 고객 관점의 지표가 높아지며 고객만족도 향상은 회사 제품이나 서비스에 대한 재구매율 향상 등으로 매출증대로 이어져 재무적 관점 지표 영업이익의 증대를 가져올 수 있다.

그림 15-2 균형성과평가체계

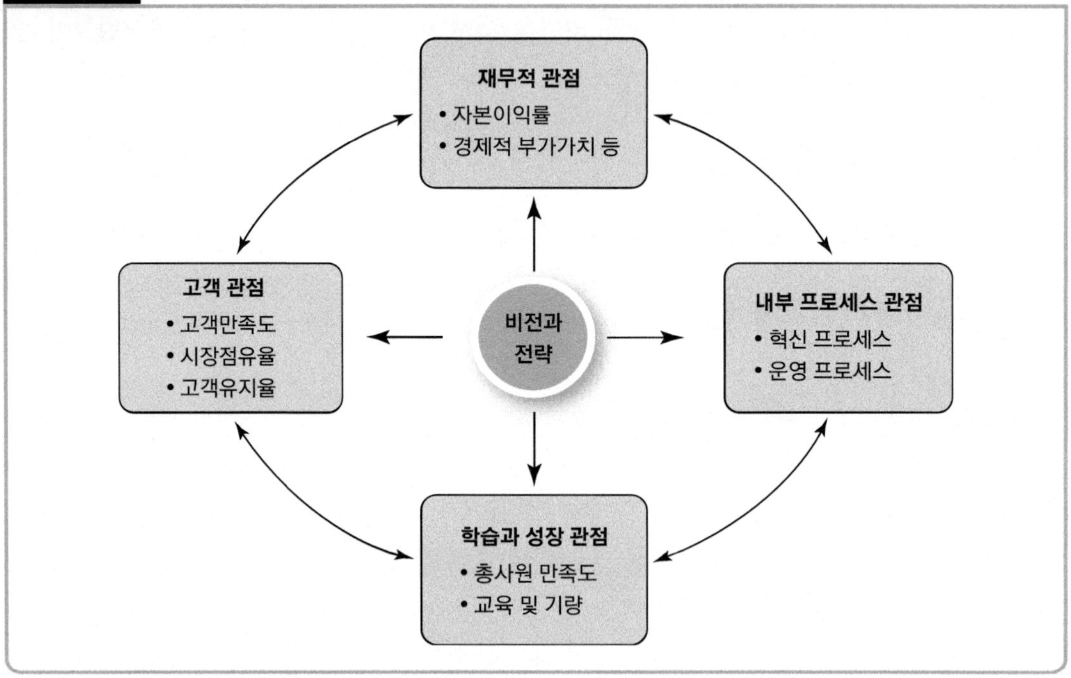

3.3 균형성과평가지표 적용 사례

균형성과평가지표 적용 사례에서 재무 관점은 전략목표를 영업이익률 개선으로 설정하고 이를 위해서는 높은 가격과 원가우위를 핵심성공요소로 정의하였으며, 주요 성과지표는 프리미엄 신제품을 개발하는 것으로 설정하고 신제품의 매출액 비중이 30% 이상 될 수 있도록 설정하였다. 그에 대한 실행방안은 신제품의 개발과 원가관리를 주요 과제로 선정하고 있다. 고객 관점에서는 브랜드 선호도 확대를 전략목표로 설정하고 주요 핵심성공요인으로 제품의 차별화, 품격있는 디자인으로 보고, 주요 성과지표는 고객만족도와 고객추천도를 선정하고 그 목표를 전년도 대비 10% 향상시키는 것으로 하며 실행방안으로는 고객참여와 고객경험의 차별화를 주요 과제로 선정하였다. 프로세스 관점에서는 고객과 직원 및 신제품프로세스 개선을 전략목표로 설정하고 주요 성공요인으로는 오픈 이노베이션과 신속한 프로세스 구축으로 보고, 이에 대한 주요 성과지표는 고객과 직원의 제안횟수, 신제품개발 프로세스 단축을 선정하여 전년 대비 개선될 수 있도록 제안경

표 15-2 균형성과평가지표(사례)

구분	전략목표 (KGI)	주요 성공요인 (CSF)	주요 성과지표 (KPI)	목표	실행방안
재무 관점	영업이익률 개선	프리미엄 가격, 원가우위	프리미엄 신제품 개발	신제품매출비중 30% 이상	신개발개발 원가관리
고객 관점	브랜드 선호도 확대	제품차별화 디자인 품격	고객만족도 고객추천도	전년도 대비 10% 향상	고객참여/경험 차별화 고객관계 강화
업무 프로세스 관점	고객/직원제안 및 신제품 프로세스 개선	오픈 이노베이션, 신속한 프로세스	고객/직원 등의 제안/실행 횟수 프로세스 단축 기간	1인 연 2건 이상 기존 대비 30일 단축	제안경진대회 관련시스템 개편
학습 및 성장 관점	직원들의 역량 강화	Action Learning	Action Learning 그룹	그룹 수 30개 신상품개발 5건	외부전문가 참여한 학습팀 구성 운영

진대회, 관련시스템 개편의 과제를 진행할 계획이다. 학습 및 성장 관점에서는 직원들의 역량강화를 전략목표로 선정하고 주요 성공요인으로는 액션러닝(Action Learning)으로 보고, 주요 성과지표는 액션러닝 그룹을 구성·운영하여 신제품 개발 아이디어 등을 발굴하며 외부 관련분야 전문가와 학습팀을 구성·운영하는 과제를 선정하였다.

기업 BSC의 성공적인 활용은 전략목표가 달성될 수 있도록 주요 성공요인과 성과지표를 설정하고 실행방안들이 제대로 추진되고 작동되고 있는지를 확인하고 점검하여야 한다. 이러한 과정을 통해 문제 인식, 해결방안 모색, 새로운 기회 창출 등을 구성원들이 공유하고 함께 참여하여 실행해 나가야 한다. 전략적 목표에 대한 점검 및 학습 등에 중점을 두고 서로 정보를 공유하고 정기적 회의을 통해 전략 실행과 관련된 모든 측정지표를 점검하고 나타난 문제가 무엇인지를 토론하고 이에 대한 해결방법 및 성과제고 방안을 지속적으로 모색해야 하는 것이다.

확·인·문·제

※ 각 문항의 설명 중 옳은 것에는 T, 틀린 것에는 F를 하시오.

01. 기업에서 사업단위조직 책임중점별 기능과 역할, 권한이 상이하고 권한과 통제가능 범위 내에서 성과에 대한 책임을 지게 된다. (　　　)

02. 영업부서에서 통제가능한 범위 내 매출액에 대한 책임을 지게 되고 성과평가지표로는 매출액과 영업이익률 등을 많이 활용한다. (　　　)

03. 각 부문이 권한을 갖고 책임지고 있는 재무적 결과로 부문을 평가하는 회계분야를 책임회계라고 한다. (　　　)

04. 잔여이익(residual income)은 영업이익에서 투자액의 자본비용을 차감한 이익으로 투자액의 자본비용은 투자액에 내부수익률을 곱하여 산정된다. (　　　)

05. 원가발생을 통제할 수 있는 부서는 원가책임단위로 평가하며, 생산부서와 지원부서가 이에 해당한다. (　　　)

06. 책임회계 평가지표는 각 책임단위가 통제할 수 있는 재무적 결과를 이용하며 통제할 수 없는 범위에 대한 책임을 묻게 된다면 역효과가 발생할 수 있다. (　　　)

07. 책임중심점은 책임의 범위에 따라 원가중심점, 수익중심점, 이익중심점, 투자중심점으로 구분된다. (　　　)

08. 수익중심점에 의해 평가되는 부문은 원가와의 대응관계를 고려하여 이익의 실현에 따라서만 관리책임을 진다. (　　　)

09. 원가와 수익 모두에 대해서 관리책임을 지는 책임중심점은 투자중심점이다.
(　　　)

10. 공헌이익손익계산서는 수익중심점의 기준으로 작성한 성과보고서라고 할 수 있다.
(　　　)

11. 이익금액과 투자금액을 통한 투자성과 측정으로서 투자수익률(ROI)은 매출수익률과 총자산회전율의 곱으로 나타낼 수 있다. (　　　)

12. 기업 전체 혹은 독립된 사업부서 단위로 투하된 자본에 대하여 자본비용을 초과하여 달성한 세전영업이익으로 부가가치를 평가하는 것은 경제적 부가가치(EVA)이다. (　　　)

13. 균형성과표(BSC)는 조직의 목표와 비전을 실현시키기 위해 단기적인 성과평가와 중장기적인 성과평가를 균형 있게 할 수 있다는 장점이 있지만, 비재무적인 요소를 간과하고 있다는 단점이 있다. (　　　)

14. 균형성과지표의 고객 관점(customer perspective)은 고객만족에 대한 성과를 측정하여 고객만족이 필수적이라는 인식으로 고객만족도, 고객확보율, 고객유지율, 고객반복구매율 등의 지표를 활용한다. (　　　)

15. 자본비용은 차입자금의 명시적 이자비용뿐만 아니라 자체 조달된 자기자본의 자본비용도 함께 고려해야 한다. (　　　)

■ 해답: 1. T　2. T　3. T　4. F　5. T　6. T　7. T　8. F　9. F　10. F　11. F　12. T　13. F　14. T　15. T

실·습·문·제

1. 더나은미래㈜의 투자 및 영업 관련 정보이다.

	TV 사업부	냉장고 사업부	청소기 사업부
매출액	100,000,000	80,000,000	60,000,000
이익	10,000,000	9,600,000	9,000,000
평균투자액	50,000,000	40,000,000	30,000,000

1-1. 각 사업부의 자산회전율과 매출이익률을 계산하고 투자수익률을 산출하세요.

1-2. 자본비용이 10%일 경우, 각 사업부의 잔여이익(RI)을 계산하세요.

2. 더나은미래㈜의 신규사업에 대한 투자액과 영업성과는 다음과 같다.

판매량	100,000단위
단위당 판매가격	₩1,000
단위당 변동원가	300
총고정원가	20,000,000
총투자액	50,000,000

2-1. 신규사업에 대한 투자수익률을 산출하세요.

2-2. 신규사업에 관한 잔여이익을 산출하세요. (단, 최저 필요투자수익률은 12%)

2-3. 신규사업에 대한 투자가 ₩10,000,000만큼 증가하고 고정원가가 ₩5,000,000 만큼 증가할 경우의 투자수익률과 잔여이익을 산출하세요.

3. 더나은미래㈜의 20×2년도 경영목표로 자산회전율 2, 매출액순이익률 7%로 설정하였으며 20×2년도 영업성과는 다음과 같다.

① 기초 총자산	₩50,000,000
② 기말 총자산	70,000,000
③ 매출액	150,000,000
④ 영업이익	22,500,000

3-1. 20×2년도 실제 투자수익률과 목표 투자수익률을 각각 계산하세요.

3-2. 기말자산이 ₩20,000,000 증가하고 매출액이 ₩50,000,000 증가했을 경우의 투자수익률을 계산하세요. (단, 비용은 변동 없음)

4. 더나은미래㈜의 영업성과와 재무관련 정보는 다음과 같다.

항목	금액(천원)	비고
매출액	200,000	① 자본구성: 부채/자본 = 1
매출원가	120,000	② 타인자본비용 5%
판매관리비	20,000	③ 자기자본비용 10%
세후이익	60,000	④ 사업용 자산 400,000

* 법인세는 25%

4-1. 가중평균자본비용을 산출하세요.

4-2. 경제적 부가가치(EVA)를 산출하세요.

5. 더나은미래㈜의 재무관련 정보를 활용하여 경제적 부가가치를 산출하세요.

① 세후 영업이익 ₩500,000,000
② 투자액 ₩5,000,000,000
③ 자기자본비용 12%, 타인자본비용 5%
④ 자본구성(타인자본/자기자본) = 150%
⑤ 세율은 20%이다.

5-1. 가중평균자본비용을 산출하세요.

5-2. 경제적 부가가치(EVA)를 산출하세요.

▌실습문제 풀이

1. 1–1. 자산회전율: 100/50 = 2, 80/40 = 2, 60/30 = 2
   매출이익률: 10/100 = 0.1, 9.6/80 = 0.12, 9/60 = 0.15
   투자수익률 = 자산회전율 × 매출이익률 = 0.2, 0.24, 0.3

   1–2. TV 잔여이익: 10,000,000 − 50,000,000 × 10% = ₩5,000,000
   냉장고 잔여이익: 9,600,000 − 40,000,000 × 10% = ₩5,600,000
   청소기 잔여이익: 9,000,000 − 30,000,000 × 10% = ₩6,000,000

2. 2–1. 순이익: (1,000 − 300) × 100,000 − 20,000,000 = ₩50,000,000
   투자수익률: 50,000,000/50,000,000 = 1(100%)

   2–2. 잔여이익 50,000,000 − 50,000,000 × 12% = ₩44,000,000

   2–3. 고정원가가 5,000,000 증가하므로 순이익은 5,000,000 감소한 ₩45,000,000이다.
   투자수익률: 45,000,000/60,000,000 = 0.75(75%)
   잔여이익: 45,000,000 − 60,000,000 × 12% = ₩37,800,000

3. 3–1. 실제 투자수익률: 22,500,000/60,000,000 = 37.5%
   목표 투자수익률: 자산회전율 × 매출액순이익률 = 2 × 7% = 14%

   3–2. 영업이익률이 22,500,000/150,000,000 = 15%이므로 영업이익은 50,000,000 × 15%만큼 증가한다.
   (22,500,000 + 7,500,000)/70,000,000 = 42.857%

4. 4–1. 가중평균자본비용: 0.5 × 5%(1 − 25%) + 0.5 × 10% = 6.875%
   4–2. 경제적 부가가치(EVA): 60,000 − 400,000 × 6.875% = ₩32,500(천원)

5. 5–1. 가중평균자본비용: 0.6 × 5%(1 − 20%) + 0.4 × 12% = 7.2%
   5–2. EVA = 500,000,000 − 5,000,000,000 × 7.2% = ₩140,000,000

찾아보기

ㄱ

ㄴ

ㅊ

ㅌ

저자 소개

한영도

현재 상명대학교 글로벌경영학과 교수로 재무회계와 원가관리회계 등을 강의하고 있다. 고려대학교 경영대학원(석사)에서 공부하였으며 상명대학교 대학원 경영학 박사학위를 받았다. 주식회사 케이티 기획조정실에서 기업전략, 신사업 기획 및 개발, 자회사 관리, 민영화 추진, 마케팅 및 영업전략 업무 등을 담당하였고 PCS사업기획, 한솔 엠닷컴 등 다수의 기업가치 평가 및 기업 인수합병 프로젝트의 책임자 역할을 수행하였다. 상명대학교 교수로 재직하면서 제4이동통신사업 영업계획 프로젝트, 기업경영컨설팅 등 다수의 연구용역을 수행한 경험이 있고 학생들과 벤처기업을 창업하여 경영한 바 있으며, 현재 벤처기업의 경영자문 활동을 하고 있다. 또한 평택항만공사 사외이사, KFNS사외이사, ㈜케이티알파 사외이사 겸 감사위원장을 역임한 바 있고, 현재 ㈜케이티 커머스 사외이사를 맡는 등 산업계의 경영 및 재무, 회계분야 등에서 산학협력 활동을 활발히 하고 있다.

기업가치 생각하는 경영자를 위한
비즈니스 회계관리

초판1쇄 발행 2022년 10월 20일
초판2쇄 발행 2023년 2월 10일

저　　자 한영도
펴 낸 이 김광범
펴 낸 곳 시대가치

출판등록 2017년 3월 23일 제2018-000088호
주　　소 서울특별시 마포구 토정로 222, 422-1호(한국출판콘텐츠센터)
전　　화 02)3152-2620 / 팩스 02)6442-2621
이 메 일 timepub2017@gmail.com

ISBN 979-11-89607-67-8 93320

가격 30,000원